실무 에피소드로
누구나 공감하는
· SCM ·

실무 에피소드로
누구나 공감하는
SCM

발행일	2022년 7월 8일		
지은이	김갑주		
펴낸이	손형국		
펴낸곳	(주)북랩		
편집인	선일영	편집	정두철, 배진용, 김현아, 박준, 장하영
디자인	이현수, 김민하, 김영주, 안유경	제작	박기성, 황동현, 구성우, 권태련
마케팅	김회란, 박진관		
출판등록	2004. 12. 1(제2012-000051호)		
주소	서울특별시 금천구 가산디지털 1로 168, 우림라이온스밸리 B동 B113~114호, C동 B101호		
홈페이지	www.book.co.kr		
전화번호	(02)2026-5777	팩스	(02)2026-5747
ISBN	979-11-6836-377-9 03320 (종이책)		979-11-6836-378-6 05320 (전자책)

(주)북랩 성공출판의 파트너

북랩 홈페이지와 패밀리 사이트에서 다양한 출판 솔루션을 만나 보세요!

홈페이지 book.co.kr   •   **블로그** blog.naver.com/essaybook   •   **출판문의** book@book.co.kr

작가 연락처 문의 ▸ ask.book.co.kr

작가 연락처는 개인정보이므로 북랩에서 알려드릴 수 없습니다.

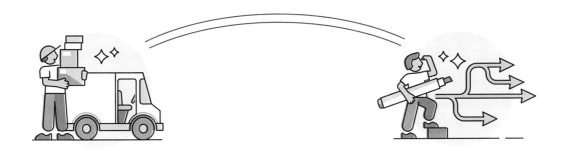

실무 에피소드로
누구나 공감하는
·SCM·

김갑주 지음

북랩

모든 에피소드(episode)는 실제 경험을 기반으로 작성한 것입니다. 공공 기관에서는 다양한 조직과 부서에 소속되어 근무를 했고, 기업에서는 팀원 없이 혼자 SCM 향상을 위한 파트와 팀을 구축해 나가는 과정을 거치면서, 많은 부분을 직접 경험하게 되었습니다.

우리 모두는 100% 동일한 생각을 가지고 있지 않습니다. 그래서 같은 글이라도 사람에 따라 이해하고 공감하는 분야와 정도가 모두 다릅니다. 따라서 최대한 많은 분이 '조금이라도 얻어갈 수 있는 것이 있다면 좋겠다.'라는 생각에서 다양한 에피소드 형태로 집필하게 되었습니다. 책을 쓰는 입장에서 늘 고민되는 것 중 하나가, 보안 위반 여부입니다. 특히 실무 사례를 기반으로 하는 경우, 더욱 그렇습니다. 따라서 나의 머릿속에는 100이 있지만, 책에서는 30 정도만 기술하였고. 그마저도 빈칸과 ○○처리가 많아, 많은 것을 보여드리지 못한 점 양해 부탁드립니다. 그리고 여러분의 조직 생활과 직장 생활에 1%의 영감이라도 드릴 수 있다면, 영광이라고 생각합니다.

SCM을 구축하고 올바른 방향과 속도로 유지하는 데 가장 중요한 부서는 어디이며 가장 중요한 사람은 누구일까요? 다양한 의견이 있을 수 있지만, 나의 경우 가장 중요한 부서는 인사를 담당하는 부서이며, 가장 중요한 사람은 인사를 담당하는 부서의 책임자입니다. 왜냐하면, SCM은 사람에 의해 나타난 술(術, Art)과 과학 기술에 의해 영향을 받기에, SCM을 구상하고, 실제 구축하며 유지하는 주체는, 기계도 정보시스템도 아닌, 사람이기 때문입니다. 터미네이터 등의 영화에서와 같이 사람을 능가하는 수준의 인공지능이 나타난다면 모르겠지만, 아직 사람을 대체할 수 있는 완벽한 수단이나 주체는 없습니다. 그래서 "인사가 만사다."를 실천하며 주관해야 하는 인사부서와 인사부서의 책임자는 SCM에 있어 매우 중요합니다.

SCM을 "혁신"이라고 많이들 이야기합니다. 여러분은 혁신을 어떻게 이해하고 있나요? 저는 혁신에 대해 다음과 같이 이해하고 있습니다. 예를 들어, "개선"이 10도의 기울기 상태에서 나아가는 것이라면, "발전"은 30도, "혁신"은 60도의 기울기 상태로 나아가는 것입니다. 제가 숫자를 명시한 것은 그만큼 "기울기에 급격한 차이가 있다는 것"을 이야기하기 위함입니다. 기울기로 치자면 "혁명"이 가장 큰 기울기를 가지고 있겠지만, "혁명"은 강제적, 불법적인 방법을 동원하기에 "혁명"에 비해 "혁신"이 훨씬 시간이 오래 소요되고 어렵습니다.

여러분, 등산을 해 보면 어떠한가요? 경사가 급한 오르막길에서는 속도도 나지 않고 힘이 들며 체력도 급격하게 소모됩니다. SCM은 높은 산을 오르는 것과 같습니다. 여러분이 조직에 소속되어 있다면, 조직 행사의 하나로 등산을 해 본 경험이 있을 것입니다. 등산을 하게 되면 어떠한 현상이 발생하나요? 시작하기도 전부터 등산을 왜 하냐며 투덜거리는 사람, 산 아래에서 잡담하며 오를 생각을 하지 않는 사람, 산 반대편에 있는 하산 장소에 차를 타고 가서 거기서 기다리는 사람, 중간에 포기하고 지름길로 내려가는 사람, 정상까지 오른 사람 등 다양한 유형의 사람을 볼 수 있습니다. 그리고 정상까지 오른 사람마다 정상에 도달한 속도는 다 다릅니다.

조직 전체가 혁신하는 과정은 조직 전체가 등산하는 과정과도 같습니다. 등산해야 할 거리는 멀고, 등산해야 할 높이는 높은데, 사람들마다 각기 다른 방향과 속도를 유지하고 싶어 하고, 설령 올바른 방향과 속도로 가고 싶은 의지가 있더라도 사람들마다 만들어낸 결과는 다릅니다. 그래서 혁신은 쉽지 않은 인내와 고난의 연속이며, 이와 같은 점에서 혁신이라고 하는 SCM 또한 인내와 고난의 연속일 수밖에 없습니다. 한편으로 기본으로(Back to The Basics) 돌아가는 것도 혁신입니다. 3층 집을 지었는데 1층 기초부터 잘못해서 매년 유지보수하기보다는, 모두 허물고 새로 짓는 것도 혁신입니다. 여러분에게 의지가 있다면 기본으로 다시 돌아가 보는 것도 괜찮습니다. 그러면 그동안 보이지 않던 것이 보일 수 있습니다.

오케스트라를 "여러 가지 악기로 이루어진 합주체"라고 정의합니다. 오케스트라는 단원과 지휘자로 구성됩니다. 일반적으로 단원보다는 지휘자가 주목받는 경우가 많은데 오케스트라가 뛰어난 기량을 갖추기 위해서는, 전체의 조화를 지향하는 지휘자의 능력도 중요하지만, 단원 개인의 역량과 역할 또한 중요합니다. 단원의 수준이 낮은 오케스트라에 뛰어난 능력의 지휘자만 있으면 뛰어난 기량의 오케스트라가 될까요? 만약 지휘자가 오케스트라를 뛰어난 기량으로 만들고 싶다면, 먼저 단원들과 1:1로 상대하며, 단원들의 기량을 올리는 과정을 거치는 것부터 시작하는 것이 필요할 것입니다.

제가 오케스트라를 예로 든 이유는, 사람과 인사의 중요성에 관한 이야기를 하기 위함입니다. 사람은, 전략적 분야에 한정해서 강한 사람이 있고, 전술적 분야에만 강한 사람도 있습니다. 그리고 전략과 전술적 분야 모두 강한 사람이 있고, 전략과 전술적 분야 모두 강하지 않은 사람도 있습니다. 인사부서는, 해당 업의 본질과 특성, 그리고 각각의 프로세스와 시스템을 제대로 이해하여, 조직의 모든 업무 분야를 전술분야와 전략분야로 구분할 수 있어야 하고, 전술분야와 전략분야에 적합한 인재를 적기 배치해야 합니다. 예를 들어 하위 평준화 되어 있고 DNA가 낮은 구성원들을 대상으로, 책에 있는 내용 그리고 개념적 수준 내용만을 이야기할 줄 아는 사람이 임원이나 직책자, 관리자로 있다면 매우 부적절한 인사입니다. 이 조직의 수준을 올리려면, 누구나 이야기할 수 있는 개념적 수준의 이야기나 하며, 숙제를 주고 결과물에 대해 단순히 채점과 점수 확인 위주의 훈수를 두는 사람이 아닌, 개인의 능력과 각자에게 부여된 업무 하나하나를 직접 비교해 가며, 직접 조정 통제, 더 나아가 개인 교습을 해줄 수 있는 사람이 필요합니다. SCM을 구축하고, 올바른 방향과 속도로 유지하기 위해서는 CEO의 의지가 매우 중요하다고 이야기합니다. 맞습니다. CEO의 의지는 매우 중요합니다. 하지만 CEO의 의지만 있다고 해서 다 잘되는 것이 아닙니다. 인사부서에서 CEO의 의지를 높은 수준으로, 그리고 올바른 방향과 속도로 기획하고 실행해줄 사람을 적절하게 배치해 주어야만 가능합니다.

감독이 국가 대표 감독인데, 초등학교 축구 선수를 데리고 구성한 축구 팀을 A, 감독이 대학교 팀의 감독인데 대학교 축구 선수를 데리고 구성한 축구 팀을 B라고 하고, 이 두 팀 간 시합을 하였습니다. 누가 이길까요? 박항서 감독님이 축구 경기에서 승승장구를 하고 베트남의 영웅으로 떠올랐습니다. 비결이 무엇일까요? 나의 생각에 다양한 비결 중에 하나는 박항서 감독님의 강력한 리더십과 올바른 방향과 속도의 전략, 그리고 전술의 디테일이고, 또 다른 하나는, 박항서 감독님과 같이하는 코치진과 스텝의 높은 수준과 역량, 그리고 그들이 박항서 감독님과 선수들을 대상으로 헌신적이고도 디테일하게 노력하며 실행하고 있기 때문입니다.

여러분이 각각의 에피소드를 읽어보면 아시겠지만, SCM을 이야기하는 "책"임에도 불구하고, 여러 에피소드 안에는 사람과 인사의 중요성, 그리고 인사부서와 인사를 책임지는 사람의 자질과 역량, 그리고 역할의 중요성 등이 기재되어 있습니다.

이 책은, SCM 용어를 수면 위에 띄워 놓고 본격적으로 SCM을 논하고 싶은 기업, SCM 분야에 있어 중소기업에서 중견기업으로, 중견기업에서 대기업으로 도약하려고 노력 중인 기업, 그리고 "시간과 노력과 비용을 들여 프로세스와 시스템을 구축했다고 생각되는 것" 같은데, "정작 보여주기식", 즉, 외부에 보여지는 것과 실제 내부 현실과는 거리가 있는 기업에 근무하는 분들에게 조금이나마 도움이 될 것입니다.

그리고 다소 비판적인 부분들이 있습니다만, 모두 경험(Fact)을 기반으로 한 내용입니다. 여러분께서는, "역사를 잊은 민족은 미래가 없다."라는 말처럼 현재의 상태와 모습을 바르게 이해하기 위해서는 역사에 대한 공부가 중요하다는 관점 그리고 "역사를 배워야 하는 이유"는, "① 과거의 이야기를 통해 삶의 지혜를 얻을 수 있다. ② 현재의 모습이 되기까지 어떤 과정이 있었는지를 보다 정확하게 이해할 수 있다. ③ 현재의 문제를 역사의 사례를 통해 현명하게 대처할 수 있다. ④ 보다 발전된 미래를 설계할 수 있다."라는 관점에서 작성하였음을 참고해주시기 바랍니다. 어떤 분은, "과거는 모르겠고 현재만 보자."라고 이야기할 수도 있는데, 대상의 종류와 분야에 따라 각기 다를 수 있다고 생각합니다.

25년의 조직 생활을 통해, 식품, 피복, 사무비품, 가전제품, 유류(휘발유, 디젤, JP8), 건설자재, 탄약, 수리부속, 장비, 가스 SCM 분야에 몸담아 보았습니다. 지금 생각해 보면, 열정이 흘러넘쳐 나던 시절, 관리범위가 최대 75만 종류였던 수리부속류에 대해, A, B, C, D… 등으로 수요 등급을 부여하고 수많은 장비의 구성품을 공부하며 고장률을 검토하고 Forecast를 예측해보기 위해 부단히 노력해 본 적이 있었습니다. 어떤 장비의 경우 구성하는 수리부속이 2만 종류인 것도 있었습니다. 그래서 장비를 공부하며 수리부속을 헤아리는 것 자체가 정말 무모한 노력과 도전이기도 하였지만, 한편으로는 보람 있었던 것으로 기억에 많이 남습니다. 앞으로 제가 어떤 분야를 새롭게 더 경험하게 될지는 모르겠지만, 오늘도 열정과 소신을 가지고 열심히 살고 계시는 모든 분을 응원하며, 개인과 가정에 행복이 가득하기를 바라겠습니다.

자기 손으로 안 했기 때문에

　나는 정치에 정말 관심이 없습니다. 공공기관에 있을 때는 정치적 중립을 교육받았고, 크고 작은 조직에서 "반대를 위한 반대", "내로남불"의 상황을 많이 보았으며, 국가에 국회 의사당이 있다면 공공기관과 기업에는 보이지 않는 국회 의사당이 있는 것을 느끼면서, 도대체 "정의는 무엇인가?", "나에게만 이롭거나 맞으면 정의인가?"에 대한 생각을 심도 깊게 해본 이후, 더욱 정치에 관심이 없습니다. 그리고 "영원한 적도, 영원한 아군도 없다."라는 말처럼 실리가 중요한 시대적 상황에서 특정 국가를 대상으로 무조건 비난의 말을 하고 싶지도 않습니다. 다만, SCM을 업으로 살고 있는 사람으로서, 십수 년 전에 ○○○ 대통령이 연설했던 내용을 듣고 난 이후, SCM 구축과 연계해 공감되는 부분이 많아 간단히 몇 자 적어 보았습니다.

최근에 일본을 보면, 일본이 급격히 우경화를 하고 있습니다. 저건, 일본 사람들이 자기 손으로 민주주의를 안 했기 때문에 저런 것입니다. 전쟁 후에 군국주의를 하다가 갑자기 항복하고 나서 맥아더가 들어와서 민주주의 하라고 하니까 민주주의 한 것입니다. 그래서 일본은 민주주의 주체 세력이 없습니다. 그러니까 과거 군국주의 시대의 세력이 다시 부활해 있는 것입니다. 전쟁을 일으키고 전쟁 범죄를 저지른 것을 국민에게 교육을 안 시켰습니다. 지금 50대 또는 60대 이하의 사람들은 과거를 전혀 모릅니다. 그러니까, '우리가 조선 반도를 점령해서 조선사람을 도와주었다. 중국에서 남경대학살 이런 것은 다 거짓말이다. 우리는 대동아전쟁을 해 가지고 아시아 사람들을 서구 식민지로부터 해방시켜 주었다.' 지금이 문제가 아니라 앞으로가 더 문제입니다. 그렇기 때문에 앞으로 한국하고도, 중국하고도, 동남아시아 나라들과도 갈등을 겪을 것입니다.

"책을 시작하며"에서, SCM을 "혁신"에 비유하였습니다. 조직을 혁신적으로 변화시키기 위해서는, 전적인 외부 도움이 있어야만 가능할 수도 있고, 외부 도움과 내부적인 노력 모두 있어야만 가능할 수도 있고, 외부의 도움 없이 내부 노력만으로도 가능할 수 있습니다. 외부의 도움을 받아야 하느냐? 외부 도움을 얼마나 받아야 하느냐? 등은 내부적으로 보유하고 있는 임직원의 DNA 수준, 임직원의 조직문화 유지 수준, 임직원의 생각하고 행동하는 방식 등에 의해 좌우될 것입니다. 중요한 점은, **외부의 도움이 아무리 크고 적극적이어도, 내부에서 직접 하지 않으면 지속가능성과 큰 시너지가 발생하지 않습니다.** 그래서 내부 구성원을 대상으로, 다양한 교육훈련을 통해 그들을 변화시켜야 하고, 생각하고 행동하는 방식이 혁신적이며 DNA가 높은 사람 중에서도, 해당 조직에 적합한 사람을 찾아 내부 구성원으로 보유하여야 하며, 내부 구성원들이 지속적으로 유기적 활동을 할 수 있도록 다양한 프로세스·제도·복지 등을 변화시키고 향상시켜 나가야 합니다. 가장 흔한 것으로, 패키지 정보시스템 구축 과정을 좋은 예로 들 수 있습니다. 조직 내부적으로 DNA와 생각하고 행동하는 방식을 유지하는 수준이 낮아, 정보시스템 구축 업체의 PI 컨설턴트에게 전적으로 의존한 결과 또는 의존할 수밖에 없는 결과, 정보시스템 구축 업체 입장에 유리하게 정보시스템이 구축되고 정보시스템 구축 후, 정보시스템이 빠르게 안정화·정상화·고도화로 진행되기보다는 우여곡절을 겪어가면서 상당 기간(오랜 기간) 안정화에만 매달리는 점입니다.

여러분, 여러분이 소속된 조직에서는 SCM을 변화시키기 위해 외부에 전적으로 의존하고 있습니까? 부분적으로 외부에 의존하며 나머지는 내부에서 하는 편입니까? 아니면 외부 도움 없이 모든 것을 내부 자체적으로 노력하고 있습니까? 아니면 아무것도 하고 있지 않습니까? 여러분, 여러분이 소속된 조직에서는 SCM을 변화시키는 데 **주도적인 역할을 하는 부서들과 그에 적합한 사람들이 존재하고 있나요?**

모두 아는 사실이지만 추가 언급하겠습니다. 내부의 능력과 수준이 높지 않아 남의(외부) 손을 빌려 변화를 시도하더라도, 변화를 지속하고 더 나아가 혁신까지도 할 수 있는 능력과 수준을 갖춘 내부 조직과 구성원들을 반드시 양성 또는 확보해야만 합니다. 그렇지 않으면 매너리즘은 빠르게 재발생하고, 빠른 시간 내 처음 출발선으로 되돌아갈 것입니다. 보통 이러한 경우가 많지 않나요? 예를 들어보겠습니다. 외부 세력의 도움을 통해 변화를 시도하고 있습니다. 외부와 내부의 역할은 다음과 같습니다. 그리고 목표는 밥과 반찬, 국을 만들어 식탁에 차려놓고 이야기하며 맛있게 먹는 것입니다.

- 외부의 역할: 재료를 준비해서 밥과 반찬, 그리고 국을 만든다. 식탁에 밥과 반찬, 국을 놓는다.
- 내부의 역할: 식탁에 수저를 놓는다. 사람들을 불러 모아 식탁에 앉아서 식사한다. 밥과 반찬, 국이 맛있다, 맛이 없다, 밥과 국, 반찬을 어떻게 만드는 것인지 등을 이야기하며 먹는다.

어찌되었든 결과적으로 외부와 내부가 힘을 합쳐 식사하게 되었습니다.

목표는 달성했습니다. 그래서 앞으로 더는 외부의 도움 없이 해보려고 합니다. 그런데 문제는, 내부에서는 재료를 어디서 어떻게 사야 하는지도 모르고, 밥과 반찬과 국을 어떻게 만들어야 하는지도 모르고, 어떻게 식탁에 가져다 놓아야 하는지도 모를 수 있습니다. 그리고 내부 구성원들이 희망해서 변화를 추구하는 것이 아니라 반강제적으로 추진한 것이었다면, 재료 준비를 위한 노력은 누가 할 것이며, 밥은 누가 만들 것이며, 반찬과 국은 누가 만들 것이며, 만든 밥과 반찬과 국은 누가 식탁에 가져다 놓을 것인지부터 이슈로 떠오르게 됩니다. 그리고 이어서 사람이 더 필요하다고 덧붙이지 않나요? 잘하고 못하고는 그다음 일입니다.

5,000cc의 자격

　모든 에피소드를 대상으로 공공기관의 큰 조직과 기업 중 대기업을 대기업으로 통일해서 표현하기도 하였고, 공공기관의 작은 조직과 기업 중 중견·중소 기업을, 중견·중소 기업으로 통일해서 표현하기도 하였습니다. 그리고 공공기관, 조직, 기업을 기업 또는 조직으로 표현하기도 하였습니다.

　여러분은 소형차, 중형차, 대형차 중에 어떤 차(자가용)을 소유하고 있나요? 그리고 여러분이 소유한 차에는 얼마나 많은 옵션이 내장되어 있습니까? 여러분은 대부분 차를 보유하고 있고 상식적인 수준에서 차에 대해 어느 정도 알고 있기에, 차를 예로 들어서 이야기하겠습니다. 2,000cc 차량에 5,000cc 엔진을 장착하려고 하면 어떤 문제가 발생할까요? 우선, 공간 문제로 엔진이 장착되기 어렵습니다. 하지만 우여곡절 끝에 엔진을 장착했다고 가정해 보겠습니다. 어떤 문제가 발생할까요? 엔진과 연결하는 각종 배관과 부품이 맞지 않고 설령 맞는다 치더라도 과부화로 인한 문제가 발생하거나 차를 지지하는 프레임에 문제가 발생하지 않을까요? 2,000cc 차의 부품과 프레임은 2,000cc 엔진에 맞추어져 있지 않나요? 그렇다면 바퀴는요? 5,000cc 엔진을 장착하면 차가 더 정숙해지나요? 속도를 못 이겨서 전복될 가능성은 없나요? 2,000cc 차량에 단순히 5,000cc 엔진을 장착하면 주행 간 안정감이 더 있을까요? 자동차는 엔진, 프레임, 부품, 바퀴 등이 모두 조화를 이루도록 설계되고 제작됩니다. 그리고 제작된 차량을 시장에 내놓기 전에 오랜 시간 테스트를 거치게 됩니다.

　대기업에서 근무하던 사람이 중소·중견기업으로 이직 시, 임원으로 임명되어 근무하는 경우가 많습니다. 차와 비교해, 대기업에서 오는 사람을 5,000cc 엔진이라고 가정하겠습니다. 물론 대기업도 1,000cc, 2,000cc, 3,000cc, 4,000cc, 5,000cc 등 다양한 역량을 가진 사람들로 구성됩니다. 다만 대기업이라는 브랜드에 가려져 잘 보이지 않을 뿐입니다. 그래서 대기업의 브랜드 때문에 미처 볼 수 없었던 1000cc, 2000cc짜리 역량의 사람을 5000cc인 줄 알고 영입했다가 낭패를 보는 경우도 있습니다. 특히 낙하산 형태로 온 사람이 근무연을 빌미로 여러 사람을 낙하산으로 추가 데리고 오는 경우, 이런 현상이 자주 발생할 가능성은 더 높습니다.

　일반적으로 옵션이 많고 멀티적이며 역량이 높은 인재는 대기업으로 많이 몰리는 경향이 있어 많은 중소·중견기업에서는 인재 부족 현상이 발생하고 있고, 인재 확보를 갈망합니다. 그렇다면 중소·중견기업에서 대기업에 근무했던 사람을 영입하면 중소, 중견기업이 모든 면에서 급격하게 성장하나요? 아니면 빠르게 좋아지나요? 일반적으로 대기업에 근무하던 사람이 중견 중소기업에 근무하게 되면, 대기업에 있을 때와 같은 인지도와 명성대로 역량을 발휘하기가 어려울 수 있습니다. 중소·중견기업은, 대기업과 비교해, 상대적으로 임직원의 DNA, 프로세스, 시스템, 생각하고 행동하는 방식, 조직문화, 정보시스템 등이 부족하거나 낮은 편입니다. 따라서 인재가 유도하거나 가이드하는 것을 이해하고 적극적으로 따라와 주는 구성원들이 있어야 하는데, 그런 구성원이 많지 않다면 시작부터 어렵고 설령 따라온다 하더라도 다양한 이유로 속도와 퀄리티가 높아지지 않는다면, 적기에 제대로 추진하는 것이 어렵게 됩니다. 그리고 대기업에 근무한 사람이 대기업의 인력 운영 특성상(열심히 일하는 사람도 많지만, 상대적으로 일을 대충 하며 시간 때울 수 있는 사각지대에 놓여 있는 인력도 존재), 특정 분야에 좁고 얕게, 좁고 깊게만 근무했다면, 중소·중견기업에서 바라는 넓게, 그리고 깊게 업무를 보고 추진하는 것 또한 제한될 수 있습니다. 특히 이러한 현상은 대기업에서 임원이 아닌 직원으로 근무하다가 중소·중견기업에서 임원으로 근무하는 사람들에게서 자주 나타나는데, 전공 분야별로 극심한 차이를 보이기도 합니다. 그리고 대기업은 중소·중견기업에 비해 관리 프로세스나 관리 시스템이 잘 구축되어 있습니다. 그래서 "서당 개도 3년이면 풍월을 읊는다."라는 말처럼, 중소·중견기업에 와서 3년 서당에 있었던 개처럼 풍월을 읊는 사람들이 발생할 수 있습니다. 즉, 본인의 실력이 뛰어나지 않아도, 그리고 부단히 노력하지 않아도, 대기업에 구축되고 운영되는 관리 프로세스와 시스템에 단순히 동참하기만 해도 그 과정에서 중소, 중견기업과 비교해, 일정 부분 상대적으로 선진화된 노하우, 생각과 행동하는 방식 등을 터득하게 됩니다. 물론 노력과 실력을 통해 터득하고 이로 인해 그 누구도 따라오기 힘든 업무 철학을 형성한 사람도 많습니다. 하지만 문제는 능력과 실력은 없는데 "자리가 사람을 만든다."라는 말처럼, 대기업에 구축된 프로세스와 시스템 안에서 단순하게 생활하다가 일정 수준의 생각하는 방식과 행동하는 방식이 자연스럽게 몸에 밴 사람들입니다. 이런 사람들은, 중소·중견기업 입장에서 생소한, 대기업에 있었던 이야기를 하거나 일정 기간 동안 경험을 하게 되면 누구나 할 수 있는 원론적인 이야기를 하면서 많이 아는 체를 하는 것입니다. 이런 사람들이 하는 말 중에 틀린 말은 하나도 없습니다. 다만, 중소·중견기업의 현실에 맞게 어떻게 해야 하는지에 대한 구체적 솔루션을 제공하지 못할 뿐입니다. 이런 사람들을 나는 **"앵무새"**라고 표현합니다. 이런 사람들의 특성은, 창의적 노력과 실력에 의한 업무 철학이 형성되지 않았기에, 중소·중견기업에 적합한 프로세스와 시스템을 구축하는 데 도움이 되는 역량을 보유하고 있지 않습니다. 대기업의 잘 구축된 프로세스와 시스템에 몸을 맡기고 일정 기간 생활했을 뿐, 창의적·창조적인 생활과는 거리가 멀고, 넓고 깊게 보고 철학을 형성하며 업무를 관장해 본 경험도 거의 없습니다. 그리고 "잠시 머물다 간다."라는 생각으로 초심으로 돌아가 노력하거나 도전하려고도 하지 않았습니다. 단지, "본인들은 5,000cc인데, 차 크기가 20,00cc라서 안타깝고 답답하다, 그리고 본인들이 없으면 안 될 것 같다."라는 말과 핑계만 지속할 뿐입니다.

나는 본문에서, 대기업에서 근무하거나 근무했던 사람 모두에게 문제가 있다고 하는 것이 아닙니다. 대기업에 근무하려면 한 가지라도 남들보다 좋은 능력을 보유해야 합니다. 단지 대기업에서 중소·중견기업으로 이직하게 되면, 중소·중견기업에 적합한 인재로서 역할을 해야 하는데, 그렇지 못할 가능성이 높은 경우와 사람들에 한정하여 이야기하는 것입니다. 오해가 없었으면 좋겠습니다. 다음은 한 사람을 예로 들어 이야기하겠습니다. 내가 이야기하는 분은 대기업에서 임원으로 근무하다가 중견기업 부사장(제조총괄)으로 이직한 분입니다. 나는 이분과 아래에 있는 내용의 프로젝트를 4개월간 진행했던 경험에 관해 이야기하고자 합니다. 이 프로젝트는 사내 공정상에 있는 용기를 줄이는 프로젝트였습니다. 사내 공정에는 불필요하게 보유하고 있는 용기가 있었습니다. 하지만, 공정의 용기를 줄이는 것은 쉽지 않았습니다. 공정의 용기를 줄이려면 작업자 개개인의 업무하는 습관들이 바뀌어야 하고, 프로세스 간 Capa도 개선되어야 하며, 작업자들이 작업 간 어려운 점과 불만을 느끼지 않게 용기를 원하는 시간과 장소에 On Time 개념으로 공급해 줄 수 있어야 하는 등 다양한 분야가 동시 다발적으로 변화되어야 합니다. 예를 들어, 매일 아침 8시에 충전을 하기 위해서는 충전 가능한 용기가 7시 30분까지 공급되어야 하는데 그렇지 않습니다. 자주 10분 20분, 길게는 30분에서 한 시간가량 늦습니다. 그래서 충전 작업자들은 전날에 용기를 미리 공급 받습니다. 이런 것을 모든 작업자가 실행하고 있다면, 굳이 보유하고 있지 않아도 되는 용기가 공정 곳곳에 있을 수밖에 없습니다. 그리고 하루에 어떤 품목의 충전 Capa는 30BT인데, 분석 Capa는 20BT입니다. 즉, 생산에서는 생산 입장에서 하루에 30BT를 생산하고 있고, 품질에서는 20BT를 분석합니다. 문제는 Capa 이슈로 다 분석하지도 못하는데 생산은 많이 충전하는 것입니다. 충전 Capa가 30이고, 분석 Capa가 20이면, 전체 최적화 관점에서 프로세스 Capa는 20입니다. 굳이 10을 더 충전할 필요가 있을까요? 더 충전을 해야 한다면 분석 Capa를 증가시켜야 합니다. 이러한 부분들을 전체 최적화 관점에서 조정 통제·개선하지 않고, 부분 최적화된 생각과 행동을 하다 보면, 공정에 굳이 없어도 되는 용기들이 증가하게 됩니다. 그리고 어느 순간 회사 내 곳곳이 다 소규모 저장소가 되고, 이는 공간 부족, 안전환경 문제, 비효율 문제 등을 발생시킵니다. 당연히 사람 또한 불필요하게 더 운영하게 됩니다. 이분은, 생산, 품질, 물류, S&OP 주관 조직의 파트장과 팀장들을 모두 소집했습니다. 그리고 매주 1회, 공정상에 용기가 얼마나 위치해 있었는지에 대해 토의했습니다. 부분최적화적 관점에서 단순 토의라기보다는 Brainstorming, Thinking Process에 가까웠습니다. 정보시스템에 나타난 정보를 가지고 개선책을 검토하였고, 정보시스템 데이터를 가지고 현장에 가서 직접 눈으로 확인하며, 하나하나 실행에 옮겼습니다. 나는 이분에게서 ① 하자고 하니 어쩔 수 없이 하긴 해야겠고, 속으로는 썩 달갑지 않게 생각하는 구성원들을 대상으로 인내심을 가지고 노력하는 모습 ② 단순히 지시하고 결과를 보고 받거나 원론적인 수준의 이야기를 하는 것이 아니라, 직접 세세하게 Brainstorming과 Thinking Process를 주도하는 모습 ③ 무더운 날씨에도 직접 현장에 나가 확인하는 모습 ④ 회의할 내용을 팀장과 파트장들보다 더 깊게 사전에 확인하고 참가하는 모습 등을 통해, 허세를 버리고 진정한 열정과 실무 중심의 디테일함을 느꼈습니다. 이때 이분의 나이는 50대 중반을 훌쩍 넘겼을 때였습니다. 나는 이분을 보면서 영업 또는 회사 대 회사 간에 전략적 목적에서 사람을 영입하는 것이 아니라면, 대기업에서 중소·중견기업으로 이직하는 사람은 실무 특히 프로세스 중심의 디테일한 실력과 추진 능력을(실무형 인재) 보유해야 한다는 생각이 정말 강하게 들었습니다. 5,000cc 엔진과 2,000cc 차가 만나면, 5,000cc 엔진은 초심을 가지고, 4,000cc, 3,000cc로 다시 되돌아 가보도록 노력해야 하고, 2,000cc 차는 3,000cc, 4,000cc 차가 되기 위해 노력해야 합니다. 즉, 대기업의 인재는 중소·중견기업에 이직 후, 넓고 깊게 보면서 초심을 가지고 뛰어야만 하고, 중소·중견기업의 구성원들은 기존의 매너리즘을 모두 버리고 새롭게 도약하기 위한 노력을 해야 합니다. 이것이 적절한 조화를 이룰 때, 그 기업은 변화되고 성장하게 됩니다.

이분은 향후 대표이사가 되었습니다. 여러분 중에는 혹, 내가 잘 보이기 위해서 이분을 언급한 것처럼 생각할 수도 있지만, 그렇지 않습니다. 다음은 JYP의 박진영 님이 한 말입니다. "사람들 사귀느라고 시간을 많이 쓰지 않았으면 좋겠어요. 인맥을 쌓아야지 성공할 수 있다고 믿는 분들이 많이 있는데, 짧게 보면 그렇습니다. 하지만 길게 보면, 결국 사람들은 다 이기적이기 때문에 서로에게 도움이 될 때는 도와주죠. 물론, 진짜 친구는 힘들 때도 도움을 주겠지만, '나 오늘 내 춤 연습을 할까? 내 노래 연습을 할까? 내 일을 할까? 내 공부를 할까? 내 운동을 할까? 아니면 중요한 사람을 만나야 하는데 그 사람을 만날까?' 여러분 실력을 키우고 여러분 몸을 관리하는 데 시간을 우선적으로 쓰시고, 인맥은 짧게 보면 도움이 되지만 길게 보면 결코 도움이 되지 않습니다. 그래서 술자리에 가시거나 별로 안 좋아하는 사람들과 어울려서 시간을 보내는 일은 하지 말라고 자신 있게 추천합니다. 그리고 지금 이것을 보는 분 중에 '자기야 성공한 위치에 있으니까 저렇게 말하는 거'라며 생각하시는 분도 많겠지만, 절대 그렇지 않습니다. 정말 성실하고 착실하게 자기 실력을 키우면, 내가 뭘 잘하면 분명히 나를 쓸 수밖에 없어요, 언젠가는. 그냥 내가 뭘 잘하기 때문에. 길게 보시고 사람들 만나는 데 시간 쓰고 돈 쓰고 몸 쓰고, 건강 악화 되고, 이런 것 하지 마세요. 자기를 믿으세요. 자기 실력을 믿으시고, 성실하게 노력하고 준비하고 공부하시면 됩니다". 나는 박진영 님의 말에 크게 공감합니다. 물론 엔

터테인먼트 업의 특성상 그리고 박진영 님의 입장에서 이야기한 것이고, 조직 생활에서 인간관계를 아주 무시할 수는 없지만, SCM을 업으로 한 지 25년이 지난 나로서는 정말 공감이 가는 내용입니다. 생산, 품질, 물류와 같이 한 분야만 지속하는 것이 아니라 SCM을 업으로 하는 사람들은, 전체 최적화 관점에서 모든 부서를 이해하고 같이 소통하며 변화를 넘어 혁신으로 연계하는 노력과 과정이 필요한데, 나 스스로가 실력이 없으면 그들을 이해시키는 것은 물론, 열정을 가지고 추진하는 것이 어려웠기 때문입니다. SCM을 업으로 함에 있어 인간관계도 중요하지만, SCM은 정량적·정성적 정보와 프로세스를 기반으로 이야기를 하는 것이기에, 업에 적합한 열정과 실력이 있어야만 존재의 이유가 유지됩니다. 앞에서 언급한 제조총괄(부사장) 님의 이야기를 언급하였지만, 용기 숫자를 줄이는 데 역할을 한 것은 인간관계가 아닌, 열정, 인내, 실력이었습니다. 여러분은 인간관계, 열정, 실력 중에 어떤 것을 더 중요하게 생각하나요? 여러분의 회사는 인간관계, 열정, 실력 중에 어떤 것을 더 중요하게 생각하나요? 여러분의 회사는 인간관계, 열정, 실력 중에 어떤 것을 기반으로 사람을 성장시키고 발탁하나요? 내가 늘 하는 말 중에 하나는, SCM을 업으로 하는 사람은, 시어머니와 같아야 합니다. 요즈음에는 시집살이가 없어지고 좋아졌지만, 예전의 며느리들이 가장 싫어했던 것이 "시어머니의 잔소리"였습니다. 그리고 SCM을 하는 사람은 **"셰퍼드"**여야 합니다. 저속한 의미로 "개"라고 표현한 것이 아니라 누군가는 열정을 가지고 비난받을 것 또한 감수하며 짖어 주어야 한다는 것을 의미합니다. 하지만 많은 조직과 기업에서 분란을 일으키는 존재로 인식되기 일쑤입니다. 그래서 SCM을 하는 사람은 실력을 기반하에 굴하지 않는 강한 추진력과 열정이 있어야 하고, SCM의 수준을 올리려고 하는 기업에서는 건전한 소리로 인식하고 적극 받아들이는 조직문화가 형성되어야 합니다.

아래는, 실제 공정에 있는 용기 1,200여 BT를 줄인 결과에 대해 개략적으로 나타내보았습니다.

- 숫자를 수작업으로 옮겨 적다 보니, 숫자가 맞지 않는 부분이 있을 수 있습니다. 이 점은 양해 바랍니다. 혹 숫자가 맞지 않더라도 여러분에게 의미를 전달함에 문제는 없습니다.

- 노란색은 1번부터 36번까지 있는데, 이 숫자들은 사업장 내 각각의 구역(위치)을 의미합니다. 예를 들어, 회수용기 저장소, 충전실, 잔류가스처리실, 진공처리실, 잔류가스처리 대기구역, 분석실, 분석 대기 구역 등등.

- 회색은 4월 초에 확인했을 때, 구역(위치)별로 사업장 내에(공장 내) 있는 용기 숫자입니다.

- 주황색은 앞으로 사업장(공장) 내에 있는 용기 숫자를 줄여보겠다는 목표를 나타내는 값(숫자)입니다. AS-IS보다 20% 정도를 줄여보겠다고 목푯값을 정했습니다.

- 흰색은 매주 정보시스템에 나타난 숫자를 기반으로 작업 현장에서 사람들이 업무하는 방식, Process, R&R 등을 확인하고, 개선하는 과정을 나타냅니다. 즉 정보시스템에 나타난 숫자를 기반으로, 작업 현장을 진단하고, 개선하고, 다시 숫자를 확인하는(반복하는) 과정을 나타냅니다. 많은 정보를 모두 나열할 수 없어, 샘플 관점에서 발췌했습니다.

- 보라색을 보면, 4개월의 노력 끝에, 사업장(공장) 내에 용기 숫자가 1,200여 BT가 감소된 것을 알 수 있습니다. 1,200BT가 감소됨에 따라 현장에 여유 공간도 많아지고, 현장의 복잡함도 줄어들고, 눈과 비에 노출되는 용기 숫자도 줄어들고, 신규용기 구매 소요 또한 감소하였습니다.

- 용기 숫자도 줄였지만, 생산계획을 기반으로 공장 내부에 있는 용기들이 On Time Delivery가 가능하게 되었습니다. 즉 아래의 내용은 데이터를 기반으로 하여(데이터 과학, 데이터 분석), 프로세스와 R&R을 개선하고 용기 숫자 또한 감소시킨 것입니다. 가장 중요한 것은 현 상태가 지속 유지되도록 관리 감독(R&R, SOP, KPI 등)을 강화하는 것입니다.

순번	용기 효율화 목표		세부 내용(매일 08:30~09:00 기준)					일 평균
	AS - IS	TO - BE	4월 19일	4월 20일	5월 10일	6월 17일	6월 18일	
1	3,138	2,196	2,502	2,410	2,248	2,180	1,993	2,267
2	289	202	129	128	134	141	128	132
3	2	2	2	2	2	2	2	2
4	19	13	13	9	29	19	19	18
5	40	32	40	35	28	25	25	31
6	36	24	36	30	18	18	18	24
7	3	3	-	3	-	4	4	2
8	108	75	57	61	82	76	97	75
9	179	147	166	142	158	149	142	151
10	7	6	-	12	14	12	-	8
11	28	19	14	29	11	15	12	16
12	19	17	9	9	8	9	9	9
13	34	24	33	45	39	36	36	38
14	78	77	55	58	71	78	88	70
15	64	64	41	54	57	53	54	52
16	14	2	-	-	-	-	-	-
17	9	12	6	6	6	6	6	6
18	89	90	77	79	77	61	67	72
19	10	7	-	-	-	3	3	1
20	29	20	12	18	16	21	12	16
21	48	34	29	32	45	76	75	51
22	68	66	96	102	138	90	91	103
23	214	222	215	212	227	124	210	198
24	208	145	3	5	66	10	10	19
25	108	76	58	61		83	74	69
26	83	58	3	3	3	3	3	3
27	265	186	143	165	322	149	161	188
28	5	4	-	-	-	-	-	-
29	2	2	2	2	2	1	1	2
30	63	44	29	29	42	41	41	36

31	88	61	66	66	86	18	18	51
32	1	1	-	-	-	1	1	0
33	2	1	27	27	9	14	13	18
34	23	27	25	17	17	29	31	24
35	338	236	673	645	415	403	418	511
36	363	791	726	679	667	575	575	644
소계	6,074	4,986	5,287	5,175	5,037	4,525	4,437	4,892

"혁신" 이름의 부서만 만들면
"혁신"이 되나요?

이번 Episode는, 구성원의 생각하고 행동하는 방식과 수준, DNA, CEO 와 임원의 의지, 혁신 부서를 1차적으로 이끌어가는 직책자와 부서원의 능력과 의지, 조직문화, 인프라 구축 수준 등 정말 다양한 원인으로 인해 다양한 영향을 받게 되고, 다양한 수준의 결과가 나타나기에, 이렇게 하면 "이런 결과가 나옵니다, 이렇게 하면 됩니다."라고 단정하는 것은 제한됩니다. 그래서 그동안 경험을 통해 느낀 점과 질문을 통해 여러분과 공감해 보려고 합니다.

기업에서 "혁신" 이름이 들어가 있는 부서를 가끔 볼 수 있습니다. Routine 한 업무를 유지하고 있는 부서에 "혁신"이라는 용어를 사용해 부서이름을 유지하는 경우도 있고, 새롭게 신설한 부서의 명칭에 "혁신" 용어를 사용하는 경우도 있습니다. 왜 "혁신"이라는 용어를 사용하여 부서를 만들고 유지할까요? "혁신"이라는 용어를 사용하여 만든 부서에 근무하려면 어떤 전공과 어떤 경험이 있어야 할까요? 이 부서에 적합한 사람은 어떤 사람일까요? 이 부서는 어떤 역할을 해야 하고 어떻게 업무를 해야 할까요? 항상, Routine 한 업무를 유지하고 있는 부서에 "혁신"이라는 용어를 사용해 부서 이름을 지었지만, 이 부서가 혁신과 거리가 먼 수준의 업무만 반복하고 있다면 "혁신" 용어를 사용하지 않는 것이 적절하다고 생각합니다. 왜냐하면 기업 안에 그리고 구성원들에게 "혁신"이라는 용어를 식상하게 생각하도록 만들거나 "혁신"에 대한 감흥이 없게 만들 수 있기 때문입니다. 만약, Routine 한 업무를 유지하는 부서의 명칭에 "혁신"이라는 용어를 사용해야 한다면, 그리고 새롭게 구성한 조직에 "혁신" 용어를 붙였다면, '이 부서들은 왜 존재하는지? 그리고 생각하고 행동해야 하는 범위와 수준 그리고 어느 범위와 수준으로 업무를 유지해야 하는지?' 등을 복합적으로 검토하여, 기본 틀부터 정립해야 할 필요가 있습니다. 또한 적절한 인재를 배치하고, 조직 및 개인 간에 상호관계를 하나하나 정립해 나가면서 업무를 유지할 필요가 있습니다.

내가 어떤 기업에 근무하는 동안, 이 기업에 ○○ 혁신 팀이라는 명칭의 팀이 신설되었습니다. 그런데 아쉽게도 팀이 생겨난 지 3년이 지나가는 시점에, 팀은 붕괴되기 시작했습니다. 외부에서 입사한 팀장은 3년 만에 스스로 퇴사하였고, 팀원들도 마음이 떠났는지 이직을 고민하고 준비하였습니다. 나는 이 팀장님과 자주 만나지는 않았지만 업무적으로 만났을 때, 속칭 '학자풍'의 성향을 보이는 분임을 느낄 수 있었고, 소신 있는 발언도 가끔 하는 분이었습니다. 그리고 이분과 이야기하는 과정에서 이분 또한 논리를 만들고 관철시키는 과정 그리고 이와 관련된 예산을 확보하는 과정, 생각하고 행동하는 방식이 다른 사람들과 조직문화와 매너리즘에 부딪쳐가며 새롭게 업무를 해야 하는 과정 등이 녹록지 않다는 것을 "느끼고 있구나." 하고 알 수 있었습니다. 나는 이분이 떠남과 동시에 조직이 붕괴되는 현상을 보면서 물류혁신팀, 업무혁신팀을 거치면서 흘러온 나의 지난 세월이 주마등처럼 스쳐 지나갔습니다. 왜냐하면 나 또한 벼랑 끝에 서 있는 느낌으로 이분이 겪어야 했던, 고민해야 했던 상황에 수없이 직면했었기 때문입니다. 내가 왜 이렇게 이야기하는지에 관해서는, 이 책의 Episode 중에, "태동기, 성장기(초기 안정화), 후퇴기, 암흑기, 재도약기, 성장기(안정화, 정상화)"라는 제목의 Episode를 읽어보면, 잘 알 수 있습니다.

임진왜란 때, 왜적에 맞서 싸우겠다고 논과 밭을 갈던 농민, 고기 잡는 어부 그리고 절에서 수양을 하던 스님 등이 의병 활동을 하였습니다. 그리고 6·25 전쟁 때, 나라를 구하겠다고 학교에서 공부하던 학생들이 학도병으로 전장에 나갔습니다. 이러한 농민과 어부, 스님, 학생들로 구성된 조직들은 그 당시 "혁신" 조직에 해당한다고 할 수 있습니다. 지금부터 이 조직들과 현재 기업에서 새롭게 "혁신"이라는 명칭을 붙여서 만든 부서와 비교하여 간단하고 개략적으로 이야기해 보겠습니다. 의병과 학도병 조직은 전투와 전쟁에 참여하기 위한 목적을 가지고 농민과 어부, 스님 그리고 학생들로 구성되었지만, 이들은 제대로 훈련받은 군인이 아니었습니다. 따라서 이들을 잘 싸우게 하려면, 기초 군사교육훈련부터 해야 합니다. 훈련받지 않은 상태에서 전투를 하게 되면 몰살당할 수 있습니다. 그리고 적합한 무기와 탄약도 지급해주어야 합니다. 이와 비교해, 기업에서 새롭게 구성한 "혁신" 부서 구성원의 대부분은 본인이 간절히 원해서 있는 것이 아닙니다. 그리고 "혁신"이라는 전공 "명"은 없기에, 의병과 학도병 같이 천차만별의 수준과 경험을 가진 사람들로 구성될 수 있습니다. 그래서 사람마다 적절한 능력이나 경험이 부족할 수 있기에, 적절한 교육훈련이 필요할 수 있습니다. 하지만 혁신 부서 구성원을 대상으로 혁신 부서에 적절한 교육훈련을 지속적으로 진행하는 기업이 있을까요? 그리고 "혁신" 부서가 뭘 해 보려고 해도 적절한 인프라가 뒷받침되지 않을 수도 있습니다. 예를 들어, 정량적 데이터로 이야기를 해야 하는데, 데이터가 형성되지 않습니다. 이는 정보시스템 문제일 수도 있고 타 부서에서 역할을 해야 하는 사람의 문제일 수도 있습니다. 정보시스템이면 예산을 확보해서 프로젝트를 추진해야 하고, 사람이 문제면 타 부서들과 유기적인 협업을 해야 하는데, 생각대로 잘 안될 가능성은 상존합니다. 즉, 생각하지도 않은 아주 기초적인 부분부터 손을 봐야 하거나 혁신 부서 입장에서 생각하고 행동한다고 해서 그리고 혁신 부서만 잘 한다고 해서 모두 해결된다고 기대하기도 어렵습니다. 의병과

학도병은 죽기 아니면 살기로 뭉친 사람들이고, 그들을 지휘하고 통제하는 직책자는 이들과 생사고락을 같이하며 끈끈하게 연결되어 있습니다. 기업의 "혁신" 부서에 있는 사람들은 각자 입장에서 몸담고 있는 사람들입니다. 즉, "혁신"이라는 하나의 목표 아래 강력한 사명감과 의지를 가지고 있는 것이 아니라, 생계와 자아실현을 위해 직장 생활을 하는 과정에서 우연하게 근무하게 되었을 뿐입니다. 그리고 "혁신" 부서의 1차 직책자와 부서원 간에 생사고락을 같이하며 생명을 담보로 끈끈하게 연결되어 있는 것도 아닙니다. 게다가 의병과 학도병은 자발적으로 만들어진 조직이지만, 기업의 "혁신" 부서는 자발적이 아닌, CEO나 다른 임원들의 생각에 의해 만들어진 부서입니다. 그래서 주위에서 혁신 부서를 바라보는 시선은, CEO와 임원들이 얼마나 혁신 부서에 힘을 실어 주느냐에 따라 달라질 수 있습니다. 그리고, 혁신 부서를 바라보는 주위 부서들은 CEO와 임원들이 혁신 부서에 얼마나 관심이 있고, 얼마나 힘을 실어주는 분위기인지를 관찰하면서 이에 적절하게 대응하는 경향이 강합니다. 혁신 부서에게 있어 최악의 상황은 조직문화가 하위 평준화되어 있고 매너리즘이 강한 상태에서, "혁신" 부서에 힘을 실어주었던 CEO와 임원이 의지를 상실하거나 교체되는 경우입니다. 이러한 상황에서 혁신 부서를 책임지는 1차 직책자는 끝을 알 수 없는 깊고 넓은 저항에 부딪치게 됩니다. 그리고 오너가 아닌 전문 경영인의 경우, 본인이 추진해서 "혁신" 부서를 만들어 놓긴 했는데 "혁신" 부서로 인해 말이 많아지고 주위에 트러블이 발생한다면, 본인조차도 "혁신" 부서에 무조건적으로 힘을 실어주고 옹호하기는 어렵습니다. 물론 강력한 소신이 있는 전문 경영인이라면 다를 것입니다. 그리고 의병과 학도병은 목적과 목표가 정해져 있고 끊임없이 변화되는 전장 상황에서 하고 싶지 않아도 해야 할 일이 넘쳐나기에, 하루하루가 정신이 없습니다. 하지만 기업의 혁신 부서는 생산과 품질, 물류와 같이 대부분 안정적이고 일정하게 유지되는 업무보다는 매일매일 능동적이고, 새롭게 업무를 찾아서 해야 할 수도 있기에, 자칫 잘못하면 혁신 조직 자체가 추진력을 상실하거나 매너리즘에 빠지게 될 수도 있습니다. 왜냐하면 창의적, 도전적 그리고 새롭게 하는 업무들은 상대적으로 많은 노력과 고민이 필요하고 힘든 편인데, 남들과 동일한 대우를 받는 상황이라면 상대적 박탈감이 형성될 수 있기 때문입니다.

떠나가는 ○○ 혁신팀의 팀장을 보면서, 이분이 ○○ 혁신팀이 아닌 다른 팀을 맡았다면 어떠했을까? 생각을 해보았습니다. 능력과 별개로 성향, 상황, 환경, 여건, 역할 등에 있어 상호 간 잘 맞지 않았을 수도 있다고 생각됩니다. 그래서 이분이 대부분 안정적이고 일관된 업무 위주로 하는 부서의 팀장이었다면 그 누구보다 빛이 날 수도 있었을 것입니다. 이분에게 능력과 책임감을 이야기하는 사람이 있을 수 있겠지만, 그런 사람이 있다면, 나는 그 사람에게 다음과 같이 묻고 싶습니다. "혁신 명칭을 가진 부서를 책임져 본 적이 있나요?", "당신이 한번 직접 해 보세요.", "당신이 직접 해 보고 나면 어떤 말이 나올지가 궁금합니다."

나는 SCM을 추진함에 있어, 물류 기반 향상 그리고 프로세스 향상을 위한 혁신 팀을 내 의사와는 전혀 상관없는 업무 범위와 인원들로 구축하고 유지했습니다. 그때 소감을 이야기하자면 다음과 같습니다. 끊임없이 존재의 이유와 역할, 깊이와 범위를 고민해야 했고, 사람들과 협의하고 사람들을 설득하는 과정에서 방황하며 좌충우돌해야 했고, 타 부서와 잘 협의되지 않고 평행선을 달리는 R&R로 인해 많은 스트레스를 받아야 했고, 팀원을 대상으로 하나부터 열까지 하나하나 가르쳐 주어야 했고, 업무도 업무이지만, 팀원들이 감정적으로 어려움을 겪지 않도록 타 부서 및 사람들과 마찰이 발생하는 업무 부분은 내가 직접 솔선수범해서 해야 했고, 구성원들에게서 열정과 사기가 식지 않도록 끊임없이 비전을 제시하며 끈끈한 유대관계를 형성하기 위해 노력해야 했습니다. 누구나 "혁신" 부서의 직책자(본부장, 팀장, 파트장 등)를 할 수 있습니다. 누구나 "혁신" 부서의 구성원을 할 수 있습니다. 그리고 혁신 부서! 이름이 "혁신"이지만 대충대충 생각하고 행동하면서 근무할 수도 있습니다. **다만 "혁신"이라는 용어에 적합하게, 그리고 "혁신" 부서를 만든 목적에 부합되게 부서를 구성하고 유지하며 성과를 만들어 내는 것이 어려울 뿐입니다.** 직업윤리와 자존감이 없는 사람이라면 "혁신" 부서에서도 "안 되면 말고" 식으로 대충대충 생각하고 행동하며 출퇴근에 의미를 두고 생활할 수 있겠지만, 직업윤리와 자존감이 있는 사람이라면 "혁신" 부서에서 "대충대충"은 너무 힘든 하루하루의 연속이 될 수 있습니다. 혁신 부서를 1차적으로 책임지는 직책자가 성품도 좋고 능력도 뛰어나면 좋겠지만, 이보다 더 필요한 것은 용광로 같은 열정, 지칠 줄 모르는 의지, 일정 부분 카리스마 있는 리더십을 보유하는 것이라고 생각합니다. 협업과 소통 능력도 중요한데, 인간은 이기적이고 개인적인 동물이다 보니, 그리고 관심사와 생각하는 수준이 서로 다른 경우, 협업과 소통이 잘 안될 수 있기에, 때로는 강력한 추진력과 정면 돌파에 필요한 담대력, 가끔은 무대뽀 정신도 필요할 수 있다고 생각됩니다.

마지막으로, 여러분이 혁신 부서를 구성하려고 한다면, 우선 어떠한 사람으로 어떻게 구성할 것인지에 대해 정말 많은 고민을 해야 합니다. 왜냐하면 진정한 의미에서 "혁신"은 남들과 똑같이 생각하고 행동해서 되는 것이 아니기 때문입니다. 그리고 "혁신"적으로 부서를 유지하는 과정이 결코 쉽지 않기 때문입니다.

2,000cc라고 해서 만만하게 보지 마세요

나는 공공기관과 기업에 소속되어 근무해 보았고, 공공기관과 기업에서 경험한 조직문화는 다양했습니다. 하지만 공통적인 것 중에 하나는 텃세와 매너리즘이었습니다. 장교들은 짧게는 1~2년에 한 번씩 전국을 돌아다녀야 하는 삶을 사는 것이 잦았습니다. 이로 인해 어떤 선배의 자식은 고등학교 졸업까지 8번 전학을 다닌 경우도 보았습니다. 나 또한 마찬가지였습니다. 보직을 수시로 이동하면서 새롭게 부여받은 내 업무에만 적응해야 하는 것이 아니라 새롭게 옮겨간 지역과 조직을 능동적으로 파악해야 했고, 구성원들이 어떤 유형과 수준을 유지하고 있는지를 파악하기 위해 많은 노력을 기울여야 했습니다. 이런 상황하에서 독창적, 창의적에 가깝게 업무를 추진하기 위해서는 심기일전의 마음으로 도전해야 했고, 일정 시간이 지나더라도 항상 안정감이 낮았고, 붕 떠있는 느낌, 서먹함과 이방인이라는 느낌 또한 지울 수가 없었습니다. 그중에서 가장 어려운 현실의 벽으로 다가왔던 것은 매너리즘과 광범위하게 구축되어 있는 그들만의 리그 그리고 리그로 인해 굳어진 인간관계들이었습니다. 특히 객관적인 관점에서 능력이 없음에도 불구하고 리그와 인간관계들로 인해, 기득권으로 자리잡고 있는 사람들을 자주 볼 수 있었습니다.

몇 가지 예를 들어 보겠습니다. 내가 조직을 옮겨 새롭게 일을 추진하려고 했을 때, 불가피하게 야근을 많이 해야 했습니다. 그때 어떤 직원에게 야근을 할 수 있냐고 물었더니, 그 직원이 나에게 다음과 같이 이야기했습니다. "저는 원래 야근을 안 합니다." 그때의 신선한 충격은 ○○여 년이 훌쩍 지난 지금도 잊히지 않습니다. 직원이 잘못했다는 것이 아닙니다. 그 사람의 인생관을 존중합니다. 다만 많이 신선했을 뿐입니다. 시간이 지나 그 직원과 어느 정도 공감대가 형성되니, 그 직원도 저와 같이 야근도 하고, 기존 생활 리듬보다 타이트한 직장 생활을 하게 되었습니다. 그러던 어느 날, 그 직원이 저에게 찾아와 다음과 같이 이야기하였습니다. "팀장님과 같이 업무하면서, 어디를 가도 할 수 있다는 자신감을 얻었습니다. 그래서 퇴사해서 자신 있게 개인 사업을 해보고 싶습니다!" 나는 이 말을 듣고 웃어야 할지, 울어야 할지, 격려해야 할지 잘 모르겠더군요.

어떤 직원의 경우에는 기안하는 방법을 좀 더 가르쳐 주고 싶기도 하였고, 문서 내용에 부족한 부분이 잦았기에, 결재선상에 있는 문서들을 내가 직접 수정 후 상부에 올리는 경우가 많았습니다. 어느 날 이 직원이 나에게 다음과 같이 물었습니다. "왜 제가 작성한 문서를 수정하세요?" 나는 해당 직원에게 이유를 설명해 주었지만, 기분이 나쁘다고 말을 하기에 더는 직접 수정하지 않았습니다. 문제는 내가 수정하지 않으면 상부의 반려가 잦아지거나 상부에서 이해를 못 하겠다며 다시 물어보고 답변하는 비생산성 행정 과정과 시간이 증가하는 것이었습니다. 이 직원에게는 1주에서 2주 정도의 충분한 시간을 부여하고, 제목과 개략적 방향을 설명한 뒤 어떤 문서를 기획해보라고 했습니다. 하지만 며칠 뒤에 저를 찾아와, 처음부터 끝까지 세세하게 하나하나 다 가르쳐 달라고 했습니다. 그래서 나는 그 직원에게 다음과 같이 이야기했습니다. "이런 방식으로 할 거면, 내가 직접 하지 뭐하러 당신에게 이야기했을까요? 많은 고민을 통해 문제점을 분석해보고, 스스로 해결책을 제시해 보라는 것입니다." 그랬더니 이 직원이 저에게 한 답변은 "지난번처럼 또 수정할까 봐요."였습니다.

여러분, 사람이 기계와 다른 가장 큰 것 중에 하나는 뇌가 있는 것입니다. 사람이 다른 동물과 비교해 가장 큰 특징 중에 하나는 뇌의 능력이 상대적으로 매우 높은 것입니다. **창의성, 창조성, 독창성 등은 지속적인 고민을 통해 얻을 수 있습니다.** 따라서 다양한 고민을 통해 다양한 문제점을 분석하고 다양한 해결책을 도출해본 경험이 적은 사람은 창의성, 창조성, 독창성 등과 거리가 먼 조직 생활을 하게 되고, 성장해서도 하부 직원들에게 다양한 관점에서 가이드를 해 줄 수 없습니다. 당연히 존경 또한 받을 수 없을 것이고요. 이와 유사하게 사회 초년생부터 책임 있는 의사결정을 해보지 않은 사람은 직급이 더 올라가도 책임 있는 의사결정을 할 수 없고, 하부 사람들에게 책임을 떠넘길 가능성 또한 매우 높습니다. 단순히 시간만 흐르면 나이를 먹게 되고 쌓이는 경력, 누구나 할 수 있는 수준의 경력. 나는 이러한 경력을 **"시간적 경력"**이라고 부르는데, 여러분 주위를 둘러보십시오. 여러분 주위에도 이러한 경력을 가진 사람들이 있을 것이며, 여러분은 단순·시간적 경력을 가진 사람들을 보면 어떤 감정을 느끼나요? 흔히들 '고인물'이라고도 표현하긴 하는데, 여러분은 시간이 지나면 고인물이 되지 않을 수 있다고 자신할 수 있나요?

나는 25살에 처음 테니스를 치기 시작했습니다. 나는 땀을 많이 내는 격렬한 운동을 좋아하기에 단식 테니스만큼 좋은 운동은 없었습니다. 처음에는 나보다 훨씬 나이가 많은 간부들과 함께 치기 시작했습니다. 간부 중에는 테니스 레슨을 통해 전문적으로 배워서 치는 사람도 있었고 전혀 배우지 않았지만, 10~20년 정도 테니스를 치다 보니 어느 정도 수준에 오른 사람도 있었습니다. 나는 전문적인 레슨 경험 없이 10~20년 정도 테니스를 해온 간부들과 테니스를 시작했습니다. 나는 그들보다 10살에서 20살이 젊었지만, 일정 기간 동안 나는 그들을 절대 이길 수가 없었습니다. 전문적으로 6개월 이상 레슨을 받은 이후에야, 그들을 이길 수 있었습니다. 그들에게는 속칭 "구력"이라는 것이 있었습니다. 목 부분과 헤드 부분이 얇아 힘과 기술로 치는 라켓이 아닌, 큰 힘과 기술을 발휘하지 않고도 손목만으로도 공을 잘 넘길 수 있는 두꺼운 라켓을 사용하면서 손쉽게 공을 넘겼습니다. 물론 넘어오는 공의 스피드는 세지 않았습니다. 하지만, 정말 쉽게 공을 받아 넘겼고 구석구석 공을 잘 보냈습니다. 나는 한동안 고전을 면치 못했습니다. 그러다가 나는 외부 강사에게 전문적으로 레슨을 받기 시작했습니다. 6개월이 지난 시점, 나는 그들을 이길 수 있었습니다. 그리고 그 이후에 그들은 내 상대가 되지 못했습니다. 나는 여러분에게 테니스 실력을 자랑하려고 하는 것이 아닙니다. "시간적 경력"을 이야기하고 싶어서입니다. 전문적 레슨 없이, 단순 구력에 의해 습득한 테니스 실력으로는, 초보자는 이길 수 있어도 시간이 지나 초보자가 실력을 쌓게 되면, 이길 수 없습니다. 업무도 마찬가지입니다. 단순히 "시간적 경력만"을 가지고 자만하거나 기득권처럼 행동해서는 안 됩니다. 왜냐하면 "시간적 경력"을 통해 쌓은 업무 수준은 짧은 기간에 누구나 따라잡을 수 있기 때문입니다. 여러분이 "시간적 경력"을 추구하는 삶을 살고 있다면, 여러분은 나중에 다음 세대들에게 Respect는 물론 고인물, 더 나아가 꼰대가 될 가능성이 높습니다.

내가 조직을 수없이 옮겨 다니면서, 그것도 작은 조직에서 큰 조직이 아닌 큰 조직에서 작은 조직으로 옮겨갈 때 끊임없이 고민해야 했던 것 중에 하나는, '내가 인생을 잘못 살았나?', '내가 잘못 배웠나?'입니다. 왜냐하면, "우물 안의 개구리" 현상을 자주 보았기 때문입니다. 내가 가장 인상적으로 남는 것 중에 하나는 논리적 사고 Tool을 업무에 적용해 보는 과정에서 발생한 에피소드입니다. 외부 컨설팅을 통해, 임직원들은 5 Why를 업무에 적용해 보기 시작했습니다. 나는 한 부서의 5 Why 과정을 지켜보았습니다. 어떤 이슈가 발생했는데, 조직 초창기부터 근무하면서 성장한 ○○○와 ○○○○가 5 Why를 이야기하며 하부 직원들에게 5 Why를 적용해 문제를 분석하고 해결책을 제시하라고 했습니다. 그리고 직원들이 작성해온 내용을 가지고 함께 모여서 맞고 틀림을 이야기하였습니다. 내가 볼 때는 직원이나 ○○○이나 ○○○○이나 5 Why를 할 수 있는 역량이 부족했습니다. 그런데도 ○○○과 ○○○○은 직원이 해온 것을 가지고 감 놔라 배 놔라 훈수를 두었고, 그들 역시 틀린 방향으로 결과를 도출하고 있었습니다. 일반적으로 논리적 사고 Tool을 업무에 적용하는 것은 쉽지 않습니다. 제대로 된 능력을 보유하려면 초년생부터 실제 논리적 사고 Tool을 활용한 업무를 많이 경험해 보아야만 합니다. 상기의 경우, 근무 연수가 얼마 되지 않은 직원이나 근무 연수가 오래된 직원과 ○○○나 그보다 짧거나 더 오래된 ○○○○에게 공통적인 것은 5 Why를 접해본 경험과 5 Why를 이용해 업무를 해본 경험이 거의 동일하다는 것입니다. 논리적 사고 Tool을 이해하고 이를 업무에 제대로 적용하는 능력은 단순히 나이가 많고, 직장에 오래 근무했다고 해서 잘 형성되는 것이 아닙니다. 모여서 상호 부딪쳐가는 모습은 긍정적이었으나, 배를 산으로 몰고 가는 것은 어쩔 수 없는 현실이었습니다.

하루는 타 부서의 부장이 협조 문서를 반려했습니다. 사유는 문서에 존댓말을 쓰지 않았다는 것입니다. 타 부서에 업무 협조 또는 확인을 목적으로 "통보합니다.", "통보하오니~확인 바랍니다.", "협조 바랍니다."라는 단어와 문장을 써서 문서를 보냈습니다. 그랬더니 문서에 존댓말을 쓰지 않았다고 반려하는 것이었습니다. 당혹스러워 어떻게 해야 할지를 고민하다가, 유선으로 물어보았더니 반드시 존댓말을 써야 한다고 해서, 존댓말로 문서를 작성해서 보냈습니다. 그리고 여러 부서와 네트워크적으로 연결되어 있는 업무의 경우, Cause와 Effect 관계를 설명하면서, Effect에 영향을 주는 Cause를 발생시키지 않도록 주의하며 업무를 유지해 달라고 이야기하면, '왜 비난하느냐!', '공격하느냐!'라는 식의 답변을 자주 받기도 하였습니다. 이러한 현상은 난이도가 높은 업무 분야에서 더 두드러지게 나타났습니다.

대기업에서 근무하다가 중견·중소기업에 CEO 직책으로 오는 경우, 해당 CEO분들에게서 여러 이야기를 직간접적으로 들어볼 수 있었습니다. 그중에서 가장 당연하면서도 공통적인 부분은 중소·중견기업이 본인이 몸담았던 대기업과 같거나 유사한 DNA, 프로세스, 시스템, 인재를 보유하고 있지 않다는 것입니다. 그래서 CEO가 현실을 있는 그대로 받아들이고 있는 그대로 파악하기까지 많은 시간과 어려움이 발생한다는 것이었습니다.

나의 지극히 개인적인 입장에서는 기업이 어쩔 수 없는 특수한 상황이나 목적(영업, 조직 대 조직 간에 전략적 상생 관계, 예우, 정책 등)이 아닌, 내부 프로세스나 시스템 개선을 목적으로 대기업 출신의 사람을 중소·중견기업에서 CEO로 영입하려고 한다면, CEO로 영입하는 것보다 COO로 영입해서 중견·중소기업의 프로세스, 시스템, 운영 수준, 구성원의 생각하고 행동하는 방식과 DNA 등을 충분히 파악하게 한 다음에 CEO를 하는 것이 바람직할 것으로 생각됩니다. 특히 대기업과 중소·중견기업 간에 업종이 다르면 더욱 그렇다고 생각합니다. 만약 COO가 아닌 CEO로 영입한다면, 이 CEO에게는 시간적 배려를 해주어야 합니다. 왜냐하면 업종이 다른데 대기업에서 바로 CEO로 오는 경우, 1년은 파악하다가 지나가고, 1년은 뭘 좀 해보려고 했지만 제대로 해보지도 못하고 지나가고, 1년은 작년의 수준에서 벗어나지 못하다가 이것도 저것도 생각대로 잘 안된다는 회의감에 1년을 보낼 수도 있다는 판단이 들기 때문입니다. 설상가상으로 업종이 다른 상황에서 CEO가 내부를 속속들이 잘 모른다면, 기존 구성원에게 전적으로 의존할 수밖에 없는데, 기존 구성원의 DNA 수준이 낮고 생각대로 따라와 주지 않는다면, 기존 구성원이 CEO의 눈과 귀를 가리기 바쁘다면, CEO는 임기 중 많은 시간 "소 잃고 외양간 고치는 식"의 경험을 자주 해야 하고, 이러지도 못하고 저러지도 못하는 답답한 상황에 자주 처하게 될 수 있기 때문입니다.

여러분, 돌을 옮겨야 하는데 돌이 너무 단단하게 박혀 있으면, 돌을 심하

게 흔들거나 주위 흙을 많이 퍼내야만 가능합니다. 여러분과 나, 우리 모두
는 우리가 모르는 사이에 단단하게 박힌 돌이 되어가고 있는지에 관해 자
주 생각해 볼 필요가 있습니다.

판매 예측과 판매 실적을 가지고 이야기해 보자고요

오늘은 여러분에게 ○월 판매예측 데이터와 실적 데이터를 이용하여 이야기하고자 합니다. S&OP는 프로세스입니다. S&OP 프로세스에서 데이터 분석을 통해 새로운 의미를 도출하고 활용하기 위해서는 우선 일정 기간 그리고 일정 수준 이상의 신뢰성 있는 데이터가 생성되고 축적되어야 합니다. 이를 위해서는 사용하는 언어(기준정보, 양식 등)를 일치시킨 후, S&OP 프로세스 과정에서 데이터를 생성 및 구축하는 데 방해가 되는 요인을 개선하면서 실시간 데이터를 생성하고 유지하는 활동을 해야 합니다. 여러분은 언어의 일치부터 안 되어 있습니다.

그동안 여러분은 언어의 일치를 위해 기준이 되는 정보들을 표준화하고, 영업에서는 매일 Forecast & Demand Sheet에 데이터를 입력하고 수정하였습니다. 기업의 수요·공급의 시작은 영업입니다. 영업의 데이터를 기반으로 공급을 위한 다양한 활동이 시작됩니다. 그래서 영업부터 언어를 통일하고 올바른 방향과 속도로 데이터를 생성 및 유지하고 축적하는 활동은 매우 중요합니다. 영업에서 매일 Forecast & Demand Sheet를 제대로 관리하지 않는다면, 다음 표와 같은 현상이 지속적으로 나타나게 됩니다.

그리고 이러한 현상들은 내부 공급 프로세스(구매, 생산, 물류, 재무, 품질 등)

에 혼란을 발생시킵니다. 현재 영업 직원의 S&OP 회의 참석율이 저조합니다. 영업 직원이 S&OP 회의에 참석할 수 있도록 영업 임원과 팀장은 배려해 주십시오. 또한, 아래 표와 같은 현상들이 나타나면 일정 수준 이상의 신뢰성 있는 데이터가 생성되지도 축적되지도 않습니다. 영업에서 취급하는 데이터가 그나마 신뢰성 있게 생성된 시기는 ○○○○년 2월부터입니다. 그 이전에 생성된 데이터들은 신뢰성 이슈로 활용이 불가능합니다. 생성된 데이터(정보)는 시간과 노력과 비용을 들여 업무를 진행한 결과인데, 이런 데이터에 신뢰성이 없고 연계할 수 없어 활용할 수 없다는 것은 당장 눈에 보이지 않지만, 매우 큰 Loss입니다. 아래 표에는 영업에서 가지고 있던 문제점 중 몇 가지만 기록하였습니다. 영업을 공격하거나 잘못했다고 몰아세우는 것이 아닙니다. 변화를 위해 노력하자고 이야기하는 것입니다. 영업은 S&OP 프로세스 개선을 통해 일정 수준 이상의 데이터를 생성하고 축적해 나가야 합니다. 그리고 지속적으로 유지해야 합니다. 그렇지 않으면 예전으로 돌아가는 것은 시간문제고 예전으로 돌아가는 속도는 개선해 왔던 속도보다 2배는 빠를 것입니다. 즉, 배우고 개선하는 데 10시간이 소요되었다면, 잊어버리는 데는 5시간이면 됩니다.

■ 영업 직원이 수작업 양식에 입력 중인 충전량 단위와 정보시스템에 입력된 충전량 단위가 다릅니다. 그리고 영업 외 다른 부서에서 사용 중인 양식에 입력된 충전량 단위가 다릅니다. 즉, 모든 부서가 다른 데이터를 유지하고 있어 상호 연계가 불가능합니다. 따라서 영업부터 기준을 정립해야 합니다.

(⑩ 정보시스템에는 MPa로 표기되었지만, F&D Sheet에는 세제곱미터로 기록되어 있음. 다른 부서들이 유지하고 있던 양식에도 각기 다르게 표기되어 있음)

■ 밸브 정보가 부정확합니다. 가스가 같아도 밸브가 다르면 다른 품목이 됩니다. 예를 들어, 밸브를 구분 관리하지 않으면, 재고는 있는데(가스는 같은데) 밸브가 달라서 고객에게 납품할 수 없는 상황이 발생하고, 적정 수량의 밸브를 유지하는 프로세스를 구축하는 것도 불가능합니다(⑩ VMI 프로세스 구축). 그런데 각 부서에서 기존부터 유지하고 있던 양식에는 밸브를 다르게 표시합니다.

이렇게 표시하면 상호 업무 연계가 불가능합니다.

■ 영업에서 기존에 유지하던 양식에는 판매 중인 모든 품목을 입력하지 않았습니다. 그리고 판매한 실적을 제대로 입력하지 않았습니다. 고객을 구분할 때, 최종 고객인지 중간 고객인지(대리점 등)를 구분하여 기록하지 않았습니다. 예를 들어, ISO TUBE의 경우 최종 고객과 중간 고객이 구분·기록되어야만 ISO Tube 적정 운영수량 관리(정립)에 도움이 되는 데이터를 수집할 수 있습니다.

■ 고객을 구분할 때, 특정 고객만을 위한 전용 용기를 사용하는지, 어느 고객이든 모두 사용할 수 있는 공용 용기를 사용하는지에 관해 구분하지 않았습니다. 예를 들어, 이것을 구분하지 않으면 용기 Size는 같고 용기에 가스가 충전되어 있음에도 불구하고, 즉 재고는 있는데 특정 고객에게 납품할 재고(용기)는 없게 됩니다.

■ 수출입 품목은 담당하는 부서가 다르다는 이유로 영업에서 입력하지 않았습니다.

■ 정보시스템에 고객과 판매 실적이 매칭(Matching)되지 않습니다. 그리고 직원들이 기존부터 사용하고 있던 수작업 양식에 입력된 데이터와 정보시스템에 입력된 데이터가 다릅니다.

■ 사업장 간 이동 수량을 입력하지 않았습니다. ○○○로 나가는 경우, ○○○에서 바로 ○○○로 가는 것이 아니라 ○○○에서 ○○○에 있는 사업장에 보내고, ○○○에 있는 사업장에서 ○○○로 공급합니다. 여러분은 RFID나 바코드에 의한 용기 IN-OUT을 하고 있지 않기에(수작업 유지), 사업장 간 이동되는 것을 구분하여 입력하지 않으면 재고의 추적이나 관리가 불가능합니다.

■ 구축된 정보시스템을 통해서는 S&OP 프로세스 유지가 불가능하기에, 정보시스템에 입력된 판매실적을 S&OP 프로세스 유지에 필요한 F&D sheet에 다시 입력 중입니다. 그러나 정보시스템마저도 각 부서가 서로 다른 품목 코드를 사용하여 품목(제품, 상품)을 입력해 왔기에 혼란이 발생합니다. 예를 들어, 저장소에 실제 있는 재고는 1개인데 3개 부서가 품목 코드를 서로 다르게 입력하면, 정보시스템에는 저장소 재고가 3개 있는 것으로 나타나게 됩니다.

아래는 2월에 6월의 판매를 예측한 데이터와 6월에 실제 판매한 실적 데이터를 비교한 내용입니다.

구분	16주 전 판매 예측 VS 판매 실적						
	총 수량 기준			(A)의 세부 내용(B)			
	예측	실적	변동률 (A)	예측 > 실적(C)	예측 < 실적(D)	계(E)	변동률 (F)
제품 (용기 수량)	18,445	19,744	7%	4,016	5,315	9,331	51%
상품 (용기 수량)	420	631	34%	38	249	287	68%
계	18,865	20,375	8%	4,054	5,564	9,618	51%

16주 전에 16주 미래를 예측하는 이유는 자원 중 용기와(930L 이하 사이즈) 밸브의 조달 L/T이 16주 정도 소요되기 때문입니다(ISO Tube는 16주 초과임. ISO Tube는 그에 맞는 미래를 예측해야 함).

영업이 예측해야 하는 범위는 구매에서 조달하는 자원(가스, 용기, 밸브) 중 가장 조달 L/T이 긴 자원을 기준으로 정립해야 합니다. 이러한 관점에서 구매는 공급업체 다원화를 통해 각종 자원의 조달 L/T을 단축시키는 것이 필요합니다. 2월에, 앞으로 다가올 6월에는 총 18,445BT가 판매될 것으로 예측하였습니다. 하지만 6월에 실제 판매된 수량은 19,744BT입니다. 미리 자원을 준비했는데 예측보다 실적이 적은 경우, 자원 운영이 비효율적, 비경제적이게 됩니다. 미리 지원을 준비하지 않았는데 예측보다 실적이 많은 경우, 공급 부족 상황이 발생하고 내부 프로세스에 큰 혼란이 발생하게 됩니다. (A)는 단순히 총 수량을 기준으로 예측 대비 실적을 비교한 결과(변동률)입니다. (B)는 (A)의 세부 내용입니다. (A) 안에는 예측값이 실적값보다 큰 품목도 있고(C), 예측값이 실적값보다 작은 품목도 있습니다. 단순히 총 수량을 기준으로 나타냈기에, (A)의 제품과 상품의 변동률을 모두 합치면

8%입니다. 단순하게 생각해보면 8%는 큰 변동률이 아니라고 생각될 수 있습니다. 하지만 (B)를 자세히 보면 그렇지 않습니다. 품목별 세부 변동률은 51%에 해당됩니다. 세부 변동률이 51%라면 내부 공급 프로세스에는 많은 혼란이 발생하고 있다고 해도 과언이 아닙니다. 혼란을 감소시키기 위해서는 ① 영업의 판매 예측 정확도를 향상시키거나 ② 변동률을(변동 수량을) 상쇄할 수 있는 재고를 Buffer로 보유해야 합니다. [S0(공병 재고), S3(실병재고)]

4월에 6월의 판매를 예측한 데이터와 6월에 실제 판매한 실적 데이터를 비교한 내용입니다.

| 구분 | 8주 전 판매 예측 VS 판매 실적 | | | | | | |
| | 총 수량 기준 | | | (A)의 세부 내용(B) | | | |
	예측	실적	변동률 (A)	예측 > 실적 (C)	예측 < 실적 (D)	계 (E)	변동률 (F)
제품 (용기 수량)	20,180	19,744	2%	3,519	3,083	6,602	33%
상품 (용기 수량)	740	631	15%	138	29	167	23%
계	20,920	20,375	3%	3,657	3,112	6,769	32%

16주 전에 예측한 것보다 변동률은 감소합니다. 4월에는 앞으로 다가올 6월에 총 20,180BT가 판매될 것으로 예측하였습니다. 하지만 6월에 실제 판매된 수량은 19,744BT입니다. (A)는 단순히 총 수량을 기준으로, 예측 대비 실적을 비교한 결과(변동률)입니다. (B)는 (A)의 세부 내용입니다. (A) 안에는, 예측값이 실적값보다 큰 품목도 있고(C), 예측값이 실적값보다 작은 품목도 있습니다. 단순히 총 수량을 기준으로 나타냈기에, (A)의 제품과 상품의 변동률을 모두 합치면 3%입니다. 단순하게 생각해 보면 3%는 큰 변동률이 아니라고 생각될 수 있습니다. 하지만, (B)를 자세히 보면 그렇지

않습니다. 품목별 세부 변동률은 32%에 해당됩니다. 품목별 세부 변동률이 32%라면, 내부 공급 프로세스에는 많은 혼란이 발생하고 있다고 해도 과언이 아닙니다. 혼란을 감소시키기 위해서는 ① 영업의 판매 예측 정확도를 향상시키거나 ② 변동률(변동 수량)을 상쇄시킬 수 있는 재고를 Buffer로 보유해야 합니다. [S0(공병 재고), S3(실병재고)]

5월에 6월의 판매를 예측한 데이터와 6월에 실제 판매한 실적 데이터를 비교한 내용입니다.

| 구분 | 4주 전 판매 예측 VS 판매 실적 | | | | | | |
| | 총 수량 기준 | | | (A)의 세부 내용(B) | | | |
	예측	실적	변동률 (A)	예측>실적 (C)	예측<실적 (D)	계 (E)	변동률 (F)
제품 (용기 수량)	21,893	19,744	10%	3,630	1,481	5,111	23%
상품 (용기 수량)	732	631	14%	130	29	159	22%
계	22,625	20,375	10%	3,760	1,510	5,270	23%

16주 전에 예측한 것보다 변동률은 감소하지만, 8주 전에 예측한 것보다 변동률은 오히려 미세하게 증가합니다. 5월에 영업에서는 앞으로 다가올 6월에 총 21,893BT가 판매될 것으로 예측하였습니다. 하지만 6월에 실제 판매된 수량은 19,744BT입니다. (A)는 단순히 총 수량을 기준으로 나타낸, 예측 대비 실적을 비교한 결과(변동률)입니다. (B)는 (A)의 세부 내용입니다. (A) 안에는 예측값이 실적값보다 큰 품목도 있고(C), 예측값이 실적값보다 작은 품목도 있습니다. 단순히 총 수량을 기준으로 나타냈기에 (A)의 제품과 상품의 변동률을 모두 합치면 10%입니다. 단순하게 생각해 보면 10%는 큰 변동률이 아니라고 생각될 수 있습니다. 하지만 (B)를 자세히 보면

그렇지 않습니다. 그 안을 자세히 들여다보면, 세부 변동률은 23%에 해당됩니다. 세부 변동률이 23%라면 내부 공급 프로세스에는 많은 혼란이 발생하고 있다고 해도 과언이 아닙니다.

혼란을 감소시키기 위해서는 ① 영업의 판매 예측 정확도를 향상시키거나 ② 변동률(변동 수량)을 상쇄할 수 있는 재고를 Buffer로 보유해야 합니다. [S0(공병 재고), S3(실병재고)]

16주 전 변동률과 8주 전 변동률을 비교해 보면, 8주 전 변동률은 감소합니다. 하지만 8주 전 변동률과 4주 전 변동률을 비교해보면 차이가 거의 없습니다. 이러한 현상은 다음을 의미합니다. ① 고객은 여러분에게 신뢰성 있는 정보를 제공하지 못하고 있습니다. ② 여러분은 고객의 정보를 신뢰성 있게 Sensing하지 못하고 있습니다. 나는 여러분에게 다음과 같은 질문을 합니다.

- **질문 1:** 영업은 고객의 정보를 신뢰성 있게 Sensing할 수 있는 능력을 보유하고 있습니까?
- **질문 2:** 영업은 고객의 정보를 신뢰성 있게 Sensing할 수 있는 방법은 무엇입니까?
- **질문 3:** 영업은 고객의 정보를 신뢰성 있게 Sensing하기 위해 어떤 노력을 하고 있습니까?

○○○에게 추가 요청합니다. 7일 전, 2일 전 변동률에 대해서 추가 분석해 보세요. 만약 7일 전, 2일 전 변동률과 4주 전 변동률이 차이가 없다면, 영업은 능동적 Sensing 능력을 보유하고 있지 않은 것입니다. 즉 영업은 신뢰성 있게 고객의 수요를 예측하지 못하고(능동적), 고객이 정보를 제공해야만 Sensing이 가능한 상태입니다(수동적). 그리고 고객이 데이터를

제공하는 수준에 따라 예측 정확도는 달라집니다. 이러한 상황이라면 영업 조직 내 사람을 구성하고 운영하는 방식에도 변화가 있어야 합니다. 왜냐하면 상기 수준이라면 영업이 아닌, 영업관리 수준에서 일을 하고 있기 때문입니다. 영업은 고객의 정보를 신뢰성 있게 Sensing할 수 있는 프로세스를 구축해야 합니다. 만약 영업이 구축할 수 없다면, 채찍 효과에 의해 공급 프로세스(구매, 재고관리, 물류, 생산, 분석 등)에 있는 부서들의 업무는 절대 안정되지 않습니다. 영업의 Sensing 능력이 부족하다면, S0와 S3에서 일정 수준 이상의 재고를 유지하는 것이 필요합니다(Buffer). 30%의 변동률이 발생하고 있습니다. 변동률이 높은 품목을 선별하여, 변동률이 높은 품목에 대해서는 재고 보유기준을 재설정(변경)해야겠습니다. 공병과 실병의 재고를 관리하는 부서에서는 S0와 S3에 대한 R&R과 사람을 명확하게 구분하고, 보유 공간을 확보하고, 품목별 그리고 용기 Size별 구분·보관 바랍니다. 그리고 용기 실사와 RFID 또는 바코드를 이용한 용기 IN-OUT을 조속히 실행하십시오. 그리고 실행 결과는 실시간 분석이 가능하도록 정보시스템의 경영정보 화면에 반드시 나타나야 합니다. 올바른 방향과 속도의 용기 실사, RFID나 바코드에 의한 용기 IN-OUT을 하지 않으면, S&OP 프로세스에서 지향하는 용기관리 체계 구축이 어렵습니다. S0와 S3에 재고를 확보하십시오(Buffer). 하지만 용기관리 체계가 잘 구축되어 있지 않으면, 데이터 연계가 잘 되지 않아, S0와 S3에 재고를 확보하는 것 또한 어렵게 됩니다.

S&OP 프로세스를 100%라고 하면, 오늘 이야기한 내용은 그중 1%에 해당됩니다. 올바른 방향과 속도로 데이터를 생성하고 구축하게 되면, 데이터를 기반으로 효율적·효과적·경제적인 경영이 가능하게 됩니다.

S&OP는 프로세스이며, 프로세스를 통해 각종 업무를 개선하고, 데이터를 점차 신뢰성 있게 만들어 나갑니다. 그리고 일정 기간 신뢰성 있는 데이

터가 생성 및 구축되면, 이 데이터를 기반으로 새로운 의미를 도출하고, 각종 문제를 해결하며 사전에 리스크(Risk)를 예방하는 데 활용하게 됩니다. 특히 가스산업에서 데이터를 신뢰성 있게 만들어 나가기 위해서는 점차 수작업을 탈피하여 정보시스템을 적극 활용하는 것이 필요합니다. 정보시스템의 역할은 다음과 같이 유지되는 것이 이상적입니다. 업무에는 과정과 결과가 있습니다. 업무 과정에서 정보시스템을 적극적으로 활용하고, 업무 결과는 자동적으로 정보시스템에 데이터로 나타나는 것입니다. 하지만 현재 여러분이 유지하고 있는 업무 과정의 많은 부분은 수작업이며, 수작업으로 진행된 업무 과정을 수작업으로 종합하여 업무 결과를 만들어 내고 있고, 업무 결과를 수작업으로 정보시스템에 입력하고 있습니다. 따라서 앞으로 여러분은 업무 과정에서 정보시스템을 적극 활용할 수 있도록 해야 합니다. 업무 과정에서 정보시스템을 활용해야 하는 것 중에 가장 대표적인 것이 용기 IN-OUT입니다. S&OP 프로세스는 기업에게 매우 큰 도전입니다. 왜냐하면, S&OP 프로세스는 기존의 생각하고 행동하는 방식, 조직의 DNA, 조직 문화, 업무방식, 조직의 체질 등을 혁신적으로 변화시키는 것이기 때문이고, 이러한 것들을 혁신적으로 변화시키기 위해서는 많은 시행착오, 그리고 많은 노력과 인내, 시간이 필요하기 때문입니다. S&OP 프로세스를 기업에 적용하는 과정에는 여러 가지 이유로 구성원이 불만을 토로하고 거부하는 상황이 발생하는데, 지극히 당연한 현상입니다. 전진함에 있어, 정면으로 한 걸음 나아갈 수도 있고, 환경과 여건의 제약으로 인해 정면이 아닌 20도 틀어진 방향으로 한 걸음 나아갈 수도 있습니다. 정면으로 나아가는 것이 목표라고 가정 시, 20도 방향으로 나아간 한 걸음은 정면으로 나아간 한 걸음에 비해 결과도 좋지 않고 효과적이지도 않습니다. 결과가 좋지 않고 효과적이지 않지만 S&OP 프로세스를 구축하기 위해서는 20도 방향이라도 한 걸음 나아가야 합니다. 문제는, 어떻게든 한 걸음을 떼어야 하는데, 정면이 아니라고 해서 20도 방향으로도 나아가지 않고, 제자리에서 꿈쩍하지 않고 움직이지도 않는 것입니다. S&OP 프로세스를 구축함에 있어, **일정 기간이 경과해도, 1+1=2처럼 되지 않습니다. 1+1=1이 될 때도 있습니다.** S&OP 프로세스 구축 속도와 수준은 조직문화, 임직원 DNA 수준, 생각하고 행동하는 방식, 매너리즘, CEO의 의지, 재무 건정성, 정보시스템, 프로세스 구축 및 수준 등에 의해 좌우됩니다.

태동기, 성장기(초기 안정화), 후퇴기, 암흑기, 재도약기, 성장기(안정화, 정상화)

이번 Episode를 책에 포함할지에 관해 정말 고민을 많이 하였습니다. 왜냐하면 독자 여러분에게 본문에 직간접적으로 연관되었던 경우와 사람들과 비교해, 상대적으로 나는 무조건 잘했고 상대방은 무조건 잘못했다는 식의 "내로남불(내가 하면 로맨스, 남이 하면 불륜)"로 비추어질 수도 있기 때문입니다. 그래서 주관적인 관점을 철저히 배제하고 있었던 사실만을 기반으로 "있는 그대로" 작성하였습니다.

내가 고민에 고민을 하면서 그리고 용기를 내서 여러분에게 이야기하는 이유는 다음과 같습니다. SCM이라는 용어를 내부적으로, 공식적·비공식적으로도 사용한 적이 거의 없는 기업, SCM을 이해하는 정도와 수준이 낮거나 잘못 이해하고 있는 기업, 리더와 관리자 중에 SCM을 제대로 이해하고 있는 사람이 거의 없는 기업, SCM에 대한 중장기적 목적과 목표를 검토해본 적이 없는 기업, 보다 큰 기업에서 근무한 사람이 핵심 경영진 또는 대표이사로 부임하면서 그제야 SCM을 수면 위에 올려놓고 논의하게 된 기업 등에 소속되어, 여러분이 전체 최적화 관점에서 SCM을 추진하거나 관장하고 있다면, 그리고 앞으로 추진하거나 관장할 예정이라면, 내가 들려주는 이야기를 참고하고, 여러분이 어떤 업(業)에서 종사하는지? 그리고 어떤 상황과 환경에 직면해 있는지? 그래서 여러분은 어떻게 하면 더 현명하게 대처할 수 있는지? 등은 잘 모르겠으나 여러분은 나보다는 더 현명하게 생각하고 대처하기를 바랍니다. 여러분이 인고의 과정을 거치며 많은 노력을 하고 있다면 해당 조직과 기업에 맞게 올바른 방향과 속도의 해결책을 제시할 수 있는 사람은 바로 여러분입니다. 나는 현재까지 25년의 경력을 가지고 있습니다. 그중 15년은 식품류, 사무 비품류, 건설 자재류, Fuel(휘발유, 경우, JP8), 탄약, 수리 부속류, 장비류에 대한 Forecast 수집·검토·분석·확정, 조달·구매, 저장관리, 운송 등에 대한 업무를 경험하고 직간접적으로 관장하였습니다. 그리고 ○○년은 가스 산업에서 경험하고 관장하였습니다. 가스 산업에서 ○○년을 지내오면서 느낀 점 중에 하나는, 이전의 15년은 "정말 따뜻한 온실 안에서 다양한 화초를 키우며 지냈구나."라는 생각이 듭니다. 왜냐하면 이전의 15년 동안 내가 책임지며 관리자와 리더로 있었던 모든 조직은, 존재의 이유가 명확했기에 항상 일정 규모의 편성과 편제를 이루고 있었고, 조직이 지향해야 할 방향·목적·목표가 명확했으며, 일정 규모와 일정 수준 이상으로 구축 및 유지되고 있었습니다. 즉, 내가 매년 나와 조직의 존재 이유를 스스로 정립하며 상대방을 적극적으로 이해시킬 필요도 없었으며, 매년 전문 인력을 확보하기 위해 고민할 필요도 없었으며, 매년 조직 변경에 대한 고민을 통해 조직을 새롭게 구축할 필요도 없었으며, 매년 나와 조직이 나아가야 할 방향·목적·목표를 새롭게 정립할 필요가 없었으며, 매년 내가 나와 조직이 새롭게 해야 할 업무들을 정의하고 정립하며 최말단에 있는 구성원의 업무 유지 상태까지도 직접 확인하고, 교육·훈련도 직접 해야 할 필요 또한 없었습니다. 하지만 반대로 가스 산업에서 지낸 ○○년은 온실이 아닌, 지붕도 벽도 없는 황량한 들판에서 눈과 비를 맞아 가며 흙보다는 돌이 더 많은 들판에서 돌을 골라내가며 다양한 화초를 키워야 하는 상황이었습니다.

○○년 동안 만난 임원은 많지만, 임원별로 SCM의 중요성, SCM을 이해하는 수준과 철학 그리고 경험은 각각 달랐다는 점을 이야기하려고 합니다. 특히 보다 큰 기업에서 근무했더라도 SCM에 관한 이야기를 직간접

적으로 보고 들어본 것이 전부일 뿐, 실제 다양한 업무 과정을 통해 본인만의 철학과 내실 있는 경험이 구축되어 있지 않은 경우에는 아무리 임원이라도 기존부터 근무해오던, 특히 매너리즘이 형성된 기득권을 대상으로 해당 기업에 적합한 논리를 만들며 SCM을 적극 주도하는 것은 제한되었습니다. 그리고 SCM을 수면 위에 올려놓고 추진하는 과정에서, 내가 의지해야 하고 필요시 나를 리드해 주어야 하는 임원은 거의 매년 변경되었습니다. 대기업 출신의 대표이사가 부임하고 나서, 대표이사는 조직 내부적으로 SCM을 이해하고 유지하는 수준이 매우 낮다는 것을 인식하였고, SCM을 수면 위에 띄워놓고 적극 추진해보겠다는 생각을 갖게 되었는데, 이로 인해 나는 출근의 기회를 얻게 되었습니다. 그리고 추진 부서가 구축되어 있는 상태에서 입사한 것이 아니라 내가 입사해서 추진 부서를 만들어야 했기에, 나는 매년 변경되는 담당 임원에게 SCM을 이해시키기 위해 노력해야 했고, 전체 최적화 관점에서 SCM 추진 부서가 나아가야 할 방향에 대해 수도 없이 고민하고 이야기를 할 수밖에 없었습니다. 문제는, 담당 임원에게 1년 동안 열심히 이야기를 한 결과 이제야 조금 이해할 것 같으면 다른 사람으로 변경되는 것이었고, 그럼 또다시 이해를 시키기 위해 노력해야 했습니다. 설상가상으로, 이해를 시키기 위한 노력이 사내정치로 왜곡되어 소문이 나거나 비추어질 때는 힘이 많이 빠지기도 했고, 혼자 힘들어하면서 많은 방황을 해야 했습니다. 그리고 추진 부서의 명칭과 R&R, 추진 부서를 구성하는 사람의 수 또한 매년 변경되었습니다. 나는 무조건 부서 규모를 키우고 사람을 많이 데리고 일을 하는 것이 좋다고 생각하지 않습니다. 하지만 사람이 너무 없는 것도 문제이고, 안정되지 않은 조직을 대상으로 매년 "이것을 해라.", "저것을 해라." 하면서 R&R과 사람이 수시 변경되는 것도 문제입니다. 인고의 과정 끝에, ○○○○년에 SCM팀이라는 부서를 만들게 되었습니다. 엄밀히 말해서 SCM 명칭을 사용한 부서를 만든 것은 이치에 맞지 않다고 생각합니다. 왜냐하면, 지구상에 모든 조직과 기업, 그리고 개인의 사생활에서도 SCM을 하고 있기에 SCM은 철학적인 접근이 필요하기 때문입니다. 즉, 기업에서 SCM 팀만 SCM을 하는 것은 아니기 때문입니다. 하지만 SCM 팀이라고 이름을 지은 것은 우여곡절을 겪는 과정에서 전체 최적화 관점의 SCM 추진을 위한 불가피한 선택이었습니다. 그리고 비협조적인 상황에서 사무직 관련, 업무 연관성이 높은 전공을 이수한 인원을 채용할 수가 없었습니다. 울며 겨자먹기 식으로 대부분의 인원을 타 부서에서 영입하였으며, 영입한 인원의 상당수는, 타 부서에서 갈등이 있거나, 타 부서에서 적응을 잘 못하거나, 타 부서에서 퇴사를 희망했거나, 업무를 이관받으면서 업무에 따라 이동한 인원들이었습니다. 따라서 팀 내 직원을 대상으로 SCM 관련 기초 및 심화 교육을 내가 직접 진행해야 했고 현재도 직접 진행하고 있으며, 전체 신규 입사자들을 대상으로 한 OJT 시, SCM 교육 또한 9년 동안 내가 직접 진행해야 했습니다.

다음의 그림은 실제 ○○○○년부터 ○○○○년까지 어떤 과정과 변화가 있었는지를 개략적으로 나타내는 내용입니다. ○○○○년(태동기)부터 ○○○○년 성장기(안정화, 정상화)까지 정말 많은 일들과 우여곡절이 있었습니다만, 간략하게 있는 그대로 그리고 최소화하여 이야기하겠습니다(태동기~성장기는 필자가 지정함).

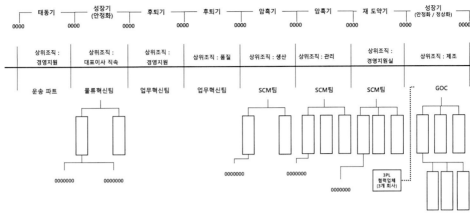

태동기(○○○○)

출근을 하자마자 운송조직부터 정상화를 시켜달라는 ○○○○의 요구에 의해 운송에 보직되어 업무를 시작하였습니다. 적기, 적소, 안전·환경 관점에서 그리고 고객 서비스 관점에서 운송·배송 분야 또한 매우 중요함에도 불구하고, 관리 체계가 제대로 정립되어 있지 않았고 당연히 체계적인 운영 또한 되고 있지 않았습니다. 간단하게 몇 가지만 예를 들어 보겠습니다. 관리자에 의해 배차 계획이 수립되거나 통제되지 않았습니다. 일일, 주간, 월간 배차 계획 그리고 이를 바탕으로 한 월간, 분기, 반기, 연간 예방정비 계획은 존재하지 않았습니다. 배차도 계획적이지 않고, 정비도 계획적이지 않았습니다. 배차는 가장 일찍 복귀한 운전기사가 다음날 운행 계획을 수기 작성 후(작성 양식 일정하지 않고, 물량과 상관없이 차량과 사람만 일치시키는 배차 수준) 보드판에 붙여 놓으면, 다음날 나이가 많은 운전기사들이 개인 사정(특히 먼 거리의 경우)을 이유로 자신의 배차를 다른 사람으로 변경하는 경우가 비일비재하였습니다. 그리고 운송 관리를 위한 SOP와

KPI는 전혀 없었습니다. 운송 관리를 위해 보유하고 있는 일지 종류는 딱 3개였는데, 이마저도 운송 사무실에 있는 것이 아니라 영업 사무실에 있었고, 체계적으로 기록 및 유지되고 있지도 않았습니다. 일지 맨 앞에(Cover) 제목만 적혀 있을 뿐, 그 안에 기록되어야 할 내용은 거의 없었습니다. 납품 당일 아침에, 납품 수량과 종류가 자주 변경되어, 차량에 적재된 용기를 Unload(하차)하거나 Load(상차)하는 경우가 반복되었습니다. 이 과정에서 출발이 지연되어, 고객과 약속한 시간을 지키지 못하는 경우가 자주 발생하였습니다. 차량과 운전기사의 문제가 아닌 상태에서 납품 당일, 운송부서에서 하차와 상차를 반복적으로 한다는 것은 영업의 Forecast 변동이 심하거나, 조달 과정에서 문제가 있거나, 고객의 긴급 요구가 자주 발생했거나, 납품 가능한 완성품 재고가 부족한 것 등이 원인입니다. 즉, 운송 부서 자체적으로 노력한다고 되는 것이 아니라, 운송 부서 앞에서 Process를 유지하고 있는 부서들이(영업, 생산, 품질, 구매 등) 자신의 프로세스를 개선하고 상호 매끄럽게 연결해야 합니다.

고객사 도착 지연 현상이 자주 발생하고 근절되지 않아, 운송부서 자체적으로 납품 전일에 납품 물량을 차량에 상차(Load) 완료하는 제도를 정립하고, 고객사 정시 도착률(KPI)을 측정하여 매일 전사 공유하였으나 큰 효과는 거두지 못하였습니다. 오히려 분란을 일으키는 사람, 고자질하는 사람으로 비추어지고, 여러 부서 및 사람과 불편한 관계만 지속되었습니다. 그래서 기존부터 유지하던 생산·판매 회의방식을 과감하게 탈피하여 S&OP 프로세스를 적극 도입하고, 각종 운영 기준을 정립해 나가면서, 운송 부서 앞부분에 있는 각종 수요공급 프로세스를 개선해야 한다는 생각이 간절하게 들었습니다. 그래서 생산관리부서에서 주관하는 생판 회의에 참석해보았습니다. 하지만 2회 참가 후 참가하지 않았습니다. 왜냐하면 참가해본 결과, 생산관리에서 전반적인 Ownership을 가지고 주관한다기보다는 단순히 회의를 개최하는 역할(서기 역할 수준)이었고, 가장 기본이 되는,

참석하는 부서와 사람이 일정하지 않았습니다. 그리고 취급하는 품목도 일부 제품에 한정되었습니다. 최소한 영업, 구매, 생산, 품질 부서 사람들이 모두 참여해야 하는데, 바쁘다는 이유로 한두 부서만 참가하고, 부서를 대표해서 참가하는 사람들에게 책임과 의사결정 권한도 없고, 참가는 했지만 회의 내용도 잘 모르고, 대신 참석해달라고 해서 아무 생각 없이 자리에 앉아 있는 경우도 잦았습니다. 그리고 회의 주제(Agenda)가 일정하지 않고, 다른 사람이나 다른 부서 것은 모르겠고, 내 것만 발표한다는 식의 내용과 경우가 많았습니다. 몇 가지만 예를 들면, 영업에서 참석한 사람은 자신이 책임지는 고객사에 관련된 이야기만 하고, 다른 영업 분야 내용을 물어보면 영업 담당자가 따로 있으니 나중에 별도로 그 사람에게 물어보라고 하고, 밸브와 용기를 생산에서 언급하였으나 제품에 관련된 밸브와 용기만을 이야기하고(그마저도 모든 제품을 대상으로 이야기하는 것도 아니고), 상품 및 원료와 관련된 밸브와 용기는 언급되지 않고, 혹 언급되더라도 구두로 대충 몇 마디 오가는 상황이었습니다. '문제가 없어서 언급하지 않는 것인지? 문제가 있는데도 언급하지 않은 것인지?' 매번 궁금하였습니다. 결론적으로 계획을 수립하고 실행을 통해 프로세스를 유지한 결과와 예상되는 문제점, 서로의 데이터와 정보를 융합한 결과를 이야기하기보다는 "자기에게만 해당하는 이야기", "소 잃고 외양간 고치는 이야기", "발표(Announce) 수준으로 던지는 이야기"가 주를 이루었습니다. 두 번밖에 참석을 안 했지만, 매 회의가 종료되면 이런 생각이 들었습니다. **"그래서 어쩌라고요? 앞으로 뭘 어떻게 하겠다는 것입니까?"**

　운송부서에 소속되어 있으면서 나 혼자 급격하게 할 수 있는 것도 없고, 거대한 산을 앞에 두고 어떻게 올라가야 할지 몰라서, 지뢰밭을 앞에 두고 어떻게 지나가야 할지 몰라서, 1개월 정도 대충 시간만 보냈습니다. 그러던 중, 기존 기득권에서 "SCM을 한다고 하는데, 급격하게 달라지는 것은 없고, 뭐하는 건지 모르겠다."라는 불만의 이야기가 표출되었고, ○○○○

는 "○○○○년에는 기존대로 하고, SCM을 수면 위로 올려서 적극 이야기하는 것은 ○○○○년이 되면 그때 다시 생각해 봅시다."라고 회의 때 이야기하였습니다. 책을 집필하는 이 순간에 다시 생각해봐도, 그 당시 ○○○○의 말은 너무도 큰 충격이었고 황당하고 당혹스러웠습니다. "그렇다면 채용 공고는 왜 했고, 채용 공고에 있었던 업무 내용들은?", "면접 당시 오간 이야기들은?" 망치로 뒤통수를 맞아본 적은 없지만, 영화에서 보는 것처럼 정말 망치로 뒤통수를 세게 맞은 충격의 수준이었습니다. 나는 이대로 가만히 있을 수 없다고 판단하여, 2개월 정도 나 혼자 SCM 컨설팅(진단) 후, 총 A4지 14장으로 작성하여, ○○○○○ 및 ○○○○○에게 제출하였습니다. 다음은 14장에 있는 내용의 일부분입니다.

> 생산, 구매, 품질, 운송 등 공급을 책임지는 부서별로 영업의 Forecast를 공유받는 시점이 다릅니다. 즉, 공유받는 시점이 다르다는 것은 시점별로 데이터와 정보가 다를 수 있다는 것을 의미하고, 이에 따라 공급을 책임지는 부서마다 실제 각기 다른 데이터와 정보를 가지고 업무를 하고 있다는 것을 의미합니다(사용하는 언어의 불일치). 그리고 생산은 가스 충전 프로세스에만 관심이 높고, 잔류가스처리, 진공처리, 내면처리 등의 프로세스에는 관심이 낮으며, 이로 인해 충전을 제외한 타 프로세스의 Visibility가 제대로 되어 있지 않습니다. 품질은 가스 분석에만 관심이 높고, 구매는 발주 행위와 계약에만 관심이 높습니다. 즉, 모든 부서가 자신들이 그동안 해오던 방식 외에는 관심이 매우 낮습니다. 그래서 내외부적으로 유지해야 하는 Supply Chain에 Bottleneck이 많고, Supply Chain을 구성하는 각각의 프로세스가 유기적으로 잘 연결되지 않는 문제점이 발생하고 있습니다. 결론적으로 내외부적으로 최적의 Supply Chain을 유지하는 데 필요한 프로세스 종류가 ○○○개인데, 이중에 우리는 ○○개만 제대로 하고 있고, ○○개는 제대로 하지 못하고 있음에도 불구하고, 이에 대한 문제점을 분석하거나 문제가 있다는 인식을 하지 못하고 있는 상태입니다. 즉, 알면서 안 하거나 못 하는 것도 있지만, 몰라서 못 하고 있는 것들 또한 정말 많은 상태입니다 …… 등등

가스산업의 Supply Chain에 영향을 미치는 것은 크게, 사람·설비·가스·용기·밸브·기타 등입니다. 따라서 중요함에도 불구하고, 전사적으로 관심이 제일 낮은 용기와 밸브의 관리 프로세스부터 우선 안정화시키는 방향으

로 추가 검토 후, 검토 결과에 대해 ○○○○○○에게 제출하였습니다.

성장기(○○○○)

  우선, Visibility와 Visibility를 통해 산포를 감소시키는 데 주력하였습니다. 그래서 밸브, 생산성 소모품, Spare Parts 등 자재 관리 업무(R&R)를 인수하기 시작했습니다. 하지만 문제는 기존에 관리하고 있던 부서에서 품목별 수량과 수량별 위치가 명확하게 문서화되지 않아 인수가 제한되었습니다. 그래서 인수를 받는 나와 직원 몇몇이 2개월 동안 현장을 돌아다니며 수량을 모두 파악 후, 내가 역으로 인계인수서를 작성해서 상대방에게 보여주고 전자결제 체계를 통해 인계인수를 완료하였습니다. 이후, 용기 파악을 시작하였는데 용기 또한 문제가 있었습니다. 회수 용기의 입고 시, 정보시스템에 등록하는 프로세스가 미흡했습니다. 그리고 MES를 구축하여 운영 중이었으나, 현실적으로 실시간, 위치별, 용기의 상태와 수량을 신뢰성 있게 파악하는 것이 불가능했습니다. 고객에게 납품 시에는 고객과 이슈가 있으므로 MES에 철저히 등록하였지만, 고객이 사용 후 반납한 회수 용기에 대해서는 입고 확인을 철저하게 하지 않았습니다. 납품된 용기가 언제 반납되었는지를 확인하는 프로세스가 미흡하거나 프로세스를 제대로 운영하지 않으면, 용기가 분실되어도 확인할 방법이 없습니다. 회수 용기의 입고를 등록(관리)하는 부서가 명확하게 지정되어 있지 않았으며, 회수 용기를 관리하는 장소(보관소)도 명확하게 지정되어 있지 않았습니다. 결론적으로, Supply Chain 상에서 용기가 실시간, 어디에, 어떤 상태로 몇 BT가 있는지에 대해 잘 모르는 상태였습니다. 답답한 것은, 가스업에서 경영에 필요한 데이터의 대부분은 용기로부터 생성되기에 용기를 제대로 관리해야 하는데, 용기 관리에는 상대적으로 관심이 높지 않았습니다. 그리고 용기 관리에 관심이 높지 않은 상태에서는 경영에 사용 중인 데이터와 정보의 적기성과 신뢰성이 낮을 수밖에 없는데, 각종 데이터와 정보에 신뢰성이 높다면서 경영에 활용하고 있는 것 자체가 아이러니하고 신기하였습니다. 그래서 우선 회수용기 저장소를 신축하고 관련 프로세스를 구축하였으며, IN-OUT 개념을 기존에 구축되어 있는 MES에 추가 반영하려고 하였으나 잘 되지 않아, Barcode IN-OUT 정보 프로그램을 별도 구축하고, 회수 용기에 대한 입고 등록 프로세스를 보완 후, 용기 Visibility를 위한 준비를 시작하였습니다. 아쉬운 것은 그 당시 Barcode가 아닌 RFID의 적용을 검토했지만, 고객과 연계되는 납품(관리) 방식, 시장에 나와 있는 RFID의 기술 수준(특히 칩이 눈과 비, 그리고 직사광선에 문제없고, 100도의 고온 공정에서도 문제가 없어야 하는 점 등), 초기 투자 및 운영 비용, 여론 등 제약이 너무 많아 검토만 하고 추진하지 못했습니다.

TAT(Turn Around Time, 공정 Lead Time)의 산정이 제한되었습니다. MES를 활용하여 작업 시간, 작업 종료를 입력하고 있었으나, 신뢰성 있는 TAT 산정은 불가하였습니다. 하나만 예를 들면, 충전 시작 후 충전 완료까지 소요되는 시간이 10초라고 MES에 나타났습니다. 즉, 충전을 시작할 때 MES에 충전 시작을 입력하는 것이 아닌 충전 완료 후, 충전 시작과 충전 완료 입력을 동시에 하였습니다. 즉, 모든 공정(프로세스)에서 MES에 작업 시작과 작업 종료를 제대로 입력하지 않았습니다. MES에는 충전, 분석, 잔류가스 처리, 배기 등의 프로세스가 반영되어 있었지만, 데이터 관리를 위한 노력이 많지 않았고, 보다 신뢰성 있는 TAT를 산정하기 위해서는 MES에 관리해야 하는 프로세스를 추가 도출(증가)하고 세분화하며, 현장에서, 물류(용기의 흐름) 관점에서 용기 데이터를 용이하게 수집할 수 있는(공간별 IN-OUT 체크) 인프라의 추가 구축이 필요한 상황이었습니다. 따라서 Barcode IN-OUT 정보 프로그램을 구축 후, 현장에서 적극 활용하도록 독려하였습니다. 처음에는 많은 저항에 부딪쳤지만, 정보시스템의 경영정보화면에 나타난 실적(실행) 데이터를 근거로 끊임없이 잘된 점과 잘못된 점을 분석하여 변화를 진행하였습니다.

"모두 있다.", "없다.", "모두 하고 있다.", "하고 있지 않다."에 대한 생각 차이를 좁히기 위해 노력했습니다. MES를 예로 들면, 내부적으로 그리고 대외적으로 MES에 대해 이야기하거나 홍보할 때, "MES에 모두 있다.", "우리는 MES를 통해 모두 하고 있다."라고 하는데, MES를 통해 실시간 경영에 활용할 수 있는 데이터는 제대로 생성되지 않았습니다. 예를 들어 현장의 실행 상태를 대충 감으로(수작업) 추적해 본 결과, 총 TAT가 5일 수준인데 MES에는 10~15일로 나타났습니다. 데이터는 프로세스를 진행한 결과물입니다. 즉, 맞지 않는 데이터든 맞는 데이터든 데이터를 기반으로 프로세스 유지 상태와 수준을 진단할 수 있습니다. 그런데 "모두 있다.", "모두 하고 있다."라는 식으로 이야기하거나, "잘 하고 있다.", "전혀 문제 없다."라고 이야기하는 것은 이해되지 않았습니다. 데이터가 맞지 않는데, 뭐가 있고 뭘 잘하고 있다는 것인지? 도대체 뭘 하고 있다는 것인지? 이 부분에 관한 생각 차이를 좁혀가는 노력이 필요했고, 인내를 가지고 좁혀가는 노력을 시작하였습니다. 사람마다 차이는 있겠지만, 일반적으로 볼 때 80~100점 수준으로 일하는 것을 잘하는 것으로 생각할 수 있는데, 전혀 일반적이지 않은 40~50점 수준으로 하고 있으면서 잘하고 있다고 생각하는 것을 바꾸는 것은 정말 힘들었고 많은 시간이 필요했습니다. 왜냐하면, 그 밑바탕에는 매너리즘이 짙게 깔려 있었기 때문입니다.

자산으로 보유 및 운영 중인 용기 숫자를 정확하게 몰랐습니다. 내가 출근 후, 처음 들었던 것은, "○○○L 사이즈의 용기 숫자는 80~90% 정도 맞을 것이다.", "○○○L 이하 사이즈의 용기 숫자는 70% 맞을 것이다."였습니다. 가스업의 SCM을 위해서는 용기별로, 실시간 상태와 위치를 확인할 수 있는 프로세스를 구축하는 것이 최우선적으로 필요한데, 이를 위해서는 우선 보유하고 운영 중인 자산 용기 숫자를 정확하게 알아야 합니다. 가장 기본적인, 자산으로 운영 중인 용기 숫자를 모른다는 것은 군이 전쟁이나 전투를 함에 있어, 자신이 보유한 병력, 장비, 무기, 그리고 탄약이 얼마나 있는지를 모르는 것과 같습니다. 이러한 상태라면, 싸우기 위한 작전 계획을 수립하는 것이 가능하겠습니까? 물자를 지원하기 위한 군수 지원 계획을 수립하는 것이 가능하겠습니까? 자산으로 운영 중인 용기 숫자를 모르고, 용기가 실시간 어디에 어떤 상태로 있는지를 모르는데, 기업이 실시간 신뢰성 있는 수요공급 계획을 수립하는 것이 가능하겠습니까? 빠른 판단과 결심을 할 수 있겠습니까? 하나만 예를 들면, 매월 25일쯤, 생산에서는 다음달 생산계획을 작성하여 대표이사에게 보고 및 품의했습니다. 그런데 대표이사의 결재 이후 생산계획을 수립하는 실무 담당자는 매일 생산계획을 변경했습니다. 왜냐하면(가스, 설비, 인력 이슈도 있었지만), 많은 부분이 용기의 숫자와 위치를 실시간 알지 못해서 그리고 실제 가용한 용기의 공급 가능성을 실시간 알지 못했기 때문입니다. 웃지 못할 에피소드를 하나 이야기하면, 영업 담당자가 생산관리 담당자에게 "정보 프로그램에는 용기가 있는 것으로 되어 있는데, 왜 생산이 안 되냐."라고 묻자, 생산관리 담당자가 말하길 "그럼 당신이 와서 용기를 찾아주세요."라고 이야기하는 경우가 자주 발생했습니다. 생산에서 매월 정기적으로 대표이사에게 보고하고 품의를 득하는 월간 생산계획이 품의를 득한 이후 매일 변경되었는데, 이러한 상황에서는, 대표이사에게 보고하고 품의를 득하는 행위 자체는 "보여주기식", "쇼"에 불과할 뿐이었습니다. 그리고 매달 25일에 생산계획을 보고하고 품의를 득하기 위해 보내는 며칠의 시간은 모두 비경제적, 비효율적이며, 불필요한 시간이 되었습니다. 여러분이 소속된 조직과 기업에서는 이러한 일이 발생하고 있지는 않은가요? 기업에서는 이러한 불필요한 일을 하지 않도록 끊임없이 프로세스를 개선해야 합니다. 그렇지 않으면 불필요한 일과 불필요한 일을 하는 사람만 증가됩니다. 그리고 용기의 공급 가능성을 실시간 알지 못한다면 MRP도 유지할 수 없습니다. 따라서 가스산업에서는 용기 Visibility가 제대로 되어 있지 않은 상태에서 즉, 용기 IN-OUT 플랫폼이 구축되지 않은 상태에서 정보시스템을 구축하는 것은 지양해야 합니다.

가스산업 SCM을 위해서는, 실시간 가스에 대한 신뢰성 있는 데이터가 필요한데, 가스에 대한 데이터는 가스를 담고 있는 용기를 통해 생성됩니다. 즉, 가스에 대한 데이터를 신뢰성 있게 획득하고 가스에 대한 물류(물건의 흐름)를 발생시키기 위해서는, 가스를 용기에 충전하거나, 가스가 용기에 충전되어 있어야 가능합니다. 따라서 실시간 "가스 충전이 가능한, 가스 충전이 완료된, 가스가 충전되지 않은, 부적합이 발생한" 등의 용기가 어디에, 어떤 상태로, 몇 BT가 있는지를 알 수 없는데, 실시간 가스의 수요·공급 계획을 수립할 수 있다는 말은 "어불성설"입니다. 결론적으로 가장 기본적이고도 기본적인, 운영 중인 자산 용기 숫자와 실시간 용기의 위치에 신뢰성이 없다는 것은 모래 위에 모래로 집을 짓는 것과 다르지 않습니다. 그래서 IN-OUT 개념의 정보시스템 구축 후, 용기 회전율(정성적 관점) 고려, 1년 6개월 동안 용기 실사를 통해 용기 실제 수량과 정보시스템에 입력된 데이터를 일치시키는 작업을 진행하였습니다.

용기와 관련된 데이터는, 용기 외관에 각인된 용기번호, 가스 품명, 충전 기한, 사용 가능한 밸브 규격 등, 사업 종류에 따라 최소 8가지에서 최대 15가지 데이터로 구성되며, 이 모든 것을 패키지화해서 관리해야 합니다. 그런데 정보시스템 데이터와 실물 데이터가 명확하게 일치하지 않은 상태였기 때문에, 매일 회수된 용기를 육안으로 확인 후(수작업), 정보시스템에 입력된 데이터와 실물 데이터를 1:1로 비교하여 수정하는 행위(작업), 즉, 용기 실사를 1년 6개월 동안 진행하였습니다. 용기 숫자와 관련된 데이터의 신뢰성이 무너지면 이를 바로잡는 데 많은 인고의 노력과 시간이 필요하게 됩니다. 그래서 무너지지 않게 관리 프로세스를 잘 구축 및 운영하는 것이 매우 중요합니다. 1년 6개월 동안 용기 실사 결과, ㅇ,ㅇㅇㅇBT의 용기가(전체 자산 용기의 ○○%) 회수되지 않았다는 것이 확인되었습니다. MES에 등록된 데이터는 실제 제조 및 출하했다는 것을 의미하기에 ○,○○○BT 용기는 허수가 아닌 실제 존재하였습니다. 하지만 1년 6개월 동안의 실사 과정에서 용기 실물이 확인되지 않았습니다. 원인을 추적해본 결과, 상당 부분 분실로 추정되었습니다. 가스업에서 용기 실물 데이터와 정보시스템 데이터의 불일치는 ① 경제적 손실을 발생시키며, ② 수요·공급 과정에서 혼란과 불균형을 지속적으로 발생시키며, ③ 더 나아가 안전·환경·보안 Issue로까지 확대되어, 업을 유지함에 있어 악영향을 줄 수 있습니다.

조직 전반에 운송, 물류, SCM에 대한 용어의 정의와 업의 본질, 특성 등을 이해시키기 어려웠습니다. 전반적으로 기존의 생각하고 행동하는 방식에서 변화하는 것을 꺼려했고, 본인에게 직접 해당되는 업무 외에는 관심이 낮은 것은 물론이며, 부분 최적화적 생각 또한 매우 강했습니다. 따라서 생산, 품질, 구매, 기술, 개발 등 이전에 구축되어 유지해오던 모든 부서의 존재 이유와 각각 부서가 유지하고 있는 업의 본질과 R&R 등을 전체 최적화 관점에서 재검토할 필요가 있다는 의견을 ○○○○○에게 제출하였습니다.

후퇴기(○○○○)

물류혁신팀에서 업무혁신팀으로 조직명과 R&R 그리고 구성원이 변경되었습니다. 문제는 조직 명칭, 인원 구성, R&R, 조직이 나아가야 할 방향 등이 제대로 검토되지 않은 채, 설상가상으로 나는 전혀 모르는 상태에서 인사○○○와 ○○○○○ 간 두 사람만의 이야기를 통해 변경되었다는 점입니다. ○○○○년에 타 부서(구매, 품질, 생산 등)에서 인수 받아 유지 및 보완해 나가던 업무들 그리고 새롭게 정립한 업무들을 ○○○○년 말에 구매, 품질, 생산으로 되돌려주었습니다. 업무 혁신팀은 Process Innovation 경력이 전혀 없는 인력 2명과(현장에서 스티커 Packing 작업 및 지게차에 의한 용기 이동, 영업의 매출 마감 등) 그나마 운송 배차와 생산계획을 수립해 본 경험이 있는 2명, 총 4명으로 구성되었습니다.

도대체, 왜 갑자기 업무혁신팀이라는 조직이 만들어졌을까? 업무혁신팀에서 무엇을 어떻게 해야 하는지? 구성된 인원으로 어떻게 하라고 하는 것인지? 등을 끊임없이 고민해야 했습니다. 업무 혁신팀으로 변경된다며, ○○○○○이 업무혁신팀에서 유지해야 할 R&R을 제출해 달라고 해서 제출하였지만, 너무도 급작스러운 마음에 뭘 해야 할지 몰라 R&R을 제대로 제출할 수가 없었습니다. 그 당시 너무도 당혹스럽고 황당하였기에 여러분에게 이러한 상황이 발생한다면, 나보다는 현명하게 대처하기 바라는 마음에서 업무혁신팀으로 변경된 과정을 이야기하겠습니다.

○○○○년 ○○월 어느 날, ○○○○○○의 호출에 의해 ○○○○○○에 갔습니다. 그 자리에는 인사○○○가 함께 있었습니다. ○○○○○○는 나에게 "업무혁신팀으로 변경합니다." 그리고 "업무 혁신팀에서 같이할 사람을 기존 물류혁신팀에서 4명을 뽑아보라."라고 했습니다. 당혹스러워서, ○○○○○○○○을 쳐다보았더니, 인사○○○은 나에게 얼굴 표정과 손가락으로 회의 종료 후 밖에서 이야기하자는 식의 암묵적인 신호를 보냈습니다. 그래서 나는 생산, 품질, 구매로 되돌아가게 되면, 적응하기 어려운 사람 2명과 업무와 관련하여 가장 에이스라고 생각하는 사람 2명을 이야기했습니다. 이후 ○○○○○가 나가보라고 해서, 나만 먼저 ○○○○○○에서 나왔고, 몇 시간뒤에 인사○○○을 찾아가서 물어보았습니다. "도대체 무슨 일입니까? 갑자기 업무혁신팀으로 변경되는 것은 왜 그런 것인지? 지금까지 R&R을 부여받고 추진해오던 것은 어쩌라는 것인지?" 인사○○○은 아주 간단하게 답변을 주었습니다. "○○○○○○가 결정한 사항입니다." 그래서 나는 더는 물어보지 않았습니다. 하지만 시간이 지날수록 제대

로 뭘 할 수가 없어, ○○○○○○를 찾아가 다음과 같이 질문을 하였습니다. "왜 이렇게 조직을 구성하셨는지?" ○○○○○○○는 정말 황당한 답변을 나에게 주었고 다음과 같습니다. ○○○○○○ 왈, "인사○○○가 나를 찾아와서, 당신이 제안한 방향이라고 이야기해서 변경한 것입니다. 따라서 왜 갑자기 이제 와서 그런 질문을 나에게 하는 것인지?" 나는 그 말을 듣고, 너무 큰 충격을 받았고, 나의 기준에는 **"사기"**라고밖에는 표현이 안 되는 이런 상황이 벌어진 것에 대해 당혹을 금치 못했습니다. SCM이라는 용어를 표면 위로 끄집어 내고, 이제 막 내공을 쌓아가고 있는 신규 조직의 중장기적 나아갈 방향을, SCM과 S&OP가 무엇인지 잘 모르고, SCM을 직접 추진해본 경험도 없는 인사○○○가 소통 없이 단독으로, 그것도 도저히 이해할 수 없는 방식으로 ○○○○○와 밀실 회담을 통해 좌지우지하는 것은, 아무리 체계가 잘 구축되어 있지 않고 프로세스와 시스템이 안정되지 않은 기업이라고 할지라도 너무 상식을 벗어난 "일"이었습니다.

○○○○년 ○월 초부터 추진해오던 업무들을 ○○○○년 ○○월 말부로 생산, 품질, 구매로 모두 다시 넘겨주고 나서 갑자기 뭘 해야 할지 막막하고, 나의 능력이 부족하여 어떤 것 하나 올바른 방향과 속도로 지속 추진할 수 있는 여력이 되지 않아, 앞으로 어떻게 방향을 다시 정립해 나아가야 할 것인지를 고민하는 데 많은 시간을 보냈고, 특히, 생산관리에서 주관하고 있는 생판 회의를 S&OP 프로세스로 변환하기 위해서는 어떻게 해야 하는지에 관해 고민을 많이 하였습니다. 그리고 매출의 절반이 상품을 통해 이루어지고 있었기에 물류(물건의 흐름) 분야 또한 매우 중요했지만, 상대적으로 충전과 분석 프로세스만을 중시하는 분위기였기에 이를 타파하는 계기를 마련하고자 AEO(Authorized Economic Operator) 인증을 획득하였습니다. 가스산업에서 해외 고객과 공급사를 상대로 수출과 수입이 발생한다면, AEO는 선택이 아닌 필수입니다. 왜냐하면 수출입 통관 L/T이 단축될 수 있고, 이는 운영 용기 수량의 감소로 이어지며 이는 다시 투자 및 관리

Point의 감소로 연계되고, 결국에는 경제성과 효율성이 향상됩니다. AEO 인증과 관리를 통해 물류 분야(운송, 자재관리, 저장관리, 수출입 등)의 관리 프로세스에 대해, SOP를 정립할 수 있는 분위기와 여건을 조성하였으며, 물류 분야 프로세스에 "문서화"가 발을 붙이게 되는 계기가 되었습니다.

'기업 안에 반드시 존재해야 하며 지속적으로 관리해야 하는 공정은 몇 개인가? 그 공정은 어디서부터 어디까지인가?'에 대해 부서 간, 사람 간에 생각하는 기준이 달랐습니다. 그리고 생산에서는 품목별로 ○○일 재고를 보유하고 있다고 하는데, 당장 고객에게 납품할 수 있는 품목 재고가 없는 경우가 종종 발생하였습니다. 생산에서 이야기하는 재고는 충전 완료 상태의 재고만을 가지고 이야기하는 것이었습니다. 충전 완료 이후 가스분석, 외관검사, Packing 등의 작업이 추가 진행 및 완료되어야만 고객에게 납품 가능한 재고로 전환되고, 이를 위해서는 최소 2~3일이 더 소요되었는데, 생판·판생회의를 주관하는 생산의 ○○○○○○○가 충전만 바라보며 "우리는 ○○일 재고가 있는데, 왜 납품할 재고가 없냐."라고 이야기하면서 부분 최적화적 그리고 근시안적으로 이야기하는 것이 정말 안타까웠습니다. 오랜 기간, 충전 공정을 제외하고는 타 공정(Process)에 대한 이해와 중요성 인식 그리고 전체 최적화 관점에서 타 공정을 적극 개선하려는 노력이 미흡한 상태였지만, 서로 자기 것만 보면서(부분 최적화) 이야기하는 분위기는 쉽게 사라지지 않았습니다. "재고"에 대해 영업은 납품 가능한 완성품 상태를, 생산은 충전 완료된 상태를 재고라고 이야기하였고, 타 공정(Process)이 개선되지 않은 상태, 즉, 충전을 제외한 모든 Process에 Bottleneck이 있는 상황에서, 생판(생산, 판매) 회의는 지속되었습니다. 그래서 전체 최적화 관점에서 "공정"을 바라보는 시각과 생각의 차이, "재고"를 바라보는 시각과 생각의 차이를 좁히는 노력을 해야 했습니다. 여러분들 중에도 나와 같은 경험을 해 본 분이 있을 수 있겠지만, 책을 읽어보면 당연한 내용이고 상식적인 내용인데, 현실에서는 사람 간 입장 차이, 사람 간 생각의 차이 등에 따라 당연하지 않을 때가 자주 발생합니다. 그래서 이 차이를 좁혀가는 노력이 매우 중요한데, 말은 쉽지만 정말 어려운 일이기도 합니다.

암흑기(ㅇㅇㅇㅇ)

가장 이해가 되지 않았던 네 가지를 굳이 뽑으라면 다음과 같습니다. 생산에서는 SCM 추진 부서의 존재 이유, 역할, 나아가야 할 방향을 제대로 인식하지 못하였습니다. 특히, 생산 리더가 SCM을 제대로 이해하지 못하다 보니, 생산 리더에 의해 아래와 같은 현상이 발생하였습니다.

첫째, SCM팀을 생산관리팀과 같거나 생산관리의 일부라고 생각하였습니다. 즉, SCM팀을 생산관리 분야의 하부 조직으로 생각하고 R&R을 제한하여 운영하려고 하였습니다. SCM팀은 기업의 Supply Chain을 전체 최적화 관점에서 바라보며 역할을 해야 하는데, 생산 분야에만 국한된 역할, 그 안에서도 생산관리 역할을 수행하도록 하였습니다. 그리고 S&OP를 프로세스가 아닌 단순한 회의로 잘못 이해하여 기존의 생판(생산, 판매) 회의와 S&OP 프로세스를 혼동하였습니다.

둘째, 데이터와 정보를 생산에 유리하게 수집, 분석, 작성해 달라는 요청을 자주 받았습니다. 내부적으로는 ㅇㅇㅇㅇ나 ㅇㅇㅇㅇㅇ에게 보고하는 자료, 외부적으로는 대외 기관에서 주관하는 표창이나 상을 받기 위한 자료에 대해 요청하였습니다. 하지만 나는 그렇게 할 수가 없었습니다. 왜냐하면 데이터와 정보를 가공하고 조작해달라고 하는 것인데, 도덕성과 윤리가 어긋남을 떠나, 공공기관에서 정보와 첩보의 중요성을 배우고 체험한 나로서는 동의할 수 없었습니다.

셋째, 생산 리더가 시키는 대로만 하라고 이야기를 들었습니다. 오랜 시간, 상명하복 체계에 익숙해져 있었던 "나"였지만, 기업에서 이런 상황이 발생하는 것을 전혀 이해할 수 없었습니다. 소속은 생산에 있었지만, 생산 조직과는 별개로 SCM을 추진하기로 마음 먹게 되었고, 이 과정에서 정말 많은 스트레스를 받으면서 업무 유지해야 했습니다. 그리고 정말 많은 고뇌에 싸였습니다. 왜 매년 나와 SCM 추진 부서를 이리 붙였다가 저리 붙였다가, 변경했다가 찢었다가 합쳤다가를 반복하는 것인가? 이 기업에는 SCM에 대해 중장기적이고 객관적인 어떤 기준과 논리, 전략이 있는 것인가? 무슨 기준과 논리, 전략을 가지고 이렇게 하는 것인가?

넷째, SCM팀을 운영하는 Schedule과 Business Rhythm을 생산 조직의 Schedule과 Business Rhythm에 맞추어야 했습니다. 일반적으로 사무 조직 운영 방식과 현장 조직의 운영 방식은 달라야 하고, 조직별, 그리고 부서별 특성에 맞게 운영이 되어야 합니다. 하지만 이러한 특성은 무시되고, 생산 조직 운영 방식에 따라 움직일 것을 요구받았습니다. 예를 하나만 들면, 매주 월요일에 과업 회의를 했는데, 별 의미도 없는 보고를 하라고 하니 어쩔 수 없이 보고하는 관점에서 짧은 몇 줄을 발표하기 위해, 3시간에서 4시간을 회의실에서 기다려야 했습니다. 즉, 생산의 모든 부서가 발표하고 정말 시시콜콜한 내용 포함한 모든 이야기가 끝난 이후에야 발표가 가능했습니다. 내가 꼭 회의에 참석해야 한다면, 회의에서 확인해야 하는 데이터와 정보는 '설비 고장과 부적합 발생 시점 그리고 고장과 부적합이 언제쯤 개선되는지'에 대한 내용입니다. 이런 정도의 내용은 메일이나 전화로도 전달과 이해가 가능합니다. 프로세스가 제대로 구축 및 운영되지 않고 있다면, 회의를 많이 할 수도 있고, 회의 시간이 길 수도 있습니다. 하지만 조직과 부서가 운영되는 특성을 고려하지 않고 일괄적인 방식으로 조직과 부서를 운영하는 것은, 정말 아니라고 판단되었습니다. SCM팀은 S&OP 프로세스를 관장하고 유지한다는 관점에서 볼 때, 매주 월요일에 보고를 위한 보고 회의가 중요한 것이 아니라 한 주 동안 전사적으로 S&OP 프로세스를 유지한 결과에 관해 확인하고, 의사결정을 통해 Catch Up 계획을 수립하는, 즉, 매주 수요일에 개최되는 S&OP 프로세스 회의가 훨씬 더 중요합니다. 여러분이 소속된 기업의 회의 문화를 한번 확인해 보십시오. 여러분이 소속된 기업에서도 회의 목적과 특성, 참여자의 참여 필요성을 제대로 검토하지 않고 이 사람, 저 사람 다 불러서, 시간 때우기식에 가까운 회의를 하고 있지는 않은가요? 수출입 하역(Load, Unload) 시스템을 변화시켜 이후 매년 수억 원의 수출입 물류비를 절감할 수 있게 되었습니다. 그리고 적정 운영 용기수량 산정에 영향을 미치는 19 Factor를 검토 및 정립하고, 이를 기반으로 용기 Balancing Process를 정립하였습니다. 그리고 Balancing Process 정립을 통해, 이후 매년 십수 억 원 정도의 신규 용기 구매 소요를 절감하게 되었습니다.

첫째, 용기 Balancing은 경제성을 추구합니다. 예를 들어 신규 조달 소요가 발생되었는데, 조달하지 않고 기존 보유 중인 용기로 운영할 수 있다면, 용기와 밸브를 신규 구매하는 비용이 감소하거나 Zero가 됩니다. 누가 봐도 당연히 경제성이 좋아짐을 알 수 있습니다. 하지만 용기와 밸브의 구매 비용만 가지고 경제성을 이야기하는 것은 빙산의 일각만 보고 이야기하는 것입니다. 용기 적재 가능 높이는 국가마다 다르겠지만, 한국에서는 2M 초과 높이로 적재할 수 없습니다. 화물을 높이 적재할 수 없다는 것은 옆으로 넓게 퍼진다는 것을 의미하고, 이렇게 된다면 용기 숫자가 증가할수록 많은 땅과 건물이 필요하게 됩니다. 그리고 용기는 일정 기간마다 재검사를 받아야 하는데, 재검사 비용이 47L는 수만 원, 440L는 수백만 원, 탱크로리 및 ISO Tube는 수천만 원에 이릅니다. 게다가 용기 숫자의 증가는 하역 장비와 인건비의 증가에도 영향을 미칩니다. 즉, 종합해 보면 용기의 증가는 경제성을 매우 낮게 만듭니다.

둘째, 용기 Balancing은 효율성을 추구합니다. 지속적인 용기 Balancing은 보유 중이거나 운영 중인 용기들의 데이터와 실물을 적정 운영 수량에 근접하게 만듭니다. 적정 운영 수량에 근접해진다는 것은 최소한의 용기를 가지고 최대의 매출을 발생시킨다는 것을 의미하기에 용기 1BT당 생산성은 향상됩니다.

셋째, 용기 Balancing은 적응력을 추구합니다. 아무리 Forecast와 Demand의 정확도가 높다고 하더라도 예상하지 못한 고객의 요구는 언제든 발생합니다. 그리고 이러한 상황들은 구매, 생산, 품질, 물류의 R&R과 Process에 적지 않은 부담을 주게 되는데, 이중에서도 특히 용기와 밸브의 신규 확보는 내부적으로만 노력한다고 해서 해결되는 것이 아닙니다. 왜냐하면 용기는 주문 제작 방식이고, 제작 L/T 또한 길어서 용기 제작 협력사와 긴밀한 VMI를 맺고 있다고 하더라도, 적기 용기 확보가 어려운 경우가 종종 발생합니다. 따라서 용기 Balancing은 긴급 용기 소요 발생 시 고객에 대한 적응력을 높여줄 수도 있습니다.

이와 연계하여, Skid Balancing Process도 정립하여 운영하게 되었습니다.

물류센터[가스가 충전된 제품과 상품의 입고, 분류, Packing, 보관(재고 보유 기준 정립 및 운영), 출고 등] 운영 필요성을 제기하고, 물류센터 운영 Layout을 검토하여 승인을 득한 이후 건설을 시작하였습니다. 용기는 총 수명주기(Total Life Cycle) 관점에서 관리가 필요합니다. 그런데 각 부서가 유지하고 있는 R&R이 모호하거나 미흡하고 부서 간 Gray Zone이 발생하고 있어 잦은 문제가 발생했습니다. 따라서 TO-BE 방향으로 R&R을 재정립할 것을 제안하고, Ownership을 가지고 전 부서를 리드 또는 가이드하며 총 수명주기관리 체계를 안정화·정상화·고도화할 수 있는 부서 구축을 제안했습니다. 이에 따라, "용기관리" 명칭의 부서가 구축되었으나 용기관리 조직 내 기획/계획/통제 기능은 구성되지 않았고, 현장에서 용기를 분류, 분배, 보관하는 기능 위주(제한적)로만 구성되었습니다. 이후 지속적으로 TO-BE로 전환하기 위해서는 용기관리팀 내에 기획/계획/통제 기능이 필요하다고 이야기하였으나 미반영되었습니다. 아이러니하게도 ○○○○년이 되자 "용기관리" 조직 안에 기획/계획/통제 기능이 필요하다는 이야기가 자연스럽게 대두되고 있습니다. 그만큼 사람들이 스스로 공감하기까지는 많은 시간이 필요하다는 것을 새삼 깨닫게 됩니다.

Total Life Cycle Systems Management 대상 분야		AS-IS						
대분류	중분류	○○ 부서	○○ 부서	○○ 부서	○○ 부서	○○ 부서	○○ 부서	○○ 부서
A	aa			○		○		
	aaa				○			
B	bb			○				
	bbb			○				
법, 규격, 검사 관리	cc		○	○		○	○	
	상품 공병을 공급사에 가스충전 의뢰 시 진행하는 검사					○		

	cccc			O		O	
	용기관련 법 규격 성적서 관리		O			O	
D	dd						
	부적합 발생한 용기 회수/ 후속처리		O				
제조 공정 관리	충전 가능한 용기 공급계획 수립	O	O		O		
	ee	O	O	O			
F	ff		O				
재검사 관리	gg			O	O		O
폐기 관리	폐기/데이터 수정						
H							
운송(배송) 관리	고객사 운송/ 회수 실행						O
	사내 용기 이동 관리	O		O	O		
I	ii	O			O		O
	도색 및 Cleaning	O	O		O		
	jj	O	O	O			
J	스키드 표준 관리		O				
	jjj	O	O		O		
	탱크로리, ISO 튜브 부적합 발생 관리			O	O		
K	kkk	O	O	O			
	용기 현황 관리: 위치, Aging 등	O		O			

　기업 경영을 위해서는 많은 계획이 필요합니다. 존재해야 하는 많은 계획 중에 현실적으로는 "보여주기식"에 불과했지만, 대표이사에게 보고하고 품의를 득하는 계획은 오로지 생산계획밖에 없었습니다. 즉, 보여주기식 수준이지만 그나마 공식적으로 절차를 거쳐 검토하고 있는 계획이 생산계획 밖에 없었습니다. 프로세스는 계획과 실행을 통해 유지되며, 계획과 실행 수준에 영향을 받습니다. 프로세스 유지에 필요한 계획이 없고 계획이

상호 연계되지 않는다면, 실행이 올바른 방향과 속도로 유지되고 연계될까요? 따라서 S&OP 프로세스를 구축하기 위해, S&OP 프로세스를 유지하기 위해서는 어떤 계획들이 필요한지 도출하고 → 계획을 서로 연계하는 개념을 검증 및 정립하고 → 각각의 계획을 유지하고 연계하기 위한 양식을 정립하고 → 계획을 유지하고 연계하기 위해, 부서별·인원별·요일별 필요한 Business Rhythm을 정립하려고 노력하였습니다. 하지만 단기간에 계획의 수가 증가되고, 단기간에 계획들이 실시간 연결되지는 않았습니다.

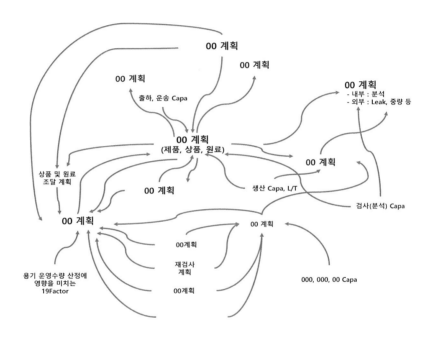

암흑기(ㅇㅇㅇㅇ)

일반적인 관점에서 SCM에 관련된 업무를 업으로 지속 경험하지 않았다고 해서, 일반적인 관점에서 SCM과 연관된 공부와 경험을 하지 않았다고 해서 전문성 있는 SCM을 하지 못한다고 생각하지 않습니다. 다만 시간이 필요할 뿐, 일정 이상의 지식 수준과 열정, 의지를 보유하고 있다면 충분히 가능하다고 판단됩니다. 왜냐하면 내가 25년간 SCM 분야를 업으로 하면서 느낀 점은 직급이 높다고, 직책이 높다고, 공부를 많이 했다고, 나이가 많다고 해서, SCM을 잘 이해하며 전문성을 가지고 적극 실천하는 것은 아니었기 때문입니다. 이제 와 사람들이 나에게 궁금해하는 것 중에 하나는, ○○○○년부터 ○○○○년까지 인사 조직과 같이 붙어 있었고, 인사○○○이 SCM팀까지 총괄하는 ○○○○ 조직의 임원 역할과 보직을 부여받던 것이었습니다. 잘못된 것은 아니지만, 인사조직과 함께하는 조직 구성이 일반적이지 않고, 인사○○○이 SCM을 총괄하는 것이 상식적이지 않았기 때문입니다.

그 당시, ○○○○○는 나에게 다음과 같은 이야기를 하였습니다. "인사○○○이 더 성장할 수 있는 기회를 배려받는 것을 희망하고 있기에 SCM팀을 인사팀과 붙여, ○○○○조직(SCM팀+인사팀)을 만들고, 인사팀장을 ○○○○○○과 SCM팀을 총괄하는 리더로 승진과 함께 보직을 부여하려고 합니다." 이 말을 듣고, 이제는 해도 해도 너무한다는 생각에 만감이 교차했지만, 인사○○○○○만 했던 사람이라고 해서 SCM을 할 수 없는 것은 아니라고 생각했기에 동의했습니다. 내가 동의하지 않는다고 해서 안될 것도 아니기 때문이기도 했습니다. 다만, 중장기적으로 SCM을 추진하는 목적과 목표를 고민하여 조직을 구성했다면 이해가 가지만, 일신과 조직 규모를 늘리고 싶어 하는 사람을 위해, 막연히 SCM을 해보고 싶다는 사람을 위해, 특정 사람을 성장시키기 위해, SCM팀을 이리 붙였다, 저리 붙었다가 하는 것을 반복하는 것에 이해가 되지 않았을 뿐입니다. 아이러니하게도 2년 뒤에 ○○○○조직 구축을 추진했던 ○○○○○○는, ○○○○조직을 해체시키고 SCM팀과 인사팀을 분리하였습니다. 사유는, 인사○○○○이 인사○○○ 업무 외에, SCM 관련 회의 주관이나 의사결정을 하려고 하지 않았으며, 가장 중요한 S&OP 프로세스 회의를 주관하기는커 녕 거의 참여하지도 않았고, SCM팀의 R&R과 관련된 안전환경분야 간담 회에도 거의 참여하지 않는 등 책임감과 적극성에 이슈가 있었기 때문입니 다. 문제는, 조직을 다시 해체하는 과정에서 또 다른 이슈가 발생하는 것입 니다. 여러분 한번 생각해 보십시오. "주었다가 빼앗으면 기분 좋은 사람이 있나요?" 여러분에게 보다 큰 조직을 맡겼는데, 2년 정도 있다가 "도저히 안 되겠다."라며, "능력이 없다."라며 조직을 분리하고 축소시키면 기분이 어떻겠습니까? 문제는 내가 의도적으로 정치, 험담, 음해, 이간질을 해서 ○○○○○○가 해체된 것처럼 이야기가 생성되고 오해를 받게 되는 것이 었습니다. ○○○○○ 뿐만 아니라, ○○○○년 이전까지는 매년 저와 제 가 책임지는 부서가 이리 붙었다가 저리 붙었다가 하는 과정에서, 참 많은 오해를 받았습니다. 참 어이가 없고 답답한 것은, 나와 내가 책임지는 부서 는 가만히 있는데, 경영진 본인들의 욕심에 의해 나와 내가 책임지는 부서 를 이리 붙였다가 저리 붙였다가 해놓고, 본인들 간에 의가 상하거나 관계 가 틀어지거나 생각이 달라지면, 나와 내가 책임지는 부서가 다른 곳으로 이동하게 되고, 마지막에는 내가 정치, 험담, 음해, 이간질을 해서 그렇게 된 것으로 오해를 받는 것이었습니다. 이러한 과정에서 내가 뼈저리게 느 낀 감정은, "기업 안에, 조직 전반적으로, SCM에 대해 잘 모르다 보니, 전 체 최적화 관점에서 SCM을 추진하는 부서를 이리 붙이고 저리 붙이는 것 을 반복하는 것은 그나마 이해할 수 있으나, **개인의 목적과 개인적인 감정 에 치우쳐, 전체 최적화 관점에서 SCM을 추진하는 부서를 사심에 활용하는 것**은 정말 이해할 수 없다." 그리고 그 과정에서 "나와 나와 같이하는 부서 가 힘들어야 하는 것은 더욱 이해할 수 없다."입니다. 내가 앞으로 얼마나 더 현역 생활을 할지 모르겠지만, 이러한 과정을 다시 겪게 된다면 예전처 럼 인내하기는 어려울 것 같습니다.

　　○○○○○에 있을 때는, 생산 조직에 있을 때처럼 생산 조직의 운영 방

식에 기반한 Schedule과 Business Rhythm을 따라야 하는 스트레스를 받지는 않았습니다. 하지만 업무 관련 많은 이야기를 하면, "마이동풍", "동상이몽"을 겪게 되는 것이 스트레스였습니다. 나는 ○○○○○을 담당하는 인사○○○으로부터 이 말을 정말 많이 들었습니다. "나는 자율성을 강조하고, 자율적으로 할 수 있도록 무한 위임하는 스타일입니다." 정말 정말 좋은 이야기입니다. 하지만 다른 한편으로는 **무책임함**을 감추기 좋은 이야기이고, **가슴에서 우러나는 열정이 없다**는 것을 감추기 좋은 이야기이고, **무능력을 감추기 좋은 이야기**이고, **업무 관련 전문성이 없다**는 것을 감추기 좋은 이야기입니다. 여러분, 여러분이 명심해야 할 것은 모든 직급과 직책에 있는 사람에게는, 자율성을 강조하며 적극 위임해야 할 상황도 존재하고, 주도적으로 스스로 의사결정을 하며 책임을 져야 할 상황도 존재합니다. 그리고 본인이 직접 고뇌를 통해 기획과 기안을 해가며 하부와 주위를 가이드하고 리드해야 할 상황도 존재합니다. 여러분, 여러분이 상대방이나 주위에서 볼 때, 참 좋은 사람이라고 느끼기 좋은 그리고 **인기몰이식의 자율성과 위임**을 무한 강조하고 있다면, 한번 돌이켜 생각해 보시기 바랍니다. 자율성과 위임, 이 두 단어가 들어간 이야기는 정말 좋은 이야기일 수도 있고, 반면에 인기를 얻기 쉽고 누구나 할 수 있는 이야기일 수도 있습니다. 가정에서도 마찬가지입니다. 여러분은 가정에서도 자율성과 위임을 무한 강조하고 있습니까? 가정에서도 자율성과 위임을 무한 강조하며 아내와 남편, 그리고 자식들이 다 알아서 하게 내버려 두시지 그러십니까? 생산조직에 소속되어 있을 때와 마찬가지로, 나 스스로 모든 것을 알아서 해야 했습니다. 주로 신축 물류센터의 SOP를 정립하고 프로세스를 안정화하는 데 시간을 보냈고, 자체 연구개발을 통해 SKID 표준화와 SKID 바퀴를 개선하였습니다.

재도약기(○○○○)

S&OP 프로세스와 물류센터 안정화에 주력하였고, 품질조직의 요청에 따라, 외관검사 조직을 인수 받아, 외관검사 조직의 안정화 및 정상화에 주력하였습니다. 그리고 자사와 3PL(운송, Cleaning, 유지보수) 회사의 R&R을 정립하고, 자사와 3PL 회사들과의 협력 프로세스 안정화를 위해 노력하였습니다. 품질조직의 요청에 따라, 외관검사 부서를 인수받아 안정화 및 정상화 상태에 이르기까지는 정말 많은 희생과 노력을 해야 했습니다. 왜냐하면 그 당시 품질 조직에 소속되어 있던 외관검사 부서는 붕괴되고 있었기 때문입니다. 부서 절반 정도의 인원이 퇴사를 했고, 충원해도 단기간에 지속적으로 퇴사하는 등 총체적 위기였습니다. 이야기하고 싶은 것은 품질 조직에서 외관 검사 부서를 인수받아 고생했다는 것을 알아 달라는 것이 아니라, 품질 조직에서 외관검사 부서를 인수받게 되면서, **"프로세스 유지 및 관리에 커다란 문제가 발생했다는 것"**을 이야기하고자 합니다. 요약해서 이야기하면, 나의 관리 책임이 있는 물류센터에는 완성품만 입고되도록 프로세스를 검토하였고, 이것에 적합하게 시설과 설비, 공간이 구축되었습니다. 그리고 설상가상으로, 제조 사업장과 물류센터가 있는 사업장은 차로 10분~15분 정도 떨어진 상태입니다. 문제는, 외관검사 부서를 인수하게 되면, 물류센터에는 완성품이 아닌 재공품이 입고됩니다. 즉, 물류센터에서 외관검사 시 문제가 발생하면, 제조 사업장으로 Back 해야 하고, 더 큰 문제는 외관검사를 할 수 있는 인프라, 문제되는 용기를 임시 보관할 수 있는 공간 등이 물류센터에 전혀 구축되어 있지 않은 점입니다. 직원들의 사기와 의지가 낮고, SOP가 전혀 없는 것은 둘째치고, "마른 낙엽을 쥐어짜서 물을 만들어 낸다."라는 말처럼, 실시간 움직이는 물동량을 일정 기간 관찰하면서, 방법을 쥐어짜고 쥐어짜서, 물류센터에서 외관검사 프로세스 수행이 가능하도록 조치해야 했습니다. 완벽하지는 않고 이슈는 계속

발생하지만, 현재 일정 부분 운영하는 데 큰 문제는 없게 조치해놓았습니다. 진지하고 신중하게 생각했으면 하는 것은, "어느 한 조직에서, 조직관리를 잘하지 못한다고 해서, 단순히 이런 이유만으로 다른 조직으로 부서나 인원을 옮기는 것은 지양해야 한다는 점"입니다. 왜냐하면 프로세스에 커다란 혼란과 문제점을 가져올 수 있기 때문입니다. 물류센터 구축 및 운영 개념은 수년 전에, 대표이사와 경영진 그리고 관련 팀장들이 모여서 정립하였고, 이에 맞게 시설과 설비, 공간을 구축하였습니다. 그런데 대표이사와 사람들이 교체된 이후, 단순히 품질조직에서 조직관리를 못한다는 이유로, 외관 검사를 타 조직으로 옮기는 것은 정말 근시안적 생각과 조치입니다. 품질조직의 조직관리 능력이 낮다면, 혹독한 시련을 겪게 해서라도 멀리 보면서 조직 관리 능력을 향상시키는 것이 우선인데 말이죠. 외관검사에서 발생하는 문제로 인해 내부 프로세스에 악영향이 지속되고 이는 납품에도 지대한 영향을 미쳤기에 어쩔 수 없이 부서를 인수해서 안정화 정상화를 위해 노력했지만, 나에게는 내키지 않은 선택이었습니다. 외관검사 프로세스에는 이슈가 정말 많이 발생하고, 고객에서도 많은 관심을 가지고 있으며, 고객과 마찰되는 많은 부분이 외관 검사 프로세스에서 발생합니다. 그리고 외관검사 프로세스와 업무는 성과를 뚜렷하게 나타낼 수 있고 각광 받을 수 있는 프로세스와 업무라기보다는 3D에 가까운 프로세스와 업무입니다. 호수에 백조가 떠 있다면, 수면 아래 보이지 않는 발에 해당되는 것이 외관검사 프로세스와 업무입니다. 만약에 외관검사가 각광받고 큰 성과가 나타나는 프로세스이자 업무였다면, 타 조직에 이관하고 싶었을까요? 혹여나 여러분 주위에서 이런 상황이 발생한다면, 이러한 생각과 행위 그리고 후속 조치는 반드시 신중해야 하고, 조직관리에 문제가 있어서 그런 것이라면 타 조직에 이관할 생각을 하기보다는 우선적으로 조직관리 능력을 향상시키는 노력부터 해야 합니다.

성장기(○○○○)

조직 경쟁력 향상을 위해 S&OP 프로세스를 주관하는 조직의 Head Control 역할 강화, 물류센터 운영 조직의 역량 강화, 총수명주기관리 관점에서 용기 관리가 가능한 조직으로 변환을 추진 중입니다. 그리고 3PL 안정화 및 스마트 물류 구축을 위해 검토 중입니다.

○○○○년부터 ○○○○까지 있었던 일을 모두 이야기하자면 책 한 권으로 부족하지만 고민 끝에 아주 짧게 그리고 개략적으로나마 이야기했고, 이유에 대해서는 앞에서 언급했습니다. 지난날을 돌이켜 보면, 내가 잘했다는 것도 아니고, 무슨 생각을 가지고 지금까지 왔는지도 모르겠고, 어떤 생각과 사명감으로 우여곡절과 인고의 과정을 거쳤는지도 모르겠습니다. 보람도 있었지만, 허무함이 밀려오기도 하며, 어쩔 때는 나의 인생관과 나의 존재 이유에 대해 다시 생각해보기도 합니다.

일반적으로 임원을 표현할 때 "별"이라고 이야기합니다. 군에 근무할 때, 여러 장군을 직간접적으로 모셔 보았습니다. "별", 즉 장군이면 무조건 훌륭하고 뛰어나다는 관점이 아닌 '다양한 경험과 고민을 해보았느냐? 해보지 않았느냐?'만을 가지고 이야기해보겠습니다. 기업에 생산, 품질, 물류, 재무, 개발, 인사 등의 부서가 있는 것처럼 군에도 보병, 포병, 기갑, 군수, 통신, 공병 등과 같은 병과가 있습니다. 군에서 장군이 되면 병과가 사라집니다. 즉, 공병 병과에서 장군이 되면 공병으로 유지되는 것이 아니라 병과 자체가 없어집니다. 군에서는 2~3년에 한 번씩 보직을 순환하면서 다양한 직책을 경험하게 합니다. 예를 들어, 보병이 기갑부대에 가서 근무하기도 합니다. 장군이 되면 보병, 포병, 기갑, 군수, 통신, 공병 부대를 이끌고 전술과 전략을 수립하고, 전문적이며 적기 적절한 의사결정을 해야 하기에, 사전에 다양한 경험을 통해 각 병과를 이해해야 하고, 다양한 병과 상황하, Thinking Process, Brainstorming 등과 같은 논리적 사고 훈련을 통해 의사결정 능력 또한 갖추어야 합니다. 내가 가장 힘들었던 것 중에 하나는 앞에서도 이야기를 했지만, 매년 조직이 변경되면서 발생하는 담당 임원의 변경이었습니다. 나의 경우, 한 사람을 제외하고 부분 최적화적 경험, 즉, 주로 생산만 해 본 사람, 주로 품질만 해 본 사람, 주로 영업만 해 본 사람, 주로 재무만 해 본 사람, 주로 인사만 해 본 사람 등이 담당 임원이 되었습니다. 물론 사람마다 다릅니다. 부분 최적화적 경험만 해보았지만, 사고 능력은 전체 최적화적 능력을 가지고 있는 사람도 있고, 반대로 다양한 경험을 했지만, 부분 최적화적 능력만을 보유하고 있는 사람도 있습니다. 나는 매년 변경되는 임원에게 전체 최적화 관점에서 다양하게 이야기하였습니다. 정말 자주 이야기를 했습니다. 왜냐고요? 업의 본질을 정의하고 이해하며, 전체 최적화적 관점에서 SCM을 이해하고, 전체 최적화 관점에서 SCM을 추진하는 부서가 나아가야 할 방향과 존재의 이유, 나아가는 데 방해가 되는 제약사항과 문제점 등을 이해해야, 나와 100% 똑같지 않더라도 상호 일정 부분 공감대가 형성되어야만, 업무 방향과 속도가 긍정적으로 유지되기 때문입니다. 문제는, 이런 나의 행동을 가지고 내가 정치, 험담, 음해, 이간질을 하는 것으로 누군가는 말을 만들어 내는 것이었습니다. 그리고 아쉬운 점은 나의 이야기를 충분히 듣고 이해하며 적극적인 업무 추진과 주도적 의사결정에 도움이 될 수 있도록 노력해주는 임원도 있었고, 업무보다는 나의 이야기를 충분히 듣고 나서 수첩에 적은 후에, 마치 본인이 많이 아는 것처럼, 본인이 없어서는 안 되는 것처럼, 단순히 본인의 과시와 일신만을 위해 활용하는 임원도 있었습니다. 매년 "밑 빠진 독에 물 붓기"처럼 임원들과 이야기하는 것은 나에게는 정말 힘든 과정이었고, 앞으로는 어떤 사람을 만나든지 간에 다시는 이 과정을 반복하지 않을 것입니다. 가끔 생각합니다. "왜? 무엇을 위해? 그렇게 스스로 피곤하게 살았을까?" 여러분, 여러분이 나와 같거나 유사한 환경과 역할에 처해 있다면, 나보다 더 나은 판단과 행동을 하기 바랍니다.

그리고 아래의 내용은 추가로 더 언급하고 싶은 내용이 있어, 첨언하였습니다.

■ 가스산업은, 용기의 Visibility와(실시간 용기의 위치, 상태, 수량 확인 가능), **총 수명주기 관리 관점**에서 용기 관리 프로세스를 구축하지 않는다면, 올바른 방향과 속도로 SCM을 구축하는 것이 제한되고, 내부적으로는 효율성과 경제성이 저하되어 많은 Loss가 발생합니다. 이를 위해서는, 총 수명주기 관리 관점에서 프로세스를 주도할 수 있는 "용기 관리" 조직을 구성하고 추진하는 것이 긍정적입니다.

■ 가스산업을 유지하고 있는 기업에 정보시스템이 구축되어 있다면, 정보시스템 안에는 용기를 실시간 공간별로 **체크(IN-OUT)하는 개념이** 반드시 반영되어 있어야 합니다. 그렇지 않으면 정보시스템은 제대로 된 역할을 하지 못하게 됩니다. 가스업은 제조업이기도 하지만, 많은 용기를 취급하는 경우 물적 유통업에 가깝기도 합니다. 따라서 재무적 관점에서 비용 결산에 초점을 맞춘 정보시스템을 가지고 가스업의 SCM을 제대로 관리 및 유지, Upgrade 하는 것은 거의 불가능합니다.

■ 기업에서 중장기적으로 SCM을 제대로 추진하기 위해서는 **진정한 의미의 "인사만사"가** 현실에 잘 반영되어야 합니다. 특히 조직 전반의 DNA가 낮거나 부족하고, 프로세스와 시스템 구축 수준이 낮은 기업의 인사에서는 프로세스를 이해하고 연구하는 노력을 추가로 해야 합니다. 그렇지 않으면 전체 최적화 관점에서, 올바른 방향과 속도로 지속 실행 가능한 관점에서 그리고 시스템에 근접할 수 있는 수준으로 조직 구성을 할 수 없습니다. 여러분 몸 안에 있는 콩팥을 예로 들어 설명하겠습니다. 여러분은 콩팥의 중요성을 알고 있습니까? 콩팥 하나는 떼어내도 생명에 지장은 없다는 것을 알기에, 콩팥의 소중함을 잊고 있지는 않은가요? 사람 몸에서 콩팥을 떼어내는 상황을 가정 시 단기적, 중기적, 장기적으로 어떤 문제가 발생할 것인지를 알지도 못하고, 고민하지도 않은 상태에서 콩팥을 떼어낸다면? 콩팥을 떼어낸 후 어떤 약을 계속 먹어야 하는지, 어떤 것을 조심해야 하고 언제까지 어떤 치료를 계속해야 하는지를 알지도 못하고 고민하려고도 하지 않는다면? 콩팥을 떼어낼 때 주변 장기들과 연결된 동맥과 정맥 그리고 수많은 핏줄을 잘 마무리하지 않고 떼어낸다면? 사람의 몸은 단기적, 중기적, 장기적으로 어떻게 되겠습니까? 그리고 사람 몸에 있는 다른 장기들은 향후 어떻게 되겠습니까? 그동안 SCM 추진 조직을 이리 붙였다가 저리 붙였다가 하는 과정에서 느낀 점은, 사람 몸 안에 있는 콩팥을 아무 생각 없이 손으로 잡아 떼고 나서 콩팥과 연결된 동맥과 정맥 그리고 수많은 핏줄을 정리하지 않았으며, 단기적, 중기적, 장기적으로 어떤 약을 먹어야 하고 어떤 점을 조심해야 하는지, 그리고 어떤 치료를 받아야 하는지에 대해 고민하지 않았던 것과 별반 다르지 않습니다.

■ SCM을 제대로 구축 및 유지하고 싶다면, **전체 최적화 관점에서 SCM을 추진하는 조직**을 반드시 구축하고, 조직 내 관심이 낮고 미흡한 분야나 잘 연결되지 않는 분야에 대해서는 우선, SCM을 추진하는 조직에 R&R을 부여하는 것이 긍정적입니다. 예를 들어 생산관리에서 생판 회의 방식으로 S&OP를 주관하게 되면, 전체 최적화 관점에서 바라보지 않고 생산 입장만에 치우쳐서 바라볼 가능성이 높습니다. 모든 부서가 각자 알아서 유기적으로 잘 협력하고 희생하면 좋겠지만, 생산은 가스의 충전에, 품질은 가스의 분석에, 구매는 조달과 계약에만 우선 관심이 있을 가능성이 높기에, 총 수명주기 관점에서 충전 가능한 상태로 용기를 준비(내면처리, 잔류가스처리, 진공처리), 용기관리, 재고관리, 자재관리, 저장관리, 외관검사, Packing 등은 수면 아래에 위치해 Gray Zone 또는 관심 밖에 있을 가능성이 높습니다.

■ SCM을 수면 위에 올려 추진하게 된다면 **SCM에 전문성이 있는 임원이** SCM 조직을 이끌어야 합니다. 그렇지 않으면 SCM 추진 조직이 일관성 있게 앞으로 나아가지 못합니다. 예를 들어, 담당 임원의 전문성이나 혜안이 부족하다면 이해시키는 데 많은 시간을 소비해야 하고, 설상가상으로 담당 임원이 자주 바뀌면 이해시키고 방향 잡는 과정을 반복해야 하고, 결국에는 매년 담당 임원만 이해시키다가 끝나게 되며, 담당 임원별로 SCM에 대한 이해 수준과 관심이 상이하여, 중장기적으로 일관성 있는 목표를 세우고 SCM을 추진하는 것이 어렵게 됩니다. 게다가 부지런하기만 하고 혜안이 부족한 사람을 만나면 완전 산으로 가게 되는데, 이렇게 되면 정말 답이 없습니다. 여러분이 전사적인 관점에서 SCM을 추진하는 담당자인데, 여러분이 근무하는 기업에서 SCM 추진 조직을 오도된 특정 개인의 생각에 따라 그리고 특정 개인의 일신을 위해 여기 붙였다가 저기 붙였다가 하는 것을 반복한다면, 여러분은 도전, 열정, 창의를 무조건 빨리 집어 던지고, 아무 생각 없이 시키는 대로 살면서 좋은 때가 오기를 인내하며 기다리거나, 아니면 하루라도 빨리 그 기업을 벗어나는 것이 가장 현실적이고 현명한 방법일 수 있습니다.

■ **SCM은 "철학적인 것"이어서** SCM을 한마디로 명확하게 정의하기는 불가능하다고 판단되지만, SCM을 "조직과 구성원의 생각하는 방식과 행동하는 방식 그리고 업무하는 방식, 조직문화 등 전반적인 모든 것을 변화시키고 개선하고 혁신해 나가는 것"이라고 이야기하겠습니다. 따라서 일정 수준을 목표로 SCM을 추진하는 과정에서는 기존부터 유지해오던 생각하는 방식과 행동하는 방식 그리고 기존부터 유지해오던 업무하는 방식과 조직 문화에 부딪치게 됩니다. 따라서 SCM 수준이 향상되는 것은 쉽게, 급격하게 되지 않습니다. 오랜 시간 인내해야만 가능합니다. 그리고 기업의 내외부 환경은 지속적으로 변화되기에 기업이 없어질 때까지 SCM 수준을 향상시키기 위한 노력은 끊임없이 지속해야 합니다. 따라서 전체 최적화 관점에서 SCM을 추진하는 조직의 구성원은 능력도 좋아야 하겠지만, 소신이 있고 도전적이며, 인내심이 강한 사람들로 구성하는 것이 긍정적입니다. 여러분, 현재는 정보의 홍수시대 그리고 좋은 경영 기법이 난무하는 시대 그리고 과학 기술의 발달 속도가 빠른 시대입니다. 그런데 변화, 개선, 혁신 수준이 낮고 속도가 느린 조직과 기업이 있습니다. 왜 수준이 낮고 속도가 느릴

까요? **아래 9가지 중 최소 1가지 이상이 원인**이기 때문입니다. ① 매출과 이익이 작아 자금력이 원활하지 않고 여력이 없어서, ② 모든 구성원의 생각하고 행동하는 방식에 매너리즘이 짙게 깔려 있어서, ③ 의사결정에 힘이 있는 사람들이 변화를 추구하기보다는 본인들의 생각과 행동은 무조건 옳다는 아집에 사로잡혀 있고, 본인들이 유지하고 있는 생각과 행동이 얼마나 시대에 뒤처져 있는지를 모르며, 본인들이 유지하고 있는 생각과 행동이 얼마나 꼰대인지도 잘 몰라서, ④ 구성원 중에 소신을 가지고 도전하고 인내하는 사람이 적어서, ⑤ 소신 있게 일을 하는 사람이 성장하는 분위기가 아닌, 대충 눈치 보며 인간관계를 중시하는 사람이 성장하는 분위기여서, ⑥ 소신·열정과 별개로 구성원들의 전반적인 수준이 하위 평준화 상태여서, ⑦ 정부가 제시한 각종 법과 규제를 조직과 기업에 유리하게 풀어갈 방법이 제한적이어서, ⑧ 주인의식과 열정을 가질 수 없는 분위기와 상황 안에서 현실적인 관점에서 근본 문제를 해결하기보다는 말로만 주인의식과 열정을 가지라고 이야기해서, ⑨ 말로는 수평을 강조하고 자율적 책임을 중요시하지만, 직책이 아닌, 직급에 의한 업무 문화가 지속적으로 유지되어서 등.

▪ 전체 최적화 관점에서 SCM을 추진하려면, 추진하는 과정에서 **기회 비용이 많이 발생하게 되고(세상에 쉽게 얻는 것도 없고 공짜도 없다)**, 많은 우여곡절을 겪으면서, 속도도 잘 나지 않고, 성과도 급격하게 만들어지지 않습니다. 따라서 매출이나 이익 그리고 자금력이 높지 않은 중소기업에서는 물질적, 정신적으로 여건과 인내심이 부족하여 현실적으로 추진하기 어려울 수 있고, 설령 추진하더라도 중간에 포기할 가능성이 높습니다. 하지만 중소기업이 물질적, 정신적 여건과 어려움을 극복하고 SCM을 고도화하게 된다면, 반드시 성장하게 될 것입니다. 왜냐고요? 성공한 그리고 성장한 기업들에 관한 사례가 인터넷에 다 나와 있잖아요. '왜 성공하고 성장했는지?'에 대해서 말입니다.

▪ 나의 경우, 전체 최적화 관점에서 SCM을 수면 위에 공공연하게 띄워 놓고, 이를 추진하는 조직이 있는 상태에서 시작한 것이 아니라, 나 혼자 시작하겠다고 공표를 한 뒤에, 조직원(팀원)을 한 명 한 명 모아서 조직을 구성하고, 업무 영역을 하나하나 구축해 나갔습니다. 즉 **팀장은 있는데 팀원은 없고, 업무 R&R과 SOP가 미흡한 것이 아니라 전혀 없었습니다.** 더 큰 문제는 물류, 경영, 산업공학 등의 분야를 전공하거나 이와 유사하거나 관련된 학력과 경력이 있는 사람을 새롭게 뽑아서 조직을 구축해 나간 것이 아니라 다른 팀에서 부적응하고 있는 사람, 팀 간 이동을 희망하는 사람, 조직 내에서 마찰이 있는 사람들을 많이 받으면서 시작한 점입니다. 나쁜 점만 보면 어떤 일도 맡기고 할 수 없기에, 모든 사람을 똑같이 믿고 보면서 수준을 올리기 위해 교육을 지속하였고, 동등하게 기회를 부여하고 변화를 시키기 위해 노력하였으며, 심지어는 희망하는 사람에 한해, 현장직에게도 사무직의 기회를 부여하고 인내심을 가지고 기다렸습니다. 내가 이와 같은 과정을 겪으면서 느낀 소감은, 못한다 잘한다가 아니라, "맞지 않다.", "다르다."라는 것입니다. 즉, 사람마다 잘 할 수 있는 분야가 다 다르기에 성격, 능력과 수준을 고려하지 않고, 모두 잘하고 변화될 수 있다는 생각으로 인내심을 가지고 기다리고 기대하는 것은, 나 혼자만의

긍정적 상상에 불과하다는 것이었습니다. 그리고 나는 과거도 중요하지만 현재도 중요하다는 생각을 가지고 있었기에, 사람에 대해서는 최대한 과거에 의한 선입견을 갖지 않으려고 노력했지만, "될성부른 나무는 떡잎부터 다르다."라는 말처럼 과거를 확인하지 않고 현재를 논하는 것은 매우 위험하다는 것을 절실하게 느꼈습니다. 하지만 좌충우돌의 10여 년 과정에서 가장 뼈저리게 느낀 점은 "검은머리 짐승은 함부로 들이는 것이 아니다.", "안 되는 사람은 절대 고쳐지지 않는다."였습니다. 모든 사람에게 적용되는 것은 아니지만, 다른 부서에서 문제가 있다고 했거나 다른 부서에서 적응을 잘 못했던 인원들에게서는 "검은 머리 짐승은 함부로 들이는 것이 아니다.", "사람은 절대 고쳐지지 않는다."라는 말이 자주 떠올랐습니다. 물론 다른 부서에서 문제가 있다고 했거나 다른 부서에서 적응을 잘 못했던 인원 중에 기대 이상으로 잘하는 사람도 있었지만, 10명 중에 한 명 꼴이었습니다.

사람들을 모아 놓고, 통보식으로, 알아서 R&R, SOP, 직무 기술서 등을 작성하라고 이야기하는 것은 지양하기 바랍니다

- **양식**

  문서(서류)의 일정한 모양이나 형식.

- **R&R**

  Rloe(역할) and Responsibilities(책임).

- **SOP**

  standard operating procedure의 약자로서, 어떤 상황이 발생했을 때, 해야 할 행동 절차. 추가 명령이 없는 한, SOP대로 행동해야 함.

- **Process**

  업무나 일이 처리되는 경로, 과정, 공정.

- **System**

  인간, 기술, 정보, 설비, 기계 등 형상이 있는 or 없는 모든 요소들이 목적 달성을 위해 체계적인 질서가 유지되고 있는 집합체.

기업의 내규를 포함, 각종 문서의 구축 및 유지 수준, 조직문화, 조직과 구성원의 DNA 수준을 고려하지 않고, 단순하고 간단한 말로 R&R, SOP, 직무 기술서 등을 제출하라고 하는 것은 **"보여주기식"**, **"나는 당신들에게 분명하게 이야기를 했어."**와 같이 **"책임을 전가하는 식"** 밖에는 안 됩니다. 다수 구성원에게 공통적으로 특정 내용을 제출하라고 할 때는 양식을 검토하여 정립한 이후, 양식을 만든 의도를 설명하고, 구성원별로 눈높이에 맞는 교육을 통해 양식을 작성하는 방법과 양식 안에 입력되어야 하는 내용을 명확하게 이해시키는 것이 필요합니다. 만약 양식이 제대로 정립되지 않았거나 어떻게 작성해야 하는지에 대해 잘 이해하지 못하면, 구성원은 본인에게 익숙하고 편한 양식으로 그리고 깊게 고민하기보다는 일상적인 수준에서 도출할 수 있는 내용을 작성해서 제출하게 됩니다. 이렇게 제출된 문서들은 내용의 수준도 낮고, 통일성과는 거리가 멀어 집계하거나 분석하기도 어렵습니다. 나 또한 자주 경험했지만, 수집된 자료를 보고 "정말 난감하고 어지럽다."라는 느낌을 받을 때가 많았습니다. 일반적으로 양식을 검토하고 고민하는 것을 대충 생각하기도 하는데, 절대로 대충 생각해서는 안 됩니다. 사람들에게 어떤 내용을 작성해달라고 요청하기 전에, 우선 작성할 양식을 검토하고 정립하는 것은 다음을 의미합니다. ① 작성을 요청한 사람의 의도를 작성해야 하는 사람들에게 명확하게 이해시키기 위함입니다. ② 작성을 요청한 사람의 의도대로 작성해야 하는 사람들이 명확하게 작성하도록 유도하기 위함입니다. ③ 사람들이 작성한 내용들을 쉽게 집계하고 빠른 분석과 후속 조치가 가능하게 하기 위함입니다. 따라서 상대방과 타인에게 요청하기 위한 작성 양식을 만들 때는 정말 많은 고민을 해야 할 필요가 있습니다. 내가 의도하는 바는 무엇이고, 사람들이 작성하는 수준과 상태는 어느 정도여야 하고, 어디에 어떻게 작성하도록 해야 하는지 등을 고민해서, 양식을 만들어야 합니다. 양식은 많은 고민의 결과물입니다. 양식만 잘 만들어도 50% 성공입니다. 왜냐하면 고민 끝에 만든 양식을 사람들이 잘 이해한다면, 내가 의도하는 대로 작성될 가능성이 높고, 내가 의도하는 내용 위주로 작성될 가능성이 높습니다. 양식에 따라 수집되는 데이터의 종류와 수 그리고 양은 달라집니다. 일반적으로 설문을 할 때, 누구에서 설문을 의뢰해야 하는지를 검토, 고민하는 것도 중요하지만, 설문지 양식을 잘 만드는 것 또한 중요합니다. 생각과 경험이 다른 다양한 사람에게 설문을 요청할 때 중요한 것은, 사람들이 설문하기 전에 나의 의도를 충분히 이해할 수 있어야 합니다. 즉, 상대방의 입장에서 이해하고 기록하기 쉬운 양식을 만든다면, 사람들은 설문지에 있는 모든 내용을 충분히 이해할 수 있을 것이고, 이를 바탕으로 간결하며 명확하게 작성할 수 있을 것입니다. 그래서 설문을 요청하기 위해서는 정말 많은 고민을 통해 준비해야 합니다. 하지만 조직과 구성원들의 DNA가 정말 낮은 상태라면, 상대방 입장에 서서, 정말 많은 고민과 노력을 통해 양식을 준비하더라도, 의도하는 대로 작성이 잘되지 않을 수도 있습니다.

여러분은 R&R, Business Rhythm, Process, System에 대해 들어보았거나, 실제 여러분이 주체가 되어 일상 대화에서 자주 사용하고 있을 것입니다. 간혹, System을 정보시스템으로 생각하고 이야기하는 분들이 있는데, System과 정보시스템과는 다른 용어입니다. 일반적으로 System을 구축해야 한다고 자주 이야기를 하는데, R&R, Business Rhythm, Process, System 용어를 통해, 개략적이지만 R&R이 System으로 변환되는 과정에 대해 이야기해 보려고 합니다. 우선, (I) 조직별, 부서별 그리고 부서 안에 있는 사람들의 R&R을 정립해야 하고, 조직별, 부서별, 사람별, Gray Zone 없이 R&R이 명확해지면 부서 간에, 사람 간에, (II) Business Rhythm을 정립합니다. Business Rhythm은 육하 원칙에 따라 부서별, 사람별, 요일별, 시간별, 업무 및 업무와 관련된 행동 방식을 합의, 정립, 연계하는 것입니다. Business Rhythm이 잘 합의되고 정립되어야만 그리고 실제 잘 이행되어야만, 부서 간, 사람 간의 업무들이 세세하게 연계되고 유지됩니다. 사람의 몸에 있는 각종 장기는 매우 중요하며 크게 본다면 동맥과 정맥 그리고 많고 작은 혈관들로 서로 연결되어 있습니다. 그런데 많고 작은 혈관들이 각종 장기와 동맥과 정맥을 연결하지 못하게 된다면 어떻게 될까요? Business Rhythm은 사람의 몸에 있는 많고 작은 혈관들이며, 많고 작은 혈관들이 유지하고 있는 역할에 비유할 수 있습니다. 가스를 제조하는 회사에서 원료를 이용해 제품을 만들어 고객에 최종 납품하기까지는, 조직 및 부서별로 업무가 협조 및 연계되어야 하고, 부서 내 직원들 간에 업무가 협조 및 연계되어야 하고, 부서가 다른 직원 간에 업무도 협조 및 연계되어야 합니다. 조직별, 부서별, 사람별 R&R이 잘 정립되었고, 정립된 R&R에 Gray Zone이 없다고 해서 끝난 것이 아닙니다. Business Rhythm을 고민하지 않고, Business Rhythm을 제대로 정립 및 연계하지 않은 상태라면, 사람들은 "자기가 맡은 일만 하면 된다."라고 생각합니다. 이러한 상황에서 문제가 생겼을 때, "나는 당연히 할 것을 했다. 내가 잘못한 것은 없다."라고 사람들은 이야기합니다. 맞습니다. 틀린 것은 아닙니다. 하지만 전체 최적화 관점에서 기업은 제대로 돌아가지 않을 가능성이 높습니다. 여러분이 근무하는 기업에는 조직별, 부서별, 사람별, R&R을 명확하게 정립 및 유지하고 있습니까? 여러분이 근무하는 기업에는 조직별, 부서별, 사람별, 유지하고 있는 R&R에 Gray Zone이 하나도 없습니까? 여러분이 근무하는 기업에는 여러분이 정립한 R&R에 부정적 영향을 미치는 내·외부적 환경 요인이 전혀 발생하지 않습니까? 여러분이 유지하고 있는 R&R이 명확하게 정립된 것인지, 여러분이 정립한 R&R에 Gray Zone이 없는지, 여러분이 정립하고 유지 중인 R&R에 변화 가능성은 없는지에 대해 여러분은 어떻게 확인하고 검증하나요? 여러분이 Business Rhythm을 정립하고 올바른 방향과 속도로 유지하기 위해 끊임없이 노력하는 것은 역으로, R&R을 명확하게 정립 및 유지하고 있는지, R&R에 Gray Zone이 있는지, 내·외부 환경 변화에 따라 R&R을 어떻게 다시 재정립해야 하는지에 관해 실시간 고민하게 하고 적절한 조치 또한 할 수 있게 만듭니다. 기업에서 발생하는 모든 업무는 사람 몸속의 혈관처럼 다양하게 연결되어야 합니다. 그리고 혈관에 노폐물이 쌓여서 혈관이 좁아지는 것과 같은 Bottleneck이 없어야 합니다. 그래서 Business Rhythm을 정립하고 올바른 방향과 속도로 유지하려고 끊임없이 노력하는 것은 매우 중요하며, 만약 Business Rhythm을 올바른 방향과 속도로 구축 및 운영하는 데 도움이 될 수 있는 정보시스템이 있다면, Business Rhythm을 올바른 방향과 속도로 구축 및 운영하는 데 도움이 됩니다. 간단히 예를 들어, 내가 정보시스템을 활용하여 일을 하게 되면, 그 결과가 정보시스템을 통해 다른 사람에게 자동적으로 전달되고, 상대방은 그것을 기반으로 일하게 됩니다. 만약 정보시스템이 아닌, 오로지 사람 간에 수작업 문서나 구두 의한 약속에 의한 Business Rhythm을 정립 및 유지한다면 분명히 한계는 많을 것입니다. S&OP 프로세스를 구축하려고 하는 기업에서는 일반적으로, 처음에는 수작업 또는 반수작업 Sheet를 만들어 R&R과 Business Rhythm을 정립하고 연계하게 되는데, 수작업 Sheet를 수작업과 반수작업에 의해 유지하고 연계하는 기간이 짧을수록 좋습니다. 반대로 정보시스템이 구축되어 있다고 해서, Business Rhythm을 올바른 방향과 속도로 유지하는 데 무조건 도움이 되는 것은 아닙니다. 만약 기존에 구축된 정보시스템에 Business Rhythm과 관련된 프로세스가 반영되어 있지 않고, 기존에 구축된 정보시스템을 통해 Business Rhythm과 관련된 프로세스를 구현할 수 없다면, 하루라도 빨리 PI를 통해, Business Rhythm을 정보시스템에 반영하기 바랍니다. R&R과 Business Rhythm을 기반으로 (Ⅲ) SOP를 정립합니다. SOP에는 오로지 설비와 장비로 진행되는 R&R과 Business Rhythm, 설비, 장비와 사람이 혼합되어 진행되는 R&R과 Business Rhythm, 오로지 사람에 의해 진행되는 R&R, Business Rhythm 그리고 정보시스템이 조력하는 내용들까지 모두 포함되어야 합니다. 그리고 SOP를 정립하는 과정에서, R&R과 Business Rhythm이 중복되거나 누락된 것이 없는지에 대해 끊임없이 비교 검토해야 합니다. 이렇게 정립된 SOP대로 업무가 체계적으로 유지되면, 이것은 하나의 Process로 자리 잡게 됩니다. 이후 (Ⅳ) Process들이 모여 하나의 System이 될 수 있도록 전체 최적화 관점에서 프로세스들을 연계시키며, System에 영향을 미치는 R&R·Business Rhythm·Process의 구축 및 유지에 부정적 영향을 미치는 Bottleneck을 끊임없이 찾아 개선해야 합니다. System이 되었다는 것은, "Input이 있고, 항상, 올바른 속도와 방향 그리고 부합된 Quality의 Output을 발생시키고 있다."라는 것으로 정의할 수도 있습니다. 이러한 관점에서 볼 때, 조직이라고 해서 무조건 System이라고 할 수는 없기에, 조직은 System이 될 수 있도록 부단히 노력해야 합니다. 여러분이 현재 근무하고 있는 기업은 System입니까?

여러분은 기업에 왜 근무합니까? 자기 발전을 위해서? 자아 실현을 위해서? 안정적인 생활을 영위하기 위해서? 오로지 기업이 잘 되게 하기 위해서? 기타 등등 중에, 여러분이 기업에 근무하는 이유는 무엇인가요? 과거에는 조직과 집단의 목적과 목표가 우선시되는 시대였다면, 현재 그리고 다가오는 미래는 개인의 삶과 행복, 개인의 목적과 목표가 우선시되는 시대로 점점 바뀌어 가고 있습니다. 이렇게 개인의 행복, 목적, 목표 등을 중요시하는 시대로 변화되고 있고, 개성과 개인적 분위기가 확대되는 상황에서 여러분은 현실적으로 생각해 보기 바랍니다. 여러분이 현재 직장에 근무하고 있다면, 기존부터 유지해오던 업무들이 있을 것입니다. 이렇게 매일 처리해야 하는 업무들이 있는데, 추가 시간을 내서, 자기 자신을 희생해서, 기업의 발전을 위해서, Ⅰ, Ⅱ, Ⅲ, Ⅳ에 대해 자율적으로 검토하고 적절한 후속조치를 하는 것이 현실적으로 가능하던가요? 자기 입장에 치우쳐 자신에게 부여된 업무를 완수했다고 생각하면 남아서 더 일을 하기보다는 퇴근하지 않습니까? 그리고 기업 윤리에 입각해 정해진 최소 근무 시간을 초과했다고 생각하면 퇴근하지 않습니까? 특히 Ⅳ의 경우 구성원이 자율적으로 노력하는 것을 기대하기 어렵지만, 협조, 권한, 직급, 직책 등과 관련된 이슈 등으로 인해 하고 싶어도 아무나 할 수도 없습니다. 그리고 IV의 경우, 전체 최적화 관점에서, 사람과 사람, 사람과 기계 및 설비, 사람과 정보시스템, 사람과 부서, 부서와 부서, 부서와 기계 및 설비, 부서와 정보시스템을 엮고 연계시키는 것인데, 정말 많은 인고의 시간과 노력이 필요하기에 쉽지도 않습니다. 간단히 말해서, 다른 부서, 다른 사람이 하는 일에 끼어들거나 간섭하고, 조금씩 서로 양보시키며 연결시키는 것은 결코 쉽지 않습니다. 특히 IV를 위해서는 각각의 부서와 각각의 부서에 근무하는 사람들에게 알아서 하라고 하며 방관하기보다, 적합한 조직을 구축 및 운영하고 적임자 또한 찾아 진행하는 것이 긍정적입니다. 따라서 권유하는 것은 PI(Process Innovation)나 혁신을 추진하는 조직을 구축하고, 모든 조직을 조정 통제 할 수 있고 전문성 또한 구비한 COO급의 인재를 통해 주도하게 하거나, S&OP 프로세스를 구축 및 유지하는 조직에 IV의 역할을 부여하고, S&OP 프로세스를 구축 및 유지하는 조직의 리더나 관리자에게 IV의 역할을 유지하도록 하는 것입니다. 왜냐하면 조직을 구성하고 유지하는 부서와 사람들은, 시간이 지나면 자연스럽게 매너리즘이 형성되기 시작하고, 시간이 지나면 자연스럽게 부분 최적화를 추구할 가능성이 매우 높기 때문입니다. 그래서 **한편으로는 Ⅰ, Ⅱ, Ⅲ, Ⅳ를 구축 유지함에 있어 인사 조직·부서의 역할 또한 매우 중요합니다.** 나도 오랜 시간 인사를 직접 해보았지만, 인사를 관장하는 관리자나 리더가 정의롭지 않고, 공과 사를 구분하지 못하고, 일보다는 정치에 관심이 높고, 줄을 서거나 줄 세우기에 관심이 많고, 능력이 아닌 자신의 입맛에 맞는 사람에게만 관심이 높고, 자신의 연명과 일신에 도움이 되는 방향으로만 인사를 추구한다면, 조직문화는 후퇴하게 되고, 이 기업에는, 절대, Ⅰ, Ⅱ, Ⅲ, Ⅳ가 잘되어 있지 않습니다. 인사는 기업을 살릴 수도 있지만, 인사는 기업을 사라지게 할 수도 있습니다. 인사에 의한 부정적 부분은, 우리 몸에 있는 장기인 "간"에 비유할 수 있습니다. 우리가 간을 침묵의 장기라고도 부릅니다. 즉, 문제점을 알게 되었을 때는 골든타임을 놓치게 되는 경우가 많습니다. 인사에 의한 부정적 영향은, 단기간에 그리고 한 순간에 나타나거나 보이지 않습니다. 하지만 문제점이 발견되었을 때는 이미 상당히 오랜 기간 서서히 쌓여, 단기적, 중기적으로 회복하기 어려운 상황이 될 수 있습니다. 왜냐하면 인사에 의한 부정적 영향은, 조직의 생각하고 행동하는 방식, 사람이 생각하고 행동하는 방식, 조직문화, 기술과 노하우를 축적하는 방법과 기술과 노하우를 축적했던 기간, 학습조직 등에, 매너리즘을 형성시키고 전반적으로 낮은 수준을 유지하도록 만드는데, 조직의 생각하고 행동하는 방식, 사람이 생각하고 행동하는 방식, 조직문화, 기술과 노하우를 축적하는 방법과 기술과 노하우를 축적했던 기간, 학습 조직 등에 있어, 수준이 높고 낮음 그리고 양이 많고 적음은, 기업 경쟁력의 높고 낮음과도 같기 때문입니다. 장시간 서서히 낮아진 수준과 장시간 서서히 조직 전반에 구축된 매너리즘을, 단기적, 중기적으로 끌어올리는 것은 정말 어려운 일이고, 단기적, 중기적으로 끌어 올리기 위해서는, 정말 많은 시간, 노력, 비용이 필요합니다. 그래서 인사를 관장하는 관리자나 리더의 수준, 자질, 역할은 매우 중요합니다. 올해가 2022년인데, 조직의 생각하고 행동하는 방식, 사람이 생각하고 행동하는 방식, 조직문화, 기술과 노하우를 축적하는 방법과 축적했던 기간, 학습조직 등에 있어, ① 매너리즘이 많이 있고, ② 전반적으로 수준이 낮으며 하위 평준화되어 있고, ③ 양이 적고, ④ Quality가 낮다면, 1~2년 전이 아닌, 2013년부터 서서히 좋지 않게 되었거나, 2013년 이후 현재까지 내실 있게 변화된 것이 없는 것입니다. 즉, 현재 인사 부서와 인사를 관장하는 리더가 잘못한 것이 아니라, 10년 전 인사 부서와 인사를 관장하는 리더가 잘못한 것입니다.

아래는 ○○○○○에게 실제 했던 이야기를 그대로 옮겨 놓았습니다. 앞부분과 중복되는 내용이 있습니다만, 참고하기 바랍니다.

직원들에게 R&R을 제출하라고 들었습니다. 그래서 다음과 같이 하는 것을 권유합니다.

직원들에게 어떤 내용을 작성해서 제출하라고 할 때, 먼저 양식(작성표 등)을 검토하여 정립한 이후, 사람들에게 교육을 통해 양식을 이해시키고(양식과 양식안에 세세하게 작성하는 방법을 이해시키고), 양식을 만든 의도에 맞게 작성해 달라고 해야 합니다. 양식이 제대로 정립되지 않거나 정립된 양식의 세부 내용을 사람들이 이해하지 못하면, 직원들은 본인들에게 편한 양식이나 형태, 본인 수준에서 생각하는 내용을 작성해서 제출합니다. 이렇게 제출하게 되면, 내용의 수준도 낮고, 난잡해지고(통일이 안 되고), 분석하기도 어렵습니다. 내가 자주 경험했지만, "정말 어지럽다."라는 표현이 적당한 것 같습니다. 많은 사람이 양식을 검토하고 만드는 것을 대충 생각하는데, 절대로 대충 생각해서는 안 됩니다. 사람들에게 작성해달라고 요청하기 전에, 작성 양식을 검토하고 정립하는 것은 다음을 의미합니다. ① 작성 요청한 사람의 의도를, 작성해야 하는 사람들에게 명확하게 이해시키기 위함입니다. ② 작성 요청한 사람의 의도대로, 작성해야 하는 사람들이 명확하게 작성하도록 만들기 위함입니다. ③ 사람들이 작성한 내용들이 집계되면 빠른 분석을 통해 후속 조치하기 위함입니다. 작성 양식(작성표 등)을 만들 때, 정말 고민을 많이 해야 합니다. 내가 의도하는 바는 무엇이고, 사람들의 작성하는 수준과 상태는 어느 정도여야 하고, 이를 위해서는 작성 양식 안에서도 어디에 어떻게 작성하도록 해야 하는지를 고민해서, 양식을 만들어야 합니다. 양식은 많은 고민의 결과물입니다. 양식만 잘 만들어도 50% 성공입니다. 왜냐하면, 고민 끝에 잘 만들진 양식을 사람들이 작성하기 전에 교육하면, 내가 의도하는 대로 작성될 가능성이 높습니다(내가 의도하는 내용이 작성될 가능성이 높다). 일반적으로 설문할 때, 누구에서 설문을 의뢰해야 하는지를 검토 및 선정하는 것도 중요하지만, 우선, 설문지를 잘 만드는 것이 가장 중요합니다. 다양한 사람에게(생각과 경험과 수준이 다른 다양한 사람들) 설문을 요청할 때, 가장 중요한 것은, 다양한 사람들이 내가 의도한 바를 설문지를 통해 충분히 이해할 수 있어야 합니다. 그리고 충분히 이해한 것을, 내가 의도한 바를, 명확하게 작성할 수 있도록 해야 합니다. 그래서 설문지를 준비할 때, 정말 많은 고민을 통해, 준비해야 합니다.

R&R, Business Rhythm, Process, System. 부서별, 그리고 조직 안에 직원들의 R&R을 정립합니다. R&R이 명확해지면 부서 간에, 직원 간에, Business Rhythm을 정립합니다. 그동안 이야기했듯이 Business Rhythm은, 육하 원칙에 따라 업무가 연계된 것입니다(언제, 어디서, 누가 어떻게, 왜, 무엇을). Business Rhythm이 정립되어야 직원 간, 부서 간 업무들이 연계됩니다. ○○○○가 원료를 가지고, 제품을 만들어서 고객에 최종 납품하기까지는, 부서별로 업무가 연계되어야 하고, 부서 내 직원들 간에 업무가 연계되어야 하고, 부서가 다른 직원 간에 업무가 연결되어야 합니다. R&R이 정립되었다고 해서 끝나는 것이 아닙니다. Business Rhythm이 제대로 연계되지 않고 R&R만 정립되면, 사람들은 자기가 맡은 일만 하면 된다고 생각합니다. 이러한 상황에서 문제가 생겼을 때, "나는 할 것을 했다. 내가 잘못한 것은 없다."라고 사람들은 이야기합니다. 맞습니다. 틀린 것은 아닙니다. 하지만 기업은 제대로 돌아가지 않습니다. 중요한 것은 사람 몸속의

실핏줄처럼 각자의 역할과 업무가 다양하게 서로 연계되어야 합니다. 그래서 정보시스템의 역할이 중요한 것입니다. 내가 정보시스템을 활용하면, 그 결과가 다른 사람에게 자동적으로 전달되고, 그 사람은 그것을 기반으로 일하게 됩니다. 오로지 사람에 의한 Business Rhythm 유지는 한계가 있습니다. S&OP 프로세스에서 수작업 Sheet를 만들어 R&R과 Business Rhythm을 연계하는 것도 같은 이유입니다. R&R과 Business Rhythm을 기반으로 SOP를 정립합니다. SOP 안에는, 오로지 설비와 장비로 진행되는 R&R과 Business Rhythm, 설비와 장비와 사람이 혼합되어 진행되는 R&R과 Business Rhythm, 오로지 사람에 의해 진행되는 R&R, Business Rhythm 그리고 정보시스템이 조력하는 부분들이 모두 포함되어야 합니다. 그리고 정립된 R&R과 Business Rhythm이 중복되거나, 누락된 것이 없는지를 끊임없이 비교 검토합니다. 이렇게 정립된 SOP대로 업무를 진행하게 되면, 이것은 하나의 Process로 자리 잡게 됩니다. 이후 프로세스가 System이 될 수 있도록, 전체 최적화 관점에서 프로세스들을 연계시킵니다. 그리고 전체 최적화 관점에서 프로세스들을 연계시키는 데 전문성이 있는 사람을 COO급으로 지정하고, CEO를 대신하여 관리하도록 합니다(System: 지시하거나 특별하게 관심을 갖지 않아도, 능동적, 유기적으로 움직이는 상태)

데이터(정보) 수집 및 입력 방법에 대한 패러다임을 바꾸어 봅시다! Case "1"

데이터(정보) 수집 및 입력 방법에 대한 패러다임을 바꾸어 봅시다! Case "1", 데이터(정보) 수집 및 입력 방법에 대한 패러다임을 바꾸어 봅시다! Case "2"는 유사하고 일부 중복된 내용입니다. 이 내용을 여러분에게 이야기하는 것은, **"밥상을 차려주는 것도 모자라, 떠먹여 달라는 식"**으로 꿈쩍도 하지 않는 상대방을 대상으로는, 포기하지 않고 능동적으로 고민하며 여러 "안"을 제시하고 요청과 당부, 협의하는 과정이 필요한데, 한편으로는 매우 쉽지 않았다는 것을 이야기하고 싶어 기록하였습니다.

여러분이 처해 있는 상황

A. 보유 및 운영 중인 용기 숫자에 비해 작업 현장이 상대적으로 좁은 편이고, 각종 시설과 건물들의 구성 및 배치가 쉽고 단순한 물류(물건의 흐름)를 발생시킬 수 없는 상황이고, 데이터를 수집하는 주체가 되는 현장 인력은 자주 변경되고, 현장 인력이 수집한 데이터의 신뢰성을 기대할 수 없고, 현재 운영중인 정보시스템은 정보시스템으로서 역할을 하지 못하고 있고, 작업 현장별로 데이터를 체계적으로 관리하고 있는 관리자가 없는 등.

B. RFID가 만들어진 목적이나 존재하는 이유는 기계에 의한 자동 Scan 및 자동 데이터 수집인데, RFID를 부착해 놓고 바코드처럼 RFID를 사람이 수작업으로 스캔하고 있는 상황.

상기 A과 B를 감안하여, 아래와 같이 추진 방향을 제안하고자 합니다. ○○○과 ○○○는 추진 방향에 대해 관련된 사람들과 미팅 후, 최종적인 Time Tible를 작성하여 매일 진행 상황에 대해 체크하는 프로세스를 유지하는 것이 좋겠습니다.

■ 데이터를 수집하는 포인트는 총 5곳이며 다음과 같습니다. S0 IN, 충전 IN(시작), 충전 OUT(완료), S3 OUT, 부적합품 보관소. 충전 IN(시작) Scan과 동시에 S0는 OUT되고, 충전 OUT(완료) Scan과 동시에 S3 IN은 OUT 됩니다. 당장은, 가스분석 프로세스는 고려하지 않겠습니다. 실시간 상기 5곳의 데이터가 신뢰성 있게 수집 및 집계된다면, 최소 90% 이상의 정확도로 S&OP 프로세스 유지가 가능할 것으로 판단됩니다. 부적합품 보관소에 대해서는 별도 논의 필요합니다. ○○○와 ○○○는 부적합품 보관소가 어떻게 운영되는지 확인 후 알려 주세요.

■ Time Table를 만들기 위해, 사전에, 협의 및 확인해야 하는 내용은 다음과 같습니다. ① 정보시스템 담당자와 협의하여, RFID Scan 시 S&OP에 필요한 데이터가 Display 되도록 조치하세요. ② ○○○ 입구에, RFID 자동인식 Gate의 설치를 검토하세요. 정보시스템 담당자와 협의하여 시장조사를 하고, 관련 업체를 찾은 후, 설치와 인식 가능성, 비용, 설치 기간 등에 대해 검토하세요. ○○○ 입구에 RFID 자동인식 Gate가 설치되면, Gate를 통해 S0 IN, S3 OUT에 대한 데이터 수집이 자동으로 생성 및 유지될 것입니다. Gate가 설치되면 Gate를 통해 데이터가 자동 수집되겠지만, 기계의 오류, 휴먼에러에 의한 RFID 미부착, RFID 불량 등을 대비하여 Cross Check 개념을 적용해, ○○○ 관리자와 S0와 S3에 근무하는 현장 관리자에게 동시 다발적 R&R을 부여할 필요가 있습니다. 여러분의 회사는 다른 목적으로 사업장을 방문하는 사람의 출입이 빈번하지 않고, 운송 차량이

정문을 통과 후, 한 곳에 주정차하여 하역하지 않을 가능성이 있으므로, 프로세스가 안정화될 때까지 ○○○ 관리자에게 역할을 부여할 필요가 있습니다.

○○○ 관리자와 S0에 근무하는 현장 관리자에게 부여되는 R&R(개략적으로 설명): ○○○ 관리자는, 용기가 입고될 때, 차량을 정지시킨 후, 적재된 수량을, 실제 육안으로 확인하고, 책상에 비치된 모니터에 Scan된 데이터와 비교하여, RFID가 작동되지 않은 용기의, 가스명, 용기번호를 기재(별도 양식 유지)하여, 1부는 ○○○ 관리실에 비치하고, 1부는 상호 약속에 의해 S0의 현장 작업자 또는 담당자에게 전달합니다. S0 현장 작업자는, 용기를 차량에서 하차 시, RFID가 인식되지 않은 용기를 확인하여, RFID 교체/S0 IN Scan합니다. ○○○○와 ○○○○○는 매일 정문 관리실에서 양식(기록 결과)을 전달받아, 사업장에 입고된 모든 용기가 S0 IN Scan 되었는지를, 정보시스템과 비교 확인하세요. ○○○ 관리자는 용기가 외부로 출고될 때, 차량을 정지시킨 후 적재된 수량을 육안으로 확인하고, 책상에 비치된 모니터에 Scan 된 데이터와 비교하여, RFID가 작동되지 않은 용기의 가스 명, 용기번호를 기재(별도 양식 유지)하여, 1부는 ○○○ 관리실에 비치하고, 1부는 약속에 의해 S3의 현장 작업자 또는 담당자에게 전달합니다. ○○○ 관리자는 RFID가 정상 작동되지 않는 용기 발견 시, 차량을 외부로 못 나가게 통제합니다. 그리고 RFID가 모니터상에 정상 작동될 때까지(재부착) 통제합니다. S3의 현장 작업자는 차량에 용기를 적재 시, 용기의 RFID가 정상 작동하는지를 확인합니다(스캐너로 작동 여부를 간단하게 확인). 확인 결과, 미작동되는 RFID는 교체합니다. 그리고 ○○○ 관리자에게 연락이 와서, 교체해야 하는 RFID에 대해서 교체합니다. ○○○○와 ○○○○는 매일 ○○○ 관리자로부터 양식(기록 내용)을 전달받아, 사업장에 입고된 모든 용기가 OUT Scan 되었는지를, 정보시스템과 비교·확인합니다.

■ 중요하면서도 간과하기 쉬운 것은, ○○○와 ○○○는, 상기 내용이 제대로 유지되는지를, 인내심을 가지고 매일 지겹도록 확인, 교육, 감독하는 것입니다. 그래야만 조직문화(생각하고 행동하는 방식)의 변화가 가능합니다. 프로세스를 변경하거나 재구축하고, 사람의 생각과 행동을 변화시키는 것은, 대충 말로 몇 마디 지시하며, 대충 말로 몇 마디 교육하고, 몇 번 확인해서 되는 것이 아닙니다. 최소 수개월 이상, 집요하게 교육 및 확인해야 하고, 안정화된 이후에도, 매일, 일정 시간에, 정기적인 방법으로 정보시스템을 통해, 이상 유무를 확인하는 프로세스를 구축하고 유지해야 합

니다. 기계도 오류가 발생합니다. 하물며 사람의 역할이 조금이라도 들어가 있다면, 오류는 언제든 발생 가능합니다. ISO Tube도 마찬가지입니다. ISO Tube는 (누가 되었든) 출발과 도착 시, 시간대별 일지 기록을 해 주고, 일지의 내용을 매일 엑셀로 변환하여, ○○○와 ○○○○○에게 공유해준다면, 실시간, 운영중인 ISO Tube 수량의 과부족을 검토할 수 있고, 실시간 Forecast와 비교하여 투자 필요성과 불필요성을 검토할 수 있는데, 현재 그 누구도 ISO Tube에 대한 데이터를 올바른 방향과 속도로 지속 실행 가능하게 수집하는 행위를 하지 않고 있습니다. ISO Tube 데이터를 수집하기 위해서는 충전 IN(시작) 데이터도 중요하지만, 고객에서 출발하여 최초 입고되는 장소, 즉 ISO Tube가 고객에서 출발하여 사업장에 최초 입고되어 대기 중인 장소에서 무조건 IN Scan이 되어야 합니다. ISO Tube가 고객에서 출발하여 충전을 위해 공장 내부로 바로 들어오는 경우도 있을 것이고 (이 경우는 정문에 설치된 Gate가 인식), 일정 기간 외부 주차 구역에 대기했다가 충전을 위해 공장 내부로 들어오는 경우도 있을 것입니다. 이러한 경우가 잦다면 외부 주차 구역에도 Gate를 설치해야 합니다. ISO Tube는 수작업 일지 작성 또는 수작업에 의한 RFID Scan을 통해서도 얼마든지 관리 가능한데, 이것이 잘 안 되고 있으므로, ○○○○와 ○○○○은 한 번만 더 연관 부서들과 수작업에 의한 R&R을 검토해 보고, 수작업에 의한 방식이 불가하다면 바코드 스캔 또는 RFID Gate 설치를 검토하세요.

■ 용기를 차량에 상하차시키는 장소에 캐노피를(Canopy) 설치하는 것을 검토하세요. 고비용을 들여서 설치할 필요는 없습니다. 하늘에서 내리는 눈과 비를 피할 수 있으면 됩니다. 하늘에서 태양이 따갑게 내리쬐는 상황에서, 하늘에서 눈과 비가 오는 상황에서, 현장 작업자에게 차량에 용기를 잘 하역(상차, 하차)하고, 용기에 부착된 RFID를 잘 확인할 수 있는 것을 기대하기는 어렵기 때문입니다. ○○○와 ○○○는 관련 직원과 미팅하고,

관련 직원의 도움을 받아 업체를 찾아보세요. 높이, 넓이, 소요 비용, 설치 기간 그리고 Time Table를 작성하여 ○○○와 미팅하세요.

■ 모든 공병 저장 구역과, 실병 저장 구역에, E자형, U자형, ㄷ자형, H 자형 등(공간별 선택) 파이프 구조물을 설치하는 것을 검토하세요. 가장 좋은 것은 구조물이 움직일 수 없는 고정형이 아닌 가변형 구조물을 설치하는 것이 좋은데, 불가능하다면 고정형도 상관없습니다. 여러 개 용기가 연결되어 있는 번들형 용기는 해당 없고, 낱병 용기에 해당됩니다. 낱병 용기는 파이프 구조물에 부착된 쇠사슬에 의해 지지되도록 해야 합니다. 설치해야 하는 파이프 구조물 수량은 재고관리와도 연결됩니다. 이전에 여러분에게 Mass Based SCM에 대해 이야기했습니다. S0에 ○○일 수준의 공병(가스 없음), S3에 ○○일 수준의 실병(가스 충전)을 유지하는 것입니다. 따라서 S0에 ○○일, S3에 ○○일에 해당되는 수량을 보관할 수 있는 규모 만큼만의 파이프 구조물을 설치해보세요. 파이프 구조물에 용기 지지(위치)를 2열로 할 것인지, 3열로 할 것인지, 4열로 할 것인지 등에 대해서는, 실제 현장의 공간과 작업자의 작업 편리성, 작업자의 이동 동선을 고려하여 선정하면 됩니다[파이프 구조물의 쇠사슬에 의해 지지 가능한 수량도 정립해서, 그 수량 외에는 파이프 구조물에 지지(위치)할 수 없게 파이프 구조물의 규모와 수량을 정해서 만들어야 합니다. 아무 생각없이 막, 그리고 많이 만들어 놓으면 안 됩니다]. 각각의 S0에 파이프 구조물을 설치하게 되면, 파이프 구조물의 쇠사슬에 묶여 있는 용기도 있을 것이고, 파이프 구조물이 아닌, 파이프 구조물 옆에 독립적으로(덩그러니) 위치해 있는 것도 있을 것입니다. 공병이 파이프 구조물 밖에 위치해(서) 있다면, 이 공병은 재고 보유 기준 ○○일을 초과한 수량의 용기에 해당됩니다. 즉, 당장은 불필요한 잉여 용기가 되는 셈이죠. S3도 마찬가지입니다. 각각의 S3에 파이프 구조물을 설치한 이후, 실병이 파이프 구조물 밖에 있다면 이 실병은 재고 보유

기준 ○○일을 초과한 수량의 용기에 해당됩니다. 즉, 불필요하게 많이 만든(생산) 것이죠. S3에는 파이프 구조물에 지지(위치) 가능한(사전 정해진 약속에 의해 지지 가능한 수량) 수량만큼만 있으면 됩니다. 어찌 보면(현장 작업자들에게 기대하는 수준이 높다면), 생산계획을 수립하지 않아도, 파이프 구조물에 지지된 수량을 보고, 현장 작업자는, "내가 추가 생산해야 할 수량은 얼마큼이구나.", "이 수량을 초과하는 수량은 생산하면 안 되겠구나."를 알 수도 있습니다. 현재 여러분의 회사는 용기와 재고의 "빈익빈 부익부" 현상이 극명하게 나타납니다. 즉, 어떤 용기와 재고는 남고 어떤 용기와 재고는 부족합니다. 납품이 예정되어 있지 않은, 불필요한 재고를 많이 생산해놓은 것은, 절대 좋은 것이 아닙니다. 좀 과하게 이야기를 하면 쓸데없는 일을 한 것이죠. 불필요한 재고를 많이 생산할 시간에, 다른 필요한 것을 하면 됩니다. 그래야 인력 운영의 효율성이 높아집니다. 정말 진정으로 사람이 부족할 수도 있지만, 당장 불필요한, 즉 당장 쓸데없는 일을 많이 해서 사람이 부족한 현상이 나타나기도 합니다. 이러한 상황에서 사람 부족하다고 뽑아 달라고 이야기하는 경우도 있습니다. 여러분 주위에는 이런 경우가 발생하지 않나요?

■ 현장의 건물이나 시설을 보면 많이 개방되어 있는데, '왜 이곳과 이 장소로 사람과 용기가 이동하고 있지?'에 대해 의문을 가지고, 즉, 개방되어 있는 공간 중에 개방되어 있는 이유, 이 공간과 통로의 존재의 이유를 모르겠는 곳들은 모두 막는 것을 검토하세요. ○○○○와 ○○○○는 이 부분 검토 시, 관련 직원들과 협의하고, 그 결과를 나와 수시로 현장에서 이야기해서 정립합시다.

상기 내용들에 대해 추진해 봅시다. 상품에 대해서는 제품을 완료한 이후, 진행하는 것을 원칙으로 하겠으며 제품 진행 과정에서 상품도 동시에 진행 가능하겠다는 것이 판단되면, 동시 진행하겠습니다. 여러분의 적극적인 협조 부탁드리고, ○○○○○와 ○○○○○는 사무실에 있는 시간을 최소화하고, 현장에 직접 나가 모든 것을 직접 눈으로 보고 확인 및 검토하고, 관련 직원 그리고 외부 업체와 함께 적극 검토 바랍니다. 현장에서 보고 들은 것을 모두 현장에서 실시간 정리해 놓으세요. ○○○○○과 ○○○○○이 가져야 할 목표는, 모든 공정과 현장의 돌아가는 상황을 그 어떤 직원들보다 더 깊이, 더 많이 아는 것입니다.

상기 내용들이 최종 검토 완료되면 Time Table을 가지고 ○○○○○○와 미팅하세요. 그리고 상기에 이야기한 것을 동시다발적으로 검토하되, Time Table은 되는 것 먼저 작성하세요. 필요시 수시로 나에게 이야기를 하고, 더 필요하다면 나와 월·수·금 주 3회 결산 미팅합시다.

S0와 S3에서 실시간 실사가 가능한 프로세스를 반드시 구축하세요

결론: 여러분 회사는 바코드가 아닌 RFID를 운영 중에 있습니다. 문제는 자동인식 Gate를 통해 스캔할 수 없는 RFID를 운영 중이며, 현재 운영하고 있는 RFID의 성능 또한 단기간에 Upgrade될 가능성은 적습니다. 따라서 용기를 대상으로 사람에 의한 IN-OUT 통제 프로세스를 제대로 구축하지 않는 한, 수요와 공급의 불균형은 영원히 지속될 것이고, 효율성, 경제성, 적응성이 낮은 경영을 영원히 지속할 것입니다. 다른 한편으로는 IN-OUT 통제 프로세스를 제대로 구축한다면, 수요와 공급의 불균형은 해소될 것이고, 효율성, 경제성, 적응성이 높은 경영을 할 수 있게 됩니다. 따라서 다른 프로세스는 제외하더라도, S0와 S3에서 용기 실사(Check: S0 IN, S3 OUT)하는 프로세스는 반드시 구축하고, 이를 위한 R&R 그리고 조직과 인력을 보강하십시오.

■ 현상황 및 문제점

1. S0와 S3에서 RFID칩을 실시간 스캔하지 않습니다("실시간"이 매우 중요합니다).

　　1) ○○○에 소속된 인원 1명이 S0 IN(공병입고)와 S3 OUT(실병출고)를

모두 책임지고 있습니다. 문제는 차량에서 공병을 하차할 때 스캔해야 하고(S0 IN), 차량에 실병을 상차할 때 스캔해야 합니다(S3 OUT). 스캔해야 하는 상황이 동시다발적으로 발생 시 동시 다발적 스캔이 불가능하므로, 일정 시간이 지난 후 보관 구역에서 스캔을 하게 되는데, 누락되는 경우가 발생합니다. ○○부서에서는 반드시 상차와 하차 시 RFID 스캔이 될 수 있도록 조직과 인력을 운영해야 합니다.

2. RFID 칩을 스캔해도 S&OP에 필요한 데이터가 생성되지 않습니다.

1) 가스명(가스 세부 품목명), 농도, 순도, 용기 Size, 충전량(압력, 중량), 밸브타입, 고객별 전용 용기가 구분되는 표시가 정보시스템 상에 생성되어야 합니다. RFID를 제공하는 회사와 여러분 회사의 IT 담당자가 이 문제를 해결해 주어야 합니다.

3. 모든 용기에 RFID칩이 부착되어 있지 않습니다.

1) 특히, 번들의(여러 개 용기가 연결된) 경우, 스캔하지 않습니다. 그리고 번들에(용기를 연결하고 고정하는 철제 구조물) RFID칩이 부착되어 있지도 않습니다. 그리고 번들을 구성하고 있는 용기에(번들 안에 있는 용기들에) 서로 다른 번호의 RFID칩이 부착되어 있거나 RFID칩이 부착되어 있는 것도 있고, 부착되어 있지 않은 것도 있습니다. 반드시 번들에 RFID 칩을 부착하여 스캔하거나 번들을 구성하고 있는 용기에(번들 안에 있는 용기는) 모두 동일한 번호의 RFID칩을 부착하여 스캔해야 합니다. 따라서 실시간 RFID를 부착하는 프로세스를 구축해야 합니다.※ 12월 29일 기준, 총 47,418개의(BT) 용기번호가 조회됩니다(현재 여러분 회사에서 운영 중인 총 용기 수량은 100% 정확하게 알 수 없으며, ○○○에서 서류 검토가 완료되면 수량의 증가가 더 발생할 수 있습니다). 47,418개 중 9,038개의 용기에 RFID가 미부착(미등록) 되어 있습니다. 즉 RFID칩이 부착되어 있는 용기는

38,380개로 나타납니다. 그러나 RFID칩이 부착된 38,380개는 낱개로 된 용기에 번들을 구성하고 있는 용기까지 포함된 숫자입니다. 따라서 번들에 대한 RFID가 운영이 정리되면, 숫자는 더 줄어들 것입니다.

4. 용기번호와 RFID칩 번호 간에 1:1로 Matching 되지 않습니다.

1) 용기번호와 RFID칩이 1:1로 Matching되지 않습니다. 즉, RFID와 관련된 정보시스템에서 한 개의 용기번호에 두 개의 RFID칩이 Matching되어 있거나, 두 개의 용기번호에 한 개의 RFID칩이 Matching 되어 있습니다.

※ 한 개의 용기번호에 두 개의 RFID칩이 Matching: 746개의 용기번호.
※ 두 개의 용기번호에 한 개의 RFID칩이 Matching: 105개의 용기번호.
※ 12월 29일 기준, 데이터 상으로 나타나는 47,418개의 용기 중 검사일자가 지난 용기가 21,150개(BT)입니다. 검사 완료 후에 다음 검사일자를 업데이트 하지 않은 것인지 아니면 검사를 받지 않은 것인지 확인할 수 없습니다. 재검사를 관리하는 프로세스에 대한 점검과 보강이 필요합니다. RFID칩을 용기에 부착하는 과정이 정말 비효율적이고, 부착이 누락될 가능성이 높습니다.

2) 차량에서 하차 시 RFID칩이 부착되지 않은 용기를 별도로 분류하여 보관하고 있다가 RFID를 부착하는 것이 아니라, ○○○○에 소속된 사람이 용기 리스트를 가지고 사업장 내 RFID칩이 부착되지 않은 용기를 찾아다니며 부착합니다. 차량에서 용기 하차 후, 구분하여 보관하고 있다가 RFID 칩을 부착하는 프로세스를 구축해야 합니다.

■ 중간 의견

1. 모든 용기에 RFID 칩이 부착되어 있지 않고, 용기와 RFID 칩 간에 1:1 Matching이 안 되고, RFID 칩을 스캔 시 S&OP에 필요한 데이터가 생성되지 않습니다. 여러분, 단순히 용기에 RFID칩을 부착하는 것이 중요한 것이 아니라, 데이터 수집이 가능한 프로세스를 구축하는 것이 필요합니

다. 현재 여러분이 유지하고 있는 RFID칩을 부착하고 스캔하는 행위 자체는 효과성이 없는 비생산적, 보여주기식의 행위일 뿐입니다.

2. 따라서 용기가 입고 시 그리고 출고 시, 용기 실물을 통해, 용기번호, RFID칩번호, 각인명(가스명), 용기 Size, 밸브 타입, 용기제작일자, 충전기한(다음 검사일자) 등을 확인하고, RFID 칩 데이터가 나타나는 정보시스템을 확인하여 비교 후 데이터를 수정하는 용기 실사 프로세스를 반드시 구축하여 운영해야 합니다.

■ 추진방안

1. 한 사람이 S0와 S3를 모두 관리하고 있는데, S0만 전문적으로 담당하는 인력 확보 및 운영 필요(일정 수준 이상 능력 보유, 장기간 근무 필요)

1) 용기가 입고 시 용기 실물을 통해, 입고되는 RFID칩 번호, 각인명(가스명), 용기 Size, 밸브 타입, 용기제작일자, 충전기한(다음 검사일자) 등을 확인하고, RFID 칩 데이터가 나타나는 정보시스템을 확인하여 비교 후, 데이터를 수정해야 합니다.

2) 용기가 야간에도 입고된다면, 주간, 야간 할 것 없이, 용기 실사 작업만을 진행해야 합니다(용기 실사 외, 다른 업무를 부여하면 안 됩니다. 제발 패러다임을 바꿔주세요).

3) S0 담당자가 반드시 해야 하는 업무는 다음과 같습니다.

⇒ 용기 분류하고 RFID 부착.

차량에서 용기 하차 시 RFID칩이 붙어있지 않은 용기를 별도로 구분해서 보관 및 RFID 부착.

⇒ 용기 실사를 통해 실물과 정보시스템 간에 데이터 일치.

용기가 입고 시, 용기 실물을 통해, 입고되는 RFID칩 번호, 각인명(가스명), 용기 Size, 밸브 타입, 용기제작일자, 충전기한(다음 검사일자) 등을 확인하고, RFID 칩 데이터가 나타나는 정보시스템을 확인하여 비교 후, 데이터를 수정해야 합니다. 그리고 용기번호와 RFID칩 번호가 1:1로 Matching되는 작업도 같이 진행해야 합니다.

⇒ 번들(번들을 구성하는 용기)에 RFID칩 부착.

① 번들(용기를 연결하고 고정하는 철제 구조물)에 RFID칩을 부착하거나 ② 번들을 구성하고 있는 용기에 모두 같은 번호의 RFID칩을 부착하거나, 둘 중 하나를 해야 합니다. 하지만, 후자의 방식을 추진해야 한다고 판단합니다. 사유는 다음과 같습니다.

① 번들 자체(용기를 고정하는 철제 구조물)에 RFID칩을 부착하는 경우, 이렇게 하면 정보시스템상에 용기번호가 표시되는 칸 한 곳에 번들을 구성하고 있는 용기번호 전체를 입력해야 하는데, 용기정보를 확인하는 데 현실적으로 제약이 많습니다. 그래서 아래의 ②를 추진하는 것이 현실적입니다.

① 예

RFID 번호	유형	용기번호	제작 일자	재검사 일자	······· (중략)
AAAA		1111, 2222, 3333, 4444, 5555, 6666.			

② 번들을 구성하고 있는 용기에 모두 같은 RFID칩번호 부착하는 경우, 번들이 입고되면 번들을 구성하고 있는 용기에 부착된 모든 RFID칩을 제거하고, 정보시스템을 통해 RFID칩을 제거한 용기번호를 찾아, 정보시스템 상에 RFID칩 번호를 삭제합니다. 그리고 번들을 구성하는 용기에 모두 같은 RFID칩을 부착하고, 정보시스템 상에서, 번들을 구성하는 모든 용기번호에 RFID칩 번호를 등록하고, 용기 유형에 "번들(集格)"이라고 표시합니다.

② 예

RFID 번호	유형	용기번호	제작일자	재검사일자	·······(중략)
AAAA		1111			
		2222			
		3333			
		4444			
		5555			
		6666			

⇒ 1:1로 Matching되지 않는 용기번호와 RFID칩 번호를 수정합니다.

용기번호와 RFID칩 번호 간에 1:1로 Matching되지 않는 경우에 대해 정보시스템상에서 모두 수정해야 합니다. 그러나 현재 정보시스템상에서 1:1로 매칭되지 않는 경우를 확인할 수 없습니다. 따라서 RFID 데이터가 나타나는 정보시스템을 통해 용기 현황을 다운받은 후, 엑셀함수를 사용해서 1:1로 매칭되지 않는 경우를 색출합니다. 그리고 엑셀파일에서 RFID등록일자가 오래된 RFID칩 번호를 삭제하여 용기번호와 RFID칩번호를 1:1로 매칭시킵니다. 마지막으로 엑셀파일에서 삭제한 데이터를 참고하여 정보시스템에 있는 데이터를 수정하거나 삭제해야 합니다.

⇒ 용기에 RFID칩을 부착할 때, 용기번호와 RFID칩 번호가 1:1로 Matching 되는지 확인합니다.

용기에 RFID칩을 부착할 때, 정보시스템상에서 이미 매칭이 된 용기번호와 RFID칩 번호가 다시 사용되지 않도록 알람이 팝업되게 해야합니다. Matching이 완료된 용기에, 다른 RFID칩번호를 등록하려고 할 때, "이미 매칭이 된 용기번호입니다."라고 팝업이 발생하도록 설정합니다. Matching이 완료된 RFID 칩에 다른 용기번호를 등록하려고 할 때, "이미 매칭이 된 RFID 칩 번호입니다."라고 팝업이 발생하도록 설정. 상기 내용이, 기술적으로 구현하기 어렵다면, S0 담당자가 엑셀파일을 유지하며 Matching된 용기번호와 RFID칩번호에 대한 리스트를 만들어야 합니다. 그리고 RFID칩을 용기에 부착하기 전에 해당 리스트를 참고해서 Matching된 용기번호인지, Matching된 RFID칩 번호인지 확인하고 RFID칩을 용기에 부착해야 합니다. 상기 내용에, 12월 24일에 공유한 내용까지 추가하여, 인력 충원 계획, R&R 부여 및 교육 계획, 정보시스템 개선 계획, RFID 교체 및 스캔 등에 대한, TIme Table를 작성하여 추진하도록 합시다.

기업에서 열정을 가지고 생활해 보라고요?

나는 언제부터인가 열정을 가지라는 말을 들으면, 다음과 같은 생각이 듭니다. "제대로 알고 이야기하는 것인가요? '나는 여러분에게 열정을 가져 보라고 이야기했다.'라고 "보여주기식", 또는 "쇼"를 하고 싶은 것인가요? "현실을 알고 이야기하는 것"인가요? 그리고 "탁상공론 그만하고 당신부터 열정을 가지고 솔선수범 해보세요!"라고 되묻고 싶습니다.

대표이사 혼자, 모두를 대상으로 외치는 "열정"은 동상이몽

오늘도 많은 기업의 대표이사 분들은, 직간접적으로 열정을 외치고 있을 것입니다. 그렇다면 대표이사가 모두를 대상으로 외치는 열정을 듣고 직원들은 무슨 생각을 할까요? 대표이사마다 다르겠지만, 대표이사가 현실과 직원들의 생각과 입장이 아닌, 대표이사의 생각과 입장에서만 자료를 준비하고 열정을 이야기한다면, 이런 상황에서 듣고 있는 직원들은 어떤 생각을 할까요? 눈빛이 마주치지 않는 자리에 있다면 스마트폰을 꺼내서 딴짓을 하고 싶을 것입니다. 내가 상대방에게 말을 할 때, 내 말을 이해시키는 것은 둘째치고, 상대방이 나와 눈빛을 마주치게 만드는 것조차도 어려운 일입니다. 왜냐하면 상대방은 나와 비교해, 생각, 관심사, DNA, 인생관, 교육 수준, 자라온 환경 등 모든 것이 다르기 때문입니다. 따라서 대표이사가 모두를 상대로 열정을 외치는 것보다는, 당장 소수라도 괜찮으니 직책자나 관리자가 해당 조직의 상황에 맞게 열정을 외치며 해당 조직에 적합한 열정을 이끌어 낼 수 있도록, 이들에게 권한과 책임을 명확하게 부여해 주고, 이와 연관된 다양한 여건과 환경을 개선해 주고, 열정을 이끌어 낼 수 있는 직책자와 관리자를 확보하고 육성하는 등에 관심을 쏟는 것이 더 긍정적입니다.

나이서열 파괴와 자기만족

조직 생활을 하는 짐승에게 있어서 서열은 매우 중요합니다. 그런데 짐승들의 경우, 나이가 아닌, 힘과 능력에 의해 서열은 수시로 바뀝니다. 사람은 어떠한가요? 나는 공공기관에 근무하면서 아쉬웠던 점을 기업에서도 자주 보게 됩니다. 직업군인은 장교와 부사관으로 구분됩니다. 일반적으로 장교는 24살에 소위의 직급을 달게 됩니다. 그런데 소대 안에는 소대장인 소위보다 나이가 많은 부사관들이 다수 존재합니다. 공무원 임용 급수 중에 고시를 보고 합격하면 5급 사무관으로 선발이 됩니다. 20대에서 30대 초 사이에 합격한 경우, 출근해 보면 본인보다 직급이 낮은 사람 중에 본인과 비교해 나이가 많은 사람들을 많이 만날 수 있습니다. 그런데 기업의 경우, 특히 중소·중견기업을 보면, 대기업과 비교해, 나이 서열이 잘 파괴되지 않는 현상이 있습니다. 즉, 사무실에서 성장하든 현장에서 성장하든 일정 나이가 되면, 파트장, 팀장 등 직책자가 되는 경우가 많습니다. 현장에서 근무하다가 나이가 들고, 회사가 성장하다 보니, 현장에서 사무 관리직으로 옮겨온 사람들도 있습니다. 여기서 오해하지 말아야 할 것은, 현장이라고 무시하는 것이 아닙니다. 현장 작업자에 필요로 하는 능력과 사무실에 있는 사무직에게 필요한 능력이 다름을 이야기합니다. 그리고 관리자로서 갖추어야 할 역량과 필요로 하는 능력도 따로 있습니다. 문제는 나이가 들거나 자신의 직급과 직책이 변경되면, 끊임없는 노력을 통해 그에 맞는 역량과 자질을 갖추어야 하는데 그렇지 않다는 점입니다. 인상 깊었던 것 중에 하나는, 현장 작업자를 하다가 시간이 지나 관리자(부장)가 된 사람이 있었습니다. 고객과 문제가 생겨서 고객에게 대응할 문서를 작성해야 했는데, 현장에서 육체노동을 주로 하는 직원 3명을 주말에 출근시켜 고객 대응 방안을 작성하게 하고, 본인은 출근하지 않은 것이었습니다. 출근한 직원 3명은 하나의 PC 앞에 옹기종기 모여 앉아 있었고, 나는 그들에게 물었습니다. "왜 출근했는지?", "무엇을 하고 있는지?" 그랬더니, 3명은 나에게 이렇게 답을 하였습니다. "출근하라고 해서 출근했는데, 무엇을 어떻게 해야 할지 모르겠습니다." 반대로 사무실에서만 성장한 사람이 시간이 지나면 무조건 잘한다는 보장도 없으며, 사무실에서 문서 작성하는 사람을 현장에 보내면 현장에서 잘한다는 보장 또한 없습니다.

중견·중소기업에서 공개 채용을 통해, 실력 있는 사람을 뽑았습니다. 그리고 능력과 실력이 아닌, 단순히 나이만 많은 수준의 선임, 파트장, 팀장, 임원 밑으로 보냈습니다. 어떻게 될까요? 똑같이 하위 평준화되거나 이직을 할 것입니다. 왜냐하면 배울 것이 없기 때문입니다. 직장 생활을 하면서, 나보다 능력이 떨어지면서 말도 안 되는 그리고 허접한 지시나 이야기를 듣고 있는 것만큼 어려운 점도 없습니다. 나는 여러 기업에서 나이 서열 파괴를 조금씩은 꺼리는 분위기를 보았습니다. 사람은 짐승에 비해 예의 바르며, 도덕과 윤리가 더 높아서 그런 걸까요? 아니면 기분 나쁘게 생각할까 봐 그러는 것일까요? 아니면 그동안 쌓아온 인간관계 때문에 그러는 것일까요? 나는 항상 묻고 싶습니다. 기업의 존재 이유는 무엇인가요? 기업의 존재 이유중에 1순위는 무엇인가요? 나는 예전에 미군이나 서방 군대의 조직 구조를 들여본 적이 있습니다. 이들은 계급을 중요하게 생각했지만, 나이와 서열파괴에 있어서 크게 문제 삼는 분위기가 아니었습니다. 단, 어떤 계급에 있든, 자기만족과 본인 의지만 있다면 55세에서 60세 사이에 전역하는 것이 가능했습니다. 즉, 직업적으로 안정적인 것을 의미합니다. 공무원도 마찬가지입니다. 정년 60세라는 안정감이 있기에 서열파괴가 가능할 것입니다. 기업에서도 정년 연장 그리고 임금 피크제 등을 통해 60세까지 근무하는 것을 많이 도입하였습니다. 하지만 공무원 집단과 다르게 기업에서는 현실적으로 잘 유지되지 않는 편입니다. 그리고 실제 반신반의하는 사람들도 많이 있습니다. 따라서 기업에서는 평생 직장이라는 안정감, 동반자로서의 배려감 그리고 직급에 상관없이 자기 만족감을 느끼며 근무할 수 있는 조직 문화를 형성하고, 과감하게 나이 서열이 파괴될 수 있도록 유도하는 것이 필요한데, 서열파괴를 많이 경험해본 나로서는 이러한 노력과 시도는 그리 어렵지 않다고 생각됩니다. 다만, 의지가 낮거나 없을 뿐입니다. 기업을 이끌어 가는 것은 사람입니다. 속도가 느리고 능력과 실력에 맞지 않는 사람들을 맞지 않거나 중요 보직에 포함하는 것은, 결국 사업의 퀄리티를 낮게 하고 경영 속도를 느리게 합니다. 그래서 기업에서 아무리 시간과 노력과 비용을 많이 투자해도, 수준이 확 올라가거나 속도가 제대로 나지 않을 수 있습니다. 아이러니하게도, 여전히 맞지 않는 사람들을 곳곳에 배치해 놓고 제대로 해보겠다고 구상하는 경우가 많습니다. 따라서 최고 경영자, 임원 그리고 직책자들은 본인들 스스로가 나이 서열 파괴에 대해 유연한 사고를 가지고 있어야 하고, 많은 고민을 통해 다양한 시도를 할 수 있는 소신 또한 필요합니다.

First 펭귄 역할을 하는 사람들의 성장률

여러분 First 펭귄이 어떤 의미인지는 아시죠? 남들보다 먼저 나서서 일하는 사람, 능동적이며 소신 있게 일하는 사람, 창의적으로 일하는 사람 그리고 도전하는 사람들은 남들 눈에 자주 띄게 마련입니다. 때로는 그렇지 않은 사람들에 비해 잦은 논쟁과 충돌을 할 가능성이 높습니다. 결국 이런 사람들은 뜨거운 물 아니면 차가운 물 등의 극과극 또는 분란을 일으키는 사람으로 여겨집니다. "가만히 있으면 중간이라도 간다."라고 하는데, 미지근한 물의 성격과 성향을 가지고 있는 사람들은 먼저 나서지도 않고, 소신 있는 행동과 거리가 멀고, 창의적, 능동적, 도전적으로도 일하지 않습니다. 눈치껏 능동적을 가장한 수동적일 뿐입니다. 그런데 미지근한 물에 해당되는 사람들에게 지혜가 생기는 것은 "뜨거운 물의 사람이든, 차가운 물의 사람이든, 분란을 일으키는 사람으로 평가되는 사람들은 말도 많고 스크래치가 많이 나서, 대부분 중간에 추락하거나 사라지더라."입니다. 즉, 최대한 내 주장을 강하게 하지 않으며, 남들과 조화로운 척, 협력적인 척 등을 통해 사회성이 높은 것처럼 자신을 어필 및 관리하다가 기회를 보며 적절하게 행동하는 것이 자신에게 유리하다는 것을 깨닫습니다. 나는 이런 말을 들은 적이 있습니다. 애석하게도 "인사가 만사"를 외치는, 인사○○○○에게서 들었습니다. "술은 아무하고나 먹는 것이 아니라, 결정적일 때, 결정적인 사람들과 먹는 것이에요", "칼자루를 쥐기 전에 칼날을 쥐면 베어요." 참 인간미 없고, 비굴하고, 소신 없고, 정치적인 말이기에 나는 무시했습니다. 하지만 시간이 지날수록 현실에서는 통하는 말이었습니다. 여러분 회사에서, First 펭귄의 성격과 성향을 가지고, First 펭귄의 역할을 하고 있는 사람들이 더 잘 성장하던가요? 아니면 중간에서 적당히 기회를 보는 사람들이 더 잘 성장하던가요? 아참, First 펭귄 역할을 하는 사람이 있기나 한가요?

직급이 아닌 직책

　내가 근무했을 때 군에는 이런 말이 있었습니다만, 현재는 많이 바뀐 것으로 알고 있습니다. 예를 들어, "중령 10명보다, 대령 1명이 더 세다." 이러한 시절에는, 중령 10명이 있어도, 대령 1명이 의사결정을 주도했습니다. 이것은 능력과 실력이 아닌, 철저히 계급 즉, 직급 위주의 조직문화가 유지됨을 나타냅니다. 기업도 마찬가지입니다. 수평적 조직문화, 수평적 구조를 지향하지만, 여전히 직책이 아닌 직급에 의한 조직 운영을 하고 있는 곳이 많습니다. 그리고 직원들 스스로가 눈치를 보며 직급 위주의 생활을 하는 경향이 높습니다. 능력이 있는 대리는 파트장 또는 팀장을 못 하나요? 능력이 있는 차장과 부장은 본부장 못 하나요? 조직에서 열정과 동참은, 직급이 아닌 직책 중심 구조로 유지되어야만 마중물이 생겨나고 결국에는 시너지가 발생합니다. 그리고 직급 중심으로 유지되는 조직 구조와 운영은, 상대적으로 제조업에서 강하게 나타나는 경향이 있기도 합니다.

파티션만 낮추면, 파티션만 없애면

　진정한 열정은, Leadership과 Followship이 아닌, Fellowship 기반에서 형성되고 유지될 가능성이 더 높습니다. 여러분, 파티션이 없고, 파티션이 낮으면 권위감이 없어지나요? 친근해지나요? 믿음이 생기나요? 그리고 진정한 Fellowship이 형성되나요? 진정한 의미의 Fellowship이 형성된다면 이 조직은 원자력 엔진과도 같습니다. 왜냐하면, 원자력 엔진은 별도의 연료를 공급받지 않아도 오랜 기간 가동되는데, 이와 마찬가지로 외부의 큰 도움 없이도 유기적으로 잘 유지되기 때문입니다. Fellowship이 잘 형성되면, 이 조직은 능동적, 자율적, 창의적, 유기적 그리고 학습조직이라는 단어들과 가깝게 됩니다. 하지만 인간은 이기적인 동물이기에 Fellowship을 잘 형성하기 위해서는, 우선 마중물로, 헌신적이고 희생적인 Leadership을 발휘할 수 있는 인재가 필요합니다. 그리고 이 인재와 함께 회사의 다양한 R&R, 제도나 복지 등을 개선하면서, 조금씩, 조직구성원 모두의 마음속에 스스로가 진정한 의미에서 작은 리더라고 생각하는 마음을 자리 잡게 하는 것입니다. 따라서 Fellowship 형성에는 리더와 구성원들의 DNA가 많은 영향을 미치게 됩니다. 일반적으로 Fellowship이 잘 형성되어 있지 않기 때문에 인재 영입을 통해 올바른 방향과 속도의 Leadership 발휘를 희망하지만, 생각대로 잘 안 되는 경우도 있습니다. 왜냐하면 Leadership의 근간은 솔선수범을 동반한 희생과 헌신이고, 이를 바탕으로 조금씩 Leadership이 발휘되는 것인데, 이러한 것을 실제 실행할 수 있는 인재가 많지 않은 것이 현실이기 때문입니다. 진정한 의미의 Leadership 발휘를 희망하는 관점에서 인재를 영입했지만, 단순 관리감독자, 또는 잘잘못만을 따지며 결과와 채점에만 목숨을 거는 선생님 또는 앵무새 역할을 하는 수준으로 전락해 버리기도 합니다. 반면에, 솔선수범을 동반한 희생과 헌신을 기반으로 Leadership을 발휘하는 인재도 있는데, 이러한 사람이 존재한다면 이 사람에게 많은 힘을 실어주는 것은 물론 보다 좋은 대우를 해주어야 하고, 사람 귀한 줄 알아야 합니다.

행사만 많이 하면

상호 간에 언쟁이 붙고, 조직문화가 나빠지는 것은 다 같이 모여서 식사하다가, 재미있게 놀다가 발생하지 않습니다. 모두 업무하다가 발생합니다. 따라서 적기, 적소, 적절한 능력을 가진 사람을 그에 맞는 직급과 직책을 수행하게 하고, 모두가 만족하는 R&R과 SOP 정립에 노력을 기울이는 것이 필요합니다. 여러분, 행사할 때 한번 보세요. 행사를 하게 되면, 그 안에서도 평상시 친한 사람, 마음에 맞는 사람들끼리만 따로 모여서 끼리끼리 이야기하고 밥 먹다가 끼리끼리 헤어지지 않나요?

전투력이 낮은 차·부장이 넘쳐나요

대리로도 60세, 과장으로도 60세, 차장으로도 60세, 부장으로도 60세가 될 수 있는 분위기가 형성되어야 합니다. 같은 게임 캐릭터라도 게임 머니를 얼마나 투자하고 어떻게 공을 들여 키웠냐에 따라 전투력이 각기 다릅니다. 이와 같이, 겉으로 보면 똑같은 차·부장일지라도 실제 전투력은 각기 다릅니다. 문제는, 겉은 차·부장이지만, 전투력이 낮은 차·부장들이 많이 존재할 수 있다는 점입니다. 나이 들었다고, 어느 순간에 다 차·부장이 되면, "소는 누가 키우나요?"

워크숍과 세미나

기업 자체에서 직책자를 모아놓고 개최하는 많은 워크숍이나 세미나 성격의 모임에 자주 참가해보았지만, 100이면 100, 상대방과 의견을 충돌하며 열띤 공방과 토론을 하는 것이 아닌, 서로 부딪치지 않는 범위 내에서 누구나 할 수 있는 말, 좋은 이미지로 남을 수 있는 말 위주로 진행되다가 끝났습니다. 나는 이런 워크숍을 왜 하는지 이해가 가지 않습니다. 왜냐하면, 결과적으로 보면 "실적 쌓기", "보여주기식", "쇼"와 별반 다르지 않기 때문입니다.

다 좋은 말만 하면 싫은 말은 누가 해야 하나요? 다 좋은 것만 찾으면 싫은 것은 누가 해야 하나요? 우스갯소리로, 코미디 빅리그에서 박영진이라는 개그맨이 했던 어록 하나를 이야기하겠습니다. 박영진 님이 개그를 하는 중간에, "이래저래 딴짓하면 소는 누가 키울 거야, 소는 누가 키우냐고?" 하는 말이 있습니다. 여러분, 소 농장에서 모두 편한 일만 하려고 하고, 좋은 말만 하려고 한다면, 소에게 먹일 사료를 준비하고, 우리 청소하고, 소독하고, 주사도 놔야 하고, 때로는 여러 가지 이유로 내·외부적 논쟁을 통해 싫은 소리도 해야 하고 시비도 붙어야 하는 등의 귀찮고 힘든 일과 말은 누가 해야 하나요? 이런 상황의 소 농장이라면, 소는 누가 키우고, 소 농장에서 좋은 품질의 소가 나올까요? 소 농장을 내실있게 운영할 수 있을까요? 여러분이 한 치 앞의 생사를 예측할 수 없는 환경에 처해 있다고 가정해 보겠습니다. 여러분에게는 두 사람의 지인이 있습니다. 실력은 별로 없는데 서로 적당히 좋은 말로 큰 논쟁 없이 지내왔던 한 사람이 있습니다. 그런데 이 사람을 따라가면 생존 확률이 낮습니다. 그리고 실력은 정말 뛰어난데 여러 가지 이유로 다소 불편하게 지냈던 사람이 있습니다. 그런데 이 사람을 따라가면 생존 확률이 높습니다. 여러분은 누구를 택하시겠습니까? 여러분이 소속된 기업에서는 좌충우돌하며 치열하게 살아가는 실무형 인재와 처세를 중심으로 살아가고 있는 정치형 인재 중, 누가 더 인정을 받는 분위기인가요? 여러분이 소속된 기업에서는 상대방을 거스리지 않는 것이 실력으로 변질되어 자리잡고 있지는 않은가요? 최대한 조용한 사람이 인정받는 분위기는 아닌가요?

열심히 하나 열심히 하지 않으나 큰 차이 없다면

남보다 더 열심히 하는 과정에서 마찰이 발생하게 되면, 이 마찰이 분란을 일으키는 것으로 간주 되고, 열심히 하나 열심히 하지 않으나 성과와 보상에 큰 차이가 없고, 진급 예정자 우선 또는 돌려받기 식으로 근무평정을 한다면…. 내가 조직을 하나하나 구축해 나가면서, 하부 조직을 책임지고 구축해 나가야 하는 몇몇 직원들에게 근무평정을 일정 기간 좋게 주었습니다. 그랬더니, 인사○○○이 주위에 이런 말을 하고 다녔습니다. "저 조직은 ○○(나)를 중심으로 끼리끼리 몇 명만 뭉쳐서 해 먹는다" 나는 이 사람의 수준과 자질부터 의심되었습니다. 하부 조직을 이끌고 새롭게 구축해 나가야 하는 직원들의 실제 근무 환경이나 노고를 알면서 하는 이야기인가? 모르면서 하는 이야기인가? 현재 그들이 현재 어떤 상황에서 어떤 역할을 하고 있는지를 알고 나서 하는 이야기인가? 목적과 목표 달성을 위한 나의 리더십 전략과 전술을 알고 나서 하는 이야기인가? 목적과 목표를 달성하기 위해서는 다양한 여건과 상황에 맞는 전략과 전술 그리고 책임감을 바탕으로 한 다양한 리더십의 발휘가 필요하다는 것을 모르는 것인가? 초기 Set Up의 역할을 하는 사람들은 매우 힘든 입장에 처해집니다. 왜냐하면, 없던 것을 새롭게 만들기 위해 고민해야 하고, 모르면 공부해야 하고, 조직원들을 격려하며 따라오게 해야 하고, 때로는 본인이 직접 해야 하는 등 해야 할 일과 고민은 많고, 실행은 주경야독의 정신으로 해야 합니다. 이러한 것을 잘 모르는 것인지? 일부러 그러는 것인지? 뒷다리를 잡기 위함인지? 혼란스러웠습니다.

조직에서는, 일정 범위에서 어떤 상황에 직면했을 때, 하부나 중간에 있는 사람이 상급 직위나 직책에 있는 사람에게 승인을 구하지 않고, "선조치" 할 수 있는 제도를 운영하기도 합니다. 진정한 의미에서 인사 전문가가 되기 위해서는, HRD(Human Resources Development)에 전념하는 것도 중요하지만, 상관없을 것같이 느껴지는 다양한 경험을 통해 깨달음을 얻는 것도 중요합니다. 사람이 정립 및 유지하는 모든 제도는 기계를 위한 것이 아니라 사람을 위한 것입니다. 그래서 HRD뿐만 아니라 다양한 경험을 통해서도, 인사에 대한 철학을 형성할 수 있습니다. "선조치"는 어떤 상황에서 상급자에게 보고하지 않고 나 스스로가 사전에 교육받은 대로 행동하는 것입니다. 그런데 여러분, 발생하는 모든 상황이 교육받았던 상황만 발생하나요? 그리고 교육받았다고 해서 선조치를 잘할 수 있을까요? 사람마다 다를 것입니다. 어떤 사람은 쉽게 할 수 있지만, 어떤 사람은 '내가 과연 해도 되나? 어떻게 해야 되지?' 고민할 수도 있습니다. 즉, "선조치"라는 것이 별거 아닌 것 같지만, "사람이 자신에게 끊임없이 질문을 하며 조치하는 것"입니다. 여러분, 여러분이 이런 상황에 처하면 어떻게 할 것인가에 대해 고민해 본 적이 있나요? 나는 이 인사○○○에게 다른 것 다 필요 없고, 우선 "선조치" 하나만을 통해서라도, "선조치"를 하려면 사람이 어떤 고민을 하게 되는지? 사람이 어떤 책임감을 느끼게 되는지? 등에 대해 상대방 입장에서 생각해 보는 연습을 해보라고 이야기하고 싶습니다.

엮이려고 하는 사람과 엮이려고 하지 않는 사람

인생을 현명하게 사는 방법 중 하나가 나에게 이로운 사람과 분야(부분)에서는 최대한 엮이고, 나에게 해로운 사람과 분야(부분)에서는 최대한 엮이지 않는 것입니다. 실제 맞습니다. 특히, 엮이지 않음과 엮임을 조화롭게 유지하며 돈 관계와 사람 관계로부터 배신을 당하지 않는 것이 현실적으로 가장 현명한 삶 중 하나입니다. 기업에서는 어떠할까요? 현명하고 행복하게 회사 생활을 영위하는 방법은, 나에게 이로운 업무에는 엮이고 나에게 이롭지 않은 업무에는 엮이지 않는 것입니다. 그렇다면 이로운 업무는 무엇이고, 이롭지 않은 업무는 무엇일까요? 이로운 업무는 조금만 해도 일한 티가 나는 업무, 다른 사람들이 중요하다고 인식하는 업무, 조금만 해도 성과가 나타나는 업무, 이직하는 데 도움이 되는 업무 등일 것입니다. 이롭지 않은 업무는 무엇일까요? 열심히 해도 티가 나지 않는 업무, 다른 사람들이 중요하다고 인식하지 않는 업무, 열심히 해도 성과가 나타나지 않는 업무, 이직하는 데 전혀 도움이 되지 않는 업무 등일 것입니다. 여러분은 현재 어떤 업무를 하고 있나요? 여러분은 어떤 업무에 엮이고 싶나요? 여러분은 어떤 업무에 엮이고 싶지 않나요? 여러분 주위를 잘 둘러보십시오. 어떤 사람은 이것저것 가리지 않고 엮여가면서 일을 하는 사람이 있는 반면에, 어떤 사람은 방어막을 치고 있다가 최소한으로 엮이면서 일을 하는 사람도 있습니다. 예를 들면, 전자는 양 100마리를 한꺼번에 풀어 놓고, 자연스럽게 풀을 뜯게 하면서 양들을 관리하기 위해 이리 뛰고 저리 뛰는 사람이고, 후자는 양 100마리를 우리에 가둬놓고, 상황 봐서 10마리만 풀어 놓고 풀을 뜯게 하고, 10마리를 추가로 풀어 놓기 위해서는, 기존에 풀어 놓았던 10마리를 다시 우리에 집어넣은 다음에 상황 보고 풀어 놓습니다. 10시간이 지나면, 전자는 힘이 들었어도 100마리 양에게 모두 풀을 먹였을 것이고, 후자는 20~30마리만 풀을 먹였을 것입니다. 후자와 같은 사람은 수요공급 프로세스를 관리하는 관리자로서는 결코 적합하지 않습니다. 그런데 아이러니하게도 20~30마리만 풀어놓고 적당히 봐가면서 눈치껏 하는 사람들이 더 성공할 가능성이 높기도 합니다.

상대적 박탈감

기계가 하는 업무, 기계와 사람이 같이 하는 업무, 정보시스템이 하는 업무, 정보시스템과 사람이 같이 하는 업무, 온전히 사람이 해야 하는 업무, 머리가 아닌 팔다리가 피곤한 업무, 머리가 피곤한 업무, 누구나 할 수 있는 업무, 누구나 할 수 없는 업무 등 조직과 기업 안에서 행해지는 업무의 유형은 다양합니다. 그런데 각각의 업무에 대한 중요도와 퀄리티를 정해놓을 필요가 있습니다. 물론 어느 하나 중요하지 않은 업무는 없겠지만, 누구나 쉽게 할 수 없고, 업무를 함에 있어 많은 고민과 시간이 필요하고, 퀄리티가 높은 업무가 어떤 것인지에 대해서는 진지하게 검토해서 기준을 정립해야 합니다. 그리고 이에 따른 차별화된 평가와 성과를 지급해야 합니다. Routine한 업무와 Normal한 업무들을 했을 뿐인데, 추가 성과를 인정해 주어야 하나요? 이 분야의 업무들에 대한 것은 매달 받는 월급에 반영되어 있습니다. 성과는 누구나 손쉽게 할 수 없는 업무, 많은 고민과 시간이 필요한 업무, 퀄리티가 높은 업무에 대해서 지급해야 합니다. 그리고 성과를 지급 할 때는 격차를 많이 두어서 지급해야 합니다. 나는 안전에 문제가 있을 수 있다는 주위의 우려와 반대를 무릅쓰고 수출입 하역 시스템을 새롭게 구축하여, 매년 수억 원의 물류비를 절감시켰습니다. 현재까지 수십억 정도를 절감했고 앞으로도 지속적으로 절감이 예상됩니다. 1년 6개월 동안 정말 힘들게 프로젝트를 진행하였고 이 시스템의 구축이 성공했을 때, 안타깝게도 조직원들에게 지급된 총 성과 비용은 ○만 원이었습니다. 상금이 많고 적고를 떠나, 이후 조직원들은 저에게 다음과 같이 이야기합니다. "앞으로 시키지도 않았는데 굳이 능동적으로 할 필요가 있을까요? 힘만 너무 들고 만족감과 보람은 없는 것 같아요. 그리고 개인이 아닌 회사만 좋아지는 것 같아요."

설문 대상자가 중요합니다

　사회 과학적 측면에서, 다양한 설문을 합니다. 그런데 설문할 때 중요한 두 가지는 설문지의 구성과 수준이고, 또 하나는 설문 대상자입니다. 대학교 관련 내용을 초등학생에게 설문하면 원하는 답이 나오나요? 외골수 생각을 가지고 있는 사람들에게 설문하면 참신하고 다양한 설문 결과가 나오나요? 경험과 지식이 맞지 않거나 낮은 사람들을 대상으로 설문하면 원하는 경험과 지식이 반영된 설문 결과가 나오나요? 꼰대나 고인물에게 설문하면 꼰대와 고인물의 생각이 반영된 설문 결과가 나타납니다. MZ세대를 대상으로 설문한 결과와 X나 Y세대를 대상으로 한 설문 결과가 같나요? 여러분은 조직관리와 경영관련 의견을 취합할 때, 임직원 중 어떤 계층과 이야기를 하나요? 의견의 취합도 일종의 설문의 한 형태입니다. 주로 임원, 팀장, 부장, 차장, 과장, 대리 중 어떤 계층의 의견이 신뢰성 있다고 생각하나요? 직급이 높으면 신뢰성이 있고, 직급이 낮으면 신뢰성이 낮은 것인가요? 나이가 많으면 신뢰성이 높고, 나이가 적으면 신뢰성이 낮은 것인가요? 그리고 각 계층의 사람들이 해당 설문에 응답하는 데 적절한 자질, 교육 수준, 경험, 역량, 윤리, 도덕성 등을 모두 가지고 있다고 판단되나요? 맨날 똑같은 계층과 사람들에게 의지하여 의견을 묻고 있다면, 회사의 수준 향상과 경영 속도는 낮고 느리게 그리고 도전과 창의는 매우 희박하게 발생할 수 있으며, 잘못된 방향으로 나아가고 있음에도 전혀 알지 못하게 될 수도 있습니다.

오버 전달 맨, 단순 전달 맨, 축소 전달 맨

공공기관과 기업에서 공통적으로 체험했고, 체험하고 있는 점입니다. 그래서 어디를 가나 사람 사는 곳은 다 똑같다는 생각이 듭니다. 눈이 내린 산꼭대기에서 10㎝ 지름의 둥근 눈 덩어리를 만들었고, 산 아래에 원하는 위치에 보내기 위해 둥근 눈 덩어리를 산 아래로 굴려 보았습니다. 이러한 경우, 산 아래에는 크게 4가지 경우가 발생할 수 있습니다. 예를 들면 ① 눈 덩어리가 굴러 떨어지는 동안 눈이 더 묻어서 지름이 30㎝인 눈 덩어리가 도착함. ② 눈 덩어리가 더 커지지 않고 지금 10㎝ 눈 덩어리 그대로 도착함. ③ 눈 덩어리가 내려오다가 산 아래에 도착 전에 없어짐. ④ 눈 덩어리가 산 아래로 내려오긴 했는데, 원하는 위치가 아닌 전혀 다른 반대 위치에 도착함. 지휘관 또는 최고 경영자는 A를 이야기했습니다. 이것을 들은 임원이나 직책자 또는 중간 관리자는 ① A를 객관적으로 그리고 명확하게 이해한 후, ② 하부에 이야기할 필요 없이 본인 선에서 본인이 직접 하면 되는 내용과 수준인 것인지, 무조건 하부에 이야기해서 해야 하는 것인지, 단순히 하부에 전달만 하면 되는 것인지 아니면, 본인이 관리하거나 소속된 조직의 입장과 여건, 그리고 처해진 상황에 맞게 추가 검토가 필요한 것인지 아니면, 어떤 방향과 속도로 진행하든 문제가 있다고 판단되는 것인지 등을 진지하게 고민하고, ③ 본인이 직접 하면 된다고 판단되면 본인이 직접 하고, 하부 조직원들에게 단순 전달만 하면 될 것 같다고 판단되면 단순 전달하며, 하부 조직원들에게 교육이 필요하다고 판단되면 교육하고, 하부 조직원들을 대상으로 실행 결과에 대해 지속적인 확인이 필요하다면 관리 감독 프로세스를 정립하는 등 다양한 고민과, 노력, 후속조치 등을 해야 합니다. 그런데 문제는, 상기 ①, ②, ③과는 전혀 거리가 먼, 아무 생각 없이 행동하는 오버 전달 맨, 단순 전달 맨, 축소 전달 맨이 등장하기도 합니다. 즉, A라고 이야기했는데, 더 오버해서 "AA"라고 하부 조직원에게 이야기하거나 단순 Ctrl+c, Ctrl+v를 통해 "A"라고 하부 조직원에게 이야기하거나 "A⁻" or "없음"이라고 축소 또는 없는 것으로 하부 조직원에게 이야기하는 경우입니다. AA의 경우, 하급자들은 굳이 하지 않아도 되는 쓸데없는 일을 더 하게 되거나 일을 위한 일, 상급자(임원, 직책자, 중간관리자 등)만을 위한 일을 하게 됩니다. A의 경우에는, 하부 조직원들이 잘 이해하지 못하게 되는 경우가 발생합니다. 왜냐하면 지휘관 또는 최고 경영자가 이야기한 A는 공통적, 개념적, 전략적 관점의 내용으로서, 각 조직의 현실에 맞게 세부적으로 정리되지 않은 내용이기 때문입니다. "A⁻"의 경우, "A"보다 더 엉뚱한 방향으로 가거나 아예 시작 or 진행조차 되지 않게 됩니다. 여러분은, 오버맨, 전달맨, 축소맨이 되어본 적은 없나요? 여러분 주위에는 오버맨, 전달

맨, 축소맨이 얼마나 있나요? 오버맨, 전달맨, 축소맨의 경우, 이해력이 낮거나 이기적이거나 매너리즘에 빠져 있거나 본인의 존재의 이유를 망각하거나 조직 관리를 배운 적도 실천해 본 경험도 없는 사람입니다. 어떤 상급자의 예를 하나만 들겠습니다. 이 사람은 CEO에게는 하부 직원들이 이렇게 이야기한다고 전달하고, 하부 직원들에게는 CEO가 저렇게 이야기한다면서, 단순 전달 그리고 서로 잘못 이해하면 오해를 할 수 있는 이간질 성으로 전달하는 경우가 잦았습니다. 저는 이 사람에게 다음과 같이 묻고 싶습니다. "당신이 존재하는 이유는 무엇인가요?"

Layout 검토 시 물류(물건의 흐름)를 무시하고, 일과 움직임에 대해 고민하지 않으면, 효율성과 경제성은 낮아지게 됩니다

일반적으로, 물류를 단순 운송으로(배송) 생각하는 경향이 강합니다. **이러한 기업일수록,** SCM과 S&OP 프로세스의 구축 및 유지 수준이 높지 않을 수 있습니다. 물류는 단어 뜻 그대로 "물건의 흐름"으로 이해하고, SCM 상에서, 물류(물건의 흐름)에 병목(Bottleneck) 현상이 있는 구간이 어디인지를 파악하고, 전체 최적화 관점에서 병목(Bottleneck)을 해소할 수 있는 조직과 프로세스를 구축 및 운영하게 되면, SCM은 잘 유지되는 편입니다.

"일"과 "움직임"에 대해, 물류센터에서 발생하는 상황을 개략적 예로 들어 설명해 보겠습니다. 우선 여러분이 현재 R&R로 유지하고 있는 분야에 대해서 한번 생각해 보십시오. 움직임은 취급 품목에 부가가치를 창출시키지 않는 모든 행위라고 할 수 있으며, 작업지시, 작업대기, 잡담, 돌아다님 등의 작업과 관계없는 동작, 사람 및 관습에 의한 작업, 주문 변경, 각종 에러 등 비효율적 부가가치 동작 등이 움직임에 해당될 수 있습니다. 주의 깊게 생각해 주었으면 하는 것은 우리가 일반적인 관점에서 볼 때, 자동화 현대화가 되면 컴퓨터나 기계가 할 수 있는 부분인데, 현재 사람이 하고 있다면 다 움직임으로 간주하기 바랍니다. 왜냐하면, 앞으로 개선해야 하는 대상(분야)으로서 개선이 된다면 사람이 하지 않아도 되는 분야이기 때문입니다. 사무직도 마찬가지입니다. 정보시스템이 아닌, 엑셀을 활용하여 데이터를 수집 및 가공하거나, 보고를 위한 자료를 만드는 행위 등은 모두 움직임에 해당됩니다. 이렇게 움직임을 정의하고 구분해야만 자동화 현대화 추진시, 사람이 하지 않아도 되는 부분으로 개선의 대상이 되기 때문입니다. 물류센터에서 일은 취급 품목에 부가가치를 창출시키는 활동으로 검사, 검수, 보관 위치에 이동, Picking, 포장, 하역(상하차) 등의 순수 부가가치 동작, 운반과 같이 부가가치 발생을 위해 불가피하게 수반되는 동작을 의미합니다. 즉, "부가가치 발생을 위해 불가피하게 수반되는 동작" 즉, 운반도 "일"에 해당됩니다. 문제는 Layout을 정립 시 물류(물건의 흐름) 최소화를 고민하지 않는다면, "운반 횟수와 거리, 운반 시간"이 증가합니다. 즉, "일"이 증가하는데 자동화 현대화가 안 되어 있다면, 이는 사람의 증가로 이어집니다.

다음의 내용들은 현재와(각 공정 시설이 각각 다른 공간에 따로 위치) 비교해 (930L 이하 사이즈 용기에 해당), 충전과 분석이 한 장소에서 이루어 질 경우, 그리고 분석결과 불량 시 해당 장소에서(움직임 없이) 잔류가스처리와 진공처리를 하게 되면, 운반 횟수가 얼마나 줄어드는지, 그리고 회수용기 저장소 옆에, 내면처리, 잔류가스처리, 진공처리 시설이 같이 붙어 있으면, 운반 횟수가 얼마나 줄어드는지를 비교하여 나타내보았습니다. 제가 시간을 들여 작성한 내용이, 움직임이 아닌 일이 될 수 있도록 많은 분께서 잘 이해해주셨으면 좋겠고, 현재 구축되어 있는 Layout에 대한 고민과 지속적인 자동화 현대화를 통해, 효율성과 경제성을 향상시키고 노동 집약적 상황을 점차 개선해 나갈 필요가 있습니다.

AS-IS: 일반적인 Layout

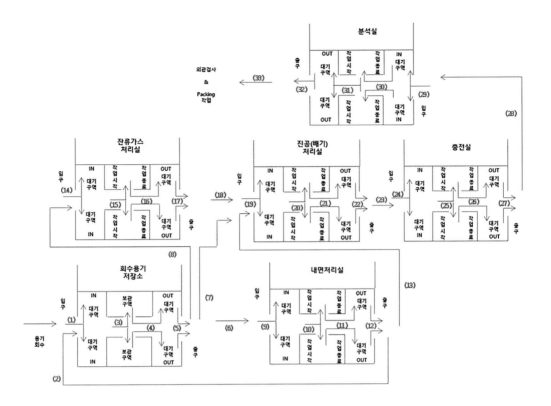

TO-BE: 개선 Layout

A 구역은 회수용기 저장구역 옆에 내면처리시설, 잔류가스처리시설, 진공처리시설이 위치해 있는 상황을 가정하였습니다. B 구역은 용기 이동 없이 충전과 분석이 한 장소에서 이루어지며, 분석 후 불량 시 용기 이동 없이 해당 장소에서 잔류가스처리 및 진공 처리 후, 재충전할 수 있는 상황을 가정하였습니다. 붉은색은 고객으로부터 용기가 회수되어, 분석 완료 시까지 용기가 이동하는 횟수입니다. 즉, 사람의 수작업/지게차/차량에 의해 용기를 이동시키는 횟수를 나타냅니다.

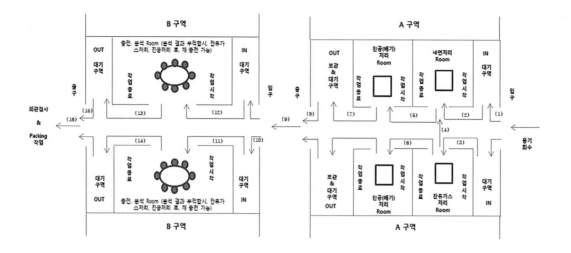

AS-IS와 TO-BE를 비교해 보았습니다. 붉은색 숫자에 주목해 보십시오. AS- IS는 33번, TO-BE는 16번입니다. 사업장 간 이동을 고려하면 AS-IS는 더 많은 시간이 소요됩니다. AS-IS는, 일반적 가스회사들이 유지하고 있는 구조이고

TO-BE는 충전과 분석을 동시에(분석 결과 불량 시 용기를 움직이지 않고 잔류가스 및 배기 처리 후 재 충전 포함), 그리고 회수용기 저장 구역 옆에 내면처리실, 잔류가스처리실, 진공처리실이 위치한 구조를 나타냅니다. 혹, 어떤 분은, Mix Gas는 숙성 과정을 거쳐야 하기에, "충전과 분석을 같이 할 수 없다."라고 이야기할 수도 있습니다.

그렇다면 Mix Gas를 충전 후, 별도 숙성 과정을 거치지 말고 일정 시간 그대로 두었다가 분석해 본 결과와 숙성기를 통해 숙성 과정을 거친 후 분석한 결과를 비교해 보면 어떠할까요? 그리고 꼭 숙성이 필요하다면, 물류 동선이 최소화되는 구조를 유지하면 되지 않을까요? 자동화/현대화가 반영되지 않은 수작업/지게차/차량에 의한 용기 이동은 간단한 일이 아닙니다. 이동 전 분류작업을 해야 하고 이 과정에서 시간이 많이 소요되며, 이동시 시간도 많이 소요되고, 한 번에 많은 수량을 이동하는 것도 제한되고,

이동 작업 간 작업자의 부상 위험도 있고, 이동 후 안전 상태를 확인해야 하는 등 어렵고, 힘들고, 시간이 많이 소요되는 일 중에 하나가 용기 이동입니다. AS-IS를 보면 아시겠지만, 앞으로 물동량이 지속적으로 증가하면, 용기 이동 소요(숫자)는 지속적으로 증가합니다.

즉, 개선되지 않는다면, 사람/지게차/차량 소요는 지속적으로 증가할 수밖에 없습니다.

설상가상으로 지게차와 차량의 운전은 사람이 합니다. 앞으로 Layout 검토 시 물류(물건의 흐름)를 무시하고 일과 움직임에 대해 고민하지 않으면, 사람은 지속적으로 증가할 수밖에 없습니다. 여러분은, **회사에서 일을 더 많이 하고 계십니까? 움직임을 더 많이 하고 계십니까?**

Episode 12

다양한 사내 Cycle 중 하나의 "예"

　고객이 국내에 있고, 독성 제품 용기 중에 잔류가스 처리와 배기 프로세스가 필요 없는 용기의 사내 Cycle 하나를 개략적으로(100% 정확하지 않음) 예를 들어 나타내었습니다. 가스업 프로세스를 피상적으로 보면, S0, 잔류가스처리, 진공처리, 충전, 분석, 외관검사, 출하작업, S3, 운송, S4 등으로 단순하게 생각할 수 있지만, 국내 고객인지 아닌지, 비독성 가스인지 유독성 가스인지(독성 중에서도 구분됨), 용기와 밸브의 고유한 특성, 납품 관련 용기와 밸브에 나타나고 있는 부정적 이슈 그리고 고객의 추가 요구사항이 무엇이냐, 프로세스를 수행하는 공간이(건물) 떨어져 있느냐 붙어 있느냐, 정보시스템 구축 수준이 어느 정도냐, 기존에 해오던 방식을 개선하거나 변경할 의지가 있느냐 없느냐, 공정의 현대화 및 자동화 정도 등에 따라, 다양한 종류의 사내 Cycle이 형성되고, 부분 변경도 잦습니다. 아래의 경우도 마찬가지입니다. 절대적이지 않습니다. 따라서 다양한 Cycle에 대해 주기적으로 각각 명확하게 분류하고, 각각에 대해 세부 Task와 Activity를 정립하며 이를 세세하게 SOP에 반영하고, 교육 훈련하는 것이 필요합니다. 또한, 변경이나 개선이 필요하다면 다양한 노력을 통해 Task와 Activity의 수를 증가 또는 감소시켜야 합니다. 그리고 내용에도 있지만, 용기 이동 횟수가 최소화되도록 공간과 시설을 배치하는 것이 효율성과 경제성에 긍정적 영향을 미칩니다.

프로세스	세부내용	기계 or 노무
S0	차량에서 용기 하차	노무
	용기 분류(품목별, 용기 사이즈별, 적합 및 부적합) 및 해당 보관 구역에 보관	노무
	용기 IN	노무
	공정별 용기 공급요청 내용 정리 후, 용기 이동 준비	노무
	용기 OUT	노무
	용기 이동	
충전	용기 IN	노무
	충전 설비로 용기 이동	노무
	충전 설비에 용기 체결	노무
	정보시스템 입력(작업시작)	노무
	....	기계+노무
	Leak Check(헬륨을 이용하여 압력)	
	....	
	MIX, PURE(원료 충전)	
	....	
	MIX: 추가 원료 충전 Pure: 충전 후 안정화를 위한 대기 및 불순물 Vent	
	....	
	충전설비에서 용기 분리	노무
	....	노무
	공정표 확인 및 기록	노무
	정보시스템 입력(작업완료)	노무
	충전완료 구역으로 용기이동	노무
	용기 OUT	노무
	분석 구역으로 용기 이동	
분석	용기 IN	노무
	분석 설비로 용기 이동	노무
	분석 설비에 용기 체결	노무
	....	기계+노무
	....	
	....	
	....	노무
	....	기계
	....	기계+노무

	....	노무
	....	노무
	분석 내용 기록	노무
	정보시스템 입력(분석 데이터)	노무
	공정표 확인 및 기록	노무
	분석 완료 구역으로 용기 이동	노무
	용기 OUT	노무
	외관 검사 구역으로 용기 이동	노무
외관검사 및 출하작업	용기 IN	노무
	Leak Test 구역으로 용기 이동	노무
	전도방지 체인 체결	노무
	비닐 포집	노무
	정보시스템 작업시작(Leak Test)	노무
	....	노무
	....	노무
	....	노무
	공급계획 확인	노무
	분류(선입선출)	노무
	외관불량 실린더 선별 및 불량 용기 해당 작업장으로 이동 조치	노무
	용기 OUT	
	밸브검사 및 스티커 부착을 위한 용기 이동	노무
	용기 IN	노무
	전도방지 체인 체결	노무
	보호 Cap Open	노무
	....	노무
	....	노무
	....	노무
	....	노무
	....	노무
	....	노무
	....	노무
	....	노무
	....	노무
	....	노무
	....	노무
	....	노무
	....	노무
	....	노무
	....	노무

		....	노무
		....	노무
		....	노무
		End-cap Close	노무
		Torque Wrench 조임작업	노무
		Sticker 제거 작업	노무
		메인 Sticker 부착 작업	노무
		실린더 랩 작업(특정 고객사/소형용기 해당)	노무
		Valve 랩 작업	노무
		보호 Cap Close	노무
		Cross Check 외관검사(작업자)	노무
		정보시스템 출고 등록	노무
		....	노무
		....	노무
		....	노무
		....	노무
		....	노무
		....	노무
		용기 OUT	노무
		용기 이동(→S3)	노무
		용기 IN	노무
		거래처 및 Line별 구분 보관	노무
		공급계획과 CoA 발행(판정) 품목 및 수량 비교	노무
		ERP 및 공정표 확인	노무
		용기 OUT	노무

관리자, 리더, 기득권, 인재

기업마다 이해하고 적용하는 바는 다르겠지만, 매주 또는 매월 진행하는 S&OP 회의는 주간 또는 월간 S&OP 프로세스를 유지한 결과에 대해 논의하는 자리입니다. 즉 영업, 구매, 생산, 품질, 물류 부서 등이 독립적으로 문제점을 해결해가며 진행한 결과와 영업, 구매, 생산, 품질, 물류 부서 등이 연합, 합동, 협업을 통해 문제점을 해결해가며 진행한 결과에 대해 논의하고, 미흡한 부분에 대해서는 책임 있는 의사결정을 통해 Catch Up 계획을 수립하고 결심하는 자리입니다. 즉 S&OP 회의는 참석하라고 하니 아무 생각 없이 들어와서 앉아 있는 자리도 아니고, 나 홀로 문제점을 모아 놓았다가 여러 사람과 부서에 깜짝 이벤트 하는 자리도 아니고, 어떻게 해야 하냐고 상대방 얼굴만 쳐다보는 자리도 아니며, 방송국 뉴스의 아나운서처럼 단순히 결과만 전달하는 자리도 아니고, 특이사항 "없다."라는 식으로 대충 답변하고 넘어가는 자리도 아니며, 질문에 책임감 있게 답변하기보다는 회의 종료 후 알려주겠다며 대충 넘어가는 자리도 아니고, 이런저런 핑계를 동원해가며 책임을 회피하는 자리도 아닙니다. S&OP는 회의가 아니라 프로세스입니다. S&OP 프로세스는 부서 및 구성원별로 상호 정립한 약속을 잘 지키고, 부여된 역할을 능동적으로 수행해야만 잘 유지가 됩니다. 약속을 정립했더라도 약속을 잘 지키지 않는다면, 약속을 지키기 어려운 제약 요인을 많이 보유하고 있다면, 자신이 해야 할 역할을 능동적으로 하지 않는다면 S&OP 프로세스는 잘 유지되지 않습니다. 따라서 S&OP 프로세스가 잘 유지되기 위해서는, 전체 최적화 관점에서 부서 및 구성원에게 명확하게 R&R을 부여하고, 부여된 R&R을 유지하는 데 방해가 되는 요인들을 찾아 지속적으로 개선해야 합니다. S&OP 회의를 주관하는 사람은 리더와 관리자로서의 역할을 동시에 요구 받습니다. 특히 S&OP 회의에 참석하여 각 부서를 대표하는 사람들이 해당 부서의 R&R에 대한 역할을 제대로 하지 못하고 있다면 그리고 책임 있는 의사결정을 할 수 없다면, S&OP 회의를 주관하는 사람은 더 많은 범위와 깊이에서 리더와 관리자의 역할을 동시에 요구 받게 됩니다. 즉, 각 부서를 대표하는 사람들이 자신들이 해야 할 일을 능동적으로 Catch 하고 후속조치 해야 함에도 불구하고, 자신이 할 일이 어떤 것인지 모르고, 복지부동과 수동적인 자세로 일관한다면, S&OP를 주관하는 사람은, 더 많은 분야에서 리더와 관리자로서의 역할을 동시다발적으로 해야 하는 상황에 처하게 됩니다.

여러분이 소속되어 있는 기업은 조직입니까? 시스템입니까? 조직이든 시스템이든 그 안에는 다수의 제약 요인들이 존재하고, 여러분이 제약 요인을 모두 해결했다고 생각하더라도 미처 생각하지 못한 곳에서 제약요인은 또 발생합니다. 여러분이 쓰레기를 치웠더라도 쓰레기가 또 발생하는 것과 유사한 이치입니다. 여러분 회사의 경우, 부서 및 구성원에게 전체 최적화 관점에서 R&R이 명확하게 부여되지 않았고, 우여곡절 끝에 R&R을 부여했더라도 실행에 부정적 영향을 주는 제약 요인을 다수 보유하고 있습니다(가스, 설비, 인력, 용기, 정보시스템 등과 관련한 이슈). 나는 앞으로 여러분에게 R&R을 더 명확하게 부여하려고 합니다. 미리 예견해 보면, 내가 여러분에게 R&R을 이야기했을 때, 여러분은 과거(AS-WAS), 현재(AS-IS)를 기준으로 답변할 가능성이 매우 높습니다. 즉, 이런저런 이유와 어려움이 있다는 "하소연"과 "못 한다."라는 유형의 답변을 할 것입니다. 나는 여러분의 반응을 충분히 이해합니다. 과거에 할 수 없었던 경험과 현재 여건을 고려시 정말 할 수 없을 수도 있습니다. 하지만 여러분은 다음의 내용을 잘 이해하기 바랍니다. 내가 여러분에게 이야기하는 R&R은, AS-WAS와 AS-IS가 아닌 TO-BE 관점에서 이야기하는 것입니다. 즉, 지금 당장은 어렵거나 불가능하더라도 여러분이 과거에 겪었던 어려움과 문제점, 그리고 현재 처한 어려움이나 문제점이 앞으로는 개선된다는 가정하에 R&R을 정립하자는 것입니다. 여러분이 AS-WAS와 AS-IS를 기본에 깔고 생각하면, 부정적 의식과 피해 의식 등으로 인해, 여러분이 근무하는 회사는 평생 어떤 R&R도 명확하게 정립 및 유지 할 수도 없을 뿐만 아니라 여러분들 또한 이런 저런 이유로 R&R을 부여 받지 않으려고 발버둥치기에 책임감이 동반된 개선 노력 또한 시작되지 않습니다. 여러분에게 R&R을 명확하게 부여한다는 의미는, 부여된 R&R을 왜 잘 못하냐고 질책하려고 하는 것이 아닙니다. TO-BE 관점에서 우선 명확하게 R&R을 부여하고, TO-BE 관점에서 부여된 R&R을 유지하기 위해서는, 어떤 부족함과 부정적 요인들이 있는지를 다 같이 살펴보고, 일정기간 공동의 책임감을 가지고 함께 개선해 나가는 노력을 해보자는 것입니다. 여러 회사에서도 경험했고, 여러분 회사에서도 경험한 공통적인 점은, 다양한 이유로 서로 R&R을 받지 않으려고 부단히 노력한다는 점입니다. 그리고 설상가상으로 여러분의 회사는 애석하게도 어느 것 하나 제대로 안정되지 않은 과도기적 상황임에도 불구하고, R&R이 부여되면 무 자르듯이 싹 잘라서 이것은 너의 것, 저것은 나의 것으로 구분하는 조직문화 또한 가지고 있다는 점입니다.

나는 앞에서 "TO-BE 관점에서 R&R을 부여하는 것"이라고 이야기하였습니다. 그리고 R&R이 부여되더라도 일정 기간 공동의 책임을 가지고 함께 개선해 나가는 노력을 해보자고 했습니다. 기업이 과거에 유지했던 AS-WAS에 문제점과 제약이 많았고, 현재 유지 중인 AS-IS에도 여전히 많은 문제점과 제약을 유지하고 있다면, TO-BE 방향으로 R&R을 명확하게 부여하되, 일정기간 공동의 책임감을 느끼며 서로 협력하고 노력해야 합니다. 여러분이 입장 바꿔서 생각해 보세요. 우발상황도 많고 제약사항도 많은 상황에서 의지를 가지고 나서서 R&R을 자청했거나 상부 지시에 따라 R&R을 부여 받았는데, 주위에서 일정 부분 상호 희생과 협력이 아닌, 무 자르듯이 딱 잘라 알아서 하라고 하고, 문제가 발생하면 왜 R&R을 제대로 유지하지 못하냐고 비난한다면, 누가 나서서 R&R을 자청하겠습니까? 그리고 누가 순순히 R&R을 받으려고 하겠습니까? 현재 여러분의 회사는 과도기를 겪고 있고, 과도기에는 TO-BE관점에서 R&R을 명확하게 정립하되, 서로의 R&R이 잘 정립될 때까지 공동의 책임감을 가지고 상호 격려하며, 희생하며, 노력해 주는 것이 필요합니다. 이러한 과정 특히 과도기에서 그리고 노동집약적 사업장에서 가장 중요한 역할을 하는 것은 기계도, 장비도, 가스도, 용기도 아닌 사람입니다. 그리고 사람 중에서도 리더나 관리자 그리고 기득권으로 불리우거나 여겨지는 사람들의 역할입니다. 그렇다면 이러한 사람들은 어떤 역할과 수준을 실천하고 유지해야 하는 것일까요? 아래에는 인터넷에 게시되어 있는 내용을 일부 발췌해서 적어 보았습니다.

여러분은 "노블레스 오블리주[Noblesse Oblige]"에 대해 들어 보았습니까? 우선 노블레스 오블리주에 대해 인터넷에 나와 있는 내용을 잠시 언급하겠습니다.

☞ 노블레스 오블리주

지배층과 기득권 등 사회적으로 지위를 가진 사람들은 그들이 가지고 있는 지위만큼 도덕적 의미와 책임(의무)을 다해야 한다는 뜻으로 지배층과 기득권이 정당한 대접을 받기 위해서는 명예(노블레스)만큼 의무(오블리주)를 다해야 한다는 것을 의미합니다. 예를 들면, 제1, 2차 세계 대전시 영국의 많은 고위층 자제가 전쟁에 참여하였고 이들 중 많은 수가 전사하였으며,

미군 장성 자제들 또한 마찬가지였습니다. 중국의 마오쩌둥은 아들이 전사하였음에도 불구하고 시신 수습을 포기하도록 지시하기도 하였습니다.

여러분은 리더, 관리자, 리더와 관리자의 차이점, 기득권에 대해 한 번쯤은 들어보았거나 생각해 보았을 것입니다. **여러분은 회사에서 리더입니까? 관리자입니까? 기득권입니까? 아니면 이것도 저것도 아닙니까?** 사원, 대리, 과장, 차장, 부장, 임원 중 어느 직급부터 리더입니까? 사원, 대리, 과장, 차장, 부장, 임원 중 어느 직급부터 관리자입니까? 사원, 대리, 과장, 차장, 부장, 임원 중 어느 직급부터 기득권입니까?

여러분의 회사는 직급을 중요시하며 일하는 분위기입니까? 직책을 중요시하며 일하는 분위기입니까? 여러분은 직급으로 일해야 한다고 생각합니까? 직책으로 일해야 한다고 생각합니까? 여러분은 현재 직급을 중요시하며 일하고 있습니까? 직책을 중요시하며 일하고 있습니까? 잠시 이해를 돕기 위해 부연 설명을 하면, A 부서 임원과 B 부서 부장이 있는데, 직급을 중요시하며 일하는 회사라면 부서는 다르지만 직급상 임원이 부장보다 높으니, B 부서 부장은, 직책과 상관없이 A 부서 임원 눈치를 보면서 일하는 분위기가 형성될 것이고, 직책을 중요시하며 일하는 회사라면, B 부서 부장은 본인의 직책과 연관된 업무를 수행함에 있어 A 부서 임원의 눈치를 보면서 일하기보다는 소신껏 일하는 분위기가 형성될 것입니다.

직급과 직책이 높으면 기득권에 해당됩니까? 단순히 한 회사에 오래 근무하면 자연스럽게 기득권이 되는 것입니까? 여러분 회사는 리더와 관리자가 구분됩니까? 여러분 회사에서 리더와 관리자를 구분하는 기준은 무엇입니까? 여러분 회사는 기득권과 비기득권이 구분됩니까? 여러분 회사에서 기득권과 비기득권을 구분하는 기준은 무엇입니까?

많은 연구와 역사적 사례를 통해 리더와 관리자에 대한 정의를 내리고 구분하고 있지만, 현실에서, 리더와 관리자가 잘 구분되고 유지되는지를 여러분에게 묻고 싶습니다. 일반적으로 기업에서는 특정 계층을 관리자와 리더라고 지정하고 그에 맞는 자질 함양과 역할을 요구하고 있습니다. 하지만 여러분 주위를 둘러보면 회사에서 지정한 그리고 회사에서 지정하지 않았더라도 여러분이 생각하기에 관리자와 리더라고 생각되는 사람들이 얼마나 그에 맞는 자질을 가지고 능력을 발휘하고 있습니까? 여러분은 관리자가 되고 싶나요? 여러분은 리더가 되고 싶나요? 아니면 리더와 관리자 모두 되고 싶지 않나요? 여러분은 관리자가 적성에 맞나요? 리더가 적성에 맞나요? 만약 여러분이 관리자나 리더가 되고 싶다면 그에 맞는 자질과 능력을 보유할 수 있도록 노력해야 합니다. 하지만 시간이 점차 지날수록 리더와 관리자를 구분하는 경계선이 점점 모호해지는 것 같다는 생각이 들기도 합니다. 간단하게 몇 가지 예를 들어 보겠습니다. Supply Chain의 글로벌화로 인해 여러분의 회사는 동시다발적 환경에 노출되고 있고, 이로 인해 회사는 공식적으로 또는 비공식적으로 여러분에게 관리자와 리더의 자질을 동시에 요구하는 상황이 발생합니다. 2021년 요소수 부족 대란이 발생하였습니다. 여러분은 운송 회사에 근무하고 있으며, 배차 계획을 수립하는 부서에서 단순히 배차 계획을 받아 출발지와 도착지까지의 운송을 책임지는 관리자라고 가정해 보겠습니다. 즉 여러분은 육하 원칙에 의거하여 화물을 안전하게 하역(Load)하고, 안전하게 운행하며, 안전하게 화물을 하역(Unload)하는 것이고, 배차 계획 수립과 요소수 확보는 여러분의 역할은 아닙니다. 이러한 상황에서 여러분은, "나는 화물 하역과 운행만이 내 역할이다."라고 복지부동하며 "어떻게 할까요?" 하는 눈빛으로 회사만 쳐다볼 것인가요? 아니면 불필요한 공회전으로 인해 요소수 소모가 증가되지 않도록 운전기사들과 공감대를 형성하고, 경험을 기반으로 네트워크를 유지하고 있는 지인들을 통해 요소수 확보 가능성을 파악하며, 운행 효율성이 극대화될 수 있도록 현장의 의견을 능동적으로 수집하여 배차 계획 부서에 건의를 할 것인가요? 이런 상황에서 여러분은 어떻게 하겠습니까? 회사 입장에서는 여러분이 후자의 방식으로 행동하는 것이 많은 도움이 됩니다.

　모든 나라에 동일하게 적용되는 것은 아니지만, 개인의 삶과 인권을 매우 중요하게 생각하는 시대로 접어들고 있습니다. 그리고 과학 기술의 발달로 인해, 정보의 수집과 교육의 기회가 증가하여 개인의 지식 수준과 의식 수준도 점차 향상되고 있습니다. 그리고 집이 없어도 외제차, 조기 은퇴, 영끌, 고독사, 비혼, 1인 메뉴, 혼밥, 혼술, 파이어(FIRE: Financial Independence, Retire Early)족, 니트(NEET: Not in Education, Employment or Training)족, N세대(Net Generation), MZ세대(Millennials and Gen Z)과 같은 용어들이 등장한 것과 같이 "너와 나" 또는 "우리"보다는 "개인적" 그리고 "나"라는 생각이 강해지고 있고, 예전부터 이어져 오거나 요구 받았던 가치관에도 많은 변화가 발생하고 있습니다. 최근 TV에서는 이혼한 사람들에 관한 이야기를 다루는, 예능, 오락 프로그램이 다양하게 증가한 점 또한 이를 대변하는 것 중에 하나라고 생각합니다. 이제 한국에서 이혼은 당사자들에게 큰 아픔이지만, 더 이상 숨기거나, 불편하거나, 창피하게 생각할 분야는 아닌 것으로 자리 잡아 가고 있습니다. 그리고 전 지구적으로 자원은 한정되어 있는데 인구는 계속 증가하고 있고, 기후변화에 따른 다양한 문제는 증가되며, 빈익빈 부익부 현상 또한 심화되어, 불안, 불만, 피해의식 등이 증가하고 있습니다. 그리고 시간이 지날수록 도전, 열정, 치열함보다는, 적당히, 오래, 가늘고 길게, 안정되게 살아가는 것을 희망하는 사람들이 점점 증가하고 있습니다. 그리고 겉으로는 공정하고, 투명하며 객관적인 것이 중요하다고 이야기하면서, 인간관계에 있어서는 편 가르기, 자기 입맛, 학연, 지연, 근무 연, 내로남불, 적당히 등이 근절되지 않기에 인재의 발탁 및 유지 방식은 과거와 큰 차이가 없습니다. 이러한 모든 상황이 복합적으로 작용해서 Maximum적인 범위와 수준에서 자신의 역할을 다하려는 사람들이 증가하기보다는, 남들과 비교하며, 문제가 되지 않는 범위 내에서, 즉 Minimum적인 범위와 수준에서 자신의 역할을 근근하게 연명하려는 경우가 증가하고 있고, 자신이 희생해야 하는 상황과 자신에게 피해가 발생하는 상황에 직면하지 않기 위해 복지부동하며, 남에게 책임을 떠넘기거나 회피하려고 하는 행위들은, 직급의 고하를 막론하고 전 계층에서 산발적으로 발생하고 있습니다. 기업에 이와 같은 상황이 심화되면 구성원들은 관리자와 리더를 존경하지 않고, 관리자와 리더의 말을 신뢰하지 않으며, 조직 내에 협력 정신과 희생 정신은 사라지고, 관리적 마인드와 리더십은 뿌리내리지 못하게 됩니다. 실제 현실에서는, 관리자인데 리더 수준의 역할을 하고 있는 사람도 있고, 리더인데 관리자 수준의 역할을 하는 사람도 있고, 관리자와 리더의 역할을 동시에 하고 있는 사람도 있습니다. 그리고 관리자인데 관리자 역할을 하고 있지 않은 사람도 있고, 리더인데 리더 역할을 하고 있지 않는 사람도 있고, 관리자와 리더로 임명을 받지 않았음에도 불구하고, 보이지 않는 곳에서 관리자와 리더 역할을 하고 있는 사람도 있습니다. 나는 관리자와 리더 역할을 해야 하는 사람 중에 최대한 책임 있는 결정을 회피하려고 온갖 수단과 방법을 다 동원하거나, 문제가 발생하면 수단과 방법을 다 동원해 어떻게든 주위와 아래 사람에게만 책임을 전가하려고 하거나, 본인이 노력을 통해 터득 후 가이드와 가르침을 주기보다는 남에게 들은 이야기를 적어 놓았다가 본인 일신을 위해 활용하는 사람도 많이 보았습니다. 여러분 주위에 있는 리더나 관리자는 어떤 수준과 역할을 유지하고 있습니까? 아이러니하게도 여러분은 관리자도 리더도 아닌데, 관리자나 리더의 역할을 요구받을 때가 종종 있지 않습니까? 나이가 많고, 직급이 높고, 직책이 높고, 회사에 오래 있었다면, 관리자나 리더로 임명될 가능성이 높습니다. 하지만 관리자와 리더에 맞는 자질과 능력을 보유하고 있지 않다면, 조직 내부에 암적인 존재가 될 수도 있습니다. 나이, 직급, 직책, 오래 근무한 것이 중요한 것이 아니라, "그동안 어떠한 수준의 노력을 통해 어떻게 살아 왔느냐?"가 중요하고, "현재 어떤 수준의 노력을 하고 있고, 앞으로 어떤 수준의 노력을 할 수 있을 것인지?"가 중요합니다.

이를 위해서는, 열정 있는 인재를 양성할 수 있도록 각종 제도를 개선하고, 직급이 아닌 직책으로 일하는 분위기 조성, 자질과 능력에 맞는 보상과 처우, 직급이 아닌 직책을 기반으로 권한과 책임을 부여하고 분산하는 것이 긍정적이라고 생각합니다. 하지만 내부 구성원에게 관리자와 리더로서의 자질과 역량을 기대할 수 없다면 외부에서 인재를 영입하는 것도 필요합니다. 하지만 구성원과 조직의 DNA 수준이 낮다면, 외부에서 영입한 인재에게 단기간에 급변화를 요구하지 말아야 합니다. 예를 들어, 초등학생에게 하버드나 옥스퍼드 대학 출신의 과외 선생을 붙여 준다고 해서 초등학생이 단기간에 고등학생이나 대학생 수준으로 변화되지 않습니다. 구성원과 조직의 수준이 낮고 준비가 되어 있지 않다면, 어떤 인재를 영입하더라도 급격히 변화되지 않습니다. 영입된 인재가 솔직하며 열정, 의지 그리고 인내심을 보유하고 있다면 이 사람을 믿고, 이 사람이 조금씩 앞으로 나아갈 수 있도록 조직적으로 도와주는 것이 필요합니다. 반대로 인재라고 영입했는데 필요한 자질과 역량을 보유하고 있지 않을 수도 있습니다. 인재는 경쟁기업이나 보다 큰 대기업에서 찾는 경우가 일반적입니다. 즉, 주변 지인들의 평판과 기업의 Brand를 보고 영입하는 경우가 많은데, 문제는 평판은 객관적이지 않을 수 있고, 해당 기업의 Brand를 사람의 Brand로 오해할 수 있다는 점입니다. 예를 들어, 대기업에 있던 인재를 영입 시, 중소·중견기업에서는 대기업에서 보유하고 있는 직급보다 한두 직급을 올려서 근무할 수 있게 배려하는 편입니다. 하지만 착각하지 말아야 할 것은 매출과 규모가 큰 대기업에서는 사각 지대에서 보여주기 식으로 일하며 적당히 시간 때우고 살아가는 사람이 중소·중견기업보다 많을 수 있고, 잘 구축된 프로세스와 시스템 안에서 다람쥐 쳇바퀴 돌듯 단순히 시킨 대로만 해온 사람이 중소·중견기업보다 많을 수 있고, 넓은 분야를 다양하게 경험하기보다는 좁고 깊게 경험해본 사람이 중소·중견기업보다 많을 수 있습니다. 그리고 오로지 잘 구축된 프로세스와 시스템, 그리고 많은 사람의 조력이 있는 상태에서만 의사결정이 가능한 사람이 많을 수도 있습니다. 즉, 잘 갖추어진 프로세스와 시스템 그리고 타인의 도움이 없는 상태에서는 책임 있는 의사 결정을 할 수 없는 사람이 많을 수도 있습니다. 결론적으로 대기업에서 근무했던 사람 중에는 전체 최적화, 시스템적 사고, 책임 있는 의사결정, 프로세스, 시스템에 대해 제대로 이해하며 실행해본 사람도 많을 수 있고, 반대로 대기업에 있다 보니 보고 들은 것은 많아 겉으로 아는 척은 잘할지 몰라도 실제로는 의사결정 능력이 부족하고 부분 최적화 수준의 경험이 전부인 사람이 많이 있을 수도 있습니다. 중견·중소기업이 대기업에서 영입한 인재에게 바라는 점은 전문성을 가지고 넓은 범위의 업무를 관장하며 책임 있는 의사결정을 통해 능동적으로 업무를 추진하는 것이지만, 기대에 못 미치는 경우도 있습니다. 왜냐하면 일반적으로 중견·중소기업은 대기업에 비해 프로세스와 시스템 구축 수준이 낮고 인력 Pool도 좋은 편이 아니기에, 상대적으로 중소·중견기업에서는 프로세스, 시스템, 인력의 도움을 받기 어려울 수 있고, 기득권처럼 행동하는 기존 구성원의 저항과 상대적으로 낮은 구성원의 수준으로 인해 다양한 어려움이 있을 수 있기 때문입니다. 대기업에서, 선구자나 타인에 의해 구축된 프로세스와 시스템을 단순히 운영만 해본 사람, 선진화된 프로세스 및 시스템 그리고 타인의 도움을 통해서만 의사결정을 해본 사람은, 중견·중소기업에서 능동적인 업무와 책임 있는 의사 결정하는 것이 쉽지 않습니다.

다음은 인터넷에 있는 내용인데 개략적으로 나타내었습니다.

> - 전문적 능력: 경험이나 교육훈련을 통해 형성되며, 주어진 업무를 수행하는 데 필요한 지식과 기술, 어떻게 해야 하는지를 아는 방법(노하우).
> - 인간관계 능력: Leadership, Followship, Fellowship을 이끌어 낼 수 있는 능력.
> - 개념 파악 능력: 조직을 총체적으로 간파하고 어느 부문에 어떤 관리가 필요한지를 파악하는 능력.

여러분은 전문적, 인간관계, 개념 파악 능력을 모두 보유하고 있습니까? 여러분은 어떤 능력 분야에 강점이 있고, 어떤 능력 분야에 약점이 있습니까? 여러분의 회사는 어떤 능력 분야에 우선 순위를 두고 인재를 영입하며 구성원을 양성하고 있습니까?

글로벌 시대에 유창한 외국어 능력은 반드시 필요합니다. 아주 먼 미래에는 모르겠으나 현재 시점을 기준으로 볼 때, 업무 내용뿐만 아니라 상대방과 해당 국가의 문화를 이해하며 실시간 비즈니스를 추진하는 것은 번역기만으로는 불가능합니다. 즉, 번역기로는 업무뿐만 아니라 비즈니스상에서 발생하는 다양한 문화적, 감성적 분야를 실시간 적절히 주고받는 것은 불가능합니다. 그런데 외국어를 잘한다고 해서 리더나 관리자가 될 수 있을까요? 외국어를 잘하면 조직 관리를 잘할까요? 외국어를 잘하면 기업의 급격한 매출 상승에 무조건 기여할 수 있을까요? 일반적으로 외국어를 잘하면 "능력자"라고 표현하기도 하는데, 외국어 이전에 전문적, 인간관계, 개념 파악 능력을 제대로 갖추고 있지 않았다면, 비즈니스 과정에서 단순히 남들이 만들어 놓은 내용을 전달하는 수준에서 외국어를 구사할 가능성이 높습니다. 이런 상태라면, 해당 업무 분야에서 능력자가 아니라, "통역사", "번역사"라고 표현하는 것이 맞습니다. 여러분들의 주위를 둘러보세요. 실제 현실에서 자세히 들여다보면, 통역사, 번역사 수준의 역할을 하고 있는데, 능력자로 생각하거나 대우받는 경우가 종종 있지 않습니까?

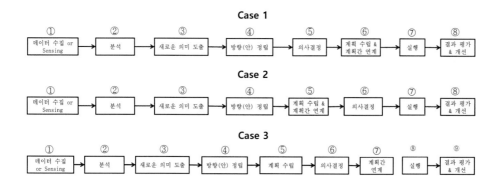

기업이 유지해야 하는 모든 업무(일)가 Case 1/Case 2/Case 3과 같은 과정을 거쳐 시작/진행/종료된다면, 해당 기업은 전체 최적화, 효율성, 경제성, 지속성, 적응성 등이 향상될 가능성이 매우 높습니다. 그리고 의사결정이 용이해 질 수 있어 속도 또한 빨라질 수 있습니다.

반면에 Case 1/Case 2/Case 3과 같은 과정에서 수작업으로 유지하는 Step이 많다면, Case 1/Case 2/Case 3은 매우 어려운 과정이 될 것이며, 속도는 당연히 느려지고, 휴먼 에러나 중간에 누락되거나 생략되는 Step 발생시, 데이터의 신뢰성이 낮아져 의사결정이 쉽지 않고, 이는 전체 최적화, 효율성, 경제성, 지속성, 적응성 등에 부정적 영향을 미칠 수밖에 없습니다. 여러분 회사는 현재, ①부터 제대로 안 됩니다. 오해의 소지가 있을 수 있어, "제대로 안 된다."라는 의미에 대해 우선 설명하겠습니다. 첫째, 우리가 일반적으로 "된다.", "안 된다."를 이야기하는데, 사람마다 생각하는 정도에 차이가 있을 수 있습니다. 어떤 사람은 50% 수준임에도 불구하고 문제없이 되고 있다고 안이하게 생각할 수 있고, 어떤 사람은 80% 수준에서 문제없이 되고 있다고 생각할 수 있고, 어떤 사람은 90% 수준에서 생각할 수 있고, 어떤 사람은 100% 수준에서 생각할 수 있습니다. "안 된다." 또한 마찬가지입니다. 어떤 사람은 30%가 안 되면 안 되는 것이라고 생각할 수 있고, 어떤 사람은 10%가 안 되면 안 되는 것이라고 생각할 수 있고, 어떤 사람은 1%가 안 되면 안 되는 것이라고 생각 할 수 있습니다. 나는, 99%를 초과해야만 되는 것이라고 생각하고, 1%라도 안 되면 안 되는 것이라고 생각합니다. 둘째, 실시간 자동화, 현대화에 의한 데이터 수집 및 융합이 안 된다는 것입니다. 현실에서는 현장에서 IN-OUT을 통해 형성된 Big 데이터를 기반으로 많은 사무직 직원이 반 수작업(Excel)을 통해 데이터를 수집 및 융합하고 있습니다(특히, 용기 데이터 수집/융합: 실시간 내부에 가스가 없는 용기 수량/위치, 실시간 내부에 가스가 있는 용기 수량/위치, 실시간 부적합 용기 수량/위치). 간과하지 말아야 할 것은, "실시간 자동화, 현대화에 의한 수집 및 융합"에서, "실시간"이라는 용어를 명확하게 이해하기 바랍니다. 여러분 회사는 빠른 시간 내 ①부터 개선/고도화해야 합니다. 그리고 Case 1/Case 2/Case 3 안에 있는 ①, ②, ③, ④, ⑤, ⑥, ⑦, ⑧, ⑨, ⑨에 대해, 구성원 및 부서별 R&R이 명확하지 않다면, 속도는 느려집니다. 여러분 회사는 ①, ②, ③, ④, ⑤, ⑥, ⑦, ⑧, ⑨에 대한 R&R이 명확합니까? ①~⑨ 중에 사원 및 대리가 해야 할 것도 있고, 과장, 부장이 해야 할 것도 있고, 임원이 해야 할 것도 있습니다. 문제는 ①~⑨ 중에 각자가 책임지고 해야 할 것을 제대로 하지 않는 것입니다. 여러분 회사의 사원은 대리에게, 대리는 과장에게, 과장은 부장에게, 부장은 임원에게, 임원은 보다 상위의 총괄 임원과 CEO에게 자기가 해야 할 책임과 의무를 미루고 있지 않습니까? 신뢰성 있고 책임 있는 ①~⑨의 유지가 어렵다면, S&OP를 주관하는 부서를 중심으로 계획을 총괄하는 Head Control 조직을 구축하고, 계획과 실행 조직을 명확하게 분리하는 것이 필요합니다.

나는 가스 SCM을 처음 접하게 되었을 때, 해당 가스 기업에 오래 근무한 사람에게서 "가스를 모르면 SCM을 못 한다."라는 말을 들은 적이 있습니다. 나는 되물었습니다. "어디까지 알아야 SCM을 할 수 있다는 것입니까?" "SCM이 무엇인지 아십니까?" 나는 식료품, 의류, 사무기기/가전제품, 유류, 건설자재, 수리부속, 장비 분야에서, Forecast 수집과 관리, 데이터 분석, 조달 계획 수립/실행, 저장관리, 운송, 품질 개선 등에 대한 업무를 진행해 보았습니다. 각각의 분야를 겪으면서 느낀 소감은, 식료품, 의류, 사무기기/가전제품, 건설자재, 유류, 수리부속, 장비 등 분야별로, 각기 산업에 독특한 특성이 있는 것은 사실입니다. 하지만, 해당 분야별로 SCM을 구축하고 유지하는 데 필요한 전문성을 100이라고 가정 시, 70은 동일했고, 30은 해당 분야별 특성에 대해 추가로 알아야 하는 전문적 분야였습니다. 중요한 것은, 30은 시간이 지나면 자연스럽게 깨닫게 될 수 있었고, 70은 시간이 지난다고 해서 자연스럽게 깨닫게 되는 것이 아니라 다양한 노력을 통해 철학을 형성해야만 깨달음을 얻을 수 있었습니다. 70에 해당되는 것은 생각하는 방식과 행동하는 방식에 관련된 것인데, 예를 들면, 정보의 수집, 분석, 새로운 의미 찾기, 기획, 계획, 문서 작성, 사용하는 언어의 일치, 후속조치(실행), 협력 방식, 도전 및 열정 등에 관한 것입니다. 여러분은 주위에 있는 투자 회사, 은행, 보험사 등으로부터 다양한 경영 및 보험 관련 상품에 관해 설명을 들은 적이 있을 것입니다. 이 상품들의 초석(기본)이 되는 부분은 거의 같습니다. 즉, 같은 초석(기본) 위에 특별한 부분을 추가하여 다양한 상품을 만드는 것입니다. 다른 업종의 예를 들면, 그랜저(HG)라는 차량과 아슬란이라는 차량은 같은 프레임을 사용합니다.

남이 만들어 놓은 프로세스와 시스템 안에서 SCM을 단순히 실행해본 사람은 SCM 전문가라고 할 수 없고, 인내와 고민을 통해 프로세스와 시스템을 직접 구축 및 유지해본 사람을 SCM 전문가라고 할 수 있습니다. 왜냐하면, 남이 만들어 놓은 프로세스와 시스템 안에서 단순히 운영만 해본 사람은 SCM에 대한 철학을 보유하기 어렵기 때문입니다. 그리고 **SCM에 대한 철학을 보유한 사람이라면, 업종의 바뀜은 단순히 취급하는 품목이 바뀐 것과 크게 다르지 않습니다.** 여러 업종을 접해 보면서 공통적으로 느낀 점은, 두루뭉실한 말로 "해당 업종을 모르면 SCM을 할 수 없다."라고 이야기하는 사람들이 어디를 가나 존재했습니다. 물론 틀린 말이 아닙니다. 해당 업종의 SCM을 할 수 있으려면, 해당 업종을 잘 알아야 합니다. 문제는 부정적이고 비하하듯 이야기한다는 것입니다. 즉, "기존부터 있었던 우리의 지식과 수준이 매우 높고 깊은데, 당신이 우리와 비교해 가당하기나 하겠어? 따라서 당장 무슨 SCM을 하겠다는 거야?"의 의미로 들리게 이야기한다는 것입니다. 나는 이런 이야기를 하는 사람들에게 묻고 싶습니다. 여러분이 현재 유지하고 있는 업무는 여러분이 창조한 것입니까? 모방한 것입니까? 여러분이 현재 업무를 유지하는 방식은 여러분이 창조한 것입니까? 모방한 것입니까? 여러분이 현재 업무를 유지하는 방식은 이전 사람에게 인수 받았던 상태에서 큰 변화가 없습니까? 아니면 큰 변화가 있습니까? 여러분이 가지고 있는 경험과 지식은 시간이 지나면 누구나 습득할 수 있는 범위와 깊이입니까? 시간이 지나더라도 그 누구도 따라올 수 없는 범위와 깊이입니까? 요즈음에 기득권이라는 용어를 권력이나 막대한 부를 가진 특수한 집단이나 계층을 비꼬는 의미로 사용하기도 합니다. 모든 사람이 그런 것은 아니지만, 문제는 회사에 오래 근무한 사람들이 기득권인 양 행동하려는 사람들이 발생하는 것입니다. 즉, 자신들이 하는 방식이 최선의 방식이고, 이전에 해 봤는데 안 되었던 것은 앞으로도 절대 안 되는 것이며, 나의 말이 진리이고 나 없으면 안 되는 것이고, 변화에 거부하려는 상황 등이 종종 발생합니다. 그리고 이들의 말과 행동은 마치 기업 내에서 본인들이 기득권을 가지고 있는 것처럼 상대방에게 암시를 주며, 때때로 거드름을 피우는 행위가 수반되기도 합니다. 여러분이 잘 알아야 할 것은 내 경험상 기득권인 것처럼 행동했던 사람들이 축적한 지식의 대부분은 시간이 지나면 누구나 습득할 수 있는 범위와 수준 그리고 주경야독한다면 더 단시간에 습득할 수 있는 범위와 수준이었습니다. 진정한 전문가는 기득권처럼 행동하지 않으며, 거드름을 피우지도 않고, 안 된다고 하지도 않고, 변화에 거부하려고 하지도 않습니다. 사례를 하나 들어보겠습니다. 인생을 살아오면서 너무 황당하고 당혹스러워 잊히지 않는 상황들과 말들이 있는데, 그중 하나입니다. 내가 가스 SCM을 시작한 지 얼마 되지 않은 시점에 저녁 회식 자리에서, 어떤 부장이 가볍게 취한 상태에서 나에게 다음과 같은 뉘앙스의 이야기를 하였습니다. "여기는 밸브 종류가 100여 품목이 넘고, 밸브는 복잡하고, 내가 밸브를 많이 알고 있으므로, 나에게 가급적 잘 보이세요" 나는 그 이후, 이 사람에게 밸브에 대해서 한 번도 물어보지 않았습니다. 나는 독학으로 3개월 안에 모든 밸브를 파악하였습니다. 독학으로 밸브를 파악하는 것은 나뿐만이 아니라 누구나 가능한 일입니다. 단지 의지와 시간이 필요할 뿐입니다. 그리고 나는 3개월이 소요되었지만, 여러분은

2개월 만에도 아니, 1개월 만에도 가능할 것입니다.

☞ **인재**

어떤 일을 할 수 있는 학식과 능력을 갖춘 사람.

나는 관리자와 리더보다는 인재라고 표현하고 싶습니다. 왜냐하면, 관리자와 리더만 인재여야 하는 것은 아니기 때문입니다. 조직을 구성하는 모든 사람이 각자 제 역할을 능동적으로 해야 하기에, 직급 고하를 막론하고 인재가 많은 것이 긍정적입니다. 이런 관점에서 볼 때, 특정 수의 관리자와 리더를 보유한 조직보다, 조직 내 각계각층에 인재를 많이 보유하고 있는 것이 더 중요하고 효과적입니다. 물론, 관리자와 리더가 필요 없다는 것도 아니고, 관리자와 리더의 Leadership이 필요 없다는 것도 아닙니다. 관리자와 리더는 반드시 필요하고, 관리자와 리더에 의한 Leadership 또한 반드시 필요합니다. 다만, 겉으로 "보여 주기식의 Leadership"이 아닌 진정한 Leadership이 발휘되고, 이로 인해 마음에서 우러나는 Followship이 형성되어야 하는데, 관리자와 리더로 임명된 사람들의 수준에 따라 "보여주기 식의 Leadership"이 유지되기도 하고, 이로 인해 Followship이 형성되지 않는 상황이 발생하게 된다면, 이들의 존재 이유를 심각하게 고민해야 합니다. 그리고 개인의 사생활과 인권이 점차 강조되고 있는 상황에서, 승진보다는 가늘고 길며 안전하게 조직 생활하는 것을 원하는 추세가 조금씩 증가되고 있는 상황에서, 관리자와 리더를 존경하지 않고 자발적이며 능동적인 Followship이 형성되지 않는다면, 법과 규정을 명백하게 벗어난 상황이 아닌 이상, 관리자나 리더가 강력한 Leadership을 발휘하는 것은 매우 부담스러울 수밖에 없습니다. 반면에 Fellowship이 잘 형성되어 있는 조직에서는 다양한 사람에게서 작은 Leadership이 끊임없이, 실시간 발생합니다. 우리가 미처 보지 못하고 있는 인재가, 지금도 어딘가에서 신독의 정신으로 묵

묵히 자신의 일을 하고 있을 수 있고, 보이지 않는 작은 Leadership을 실시간 발휘하고 있을 수 있습니다. 그래서 나는 현실에서는 많이 이상적인 이야기일 수도 있겠지만, 특정 사람에게 집중된 Leadership보다 조직 내 각계각층 구성원 간의 Fellowship이 더 중요할 수 있다고 생각합니다.

모든 업에서 공통적으로 발생되는 현상은, 해당 업에서 오래 근무한 사람을 관리자나 리더의 역할과 직책으로 변경하기도 합니다. 능력이 있고 경쟁력이 있는 사람이 관리자나 리더의 자리에 오르게 되면 금상첨화이지만, 특출한 능력이 있기보다는 단순히 해당 업에서 오랜 시간 있었다는 이유로 오르게 되는 경우(저는 시간적 경력이라고 표현합니다), 하위 평준화된 조직에서 관리자나 리더를 시킬 사람이 마땅하게 없다 보니 어쩔 수 없이 오르게 되는 경우, 경영진이나 인사팀장 같이 인사에 영향을 줄 수 있는 사람과 친분이 있어 관리자나 리더의 자리에 오르게 되는 경우 등 이러한 경우들로 인해 관리자나 리더에 오른 사람이 있다면, 그 사람이 책임지고 있는 조직은 늘 해오던 업무 수준을 벗어나지 못하게 되며, 시간이 점차 지날수록 매너리즘은 깊어져 가고, 깨어있는 구성원들은 그만두게 되어, 결국에는 구성원의 수준과 조직문화는 하위 평준화가 됩니다. 많은 중소기업에서 공통적으로 희망하고 있는 것은, 변화와 혁신 그리고 Jump Up인데, 이를 위해서는 창의적 아이디어와 인내를 가지고 추진할 수 있는 인재의 확보가 필요합니다. 하지만, 한두 명의 인재를 고용한다고 해서 조직이 급격하게 변화되거나 Jump Up 하기는 어렵습니다. 왜냐하면 기존 매너리즘이 깊고, 기존 사람들이 잘 따라오지 않는다면, 한두 명으로 단기간 추진하는 것은 한계가 있습니다. 그런데 중소기업의 경우, 다수의 인재를 확보하고 운영하는데 많은 자금을 투자하기 쉽지 않고, 중소기업 이미지로 인해 오려고 하는 인재는 많지 않고, 현재 근무 중인 인력으로는 Jump Up 하는 것이 제한되는 등의 아이러니한 상황을 복합적으로 겪고 있고, 지속적으로 겪을 수밖에 없는 것이 현실입니다.

S0와 S3를 등한시하면
SCM은 안정화되지 않습니다

여러분에게 질문합니다. 가스 산업은 제조업인가요? 유통업(물적 유통)인 가요? 제조업이라고 생각하고 대답하는 분이 대부분일 것입니다. 왜냐하면 가스산업은 장치 산업이기에 제조업에 해당합니다. 그렇다면, 가스를 취급하며 매출을 올리는 기업은 제조업의 형태를 유지하고 있을까요? 유통업(물적 유통)의 형태를 유지하고 있을까요? 대답은 두 가지 다입니다. 즉, 제품을 만들어 매출을 발생시키기도 하지만, 상품을 유통하여 매출을 발생시키기도 합니다. 그래서 제조업과 유통업(물적 유통) 두 가지 유형이 공존합니다. 특히 많은 용기를 취급하고 있다면, 유통업(물적 유통)에 관한 생각을 간과해서는 안 됩니다. 왜냐하면 이 부분을 간과 시, 제조(충전과 품질) 부분만 강조하게 되는데, 이는 SCM, SCM 안에서도 S&OP 프로세스 구축을 어렵게 만듭니다. S&OP 프로세스 구축 및 유지에 필요한 데이터는 용기로부터 생성 및 수집되는데 용기는 물적 유통을 발생시키는 핵심 자재입니다. 따라서 용기에 가스를 충전하는 공정, 충전된 가스를 분석하는 공정 외 용기의 이동, 보관, 위치, 상태 등에 대한 가시성과 통제가 어렵다면 데이터 수집이 쉽지 않습니다. 가스업에서 S0는 공항과 비교하면 입국(입국 Area, 입국 프로세스)과도 같습니다. 그리고 부분적 출국(출국 Area, 출국 프로세스)과도 같습니다. 모든 나라는 공항을 통해 입국하는 사람을 어떻게 하나요? 매우 까다롭게 검문 검색을 확인합니다. 코로나 바이러스로 인해 전 세계는 입국을 강력하게 통제했습니다. 왜냐하면, 바이러스에 감염된 사람이 통제되지 않고 국내로 들어온다면 엄청난 혼란이 발생하기 때문이었습니다. 가스업도 마찬가지입니다. 통제되지 않는 용기가 내부에서 돌아다니는 것은 내부에 혼란은 물론, 안전사고도 유발할 수 있습니다. S3 마찬가지입니다. S3는 공항과 비교하면 출국(출국 Area, 출국 프로세스)과도 같습니다. 그리고 부분적 입국(입국 Area, 입국 프로세스)와도 같습니다. 아래는 S0에서 유지하게 되는 프로세스들입니다. 용기에는 RFID가 아닌, 바코드가 부착되어 있는 경우입니다. 용기에 RFID가 부착되어 있느냐, 바코드가 부착되어 있느냐에 따라 내용이 조금 상이할 수 있습니다.

3.1. 타 프로세스→S0 프로세스.

3.1.1. ○○○○○○○○○○○○○○○○○○○○

　3.1.1.1. 용기하역(Unload)→용기 분류→정보시스템에 정보 등록→바코드 출력/부착→Barcode In Scan→용기 보관.

3.1.1.2. ○○○○○○○○○○○○○○○○○○

3.1.2. ○○○○○○○○○○○○○○○○○○

　3.1.2.1. (Barcode에 문제없음) 용기하역(Unload)→용기 분류→Barcode In Scan→정보시스템 데이터와 실물의 일치 여부 확인/불일치 시 정보시스템 데이터 수정→용기 보관.

　3.1.2.2. (Barcode에 문제 있음) ○○○

3.1.3. ○○○○○○○○○○○○○○○○○○

　3.1.3.1. ○○○○○○○○○○○○○○○○○○○○○○○○○○○○○○○○○○○○○

　3.1.3.2. (Barcode에 문제 있음) 용기하역(Unload)→용기 분류→Barcode In Scan→Barcode 출력/교체→정보시스템 데이터와 실물의 일치 여부 확인/불일치 시 정보시스템 데이터 수정→용기 보관.

3.1.4. ○○○○○○○○○○○○○○○○○○

　3.1.4.1. (Barcode에 문제없음) 용기하역(Unload)→용기 분류→Barcode In Scan→정보시스템 데이터와 실물의 일치 여부 확인/불일치 시 정보시스템 데이터 수정→용기 보관.

3.1.4.2. ○○○

3.1.5. ○○○○○○○○○○○○○○○○○○○○○○

3.1.5.1.(Barcode에 문제없음) 용기하역(Unload)→용기 분류→Barcode In Scan→정보시스템 데이터와 실물의 일치 여부 확인/불일치 시 정보시스템 데이터 수정→용기 보관.

3.1.5.2.(Barcode에 문제 있음) 용기하역(Unload)→용기 분류→Barcode In Scan→Barcode 출력/교체→정보시스템 데이터와 실물의 일치 여부 확인/불일치 시 정보시스템 데이터 수정→용기 보관.

3.1.6. 잔류가스처리 완료 용기 입고(잔류가스 처리→S0)

3.1.6.1. ○○

3.1.6.2.(Barcode에 문제 있음) 용기하역(Unload)→용기 분류→Barcode In Scan→Barcode 출력/교체→정보시스템 데이터와 실물의 일치 여부 확인/불일치 시 정보시스템 데이터 수정→용기 보관.

3.1.7. 고객 자산인 회수 공병 입고(고객→S0, 고객사 용기, 공급사 용기).

3.1.7.1.(Barcode에 문제없음) 용기하역(Unload)→용기 분류→Barcode In Scan→정보시스템 데이터와 실물의 일치 여부확인/불일치 시 정보시스템 데이터 수정→용기 보관.

3.1.7.2.(Barcode에 문제 있음) 용기하역(Unload)→용기 분류→Barcode In Scan→Barcode 출력/교체→정보시스템 데이터와 실물의 일치 여부 확인/불일치 시 정보시스템 데이터 수정→용기 보관.

3.1.8. ○○○○○○○○○○○○○○○○○○○○○○○○○○○○○○○○○○○○○○

3.1.8.1.(Barcode에 문제없음) 용기하역(Unload)→용기 분류→Barcode In Scan→정보시스템 데이터와 실물의 일치 여부 확인/불일치 시 정보시스템 데이터 수정→용기 보관.

3.1.8.2. ○○

3.2. S0 프로세스→타 프로세스.

3.2.1. ○○

3.2.1.1.(Barcode에 문제없음) 용기 보관→용기 분류→Barcode Out Scan→정보시스템 데이터와 실물의 일치 여부 확인/불일치 시 정보시스템 데이터 수정→타 프로세스로 용기 이동.

3.2.1.2. ○○○

3.2.2. 내면처리 및 밸브 교체 프로세스로 출고(S0→내면처리/밸브교체)

3.2.2.1.(Barcode에 문제없음) 용기 보관→용기 분류→Barcode Out Scan→정보시스템 데

이터와 실물의 일치 여부 확인/불일치 시 정보시스템 데이터 수정→타 프로세스로 용기 이동.

3.2.2.2. ○○○
○○○○○○○○○○○○○○○○○○○○○○○○○○○○○○○○○○

3.2.3. ○○○○○○○○○○○○○○○○○○○○○

3.2.3.1. (Barcode에 문제없음) 용기 보관→용기 분류→Barcode Out Scan→정보시스템 데이터
와 실물의 일치여부 확인/불일치 시 정보시스템 데이터 수정→타 프로세스로 용기 이동.

3.2.3.2. (Barcode에 문제 있음) 용기 보관→용기 분류→Barcode Out Scan→Barcode 출력/교
체→정보시스템 데이터와 실물의 일치→여부 확인/불일치 시 정보시스템 데이터 수정→타 프로
세로 용기 이동.

3.2.4. S3로 출고. (S0→S3, 고객에서 사용하지 않고 반품했고 재 납품 가능한 실병 용기)

3.2.4.1. ○○○
○○
○○○○○○○○○○○

3.2.4.2. ○○○
○○○○○○○○○○○○○○○○○○○○○○○○○○○○○○○○○○○○○

3.2.5. S4로 출고. [S0→S4, 고객에서 문제가 발생(가스, 용기, 밸브에 문제 발생)하여 반품된 용기.

3.2.5.1. (Barcode에 문제없음) 용기 보관→용기 분류→Barcode Out Scan→정보시스템 데이터
와 실물의 일치 여부 확인/불일치 시 정보시스템 데이터 수정→ 타 프로세스로 용기 이동.

3.2.5.2. ○○○
○○○○○○○○○○○○○○○○○○○○○○○○○○○○○○○○○○○○

3.2.6. ○○○○○○○○○○○○○○○○○○○○○○

3.2.6.1. (Barcode에 문제없음) 용기 보관→용기 분류→Barcode Out Scan→정보시스템 데이터
와 실물의 일치 여부 확인/불일치 시 정보시스템 데이터 수정→타 프로세스로 용기 이동.

3.2.6.2. ○○○
○○

3.2.7. 외부 잔류가스 업체로 출고. (S0→외부 잔류가스 처리 업체)

3.2.7.1. (Barcode에 문제없음) 용기 보관→용기 분류→Barcode Out Scan→정보시스템 데이터
와 실물의 일치 여부 확인/불일치 시 정보시스템 데이터 수정→타 프로세스로 용기 이동.

3.2.7.2. (Barcode에 문제 있음) 용기 보관→용기 분류→Barcode Out Scan→Barcode 출력/교
체→정보시스템 데이터와 실물의 일치→여부 확인/불일치 시 정보시스템 데이터 수정→타 프로
세스로 용기 이동.

※ 정보시스템 데이터와 실물을 일치시키기 위해서는 용기번호, 가스명, 자사 및 타사 용기 구분, 제품과 상
품 구분, 용기 사이즈, 밸브 사양, 재검사 일자, 용기 제작일자가 모두 일치해야 합니다.

> 3.2.8. 지정된 시간에 품목별 공병 용기 현황을(수량) 확인하여 S&OP 관련 부서에 전달(정보시스템을 통해, 실시간 데이터 수집 신뢰성이 높아지면, S&OP 관련 부서에 공병용기 현황을 전달하지 않을 수도 있음).

상기의 내용을 보면 알겠지만, S0에서는 여러 종류의 용기 보관과 이동이 이루어집니다. 즉, S0를 단순 공병 창고로 인식하고, 인프라 구축이나 관심을 소홀이 한다면 Supply Chain은 안정화되기 어렵습니다. 아래는 S0 프로세스를 유지하기 위해 필요한 용어 중 일부를 나열하였습니다. 용어를 정의하고, 구성원들이 동일하게 이해하는 것은 매우 중요합니다. 왜냐하면 구성원들이 같은 용어를 서로 다르게 이해한다면, 구성원마다 다른 결과가 도출됩니다. 즉, 용어를 이해하는 정도는 업무 과정과 결과에 영향을 미치게 됩니다. 역시 마찬가지로 아래 용어들을 보면 알겠지만, 용어만 보아도, S0가 단순히 물건의 멸실을 예방하는 수준의 창고 역할만을 한다고는 볼 수 없습니다.

■ 회수 용기
- 고객에서 Gas를 사용하고 GAS 잔류 압력과 잔류량이 있는 상태로 S0에 입고되는 용기.
- 회수용기는 제품 용기와 상품 용기로 구분됨. 용기 운영 계획에 따라, 제품 용기는 자산 용기와 고객 용기로 세부 구분 운영되며, 상품 용기는 자산 용기와 공급사 용기로 세부 구분 운영됨.

■ 회수 용기 보관 구역
회수 용기를 자산용기와 비 자산용기로 구분하고, 자산용기와 비 자산용기를 세부 품목별로 구분하여 보관하는 구역.

■ 신규조달 용기
용기 제작업체에서 S0에 입고된 용기.

■ 신규조달 용기 보관 구역
신규조달 용기를 보관하는 구역.

- 충전 대기 용기

잔류가스처리, 진공처리 프로세스를 거치지 않고, SO에서 충전 프로세스로 이동해야 하는 용기.

- 충전 대기용기 보관 구역

충전 프로세스로 보낼 용기를 보관하는 구역.

- 잔류가스처리 대기 용기

잔류가스처리 프로세스로 이동해야 하는 용기.

- 잔류가스처리 대기용기 보관 구역

잔류가스처리 프로세스로 보낼 용기를 보관하는 구역.

- 진공처리 대기용기

진공처리 프로세스로 이동해야 하는 용기.

- 진공처리 대기용기 보관 구역

진공처리 프로세스로 보낼 용기를 보관하는 구역.

- 내면처리 대기용기

내면처리 프로세스로 이동해야 하는 용기.

- 내면처리 대기용기 보관 구역

내면처리 프로세스로 보낼 용기를 보관하는 구역.

- 밸브 교체 대기용기

밸브 교체 프로세스로 이동해야 하는 용기.

- 밸브 교체 대기용기 보관 구역

밸브 교체 프로세스로 보낼 용기를 보관하는 구역.

- 재검사 대기용기

재검사 업체로 이동해야 하는 용기.

- 재검사 대기용기 보관 구역

재검사 업체로 보낼 용기를 보관하는 구역.

■ 고객사 반품 용기
S3 프로세스로 이동해야 하는 용기(재 납품이 가능한 실병 용기).
S4 프로세스로 이동해야 하는 용기(용기 or 가스 or 밸브에 부적합 발생 용기).

■ 고객사 반품 용기 보관 구역
S3 프로세스로 보낼 용기를 보관하는 구역.
S4 프로세스로 보낼 용기를 보관하는 구역.

■ 외부 업체 의뢰 잔류가스처리 대기 용기(사업장 내부에서 잔류가스 처리 불가 시)
S0에서 외부 잔류가스처리 업체로 이동해야 하는 용기.

■ 외부잔류가스처리 대기 용기 보관 구역
S0에서 외부 잔류가스처리 업체로 보낼 용기를 보관하는 구역.

■ 용기 성적서
신규 조달되어 입고된 용기와 재검사 용기에 대해 의뢰자, 용도, 대상 품목, 검사 기간, 검사 장소, GB 코드 등이 명시된 문서(용기식별, 육안검사, 질량검사, 내압시험, 종합판정 등이 명시된 문서).

■ 하역구역(Load, Unload)
용기를 차량에 상차(Load)하거나 하차(Unload)하는 구역, 지게차로 용기를 들어 올리거나(Load) 내리는(Unload) 구역.

■ 분류구역
하역된 용기를 분류하는 구역, 하역된(하역을 위해) 용기에 바코드 IN-OUT Scan하는 구역, 정보 시스템 데이터와 용기 실물 데이터 일치 여부에 대해 확인 작업을 하는 구역.

■ 보관구역
가스별, 품목별 구분하여 보관하는 구역.

■ 재고보유목표
품목별 공병재고 보유 목표(예 월평균 납품 수량 ÷ 월 근무일 수, S&OP에서 정립한 기준에 따름).

S&OP(Sales & Operations Plan) 프로세스 운영 "예"

일반적으로 S&OP 프로세스는 주 단위 유지 및 점검(S&OP 회의), 월 단위 유지 및 점검(S&OP 회의)으로 진행됩니다. 아래에서 내가 여러분에게 이야기하는 내용은 바이블이 아닙니다. 따라서 여러분이 청출어람 하는 데 조금이라도 도움이 될 수 있는 Templet의 한 부분이라고 생각해주기 바라고, 기업마다 기업의 특성과 구성원의 수준에 맞게 유지하면 됩니다. 가스산업을 기반으로 하였습니다만, 타 업종과 비교해(생각하고 행동하는 방식) 아주 큰 차이는 없습니다. 다만, 취급 품목이 가스일 뿐입니다. 그리고 일부분 개략적으로 나타내었습니다.

월 단위 S&OP

① 운영주기: 월 단위 운영 (매월 마지막 주, 00: 00~00: 00, 소요 시간: 00시간 00분 Best)

② 주관 및 참석

· 주관: CEO

· 참석: 영업임원, 구매임원, 재무임원, 생산임원, 품질임원, S&OP 주관 임원, 팀장.

③ 진행 순서

· … 중략 … Review (S&OP 주관 조직). 해결된 이슈는 제목 위주로 발표하고 (S&OP 주관 조직) 해결되지 않은 이슈는 각 부서별 상세 발표 (의사결정)

- 월 통합 계획 (S&OP 주관 조직) 대비 실적 분석

- 영업: ⋯ 대비 실적 및 차질 원인 분석

- 생산: ⋯ 대비 실적 및 차질 원인 분석

- 품질: ⋯ 대비 실적 및 차질 원인 분석

- 물류: ⋯ 대비 실적 및 차질 원인 분석

- 구매: ⋯ 대비 실적 및 차질 원인 분석

- KPI 검토 (각 부서)

- Forecast & Demand 점검 (의사결정)

- ⋯⋯⋯⋯⋯ (Volume 단위)

- Forecast & Demand 대비, 각 부서별 중장기 자원 및 물동 운영상 이슈 검토

  (⋯⋯⋯⋯⋯⋯중략, ⋯⋯⋯⋯⋯⋯)

- ⋯⋯⋯⋯⋯⋯ (S&OP 주관 조직, 의사결정)

- ⋯⋯⋯⋯⋯ 미흡 시 Catch Up 계획 수립 방안 발표(영업, 의사결정)

- 고객사 동향/경쟁사 현황 (영업)

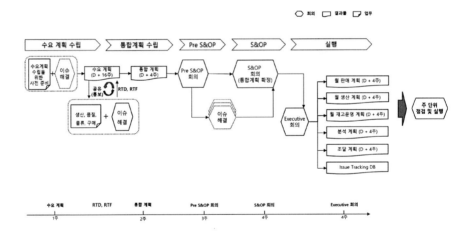

주 단위 S&OP

① 운영주기: 주 단위 운영 (매주 목요일, 00: 00~00: 00, 1시간 Best)

- 주관 및 참석
- 주관: S&OP 담당 임원

- 참석: 영업, 구매, 생산, 품질, S&OP(팀장과 실제 업무 담당자가 참석하는 것이 원칙이며, 참석 불가 시, 회의 내용을 잘 알며 의사결정이 가능한 인원이 참석)

② 진행 순서
- ① ...., ② ....
점검(누적 관리하며 필요시 추가 의사결정)
- 지난주 계획 대비 실적 점검
- ....
- 장기 정체 재고 보유 현황(재고별주 단위로 정체 기간 명시)
- 구매: ....
- Forecast & Demand 확정 및 예측(의사결정)
- 영업: ....(MIX 단위)
- Forecast & Demand 확정 및 예측 대비 RTF/RTD 점검, 조정, 후속조치(의사결정)
- 구매: ....
- S&OP 주관조직: ....
- 생산, 품질, 물류: 인원·장비·설비 Capa 점검 결과
- S&OP 주관조직: ....
- 고객 관련 이슈 공유/후속조치 계획 수립(Complain, 반품, 요구사항 등, 필요시 추가 의사결정)
- ....
배포 (S&OP 담당 임원 전결로 하되, 필요시 CEO 결재)

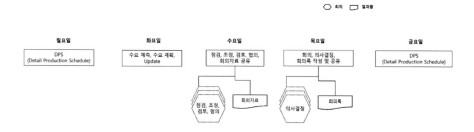

S&OP 프로세스는, 각 부서가 유지하는 R&R에 영향을 받습니다. 그래서 일부 부서가 S&OP 프로세스 유지에 도움이 되는 R&R을 개략적으로 나타내 보았습니다.

영업

① R&R (Role & Responsibility)
- 연간 사업계획 수립 (매년 11월 3주까지 수립 후, CEO 보고/CEO 승인)
- 제품, 상품 구분/고객별, 품목별 구분/월별 구분
- .... (월 1회 S&OP 회의 시, CEO 보고/승인)
- 계획 대비 부족한 부분에 대한 Catch Up 계획 수립
- ...., S&OP회의 (주간, 월간) 공유 및 CEO 보고/CEO 승인
- Forecast & Demand 관리- 주 S&OP 회의 시 발표: ....
................., 주 1회 Forecast & Demand Sheet Update (매주 화요일 17:00), 주 1회 Forecast & Demand Sheet 점검 [...중략...]
- 월 S&OP 회의 시 발표: ...., Forecast & Demand 점검 (M+...)
- KPI 관리
- 예측 정확도, 반품율(CEO 주관 월 S&OP 회의 시 발표)
- 기준정보 관리
- ....
- 월 1회 미 회수 채권에 대해 재무팀통보 (CEO 보고)
- 일일, 주간, 월간 판매 마감 (영업 임원 전결)
- .... (영업 임원 전결)
- .... S&OP 회의 공유

구매

① R&R (Role & Responsibility)
- ....S&OP 회의록 자료를 근거로 한 ....
....
- .... 검토
  - 상품 및 원료: .... (S&OP 회의시 검토 및 의사결정 완료되었다면 추가 검토 불필요)

- 용기: .... (S&OP 회의시 검토 및 의사

결정 완료되었다면 추가 검토 불필요)

- 자재: 소요 제기 부서와 추가 회의를 통해 검토

• ....(전결 규정 금액 이하의 경우 담당 임원 승인, 전결 규정 금액 초과

의 경우 대표이사 승인)

• 구매 발주 (...중략..................

..........)

• .... 관리(매주 S&OP 회의 시 공유. S&OP 회의시 상품, 원료, 용기,

밸브에 대한 조달 L/T 공유는 반드시 진행되어야 하며, 기타 자재들의 조달 L/T 관리가 제대로 되지 않을시,

S&OP 회의시 기타 자재들까지 공유 및 점검할 수 있다)

• ....중략.............

구매팀은 합격된 품목에 대하여, 구매 요청서, 구매품의서, 발주서, 자재검수 보고서 및 세금계산

서를 첨부하여 재무팀에 제출하여 대금지급 요청

• .... R&R이 있는 부

서로부터 불합격 통지서를 접수 받아, 협력업체에 전달하고 반품 및 교환 대책 수립(....................

.... 통지 받은 내용과, 반품 및 교환 대책과 관련한 후속조치 계획에 대해서 S&OP 회의 시 공유)

• 관세 환급

- ....

※ ....매출수량 대조하여 누락분을 확인.

※ .... (환급대상 수출품목 반입 확인서, 수출 신고 필증, 분할 증명

서, 환급금 전용 계좌 신청서)

※ ...., 환급 금 전용 계좌로 환급액을 지급 받고 근거 서류 접수 후 관세환급 품의 진

행 (해당 임원 또는 CEO)

※ ....

• ....

• 연 1회, 또는 수시, ...

• 연간 사업계획 수립 (매년 00월 00주까지 수립 후, CEO 보고/CEO 승인)

- ....

• 연간 사업계획 대비 실적 점검 (월 1회 S&OP 회의 시, CEO 보고/승인)

- ....

• ....중략.............................

(주간, 월간)공유 및 필요시 CEO 보고/CEO 승인

• ....

- 주 S&OP 회의 시 발표: 주 1회 PSI Sheet Update (매주 화요일 17:00), 주 1회 PSI Sheet 점검 [단기구간: ....]
- 월 S&OP 회의 시 발표: 조달 계획(납기) 대비 조.................................중략........, Forecast & Demand 점검 (...)
• ...., 매주 화요일 Sheeet를 Upgrade하여 매주 S&OP 회의 시 발표)
• KPI 관리
- .... (CEO 주관 월 S&OP 회의 시 발표. 가격의 경우 민감하다고 판단 시 제외 가능)
• 기준정보 관리
- ....중략...........................
• 원료, 상품 목표 재고 기준 설정

S&OP 주관 팀

① R&R (Role & Responsibility)
• 연간 사업계획 수립 (매년 11월 3주까지 수립 후,CEO 보고/CEO 승인)
- ....
• S&OP 회의 준비, 회의 진행, 회의록 작성 및 후속조치 계획 CEO 보고/전사 공유
- ....
- .... (매주 00요일 17시 까지)
- 회의록 작성 및 후속조치 계획 CEO 보고/공유
- .... (누적 관리)
• S&OP 회의 Agenda 정립
- Agenda 삭제 및 추가
• ....
• .... (Logic 정립)
• .... (VMI 개념 적용)
• .... (..., 고객에 판매할 제품과 상품)
• .... (제품, 상품, 원료. 상품과 원료의 경우 구매조직 능력 제한시 S&OP 조직에서 실행)

- •..
- 목표재고 대비 재고 보유 현황, ..., 중략 ....,
Forecast & Demand 이슈(Sheet), 원료, 상품,제품 PSI 이슈(Sheet), ...,
고객 ISSUE, 명절 및 천재지변에 의한 ISSUE 예측, 수요 및 판매 예측 정확도(Sheet)

② 목표재고 (제품)

• 기준 정립 "예"

	구분	목표재고 기준	적용 Logic
1	매일 납품하는 품목	....	....
2	주1회 이하로 납품하는 품목	.....	....
3	공정/품질 Risk가 높은 품목	....	....
4	고객사 특별 요청 품목	....	....

• 1개 품목 산정 "예"

ERP Model Name	00 개월 출고 수량 평균 (ⓐ)	00개월 출고 수량 평균 (ⓑ)	00개월 출고 수량 평균 (ⓒ)	00 (ⓓ)	...	....	....
A	526	26	36	00	000	000	79

※ 매월 말 Forecast & Demand Sheet 수량+생산, 품질, 영업 의견을 종합 검토하여 품목별 목표재고 산정 후 확정(영업관리팀 ☞ 고객사 Issue 사항/SCM팀 ☞ 용기 가용여부/생산관리팀 ☞ 생산 Capa 및 공정 Issue/품질팀 ☞ 분석 Capa 확인)

※ 확정한 목표 재고 기준으로, 일 단위 물류센터 완제품 수량 과부족 산정 후 공유

③ 목표재고 (상품)

• 기준 정립 "예"

구매팀을 통해 공급 환경과 이슈 반영하여 산정. 목표재고기준은 Min와 Max의 형태로 확정

• 1개 품목 산정 "예"

ERP Model Name	월별 실적 (수량)		목표 재고 기준 (단위: 月)		목표 재고	
000 000	20 June 20 July 20 Aug 20 Sep 20 Oct 20 nov		....	.....	....	....
	251 283 247 310 282 260		0.5	2	000	000

※ Forecast & Demand Sheet를 바탕으로 6개월간의 수요(실.......................)반영.

④ 회수 용기 관리 "예"

※ ...., ...~공병 용기 회수까지 숖단계 Visibility 확보→자원 운영 효율화

NH3 440L			9/14	9/15	9/16	9/17	9/18	9/19	9/20	9/21	9/22	9/23	9/24	9/25	9/26	9/27
주관부서	위치	상태	mon	Tue	Wed	Thu	Fri	Sat	Sun	Mon	Tue	Wed	Thu	Fri	Sat	Sun
00	00 (실행)	출고 (F&D)	40	-	-	-	-	-	-	40	-	-	-	-	-	-
		CNTR 출발	-	-	-	-	40	-	-	-	-	-	-	40	-	-
	00000 (00->000)		-	-	-	40	40	40	40	40	-	-	40	40	40	
	00 출발		-	-	-	-	-	-	-	-	40	-	-	-	-	
	00000		-	-	-	-	-	-	-	-	40	40	40	-	-	
	00 도착		40	-	-	-	-	-	-	-	-	-	-	-	-	
	0000 (00->000)		80	80	80	80	80	80	80	40	40	40	40	40	40	40
00 00	000	입고	20	-	-	-	-	-	-	40	-	-	-	-	-	-
		000(BT)	132	125	119	114	109	104	99	134	129	124	119	114	149	144
		000000 (Day)	25	23	22	21	22	21	20	27	26	25	24	26	30	29
		출고 (000→000)	7	7	6	5	5	5	5	5	5	5	5	5	5	5
		0000 (000→000)	7	5	9	-	5	5	5	5	5	5	5	5	5	5
		00 재고	12	17	26	26	31	41	41	22	27	32	37	42	23	28
		0000	24	-	-	-	-	-	-	24	-	-	-	-	-	-
	000 운송 (000→000)		90	90	90	90	90	90	90	66	48	48	48	24	48	48
	000	00 입고	19	-	-	-	-	-	-	48	18	-	-	24	-	-
		가용	19	-	-	-	-	-	-	48	18	-	-	24	-	-
		재검사	-	-	-	-	-	-	-	-	-	-	-	-	-	-
	00 00	가용	18	15	6	-	-	-	-	39	48	39	30	45	36	36
		0000												-	-	-
		0000	-	-	-	-	-	-	-	-	-	-	-	-	-	-

00 00	00 000		재검사 中	-	-	-	-	-	-	-	-	-	-	-	-	-	-
	000		재검사 입고	-	-	-	-	-	-	-	-	-	-	-	-	-	-
			000	-	-	-	-	-	-	-	-	-	-	-	-	-	-
			0000	-	-	-	-	-	-	-	-	-	-	-	-	-	-
			신규공병 투입 or 000000	-	-	-	-	-	-	-	-	-	-	-	-	-	-
			0000														
			실병용기 전환 00000														
			000000														
			자사 사용 전환분														
			00														
			숙성	12	3	9	6	-	-	-	9	9	9	9	9	9	
			00대기	3	6		9	-	-	-	3	3	3	3	3		12
			00	9	9		15	-	-	-	6	9	9	9	9		
			000	-	-	-	-	-	-	-	-	-	-	-	-	-	-
			부적합 계	-	-	-	-	-	-	-	-	-	-	-	-	-	-
			0000														
			00000														
			물류센터 재고	47	56	65	65	40	40	40	40	46	55	64	33	42	42
			납품	-	-	-	-	40	-	-	-	-	-	-	-	-	-
	000		0000	103	105	102	107	107	107	107	107	107	107	107	107	107	107

- 국내, 1개 품목의 회수 Simulation

- 00000000000 (0개월/0개월/0개월 회수 실적/ERP 기준), 출고 수량 (MES Data)

- 0000000000 → 주 단위 생산수량 확정 시 활용

UNI ERP NAME	회수 Lead time	0주	1주	2주	3주	4주	5주	6주	7주	8주
	회수수량	82	821	612	413	235	123	129	67	53
	회수수량	3%	31%	23%	16%	9%	5%	5%	3%	2%
	-		32%	24%	16%	9%	5%	5%	3%	2%
	-			36%	24%	14%	7%	8%	4%	3%
	-				38%	21%	11%	12%	6%	5%
	-					34%	18%	19%	10%	8%
	-						27%	28%	15%	12%

	0주	1주	2주	3주	4주	5주	6주	7주	8주
-							39%	20%	16%
-								33%	26%
-									40%
-									
-									
-									
-									
-									
-									
-									
000000 (주)	0주	1주	2주	3주	4주	5주	6주	7주	8주
0000	262	140	124	76	52	49	22	17	10
0000	W28	W29	W30	W31					
0000	193	220	225	220					
회수 실적	191	256	238	209					
정확도	99%	84%	94%	95%					

⑤ 주 단위 확정 "예" (○ ○ ○ ○)

· 0000000 Rhythm (W1)

W0	W1						
금	월	화	수	목	금	토	일
	확정구간 (W1 판매수량						
	확정구간 (W1 생산수량 / 분석수량						
W1 예상 판매수량 공유	W1 판매수량 확정 W1 생산수량 확정 W1 분석수량 확정		W1 S&OP 회의		W2 예상 판매수량 공유		

· .... Rhythm (W1~W2)

W0	W1							W2
금	월	화	수	목	금	토	일	월 ~ 일
	기확정 구간 (W1 수출수량							확정구간 (W2 수출수량
	확정구간 (W1 생산수량 / 분석수량							
W2 예상 판매수량 공유	W1 판매수량 확정 W1 생산수량 확정 W1 분석수량 확정		W1 S&OP 회의		W2 예상 판매수량 공유			

⑥ 국내 MTS, MTO 1주 확정 Logic "예"

- MTO: W1 .... = 0000+W1 판매확정수량-W0 0000-W0 분석대기 재고수량

  W1 .... = 0000+W1 0000-W0 완제품 재고수량

구분				목표재고수량			....			....	....	....	....	....	....
용기 Size	품명	밸브 Type	충전량	안전 재고 (a)	운영 재고 (b)	목표 재고 (a+b)	... ...	....	....	.....	.....	....	....	....	....
47L	00	0000	0	00	00	00	3.6	000		-	12	15	15	000	-
47L	00	0000	0	00	00	00	2.3	000	-4	4	84	84	88	000	-

- MTS: .... = W2 000-W0 000 재고수량- W0 000 재고수량

.... = W2 000-W0 000 재고수량

구분				W0 완제품 재고수량 (00 기준)	....	....	....	....
용기 Size	품명	밸브 Type	충전량					
47L	00	00000	00kg	7	2	00	59	61

⑦ 수요 계획 점검 (...................) "예"

- ....

⑧ 국내, ...소요 산정 "예"

※ 장착 수량: 00000, Rotation 수량: ....

- 1개 라인 단독 운영 시

1개 라인 단독 운영시	월 사용량(납품 횟수 10회 기준)																											
	1일	2일	3일	4일	5일	6일	7일	8일	9일	10일	11일	12일	13일	14일	15일	16일	17일	18일	19일	20일	21일	22일	23일	24일	25일	26일	27일	28일

BS GS 장착	1대 1대	1차			3차		5차		7차		9차	
			2차			4차		6차		8차		
00 00	1번	1차(6일)		000		4차(6일)		000		7차(6일)		000
000 000	2번		2차(6일)		000		5차(6일)		000		8차(6일)	
000 00	3번			3차(6일)		00000		6차(6일)		0000		9차(6일)

⑨ 해외, ISO Tube 소요 산정 "예"

※ 장착 수량: 00000, Rotation 수량: 월 납품횟수증감에 따른, Simulation 산정 수량

구분		월 사용량(납품 횟수 2회 기준)														월 사용량(납품 횟수 2회 기준)						
		1일	2일	3일…	…10일	11일	12일	17일	18일…	…25일	26일	27일	28일	29일	30일	1일	2일	3일…	…10일	11일	12일	13일
00	1대	1차					3차									4차						
		2차																				
00	1번	1차(30일)							000 ⇒ 000 운송 (00일)							재납품 L/T 00일	0000 운송 (0일)					
00	2번	2차(30일)														000 ⇒ 00 운송 (00일)						
00	3번	3차(30일)																				
00	4번															4차(30일)						
00	5번																					

⑩ KPI "예"

Process	KPI	정 의	효 과	주관부서 (연관부서)	기준Data
KPI (7)	A	…………	장납기원재료 조달, 생산시설 및 분석장비 Capa, 인력, 장납기투자 등의 검토 및 준비		정보 시스템
	B	M-4前 계획 대비 실적과의 차이 측정 (유형 분석)	…………		정보 시스템
	C	모든 Process별 소요시간 파악 (조달 Process포함)	Process 시간 단축 낭비 요인 제거		정보 시스템
	D	…………	용기 회전율 향상, 낭비 요인 제거, 완성품 재고 처리		정보 시스템
	E		품질 Risk 감소, 품질 이슈로 인한 Loss 감소		정보 시스템
	F	통합계획대비 생산, 분석, 출하실적의 차이 측정 (유형 분석)			정보 시스템
	G		고객 대응력 확보 고객 신뢰		정보 시스템
기능 KPII (12)	KPI	정 의	효 과	주관부서 (연관부서)	기준 Data
	H	불필요하게 발생하거 나 과다 발생한 물류비용 분석	물류비 절감		정보시스템
	I				공급시장 상황 자연재해 상황
	J		Loss 감소		공급 시장 상황
	K	재발 예방을 위한 원인 분석			정보 시스템
	L		제조원가 관리, Loss관리		정보 시스템
	M	생산(배기, 진공처리, 충전) Capa 대비 실적을 측정분석기 Capa 대비 실적 측정			정보 시스템

	N		S&OP 계획수립 효율적, 경제적 자원 활용		정보 시스템
	O		효율적, 경제적 자원활용		정보 시스템
기능 KPII (12)	P	Project별 발주가액 대비 설계 변경 금액 측정(유형 분석)			Project 투자 계획서
	Q		고객 신뢰, Loss예방		정보 시스템
	R		고객 신뢰, Loss예방		정보 시스템
	S	사고내용 (등급 구분)별 발생원인과 손실금액 파악	....		정보 시스템

다음은 S&OP 프로세스 유지에 필요한 정보의 흐름에 대해 예를 들어 나타낸 도식도입니다.

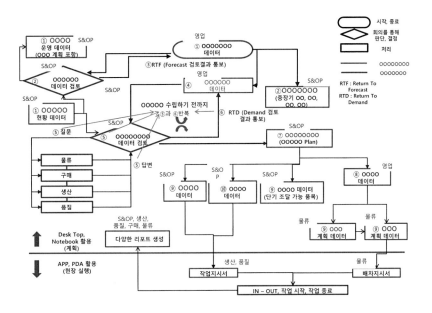

아래의 내용은, S&OP 프로세스 구축을 희망하는 기업의 구성원에게 당부했던 내용 중 하나입니다.

① "기준정보 관리"에 대한 인식이 낮고, ② S&OP 프로세스를 유지하는 데 도움이 될 수 있는 정보시스템이 구축되어 있지 않으며, ③ S&OP 프로세스를 유지하는 데 필요한 계획들을 수립 및 운영하지 않고, ④ 계획을 수립하고 있지만, 수립된 계획들을 실시간 연계되지 않으며, ⑤ 수작업이든 정보시스템이든 상관없이, 어떤 방법으로든 S&OP에 필요한 데이터를 실시간 신뢰성 있게 수집하지 못하고 있는 기업에서 S&OP 프로세스를 구축하기 위해서는 어떠한 노력의 과정을 거쳐야 하는지에 대해 이야기합니다. 여러분의 회사는 상기 다섯 가지 모두 해당하는 기업입니다.

1. 기준정보 정립

용기별로, S&OP 운영에 필요한 기준 정보가 Matching되어 나타나도록 해야 합니다. 기업마다 기준정보의 종류와 수는 적을 수도 있고 많을 수도 있습니다. ○○의 경우 정보시스템 화면에서 용기번호를 Click하거나 용기에 부착된 RFID를 Scan하면, 가스명(가스 세부 품목명), 농도, 순도, 용기 Size, 충전량(압력, 중량), 밸브타입, 고객별 전용 용기, 공정명(위치) 등이 나타나야 합니다. 현재 (완벽하지는 않음) ○○○가 수작업을 이용해 일정부분 맞추어 놓았지만, 정보시스템의 경영정보 화면에는 용기별 기준정보가 Matching 되어 나타나지 않습니다. ○○○○가 수작업을 통해(엑셀) 기준정보를 맞추는 작업을 한 것은, 지속적으로 수작업을 통해 기준정보를 관리하려고 하는 것이 아니라, ○○○에 "기준정보 관리"라는 개념이나 인식 자체가 없었기에, 우선, 수작업으로 일정부분 맞추어 놓고, 용기 실사를 통해 기준정보를 수정해가며 정보시스템에 자동적으로 나타날 수 있도록 하기 위함입니다. 기준정보를 Only 수작업으로 관리하는 것은 매우 어려운 일입니다.

1) 수작업을 통해(엑셀), 용기별로 기준정보를 확인하고 정리하는 작업을 해야 합니다. 이 작업은, 기업별로 데이터가 꼬여 있는 수준, 그리고 구성원들의 DAN와 업무 수준에 따라 천차만별의 시간이 필요하게 됩니다.

2) 정리가 완료되면, 정보시스템에 경영정보화면을 만들고, RFID나 바코드를 통해 용기 실사를 하면서 정보시스템상에 기준정보를 입력하고, 정보시스템상에 잘못되어 있는 기준정보는 수정해야 합니다.

3) ○○가 앞으로 해야 할 후속조치

① RFID 칩을 Scan하면, 상기의 기준정보들이 정보시스템에 나타날 수 있도록 해야 합니다.

② 정보시스템에 경영정보 화면을 만들고, 용기번호를 Click하면 경영정보화면에 기준정보가 나타날 수 있도록 해야 합니다(○○의 IT 담당자가 도와 주어야 합니다).

③ 상기 ①과 ②가 되면, S0의 조직을 보강하고 교육훈련을 실시해야 합니다. 이후, 용기 실사를 해야 하고, 용기 실사를 하는 과정에서 정보시스템상에 있는 기준정보를 수정해야 합니다. S3에서도 S0 수준으로 진행한다면 속도는 빨라집니다.

2. 계획의 연계

1) S&OP를 위해서는 어떤 계획들을 유지해야 하는지에 대해 정리합니다(정의합니다).

2) 계획 수립에 필요한 양식을 정립하고, 양식간에 상호 연계가 가능한지를 확인합니다.

3) 계획 수립과 계획간 연계를 위해서는, 부서별, 그리고 구성원별로 해야할 일과 약속을 정합니다(Business Rhythm)

4) 수작업만으로 유지하는 것은, 비효율적, 비경제적, 비적응적이므로, 정보시스템에 계획 양식들을 반영하고, 정보시스템 안에서 계획을 수립하며(입력하며) 정보시스템 안에서 계획 양식들이 상호 연계되도록 만듭니다.

5) ○○○가 앞으로 해야 할 후속조치[다른 분야가(1,2,3,4) 다 되어야만 가능합니다]

① 정보시스템에 계획 양식들을 반영하고, 정보시스템 안에서 계획 양식들이 상호 연계되도록 만듭니다.

② 직원들은, 정보시스템을 활용하여 계획을 수립하고, 정보시스템이 정보시스템 안에 입력된 Logic에 따라 자동적으로 계획들을 연계해 줍니다.

3. 경영정보화면

1) 기업별로 모두 동일하게 해당되는 것은 아니지만, 정보시스템에는 S&OP 프로세스 유지에 필요한 경영정보화면이 구성되어 있어야 합니다.

2) ○○○가 앞으로 해야 할 후속조치

① 우선, IT 담당자에게 경영정보화면 종류들에 대해 이해를 시키는 것이 필요합니다. 이전에 근무했던 IT 담당자뿐만 아니라, 지금 IT 담당자도 경영정보화면을 이해하는 정도가 매우 낮습니다. 분야별 실무자들이 업무를 하는 데 불편하지 않고 효율적으로 업무를 하기 위해서는, 정보시스템에 경영정보화면이 많이 반영되어 있어야 합니다. ○○○○의 경우, 각 분야 실무자들이 경영정보화면에 대한 이해도가 낮을 뿐만 아니라 필요성 또한 제기하지 않고 있습니다. 어떤 기업이든 IT 운영 수준이 향상되려면, 분야별 실무자들이 IT 담당자에게 부단히 자기 업무 분야의 경영정보화면의 필요성(Request For Proposal)을 제기하거나 반대로 IT 담당자들이 해당 업의 프로세스를 깊게 파악하고, 분야별 실무자들과 경영정보화면에 대해 많은 이야기를 해야 합니다. ○○○○의 경우, 해당되는 것이 아무것도 없습니다. IT 담당자들이 가스업 프로세스에 대한 이해가 매우 낮고 파악을 위한 의지 또한 높지 않다고 판단되어, ○○○, ○○○○이 프로세스에 대한 PI(Process Innovation)를 같이 해주어야만 합니다.

② 정보시스템에, S&OP 프로세스 유지에 필요한 다양한 경영정보화면을 반영합니다.

4. 올바른 방향과 속도로 지속 실행 가능한, 데이터 수집 프로세스 구축

1) 수작업으로 용기 숫자를 파악하든, RFID 칩과 바코드를 Scan해서 파악하든 상관없습니다. 올바른 방향과 속도로 지속 실행 가능한 그리고 실시간, 신뢰성 있는 데이터 수집이 가능한 방법을 선택하십시오.

2) 각 공정에 다음의 내용이 체크되는 것이 가장 이상적이며, 확인된 데이터는 실시간 정보시스템에 전달되고, 정보시스템의 경영정보화면에 나타나야 합니다. 하나의 공정에 용기가 입고된 시간(IN, 위치), 작업을 시작한 시간(IN, 작업시작), 작업이 완료된 시간(OUT, 작업 완료), 다른 공정으로 출고(이동)한 시간(OUT, 위치) 그리고 "실시간"이라는 용어에 대해 간과하지 않기 바랍니다. 데이터는 신뢰성도 중요하지만, 적시성도 매우 중요합니다. 적시성을 잃은 데이터는 정보로서의 가치를 상실하게 되며, 적시성을 잃은 데이터는 휴지 조각에 불과합니다. 따라서 이 부분에 대한 패러다임을 반드시(무조건) 바꾸어야 합니다. 결론적으로 용기를 많이(많은 숫자의 용기를) 운영하는 기업에서는 신뢰성과 적시성 관점에서 볼 때, 수작업으로 데이터를 수집한다는 것은 어려운 것이 아니라 불가능합니다.

3) ○○○○가 앞으로 해야 할 후속조치

① 당장 많은 것을 바라지 않습니다. S0 IN, S3 OUT만이라도 올바른 방향과 속도를 유지할 수 있는 프로세스를 구축해야 합니다.

② 특히 S0에 조직과 인력을 보강하고, 교육훈련을 강화해야 합니다. 왜냐하면 모든 용기 실물을 하나하나 확인하고, 정보시스템과 비교하여 기준정보를 수정해야 하기 때문입니다. ○○○는 S0와 S3를 관리하는 조직과 인력의 중요성에 대한 패러다임을 전환해야 합니다. 모든 국가의 입국과 출국 프로세스는 중요하고 강화되어 있습니다. 이 부분을 염두해서 S0와 S3를 고민해야 합니다. 하나의 국가에 외국인이든 내국인이든 입국하게 되면, 우선 통과시켜 아무 데나 갈 수 있게 해놓고, 나중에 그 사람이 어디에 있는지를 찾아 뒤늦게 확인하는 프로세스를 유지하고 있지 않습니다. 반드시 입국하는 장소에서 확인합니다. 문제가 있으면 입국이 안 됩니다. 출국도 마찬가지입니다. 사업장 외부에서 사업장 내부로 용기가 입고되는 과정과 사업장 내부에서 사업장 외부로 용기가 출고되는 과정에는, 반드시 국가의 입국과 출국을 통제하는 프로세스 개념이 반영되어야 하고, 이 개념이 실제 실시간 제대로 실행되어야 합니다.

③ 인력에 의한 프로세스를 구축하더라도 휴먼에러를 발생시킬 수 있기에, Cross Check 관점에서 상차와 하차 시 반드시 RFID가 자동 Scan 될 수 있는 프로세스를 구축해야 합니다. (자동 인식 Gate 설치)

5. S&OP 프로세스 Agenda 정립 및 회의 진행

1) 상기 "1 기준정보 정립", "2 계획의 연계", "3 경영정보화면", "4 올바른 방향과 속도로 지속 실행 가능한, 데이터 수집 프로세스 구축" 유지 수준에 따라, S&OP 프로세스와 S&OP 회의는, 천차만별의 Agenda 종류와 수준으로 유지될 수 있습니다.

2) ○○○○가 앞으로 해야 할 후속조치

상기에 5가지 과정을 이야기하였습니다. 우선순위를 이야기하자면, 1 = 2 =3 〉 4 〉 5입니다. 이 순서에 따라 역할을 분담하고 Time Table를 작성해서 추진하면 되겠습니다.

○○○가 상기, 1,2,3,4를 제대로 추진하고 유지하게 되면, 가스업에 필요한 기준정보, 계획의

연계, 데이터 수집, 다양한 경영정보화면이 구현되어 있는, 즉, S&OP 프로세스를 유지하는 데 도움이 되는 정보시스템을 구축 후 운영하고 있다는 것을 의미합니다. 그리고 정보시스템 구축이 곧 S&OP 프로세스 구축을 의미합니다.

ㅇㅇㅇ의 S&OP 프로세스를 구축함에 있어, 당장 Key를 쥐고 있는 분야는 ㅇㅇㅇ의 IT와 S0와 S3입니다. 사유는 상기에 충분히 설명했습니다. S0와 S3를 담당하는 책임자 그리고 IT 개발자의 역할이 정말 중요합니다. 하지만 현실적으로 볼 때, S0와 S3를 전문성 있게 맡고 있는 책임자는 없다고 판단되고, 현재 IT 개발자는 어떠할지 모르겠습니다. 정 안 된다면 타 기업에서 운영 중인 IN-OUT 프로그램을 가지고 시작해보는 것도 좋을 수 있습니다.

늘 나는, 기업의 특성에 맞게 SCM과 S&OP 프로세스를 구축하는 것이 좋다고 이야기하였습니다. 이 말에 혹 오해가 있을 수도 있어 다음과 같이 강조합니다. 상기에 나열한 1, 2, 3, 4는 기본적으로 해야 합니다. 다만 상기 1, 2, 3, 4를 구축하는 과정이나 방법에 있어 기업의 수준과 특성에 맞게 하면 됩니다. 예를 들어, ㅇㅇㅇ는 바코드를 운영하고 있지만, ㅇㅇㅇㅇ는 RFID가 가능하다면 RFID를 하면 됩니다. ㅇㅇㅇ는 교육훈련을 통해 S0에서 사람이 바코드를 스캔하면 되지만, ㅇㅇㅇㅇㅇ는 직원의 DNA나 교육훈련 수준이 낮아 사람에게 전적으로 의존하거나 기대하기 어려우므로, 자동 인식 기계로 하는 방법을 추가로 택하면 됩니다. ㅇㅇㅇㅇ는 매주 수요일에 S&OP 회의를 하지만, ㅇㅇㅇㅇㅇ는 화요일에 해도 됩니다. ㅇㅇㅇㅇ는 8가지의 계획을 운영하지만, ㅇㅇㅇㅇ는 4가지의 계획만 운영해도 됩니다. 결론적으로 그 기업의 특성에 맞게 한다고 하는 것은 상기의 1, 2, 3, 4는 무조건 빠짐없이 제대로 해야 한다는 것이고, 다만, 1, 2, 3, 4를 해 나가는 방법과 과정에서 그 기업의 여건에 맞게 하면 된다는 것입니다(그 기업에 맞는 속도와 방법).

IN-OUT 플랫폼

SCM은 일회성 프로젝트가 아닌 경영철학인데, 현실에서는 SCM을 한 시대를 풍미하는 트렌드로 생각하고 적용하는 경향이 없지 않습니다. 여러분이 잘 이해해야 할 것은, 용기 IN(Check), OUT(Check)은 가스업 SCM에 있어 트렌드가 아니라는 점입니다. 타 업종의 SCM뿐만 아니라 가스업 SCM에서도 하드웨어 분야만이 경쟁력이라고 생각하는 경향이 있는데, 시간이 지날수록 경쟁력은 소프트웨어 분야와 다양하게 연계된 서비스에서 발생하게 됩니다. 왜냐하면, 가스업의 하드웨어 분야 차별화는 쉽게 따라잡을 수 있기 때문입니다. 가스산업 SCM의 근간은 실시간 가스의 가시성과 공유성입니다. 가스의 가시성과 공유성은 실시간 용기의 IN-OUT을 통해 얻을 수 있습니다. 따라서 용기 IN-OUT 플랫폼을 유지하는 것은 선택이 아닌 필수이며, 용기 IN-OUT 플랫폼은 하드웨어에 소프트웨어와 서비스 접목이 가능하게 하고, 가스업 SCM의 성패를 좌우하는 초석이기도 합니다. 만약 여러분이 ERP, MES, WMS, TMS, OMS 등의 정보시스템을 구축하여 운영 중인데, IN-OUT 플랫폼이 제대로 반영되지 않았다면, 정보시스템들은 경영에 큰 도움이 되지 않습니다.

아래의 내용은 가스산업에서 IN-OUT에 대해 나타낸 그림입니다. 가스산업의 표준 프로세스를, ○○○○○○○○○○○○○○○○○○○○○○○○○○

○○○○○○○○○○○○○이라고 정의할 때, 각각의 프로세스는 물론이고 프로세스 중간에 대기하는 공간까지 세세하게 IN-OUT을 유지할 수 있다면 경영에 더 많은 도움이 됩니다. 즉, 아래 그림보다 IN-OUT을 구분 및 유지하는 구간이 더 구체적이고 세세할수록 좋습니다.

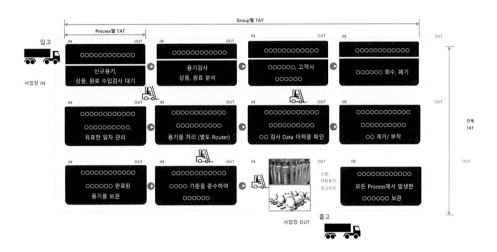

다음은 ○○○대 프로세스(○○○○○○○○○○○○○○○○○○○○○○○○○○)에 대해, 각 프로세스를 기준으로 한 용기의 흐름과(IN-OUT), 개략적인 수준에서, 운영 원칙과 R&R, 각 프로세스 데이터 생성 및 수집을 위해 유의해야 할 분야, 각 프로세스 경영정보화면을 통해 리포트 되어야 하는 내용 등에 대해 이야기하겠습니다. RFID 칩과 바코드(QR 포함) 중에 용기에 부착된 것은 바코드(QR)일 때를 기준으로 합니다. RFID 칩이 부착된다면 내용은 달라집니다. 개인적으로는 바코드보다 RFID를 추천하는 편입니다. 왜냐하면 바코드는 사람에 의존하다 보니, 올바른 방향과 속도로 관리감독과 교육훈련이 지속되지 않으면 IN-OUT이 제대로 유지되지 않을 가능성이 높습니다(부적합품과 불량품은 같은 의미입니다).

○ ○ ○

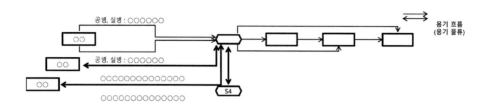

① 입고 시 바코드(QR) IN(IN을 하게 되면, IN과 동시에 회수 완료 표시가 나타나고, 회수 완료 표시를 클릭해주어야만 사업장에 입고된 것으로 인식되며, 다음 Step에서 IN과 작업시작이 가능하게 됨. ○ ○ ○를 통과하지 않고는 IN-OUT, 작업시작, 작업종료 등 정보시스템을 이용한 모든 작업이 불가하게 구축해야 함), 바코드 교체. ② ○, ③ 용기 분류, 보관, 재검사 대상 용기 선별. ④ ○, ⑤ 부적합 품에 대해서는 부적합품 보관소로 이동(○ ○ ○에서 OUT 처리 후, 부적합품 보관 구역으로 이동). ⑥ ○ ○ ○ 구역에서 타 구역(타 Step)으로 이동 시 바코드(QR) OUT. ⑦ ○ 재검사 업체와 내면처리 업체에서 사업장으로 입고된 공병, 신규 조달 용기(상품 실병과 원료 실병 제외. 상품 실병과 원료 실병은 상품과 원료 저장소로 입고되어 바코드 IN 된다). ⑧ ○, ⑨ 고객이 용기를 가져와서 대기하는 경우, 충전되었다고 고객이 차량에 적재하여 임의 출발할 수 없다. 사업장에 입고된 용기는 ○ ○ ○에서 바코드 확인 후(IN-OUT), 충전 후(IN-OUT), ○ ○ ○(IN-OUT)를 거쳐서 고객의 차량에 하역(Load)하여야 합니다. 표준 프로세스를 정립하고 반드시 준수해야 합니다. 공병이 충전되었다면 용기는 반드시 ○

○○에서 적재(Load)되어야 합니다. ⑩ 고객은 공급사별로 용기가 입고되는 시간을 조정 통제합니다. 이와 같이, 공급사가 다품종 소량, 그리고 많은 용기를 취급하는 기업이라면(가스 제조 및 유통), 다양한 상태의 용기가 입고되는 것을(○○○에서) 조정 통제하는 프로세스를 구축해야 합니다.

다음은, ○○○에서 발생하는 정보와 물건의 흐름에 대해 도식화 한 몇 가지 "예"입니다.

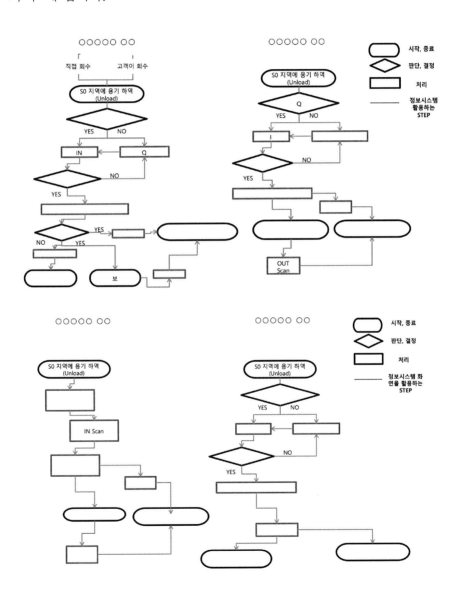

○○○에서 IN-OUT을 하기 위해서는 다음의 내용이 준비될 수 있어야 합니다. ① 독립된 공간과 시설을 통해 ○○○ 구역 지정 운영 필요. 만약에, 별도의 독립된 공간과 시설이 없는 경우, 바닥에 페인트를(TPM) 이용하여 명확한 공간 구분 필요 ② 실시간 QR 코드를 발행하고, 부착할 수 있는 인프라 구축 및 운영 필요. ③ ○○○○○○○○○○○○○○○○○○○○ ○○○○○○○○○○○○○○. ④실시간 Scan IN, Scan Out 할 수 있는 인프라 구축 및 운영 필요. ⑤ ○○○○○○○○○○○○○○○○○○○○○ ○○○ ⑥ S0의 R&R 정립 필요(SOP), ⑦ ○○ 운영 조직 재구성 및 보완 운영 필요(1개 부서에서 전문적 운영 ☞ 물류 조직에서 운영).

○○○ 프로세스 실행결과는, 경영정보 화면에 실시간 리포트 되어야 합니다. 예를 들면,

① 용기번호별, 품목별 IN or OUT, IN-OUT 수량(기간 입력, 일일, 주간, 월간, 분기 등) (자산(자사) 용기/타사 용기), ② ○○○○○○○○○○○○○○ ○○○○○○○○○○○○○○○○○○, ③ 용기번호별, 품목별 IN 이후, OUT 되기까지 소요되는 L/T, L/T별 수량, ④ 공병 재고 운영 기준(공병 재고 유지 목표) 대비 보유현황, ⑤ ○○○○○○○○○○○○○○○○○○○○○ ○○○○○, ⑥ 부적합품 발생 현황, 부적합품 보관 구역(소)으로 이동한 용기 현황(누적 관리)

○○○○○○

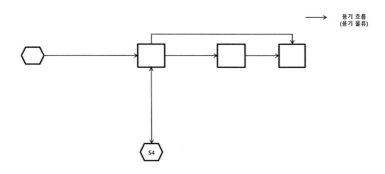

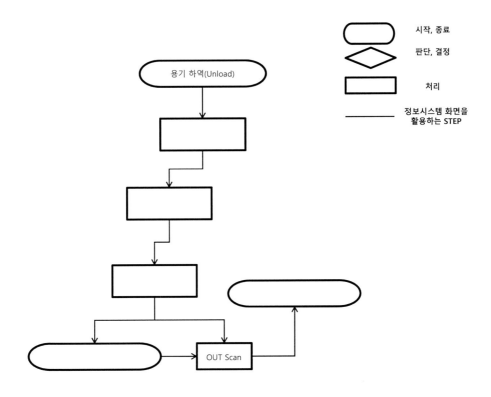

시작, 종료

판단, 결정

처리

정보시스템 화면을
활용하는 STEP

용기 하역(Unload)

OUT Scan

○○○ 프로세스 실행결과는, 경영정보 화면에 실시간 리포트 되어야 합니다. 예를 들면, ① ○○○○○○○○○○○○○○○○○○○○○○○, ② ○○○○○○○○○○○○○○○○○○○○○○○○, ③ 부적합품 발생 현황, 부적합품 보관 구역(소)으로 이동한 용기 현황(누적 관리), ④ ○○○○○○○○○○○○○○○○○○○○○○○○○○○○○○○

○ ○ ○ ○ ○ ○

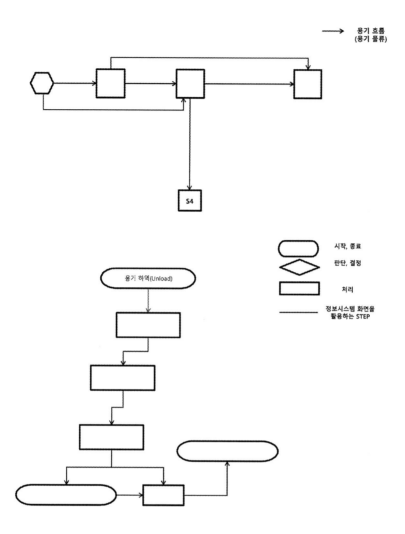

○○○ 프로세스 실행결과는, 경영정보 화면에 실시간 리포트 되어야 합니다. 예를 들면, ① ○○○○○○○○○○○○○○○○○○○○○○○○○○○○○○○○○○○. ② ○○○○○○○○○○○○○○○○○○○○○○○○○, ③ 부적합품 발생 현황, 부적합품 보관 구역(소)으로 이동한 용기 현황(누적 관리), ④ ○○○○○○○○○○○○○○○○○○○○○○○○○○○○○○○○

○ ○ ○ ○ ○ ○

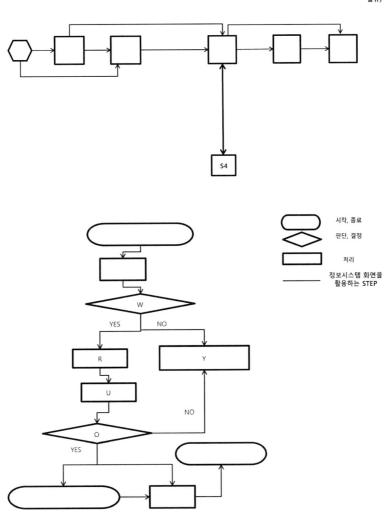

○○○ 프로세스 실행결과는 경영정보 화면에 실시간 리포트 되어야 합니다. 예를 들면, ① ○○○○○○○○○○○○○○○○○○○○○○, ② ○○○○○○○○○○○○○○○○○○○○○○○○○○○○○, ③ 용기번호별, 품목별, 작업시작, 작업완료까지 소요되는 L/T, L/T 별 수량, ④ 용기번호별, 품목별 실시간 위치하고 있는 수량, 일정 기간별 위치했던 수량, ⑤ 용기번호별,

품목별 충전 전 검사에 소요되는 L/T, ⑥ ○○○○○○○○○○○○○○○○○○○○○○○○○○○, ⑦ 부적합품 발생 현황, 불량품 보관 구역(소)으로 이동한 용기 현황(누적 관리), ⑧ ○○○○○○○○○○○○○○○○○○○○○○○○○○○○○○, ⑨ ○○○○○○○○○○○○○○○○○○○○○○○○○, ⑩ 계획과 실적의 차이 수량

○○○○○○

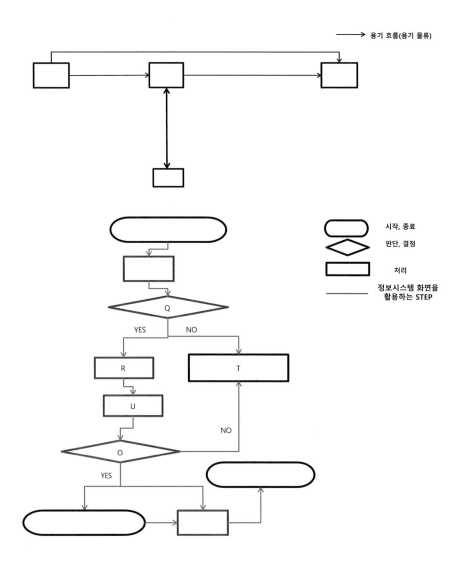

○○○ 프로세스 실행결과는, 경영정보 화면에 실시간 리포트 되어야 합니다. 예를 들면, ① ○○○○○○○○○, ② ○○○○○○○○○○, ③ 용기번호별, 품목별, 작업시작, 작업완료까지 소요되는 L/T, L/T 별 수량, ④ 용기번호별, 품목별 실시간 위치하고 있는 수량, 일정 기간별 위치했던 수량, ⑤ ○○○○○○○○○○, ⑥ ○○○○○○○○○, ⑦ 부적합품 발생현황, 부적합품 보관 구역(소)으로 이동한 용기 현황(누적 관리), ⑧ ○○○○○○○○○○○○○○○○, ⑨ 실시간, 일정기간별(일일, 주간, 월간, 분기, 반기) 계획 대비 실적 수량, ⑩ ○○○○○○○○○○○.

○○○○○○

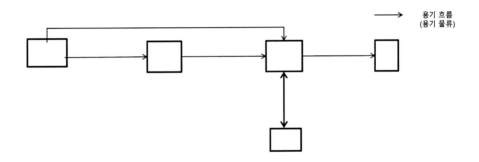

① 바코드(QR) 코드 IN

② 검사 시작/검사 완료(정보시스템에 반영하여 정보시스템상에 검사 결과를 입력하도록 조치). ○○○○○○관련 프로세스는 어떤 가스를 취급하느냐, 가스를 제조 및 유통하는 기업이 내부적으로 어떤 기준을 정립하느냐 그리고 어떤 고객을 상대하느냐, 고객이 어떤 요구를 하는지에 따라 정말 복잡할 수도 있고 복잡하지 않을 수도 있습니다. 일반적으로 가스업의 ○○○○○○는 밸브 스크래치나 End Cap에 녹이 없는지 확인, 고객에 납품하기 전에 가스 Leak가 없는지 비눗물과 비닐 포집을 하여 최종 확인하는 단계까지를 포함합니다. 이외에 추가로(고객의 요구 또는 내부 기준에 따라), 용기(용기 캡)

표면에 녹 발생, 용기 도색 불량 상태, 용기 캡 이상 유무 확인, 중량 체크, 440L의 경우 밸브 수평 상태 ○○○ 등이 포함되기도 합니다. 기업은 기업만의 ○○○○○○ 기준을 정립하고, SOP에 반영하여 프로세스를 정립할 필요가 있습니다. 유의할 것은, 고객과 취급하는 품목에 따라, ○○○○○○ 프로세스안에 Task와 Activity의 종류는 계속 증가하고 복잡할 수 있습니다. 그리고 고객과 취급하는 품목이 증가하게 되면 가스의 품질을 제외하고, 고객의 Complain 대부분은 ○○○○○ 프로세스가 제대로 유지되어야만 사라진다. 이 말은, ○○○ 프로세스를 등한시해서는 안 된다는 것입니다.

③ 부적합품은 부적합품 보관 구역으로 이동

④ 바코드(QR) 코드 OUT

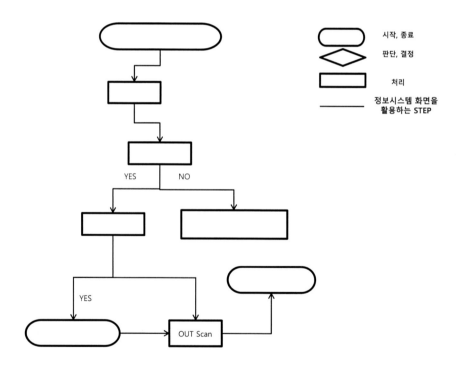

　○○○ 프로세스 실행결과는, 경영정보 화면에 실시간 리포트 되어야 합니다. 예를 들면, ① ○○○○○○○○○○○○○○○○. ② ○○○○○○

○○○○○○○○○○○○○○○○○○○○, ④ 용기번호별, 품목별 실시간 위치하고 있는 수량, 일정 기간별 위치했던 수량, ⑤ ○○○○○○○○○○○○○○○○○○○○○, ⑥ 불량품 발생 현황, 불량품 보관 구역(소)으로 이동한 용기 현황(누적 관리), ⑦ ○○○○○○○○○○○○○○○○○○○, ⑧ 계획과 실적의 차이 수량.

○○○○○○

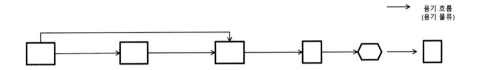

① 바코드(QR) 코드 IN

② ○○○. ○○○○○ 관련 프로세스는 어떤 가스를 취급하느냐? 그리고 어떤 고객을 상대하느냐? 고객이 어떤 요구를 하느냐?에 따라 정말 복잡할 수도 있고 복잡하지 않을 수도 있습니다. 일반적으로 가스업에서 ○○○○은, ① 기존에 부착된 불필요한 스티커를 벗겨내고, 고객에게 납품하기 위해 필요한 스티커를 부착 후, 부착된 스티커 종류와 부착 상태를 검사합니다. 다품종 소량의 가스를 공급하는 기업 중에는, 유지해야 하는 스티커가 200여 종류에 이르기도 합니다. 즉, 매일 제거해야 하는 스티커도 많고, 매일 부착해야 하는 스티커도 많다는 것을 의미합니다. 이러한 환경에서는 스티커 재고 관리를 잘해야 합니다. 그리고 스티커가 잘못 부착되어 납품되면 막대한 사고가 발생할 수 있습니다. 예를 들어, 고객의 작업자가 스티커만 보고 해당 라인에 용기를 이동시켰는데, 생산 라인에 연결한 가스가 맞지 않아 라인이 오염되면 막대한 피해를 배상해야 합니다. 이러한 사고를 예방하려면, 스티커마다 바코드(QR)를 입력하여, 용기에 스티커가

최종 부착되면 용기에 부착된 스티커의 바코드를 모두 스캔하여 정보시스템 상에서 모두 문제가 없는지를 확인(검사)하는 프로세스를 구축해야 합니다. 물론, RFID를 이용해 구축하는 것이 가장 좋긴 합니다. 기업은, 기업만의 출하작업 기준을 정립하고, SOP에 반영하여 프로세스를 정립할 필요가 있습니다. 유의할 것은, 고객과 취급하는 품목에 따라, 프로세스안에 세부 Task와 Activity는 계속 증가하고 복잡해질 수 있습니다. 이 말은 ○○○○ ○○ 프로세스를 등한시해서는 안 된다는 것입니다.

③ 부적합품은 부적합품 보관 구역으로 이동

④ 바코드(QR) 코드 OUT

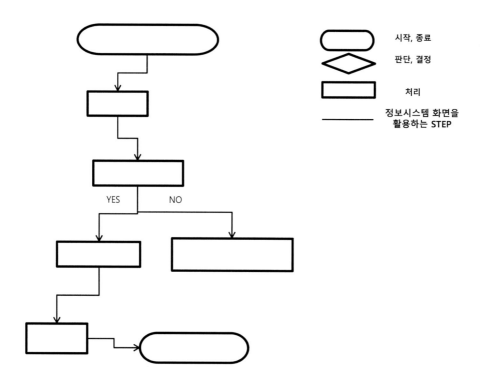

○○○○○○ 프로세스 실행결과는, 경영정보 화면에 실시간 리포트 되어야 합니다. 예를 들면, ① ○○○○○○○○○○○○○○○, ② ○○○ ○○○○○○○○○○○○, ③ 용기번호별, 품목별, 작업시작, 작업 완료

까지 소요되는 L/T, L/T 별 수량, ④ ○○○○○○○○○○○○○○○○○○○○, ⑤ 용기번호별, 품목별, 실시간, 일정 시간 별(일일, 주간, 월간, 분기, 반기) 검사수량, ⑥ 부적합품 발생 현황, 부적합품 보관 구역(소)으로 이동한 용기 현황(누적 관리), ⑦ ○○○○○○○○○○○○○○○, ⑧ 계획과 실적의 차이 수량.

○○○○○○

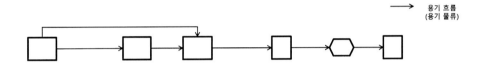

① 바코드(QR) 코드 IN

② 품목별 선입선출에 의한 구분/보관/출고. ○○○는 충전된 용기를 많이 보유하고 있는 구역 또는 시설 그만큼 위험한 곳으로 인식해야 하고, 관련 법규에 위배되지 않게 시설을 구축하고 온도 관리를 해야 합니다. 선입선출에 문제가 없고 고객에 잘못 출고 되지 않게 구분보관 하고, 보관 공간과 출고 대기 공간을 구분 운영할 것을 권장합니다. 운송 직원은 출고 대기 공간에 있는 용기만을 차량에 적재(Load)하여 납품합니다. ○○○에 상품과 제품을 같이 운영한다면, ○○○에는 제품 완성품 재고, 상품 완성품 재고, 상품 입고 대기 재고, 상품 공병 재고, 고객 출고 대기 재고에 대해, 품목별로 공간이 구분 운영되어야 하고, 선입선출 또한 가능하도록 공간 운영이 되어야 합니다. 만약에, 별도의 독립된 공간과 시설이 없다면 경우, TPM 등 바닥에 페인트를 이용하여 명확하게 공간을 구분하여 운영하는 것이 필요하다.

③ 바코드(QR) 코드 OUT

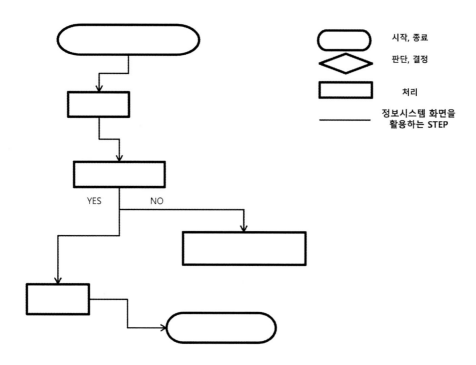

　　○○○ 프로세스 실행결과는, 경영정보 화면에 실시간 리포트 되어야 합니다. 예를 들면, ① ○○○○○○○○○○○○○○○○○○○○○○○○, ② ○○○○○○○○○○○○○○○○○○○○○○○○이○○, ③ 용기번호별, 품목별 IN이후, OUT 되기까지 소요되는 L/T, L/T 별 수량, ④ ○○○○○○○○○○○○○○○○, ⑤ 고객에 납품되지 않고 정체되고 있는 재고 현황(일일, 주간, 월간, 분기)

○○○

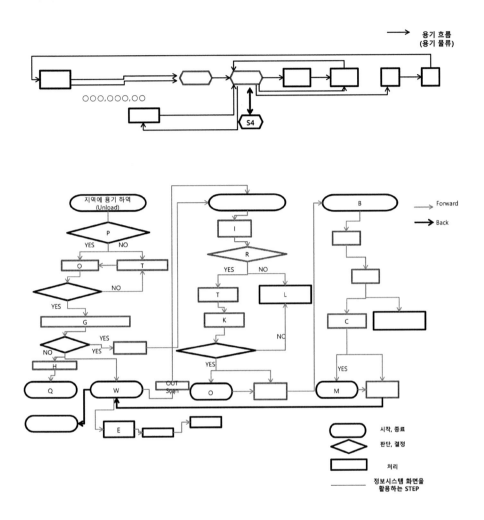

　　○○○ 프로세스 실행결과는, 경영정보 화면에 실시간 리포트 되어야 합니다. 예를 들면, ① ○○○○○○○○○○○○○○○○○○○, ② ○○○○○○○○○○○○○○○○, ④ 용기번호별, 품목별 실시간 위치하고 있는 수량, 일정 기간별 위치했던 수량, ⑤ 용기번호별, 품목별, 실시간, 일정 시간 별(일일, 주간, 월간, 분기, 반기) 검사수량, ⑥ ○○○○○○○○○○○○○○○○○○○○, ⑦ 실시간, 일정기간별(일일, 주간, 월간, 분기, 반기) 계획 대비 실적 수량, ⑧ ○○○○○○○○○○○○○○○○○○.

○○○

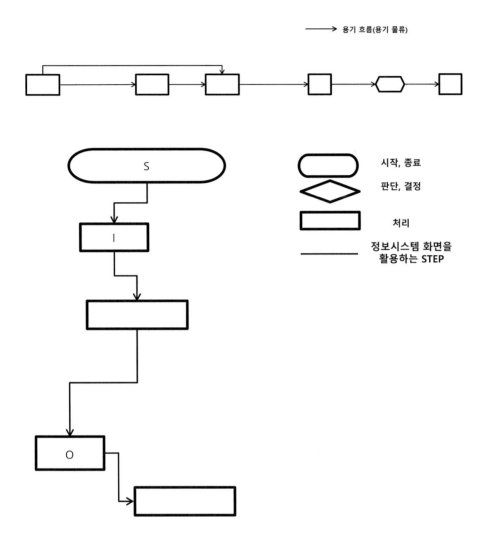

　○○○ 프로세스 실행결과는, 경영정보 화면에 실시간 리포트 되어야 합
니다. 예를 들면, ① 고객사 도착시간, 복귀시간, ② 고객별, 차량별, 운행
일자별, 화물 적재 현황, IN or OUT, IN-OUT 수량(기간 입력, 일일, 주간, 월
간, 분기 등, 자산(자사/타사 용기)), ③ 운송간 부적합품 발생 현황, ④ 일자별,
차량별, 고객별, 공병 회수 현황(부적합품은 별도 구분)

○○○○○○○○○○○○○○○○○

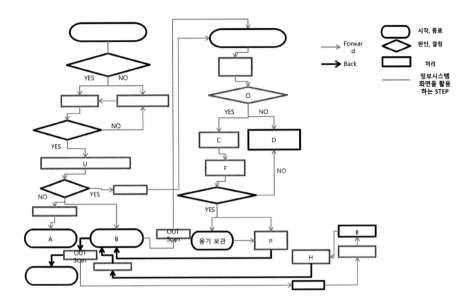

　　○○○ 프로세스 실행결과는, 경영정보 화면에 실시간 리포트 되어야 합니다. 예를 들면, ① ○○○○○○○○○○○○○○○○○○○○○○○, ② 부적합품 발생 현황, 부적합품 보관 구역(소)으로 이동한 용기 현황(누적 관리), ③ ○○○○○○○○○○○○○○○○○○○○○, ④ 재고 운영 기준대비 보유현황, ⑤ ○○○○○○○○○○○○○○○○○○○○○○○

　　○○○(930L 초과 용기에 충전되어 입고, ISO Tube, Tank Lorry 등)

　　○○○ 프로세스 실행결과는, 경영정보 화면에 실시간 리포트 되어야 합니다. 예를 들면, ① ○○○○○○○○○○○○○○○○○○○○○○○○○○○○, ② 불량품 발생현황, 불량품 보관 구역(소)으로 이동한 용기 현황(누적 관리), ③ ○○○○○○○○○○○○○○○○○○○○○○○○○○○.

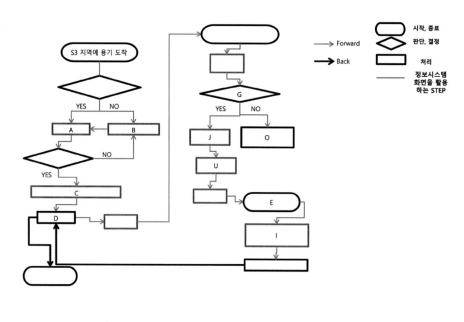

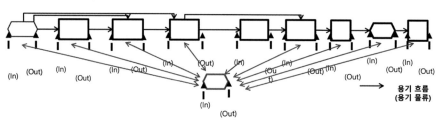

　○ ○ ○ 프로세스 실행결과는, 경영정보 화면에 실시간 리포트 되어야 합니다. 예를 들면, ① 용기번호별, 품목별 IN or OUT, IN-OUT 수량(기간 입력, 일일, 주간, 월간, 분기 등, 자산(자사) 용기, 타사 용기), ② 부적합품 발생 현황 대비, 처리 현황(일일, 주간, 월간 누적 관리), ③ 부적합품 발생 원인.

하찮게 보이는 양식 하나라도 무시하지 마세요

우리는, 업무를 유지하는 과정에서 많은 양식을 필요로 합니다. 수작업으로 양식을 만들고 그 안에 정보를 입력해야 하는 경우도 있고, 정보시스템에 있는 양식에 정보를 입력해야 하는 경우도 있습니다. 좋은 방향은 내가 직접 정보를 입력해야 하는 양식의 종류가 최소화 되는 것이고, 내가 최소 종류의 양식에 최소의 데이터를 입력하면, 업무에 필요한, 다양한 정보가 입력된, 많은 양식이 자동으로 만들어지는 것입니다. 더 나아가 이보다 더 좋은 것은, 원하는 단어, 문장, 내용을 간단하게만 입력해도, Big Data를 기반으로 원하는 양식과 정보가 자동적으로 생성되는 것입니다. 오늘도 우리는 많은 양식에 정보를 입력하기 위해 노력하고 있고, 새로운 양식을 만들기 위해 고민하고 있습니다. 여러분은 기존 양식을 고치거나 새로운 양식을 만들기 위해 고민하는 편인가요? 아닌가요? 생각 외로, 간단한 양식이라도 기존 양식을 고치거나 양식을 새롭게 만드는 것은 쉽게 이루어지지 않습니다. 이는 구성원의 DNA 수준과 조직문화(생각하고 행동하는 방식)에 따라 천차만별의 결과가 나타나고, DNA 수준이 낮고 매너리즘이 높은 조직일수록 외부 컨설팅 그리고 새롭게 영입한 사람, 이 중에서도 혁신적인 마인드를 가진 사람들에 의해 양식은 고쳐지고 새롭게 생성되는 편입니다. 여러분, 여러분과 여러분의 주위를 한번 둘러보십시오. 업무를 위해 양식을 사용하고 양식에 정보를 입력하면서, "왜 현재 방식을 유지해야 하는지?"에 대해 궁금하게 생각해 본 적이 있나요? 혹, 이전부터 사용하던 양식을 아무 생각 없이 그대로 사용하고 있지는 않습니까? 여러분이 이해하기 쉬울 것으로 예상되는, SOP를 예로 들어보겠습니다. SOP(Standard Operating Procedure)는 표준운영절차라고 하는데, 일정한 양식으로 만든 문서입니다. 그런데 여러분, SOP의 제정과 개정이 수시로 잘 되던가요? 더나아가 제정과 개정된 SOP를 기반으로 업무를 유지하는 사람이 많은가요?

양식을 고치고 새롭게 생성할 때는, 매우 많은 고민을 동반하여 제대로 해야 합니다. 즉, 양식의 존재 이유부터 생각하면서 고치고 생성해야 합니다. 이 양식은 왜 존재해야 하는가? 무엇을 위해 존재하는가? 이 양식을 왜 고치려고 하는가? 양식을 왜 새롭게 만들려고 하는가? 양식을 고치고 새롭게 생성해서 좋아지는 것은 무엇인가? 양식은 경영에 도움이 되는 정보를 생성하는 틀이 되고 정보들을 상호 연결하는 역할을 합니다. 그래서 양식을 잘 만들어 유지하면, 경영에 도움이 되는 정보들이 입력되고 상호 연계되어 궁극적으로 시너지가 발생될 것입니다. 하지만 양식을 잘못 만들면 경영에 도움이 되기는커녕 부분 최적화를 강화시키고 일을 위한 일을 하게 되는 문제점 등을 가져올 수 있습니다. 즉, 양식에 입력해야 하는 정보가 전체 최적화 관점에서 경영활동에 전혀 도움이 되지 않고, 단지 상급자를 위한 보고를 위한 보고 자료로 전락할 수 있습니다. 특히, 수작업, 반 수작업이 많은 기업에서 자주 발생하는 것은, 수요공급과 관련해 각 부서별 유지하는 양식에 있는 정보를 상호 연계하기 위해서 별도 수작업을 다시 거쳐야 한다는 것인데, 부서별 유지하는 양식과 정보는 모든 부서가 별도의 수작업이 없이도 활용 가능하도록 만들고 유지해야 합니다. 그리고 양식은 직원들에게 하나의 업무 가이드가 됩니다. 일반적으로 직원들은, 양식에 정보를 입력하기 위한 노력(생각과 행동)만을 하게 됩니다. 예를 하나 들면, 체크리스트를 많이 활용하는데, 체크리스트에 없는 것은 능동적으로 찾아

내거나 확인하지 않을 경향이 높습니다. 따라서 체크리스트가 없거나 부실하다면 업무를 유지함에 있어 문제가 됩니다. 즉, 어떻게 양식을 만드느냐에 따라 생성해야 하는(기록해야 하는) 내용(정보)이 다르고, 생성해야 하는(기록해야 하는) 내용(정보)에 따라, 직원들이 생각하고 행동(업무)하는 내용과 결과 또한 다르게 됩니다.

인터넷을 찾아보면 양식을 제공하는 사이트(플랫폼)가 있습니다. 여러분도 한두 번, 그 이상 이용해 보았을 것입니다. 같은 제목의 양식이라도 양식의 종류와 수준에 따라, 도움이 되는 정도도 다르고, 내가 생각하고 행동해야 하는 범위나 깊이도 달라집니다. 최근에 플랫폼이 화두로 떠오르고 플랫폼이라는 용어를 많이 사용하는데요, 뜬금없다고 생각할지 모르겠지만, 양식은 하나의 플랫폼을 만들어가는 데 가장 기본이 될 수 있습니다.

아래는 수작업, 반 수작업을 이용해 S&OP 프로세스를 구축해 가는 과정을 간략하게 예를 들어 설명하겠습니다.

① 부서별 양식의 존재 이유를 고민하여, ○○○○○○○○○○○○○○○ ○○○○○○○○○○○○○○○○○○○○○ 만듭니다.

② 부서별 양식을 입력하고 유지하기 위한 비즈니스 리듬을 정하고 시행하되(육하 원칙), ○○○○○○○○○○○○○○○○○○○○○○○○○○○○○ ○○○○○○○○○ 확인합니다.

R&R (Mega)	R&R (Process)	R&R(Task) 이용하는 Sheet (양식)	R&R(Activity)			
			시행 요일	세부 방법	협업부서	
영업	Forecast & Demand 관리	일일	Daily Sheet	매일 (월~금)	....	없음
		마감			• 오전 10시까지 지난주 판매 실적을 Weekly sheet에 입력 (Update). • Daily sheet에 입력된 주간 수량이 Weekly sheet에 자동 집계되지만, 에러를 방지하기 위한 Double Check	
		월간	Forecast & Demand Sheet (Daily+Weekly sheet)	매달 첫 근무일	....	

R&R (Mega)	R&R (Process)	R&R (Task) 이용하는 Sheet(양식)	R&R(Activity)			
			시행 요일	세부 방법	협업부서	
영업	Forecast & Demand 관리	예측과 계획의 점검		매주 화요일	....	S&OP, 생산, 품질, 구매, 물류
						S&OP, 생산, 품질, 구매, 물류
					....	S&OP

R&R (Mega)	R&R (Process)	R&R (Task) 이용하는 Sheet(양식)		R&R(Activity)			
				시행 요일	세부 방법	협업 부서	
영업	Forecast & Demand 관리	신규 고객 추가	기존 품목 추가	Daily & Weekly Sheet	상시 (추가 될 때 마다)	....	전 부 서
			신규 품목 추가			• IT 부서에 품목코드 생성 요청. • 신규 고객명, 신규 품목코드 및 기준 정보(가스명, 농도, 순도, 용기 Size, 충전량, Valve명)를 Daily & Weekly Sheet에행 추가해서 입력. • 수요계획과 수요예측 입력(W+ 00~W+00 구간 Update) • 행 추가 및 수요(계획, 예측) 입력 결과 공유(전사)	
						....	
						• IT 부서에 품목코드 생성 요청. • 기존고객명, 신규 품목코드 및 기준정보 (가스명, 농도, 순도, 용기 Size, 충전량, Valve명)을 Daily & Weekly Sheet에행 추가해서 입력. • 수요계획과 수요예측 입력(W+ 00~W+00 구간 Update) • 행 추가 및 수요(계획, 예측) 입력 결과 공유(전사)	

R&R (Mega)	R&R (Process)	R&R(Task) 이용하는 Sheet(양식)		R&R (Activity)		
				시행 요일	세부 방법	
구매	원료 PSI 관리	입고 마감	일일	Daily sheet	매일 (월~금)	....
		입고 계획 수정	주단위	Weekly sheet	매주 금요일	....
						• 오후 4시까지 생산계획의 일별 생산 수량을 바탕으로 W+1~W+3의 일별 발주 입고 계획을 수정 - 업데이트 된 내용을 S&OP, 영업, 물류, 생산, 품질에 공유
						....
		영업의 신규 품목 추가				• 영업팀이신규 품목을 F&D sheet 엑셀 파일의 Daily & Weekly Sheet에 추가하여 전사 공유하면, - 생산팀에 신규 품목에 대한 BOM을 요청 및 확인 - 신규 원료에 대해 PSI Sheet에 추가하고 신규 품목의 사용량(=생산량XBOM)이 반영하여 Update - 업데이트 완료된 내용에 대해 전사(S&OP, 영업, 생산, 품질 물류)에 공유
			기존 원료	Daily+ Weekly sheet		....

R&R (Mega)	R&R (Process)	R&R(Task) 이용하는 Sheet(양식)			R&R(Activity)		
					시행요일	세부 방법	
구매	상품 PSI 관리	입고 마감	일일	Daily sheet	매일(월~금)	....	
						• 오전 10시까지 지난주 입고 실적을 Weekly sheet에 입력 • 오전 10시까지 물류팀을통해 상품 재고 수량 확인 후 Weekly sheet에 Update. Daily sheet에 입력된 주간 수량이 Weekly sheet에 자동 집계되나, 에러 방지를 위한 Double Check	
		수정	주 단위	Weekly sheet	매주 금요일	....	
			일 단위	Daily sheet		....	
						• 입고 일정이 변경 될 경우 Daily 및 Weekly sheet 수정 • 업데이트 된 내용을 S&OP, 영업, 물류, 생산, 품질에 공유	
		신규 품목 추가	신규 품목 추가	Daily+ Weekly sheet	상시 (추가할 때 마다)	....	

R&R (Mega)	R&R (Process)	R&R(Task) 이용하는 Sheet (양식)			R&R(Activity)		
					시행요일	세부 방법	
품질	분석 계획 관리	마감	일일	Daily sheet	매일 (월~금)	• 오전 9시까지 전일 분석 실적을 Daily sheet에 입력	
						....	
			월간	Daily + Weekly sheet	매달 첫 근무일	• 오전 11시까지 지난달 분석 실적을 분석계획 파일에 입력. ※ Daily sheet에 입력된 수량이 월별 자동 집계되나, 에러 방지를 위한 Double Check	
		계획 수정			매주 수요일	....	
						• 오전 12시까지 생산계획(일별 생산 수량)을 바탕으로 Daily Sheet에 W+ 1~W+3주분석계획을 검토 - 오전 12시까지 상품 PSI일별 입고 수량)을 바탕으로 Daily Sheet에 W+ 1~W+15주의 수입검사계획을 점검 ※ 분석 Capa도 같이 검토(분석기, 인력) - 업데이트 된 내용을 S&OP, 영업, 물류, 생산, 구매에 공유	
		계획 확정				....	
			분석 확정	Daily sheet	매주 금요일	• 오후 4시까지 확정된 통합계획(매주 목요일 S&OP에서 확정)을 바탕으로 일단위 분석계획 수정 및 확정.	
		신규 품목 추가				....	

R&R (Mega)	R&R (Process)	R&R(Task) 이용하는 Sheet(양식)			R&R(Activity)		
					시행요일	세부 방법	
생산	생산계획관리	마감	일일	Daily sheet	매일(월~금)	• 오전 9시까지 전일 생산 실적을 Daily sheet에 입력	
						....	
					매달 첫 근무일	....	
			일별계획	Daily sheet	매주 수요일	• 오전 10시까지 F&D sheet의 Weekly Sheet를 바탕으로 생산계획 Weekly Sheet에 W+1~W+15주 생산계획 검토. ※ 생산 Capa도 같이 검토 필요(설비, 인력) - 업데이트 된 내용을 S&OP, 영업, 물류, 품질, 구매에 공유	
						....	
			생산 확정	Daily sheet	매주 금요일	....	
		신규 품목 추가	신규 품목 추가	Daily+Weekly sheet	상시 (추가할 때 마다)	....	

③ 양식들과 양식 안의 정보들을 이용해 각종 계획 양식을 정립후, 계획들을 수립하고, 수립된 계획들이 상호 연계되도록 노력합니다.

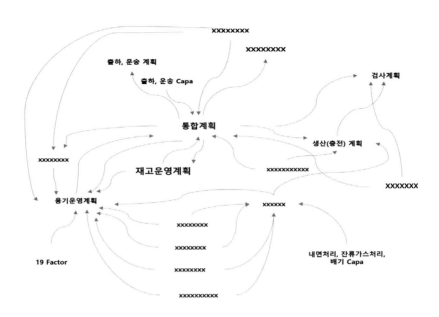

아래는 양식을 새롭게 제정하는 "예"입니다. 아래 표(양식)에 대해 간략하게 예를 들어 설명하겠습니다. 간략하게 예를 들은 것이므로, 표(양식) 보다는, 표(양식) 아래에 설명에 관심을 갖고 보기 바랍니다. (D+1개월은 1일 단위, D+2개월부터는 1주 단위 표시된다. D = D day)

구분 20일		4월											5월				6월	
		21일	22일	23일	24일	25일	26일	27일	28일	29일	30일	1주	2주	3주	4주	1주	2주	
1	수요																	
2	완제품 재고																	
3	생산																	
4	원료 재고																	
5	용기																	
6	밸브																	

상기 양식은 정보시스템에 반영할 양식입니다. 1번, 영업 담당자가 수요를 입력하게 되면(판매 계획), 자동적으로 완제품 재고 현황이 계산되어 나타납니다. 완제품 재고가 부족하게 되면 -(마이너스) 표시가 되어 숫자가 생성됩니다. 생산은 부족한 재고를 보충하기 위해 생산할 물량을 숫자로 입력합니다(생산계획). 생산에서 숫자를 입력하게 되면, 현재 보유하고 있는 원료, 용기, 밸브 재고 현황이 자동적으로 계산되어 나타납니다. 상기의 표와 같은 양식이 정보시스템에 화면으로 구성되어 있다면, 각 담당자는 상호 약속대로만 정보시스템에 입력하면 됩니다. 그리고 정보시스템은 (예를 들어) 다음과 같은 데이터들을 각 담당자에게 추가로 자동 제공합니다. 영업 담당자: 예측과 실적 비교 데이터, 생산계획 담당자: 계획 대비 실적 데이터 및 작업 지시서, 구매 담당자: 구매가 필요한 원료와 자재의 수량 등. 결론적으로, 현실에서 각 담당자가 사용하는 양식이 통일되고, 모든 구성원이 동시에 공유할 수 있는 품목별 양식이 있다면, 이것을 정보시스템에 반영한 이후, 각 담당자에게 수작업이 아닌, 정보시스템에서 업무를 하도록 하면 됩니다. 이러한 양식을 만들기 위해서는 여러 가지를 준비해야 하지만, 가장 필요한 두 가지만 이야기하면, 하나는 기준정보의 Visibility입니다. 예를 들어, 영업의 기준정보를 모두 알기 위해서는 우선 영업 사원이 알고 있는 모든 것이 공유되어야 합니다(판매 단가 제외). 그리고 실시간 용기의 위치별, 상태별, 수량별 현황을 알 수 있어야 합니다. 이를 위해서는, 용기 IN-OUT을 실행해야 합니다. 둘째는, 각 부서가 만들어내는 데이터를 다른 부서가 별도 가공 없이 활용 가능해야 합니다. 하지만, 현재 각 부서는 다른 부서에게 도움이 되는 데이터를 생성하지 않습니다. 제품과 상품이 고객에 납품되기까지의 과정은 각 부서의 협력 과정과도 같습니다. 그런데 현재 각 부서가 만들어내는 데이터는 다른 부서에 도움이 되지 않기에, 각 부서의 데이터를 보면 무엇을 위해 생성하고 있는지에 대해 의문을 자아냅니다. 즉, 부서별로 "나만을 위한 정보 생성"을 하고 있는데, 회사

전체적인 관점에서 보면, 매우 비효율적, 비생산적입니다. 이러한 현상이 지속된다면, 프로세스 운영의 비효율적, 비생산적일 뿐만 아니라 인력 운영 또한 비효율적, 비생산적으로 유지하고 있다는 것을 의미합니다.

　④ 상기 ①, ②, ③의 내용들에 대해 PI를 통해 최대한 정보시스템에 반영합니다. 그리고 정보시스템에 다양한 경영정보 화면을 만들어서, S&OP 회의 시 별도 수작업을 통한 가공 없이 정보시스템의 경영정보 화면만을 이용하여 회의를 진행합니다.

　결론적으로, 하찮게 보이는 양식 하나라도 제대로 만들기는 쉽지 않습니다. 제대로 만든 양식이 있고, 이 양식이 요구하는 대로 데이터(정보)를 생성하고 입력하면, 경영에 적극 활용할 수 있습니다. 임직원들은 양식을 벗어나지 않는 수준에서 일하게 되는 경우가 보편적입니다. 문서 양식이 너무 간단하거나 요구하는 수준이 낮으면 낮은 수준으로 일을 하게 되고, 문서 양식이 난잡하거나 비효율적이면 효율성과 경제성 그리고 적응성이 낮게 일하게 될 가능성이 있습니다. 양식은, 임직원들의 업무하는 방식, 생각하는 방식, 행동하는 방식에 크고 작은 영향을 미칩니다. 양식 하나를 변경하기 위해서는 생각하는 방식과 행동하는 방식에 변화가 있어야만 가능합니다. 어떻게 보면, 매너리즘을 깨트려야만 변경 가능하다고 할 수 있습니다. 왜냐하면, 대부분의 사람은 기존에 하던 방식에 익숙해져서, 변화를 생각하거나 변화하려고 하지 않기 때문입니다. 즉, 기업이 많은 시간과 노력과 비용을 투자하는 과정에서 양식도 바뀌게 됩니다. 그래서 하찮게 보이는 문서 양식, 업무 양식이라도 경쟁기업에 유출되면 경쟁기업 입장에서는 손쉽게 노하우를 얻는 것과도 같습니다.

데이터(정보) 수집 및 입력 방법에 대한
패러다임을 바꾸어 봅시다! Case "2"

■ 930L 이하 사이즈 용기의 데이터 수집

　데이터 수집은, ① Only(오로지) 사람에 의존한 방법, ② 사람과 기계(설비, 장비)에 의존한 방법, ③ Only(오로지) 기계에 의한 방법으로 나뉩니다. 여러분의 회사는 상기 방법 중에 ①에 의존하고 있습니다. 오해하지 말아야 할 것은, 사람이 휴대용 스캐너를 이용하여 수작업으로 Scan하는 것도 ①에 해당되며, 수작업으로 데이터를 수집하여 수작업을 통해 정보시스템에 데이터를 입력하는 것도 ①에 해당됩니다. ②에 해당되지 않습니다. 왜냐하면, 스캐너나 정보시스템을 활용하고 있지만, 사람이 없으면 데이터 수집은 불가능하기 때문이며, 나는 이 부분에 대해서는 보수적인 입장입니다. 따라서 여러분이 처해 있는 상황을 고려 시, ② 방식으로 변환하는 것이 필요하다고 판단되고, ②를 구축 후, 일정 부분 프로세스가 안정화되면, ○○○와 추가 협의 후, ③을 추가 추진하여 데이터 수집 방법을 최대한 자동화·현대화 시키는 것이 필요하겠습니다.

　여러분이 처해 있는 상황입니다. 여러분은 데이터 수집 및 운영에 관심이 없었습니다. 이러한 현실은 굳이 여러분에게 물어보지 않아도 알 수 있습니다. 왜냐하면, 실시간 데이터가 수집되지 않고, 정보시스템을 운영 중이지만, 정보 분석과 새로운 의미 도출에 도움이 되는 경영정보화면들은 미비하기 때문입니다. 취급하는 용기 숫자에 비해 운영 현장이 상대적으로 좁은 편입니다. 각종 시설과 건물들이 여기저기 분산되어 있어 물류(물건의 흐름)가 단순하지 않고 복잡합니다. 데이터를 수집하는 주체가 되는 현장 인력은 자주 변경되고, 교육 훈련도 제한되지만, 교육 훈련을 한다고 해도, 현장 인력에게서 데이터 수집 관련 높은 기대를 할 수 없습니다. 부서별 그리고 작업 현장별로, 올바른 방향과 속도로 지속 실행 가능한 관점에서 데이터 수집 상태를 관리하는 현실적인 관리자가 없습니다. 물류(물건의 흐름) 이동 동선에 Rule이 없습니다. 용기가 외부에서 입고될 때와 외부로 출고될 때, 공항에서의 입국과 출국 시처럼 해당 담당자에 의해 실시간 통제가 되어야 하는데, 실시간 제대로 통제가 되지 않은 상태에서 용기의 입고와 출고가 발생하고 있습니다. 입고되는 용기를(공병, 상품) 통제하고 분류하고 보관하다가 소요 계획에 따라 각 공정으로 분배하는 시설이 없고, 용기를 (제품, 재검사 대상, 상품, 내면처리 대상, 잔류가스처리 대상) 일괄적으로 통제하고 분류하고 보관하다가 출하 및 출고 계획에 따라 각 고객 및 협력사에 납품하는 시설이 없습니다. 이러한 시설이 꼭 필요한 것은 아니지만, 사람에게 높은 수준을 기대하기 어렵고, 어떤 방법으로든 관련 프로세스를 구축하는 것이 어렵다면, 입고와 출고를 통제하고, 용기의 분류, 보관, 분배 기능을 유지하는 시설을 구축하여 운영하는 것이 긍정적입니다. 용기의 입고 및 출고 시 무조건 Scan 후, 내부로 이동하고 외부로 출고해야 하는데, Scan이 안 되는 경우가 자주 발생합니다. 여러분은 ○○○○○에서 일괄적으로 추진한 RFID를 용기에 부착하여 활용하고 있는데, RFID의 인식 거리가 매우 짧아(수동형), 센서에 의한 자동 Scan이 아닌, 사람의 수작업에 의한 Scan에 의존하고 있습니다.

상기 내용을 모두 감안하여, 아래와 같이 검토하였으니, 충분히 검토 후, Time Table를 작성하여 추진 바랍니다.

여러분은 바코드를 활용하지 않고, RFID를 활용하겠다는 의사결정을 하였습니다. 따라서 ○○○와 ○○○는 다음의 내용을 명확하고 상세하게 확인 후(실제 가능성), 관련 담당자와의 추가 면담을 통해(업무 파트너 지정 포함), Time Table을 작성하세요. 가능성을 명확하고 상세하게 확인하지 않고, 관련 담당자를 지정하지 않으며, 관련 담당자와 명확한 추가 면담을 하지 않은 상태에서, 작성한 Time Table은, 내실 있는 "실행"과 거리가 멀어, "상상"이고, "허구"이며, "보여주기식"이고, "쇼"일 뿐입니다. 이러한 원인으로 인해 여러분 회사뿐만 아니라 많은 기업에서 Time Table를 작성하여 운영하지만, 실제 Time Table에 명시된 내용대로 또는 Time Table에 명시된 기한 안에 진행 또는 완료되지 않는 경우가 발생합니다. 그리고 "가능성"과 "명확성", "구체성" 측면에서 사전에 확인하지 않고 작성한 Time Table은 실제 현실과 잘 일치되지 않음에도 불구하고 실제 현실에서 잘 일치되고 있다고 허위로 공유하는 경우 또한 종종 발생하는데, 특히, 외형적으로 잘 보이지 않고 눈으로 하나하나 직접 확인하기 어려운 사무 분야의 프로세스를 구축하는 경우에서 자주 발생합니다. 내가 여러분 회사에서 느끼는 부분은, Project 별로 구분하여 Time Table을 작성하는 것이 매우 어렵다는 것입니다. 사유는, 여러분을 통해 "가능성", "명확성", "구체성"을 적기, 적소에서 확인하기 제한되며, "책임 있는 의사결정과 역할을 해야 하는 부서와 담당자 지정", 즉, R&R 분야에서도 어려운 상황이 발생하기 때문입니다.

따라서 ○○○와 ○○○은, 이점을 염두에 두고, Project 진행 바랍니다. 다시 한번 강조해서 이야기합니다. "가능성", "명확성", "구체성"을 확인 후, 두루뭉술한 내용이 아닌, 항목 하나하나 구체적이고 명확하게 끄집어 내고, 항목별로 Time Table를 작성해보세요. 그리고 Time Table 안에 기간도 명시해야 하지만, 관련 담당자도 명확하게 지정해서 작성해 보세요. 그리고 매일 최소한의 시간을 투입하여, 그동안 공들여 정립해 놓은 기준정보의 유지가 무너지지 않게 하고, 나머지 시간은 아래의 내용을 추진하는 데

할애하십시오.

① 총 6 Point에서 데이터를 수집합니다(S0 IN, 충전 IN, 충전 OUT, S3, S3 OUT, 부적합 IN-OUT).

② 6 Point에서, RFID는 반드시 Scan 되어야 합니다. 단, 여건 고려, 부적합 IN-OUT 관련 프로세스까지 동시에 정립하는 것은 제한될 것으로 예상되니, 부적합 IN-OUT을 제외하고 5 Point만 우선 정립을 하십시오.

③ 6 Point에서, RFID를 통해 다음의 데이터가 생성되어야 합니다. ○○ 표시. 이 데이터들은 S&OP 프로세스를 유지하는 데 필요한 데이터들입니다. 현재, 여러분은 여러분 입장에서 필요한 데이터를 생성하고 있다고 이야기할 수 있겠지만, S&OP 프로세스 구축 및 유지에 필요한 데이터는 생성하지 않고 있습니다. 그리고 앞에서 언급한 대로 부적합 IN-OUT을 제외하고 5 Point만 우선 정립을 하십시오.

④ 5 Point에서 현재 RFID Scan 시 Display 되는 데이터와 앞으로, 추가 Display 되어야 하는 데이터에 대해 언급하겠습니다. IT 담당자 그리고 필요시 ○○○와 협의하여 반드시 RFID에 데이터가 Display 되도록 하세요. (1 Point를 추가해야 하고, 1 Point는 상하차 구역입니다)

• S0에서 RFID IN 스캔 시

- 현재, RFID Scan시 Display 되는 데이터: 용기재질, RFID 칩 번호, 용기번호, 스캔시간, 고객이름, 가스명, RFID번호 상태, 차량번호, 스캔한 PDA 번호

- 앞으로, RFID에 추가 Display되어야 하는 데이터: ○○○○○○○○○○○○○○○○○○○○○○○○○○○○○○○○○○○○ 구분하는 표시.

• 충전에서(충전 시작), RFID IN 스캔 시,

- 현재, RFID Scan 시 Display 되는 데이터: 용기재질, RFID 번호, 용기

번호, 스캔시간, 충전 전 검사결과, 하자유무, 스캔한 PDA 번호

  - 앞으로, RFID에 추가 Display되어야 하는 데이터: ○○○○○○○○○ ○○○○○○○○○○○○○○ ○○○○○○○○○○○○○○ ○○○○ 표시

    • 충전에서(충전 완료), RFID OUT 스캔 시,

  - 현재, RFID Scan시 Display 되는 데이터: ○○○○○○○○○○○ ○○○○○○○○○○○○○○○○○○○○○○○○○○○○ ○○○○○○ 스캔한 PDA 번호

  - 앞으로, RFID에 추가 Display되어야 하는 데이터: ○○○○○○○○○ ○○○○○○○○○○○○○○ 고객별 전용 용기를 구분하는 표시

    • S3에서, RFID OUT 스캔 시,

  - 현재, RFID Scan시 Display 되는 데이터: 용기재질, RFID 번호, 용기 번호, 스캔시간, 고객이름, 가스명, 차량번호, 압력, 중량, 충전 후 검사결과, RFID번호 상태, 스캔한 PDA 번호.

  - 앞으로, RFID에 추가 Display 되어야 하는 데이터: ○○○○○○○○○ ○○○○○○○○○○○○○○○○○○○○○○○○ 용기를 구분하는 표시.

⑤ 5 Point 중, RFID를 Scan 하는 방법의 구분

    • S0 IN, S3, S3 OUT: 센서에 의한 자동 인식이 원칙입니다(RFID가 고장나면 쉽게 교체할 수 있지만, 센서에 고장이 발생하여 인식이 불가능한 상황 발생 시 사람이 수작업으로 스캔해야 합니다. Only 사람이 해야만 하는 우발 상황 또한 발생 가능하므로, 이에 대한 SOP도 같이 구축해 놓고, 정기적으로 교육해야 합니다. 모든 것이 다 문제가 없을 것이고, 상대방은 약속을 모두 지켜 줄 것이고, 모든 것은 On Time 개념으로 된다는 생각은 큰 오산입니다. 현재, 여러분 회사의 S&OP 프로세스 구축에 있어, 많은 걸림돌이 있지만, 가장 큰 걸림돌은 S0와 S3에서 데이터가 실시간 그리고 올바르게 수집되지 않는 것입니다. 프로세스를 구축하고 올바른 방향과 속도로 지속 운영하기 위해서는, 사람의 역할도 필요하고, 장비의 역할도 필요하고, 기계의 역할도 필요하고,

정보시스템의 역할도 필요합니다. 즉, 오로지 기계와 정보시스템에 의한 즉, SF 공상 과학 영화에서 볼 수 있는 자동화 현대화 수준이 아닌 이상, 사람, 기계, 장비, 정보시스템이 적절하게 역할을 수행하며 상호 부족함을 메꾸고 상호 융합하며 운영되어야 합니다. 여러분 회사의 경우, 일정 또는 상당 부분, 사람의 역할을 배제할 수는 없기에(노동 집약적 산업 구조), 사람의 역할이 반영된 프로세스 구축을 다양하게 고민하고, 가이드 하며, 인내심을 가지고 기다려보았지만, 사람에 의존하는 것이 거의 불가능하다고 판단되어, S0 IN과 S3, S3 OUT은 사람이 아닌, 센서에 의한 자동인식을 원칙으로 하겠습니다. 센서에 의한 자동인식을 위해, 아래와 같이 가이드를 제시하니, 추진 바랍니다.

- 상차, 하차 구역에, 눈과 비를 피할 수 있는 캐노피를 설치합니다. 상하차 공간도 하나의 공정(Process)으로 생각해야 합니다. 단, Cross Docking 개념에 가깝습니다.

- 상차, 하차 구역에서 RFID Scan을(S0 IN, S3 OUT) 하지 않으면, 다음 공정 또는 외부로 이동이 불가능합니다.

- 캐노피 아래에는, 다음과 같은 것들이 준비되어 있어야 합니다. (상차와 하차 공간은 동일한 공간으로 정하되, 필요시, 각각의 공간을 구분할 수도 있습니다.)

- 하차: 바닥에 차량 주차 공간이 그려져 있어야 합니다. 차량에서 용기를 하차하면 잠시 대기하할 수 있는 공간이 지정되고 바닥에 공간이 그려져 있어야 합니다. 그리고 센서가(S0 IN) 설치되어야 합니다. 용기 하차 후, 용기가 잠시 대기하는 공간에서, 센서를 통과하기까지의 이동 과정을 나타내는 화살표를 바닥에 그려 놓아야 합니다. 그리고 파이프를 이용해 주위에 울타리를 설치하세요. 울타리를 설치하는 목적은, 차량이 주차하기 위해 들어오는 입구, 용기가 센서를 통과하는 출구 외에는, 모두 제한하여 반드시 Scan될 수 있게 하기 위함입니다. 그리고 용기가 센서를 통과하는 과정에서, 정상적으로 Sensing 되었는지를 표시하는 모니터가 끝 부근에(나가는 출구 방면) 설치되어 있어야 합니다.

- 상차: 바닥에 주차 공간이 그려져 있어야 합니다. 차량에 용기를 상차하기 전에, 용기가 잠시 대기할 수 있는 공간이 바닥에 그려져 있어야 합니다. 그리고 센서가(S3 OUT) 설치 되어야 합니다. 용기가 센서를 통과해 잠시 대기하는 공간에 머물다가, 차량에 상차되기까지의 이동 과정을 나타내는 화살표를 바닥에 그려 놓아야 합니다. 그리고 파이프를 이용해 주위에 울타리를 설치하세요. 울타리를 설치하는 목적은, 용기가 센서를 통과하는 입구, 차량이 출발하는 출구 외에는, 모두 제한하여 반드시 Scan될 수 있게 하기 위함입니다. 상차를 위해, 용기가 센서를 통과하는 과정에서, 정상적으로 Sensing 되었는지를 표시하는 모니터가 끝 부근에(들어오는 입구 방면) 설치되어 있어야 합니다.

    ※ 상차 그림은 하차 그림과 유사합니다. 하차의 경우, 센싱 구간이, 다른 공정으로 이동하기 위한 용기의 출구가 되고, 상차의 경우, 센싱 구간이, 상차를 위한 공간으로 이동하기 위한 용기의 입구가 되는 것입니다.

⑥ RFID 칩에 문제가 있으면(센싱 불가), 현장에서 즉각 교체하고, 재 Scan하여 정상 작동 여부를 확인해야 합니다(이 부분에 대해 특히 말로만 하지 말고, 이 한 줄을 단순히 SOP에 적어 놓지도 마세요. 한 줄에 해당되는 말이라고 해서 대충 생각하거나 반응하지 말고, 실제 실행 가능해야 하고, 실행 결과을 확인 감독 할 수 있는 구체적 프로세스를 정립하세요).

• 매일, 실시간, RFID가 고장난 용기 현황이 정보시스템에 자동 집계되도록 하고(시간과 용기번호), RFID를 교체하여 정상 작동하는 시점이(시간과 용기번호) 자동 집계되도록 해야 합니다. 이 두가지 데이터가 동일한 경영정보 화면에 나타날 수 있어야 합니다. IT 담당자와 협의하여 꼭 반영 하세요.

    ※ 하차 후, 용기가 센서 구간을 통과하는 과정에서, 모든 RFID가 센싱되지 않으면(정면에 문을 달고) 문이 열리지 않게 하는 것도 좋은 방법입니다. 반대로, 상차를 위해, 용기가 센서 구간을 통과하는 과정에서, 모든 RFID가 센싱되지 않으면(정면에 문을 달고) 문이 열리지 않게 하는 것도 좋은 방법입니다. 기술적으로, 가능한지 모르겠으나, 기술적으로 가능하다면, 이 부분도 같이 검토하십시오.

※ 충전 IN과 충전 OUT시에, 사람에 의한 Scan이 아닌, 자동인식 센서를 통한 Scan이 필요하다고 판단되면, 향후 추가 검토하겠습니다. (Step By Step)

⑦ 모든 충전 구역에 위치하고 있는 S0와 S3 공간에, 파이프를 이용해 구조물을 설치하고 구조물에는 센서를 설치하세요. (이해를 돕기 위해 개략적이고 개념적인 관점에서 그림을 추가합니다).

- S0에 있는 파이프 구조물에는, 자동 인식 센서가 부착되어 있습니다.
- S0의 경우, 하차 후, 용기가 센서를 통과했지만, Cross Check 차원에서 2차 센싱(검증)하기 위함입니다(하차 구역에서 센싱하는 것과, S0에서 센싱하는 것은 하나로 적용됩니다. 즉, 하차 구역에서 센싱과 S0에서의 센싱 모두는, S0 IN을 의미합니다). 그리고 Mass Based SCM을 추진하는 관점에서, S0에 해당하는 파이프 구조물은 공병을 ○○일치만 보유할 수 있는 규모로 설치하세요. 즉, 파이프 구조물에 부착된 쇠사슬에 의해 지지 되는 공병은, ○○일 수준의 공병 재고이고, 파이프 구조물 외부에 있는 공병은, ○○일 수준보다 더 초과로 보유하고 있는 공병 재고 판단하면 됩니다.
- S3에 있는 파이프 구조물에는, 자동 인식 센서가 부착되어 있습니다. 주위해야 할 점은, S0와 운영 개념이 다릅니다. S3에 있는 인식 센서는, S3에 재고가 얼마나 있는지를 나타내기 위함입니다. 그리고 Mass Based SCM을 추진하는 관점에서, S3에 해당하는 파이프 구조물은 충전/분석이 완료된 실병을 ○○일치만 보유 가능한 규모로 설치하세요. 즉, 파이프 구조물 쇠사슬에 의해 지지 되는 실병은 ○○일 수준의 실병 재고이고, 파이프 구조물 외부에 위치하고 있는 실병은 ○○일 수준보다 더 초과로 보유하고 있는 실병 재고로 판단하면 됩니다. Forecast가 증가하여 재고 수준을 높여야 한다면, 그때 파이프 구조물을 추가 설치하여 재고 보유 기준을 증가시키세요. 여러분 회사의 중간관리자, 그리고 ○○○와 ○○○는 일일 Patrol을 실시하여 초과로 보유하고 있는 용기 재고가 있으면 확인하고, 파이프 구조물 외부에 용기가 위치해 있다면, 모두 Balancing 대상에 해당됩

니다. 앞으로, 충전 계획을 수립하겠지만, 충전 계획을 수립하지 않고도, 이러한 행위(파이프 구조물 설치)만을 가지고도, 현장 작업자가 불필요한 재고를 만들지 않게 하는 데 도움이 됩니다.

⑧ IT 담당자는 ○○○ 및 ○○○와 협의하여, 현재까지 개발된 IN-OUT 개념의 정보시스템을 분석하고 후속조치 하십시오.

• 자동 인식 센서를 통해 수집된 RFID 정보가, 정보시스템을 통해 자동적으로 Display 되도록 해야 합니다.

• 정보시스템 안에, 6 Point와 관련된 여러 경영정보 화면을 만들어야 합니다. 현재 만들어진 정보시스템은, IN-OUT 개념의 정보시스템입니다. 그리고 많은 위치에서 IN-OUT이 가능하도록 되어 있습니다. 프로세스를 유지하는 과정에서, 데이터 수집이 가능한 Scan Point가 많고, Scan Point에서 실시간 데이터를 수집하여 Display 할 수 있다면, 프로세스는 일정 수준 이상의 정상화 및 고도화 상태를 유지할 수 있는 기반 또는 인프라를 구축하고 있다고 판단할 수 있습니다. ○○○의 경우, 현재, 여러분의 고객이 아직은 까탈스럽지 않고, 여러분에게 높은 프로세스를 유지할 것을 요구하지 않기에, 6 Point만 유지한다면, 일정 수준의 S&OP 프로세스 유지가 가능하다고 판단됩니다. 하지만 고객의 생각하고 행동하는 방식이 매우 까탈스럽고, 여러분에게 수준 높은 프로세스를 유지하라고 요구한다면(잔류가스처리, 진공처리, 충전, 분석, 외관 검사, Packing 등 모든 프로세스에서), 여러분은 6 Point에서 만족하면 안 되고 관리해야 할 Point를 더 증가시켜야 할 것입니다. 여러분은 반드시 패러다임을 바꾸어야 합니다. 올바른 방향과 속도의 프로세스를 구축 및 운영하고 싶다면, 하나, 수작업으로 Scan을 하든 자동인식 센서로 Scan을 하든, Scan을 통해 수집된 데이터가 자동적으로 정보시스템에 전달되어야 합니다. 둘, 정보시스템은 정보시스템 안에 있는 구성 Logic에 따라 데이터를 융합하고 변환해서 정보시스템에 있는 각종 경영정보화면에 자동적으로 다양한 데이터를 Display 할 수 있어야 합니

다. 셋, 여러분은 경영정보 화면에 Display된 데이터를 업무와 경영에 적극 활용할 수 있어야 합니다. 그런데 현재 여러분은 수작업으로 데이터를 수집하고 수집된 데이터를 다시 수작업으로 정보시스템에 입력하고 있습니다. 여러분이 현재 하고 있는 방식은 효율적이지 않으며, 정보시스템을 "울며 겨자 먹기 식"으로 어쩔 수 없이 사용하는, "일을 위한 일"을 하고 있는 것과 별반 다르지 않으며, 물류(물건의 흐름)와 SCM에 도움이 될 수 있는 정보시스템 활용이 아니라, 비용 지급과 결산을 위한 정보시스템 활용에 불과한 수준입니다. 그리고 경영정보화면에 대한 인식과 이해의 폭을 넓혀야겠습니다. 많은 대화를 오가며 이야기를 했지만, 아직도 여러분의 정보시스템에는 경영정보화면이 없습니다. 필요한 경영정보화면을 많이 만들어 놓아야만, 실시간 데이터가 어떻게 수집되는지를 알 수 있기에, ○○○와 ○○○는 IT 담당자와 함께 RFP를 검토하여 경영정보 화면 구축에도 신경 써야 합니다.

■ 930L를 초과하는 사이즈 용기의 데이터 수집(ISO Tube, Tanklorry, ISO Tank 등)

여러분은 바코드를 활용하지 않고, RFID를 활용하겠다고 하였습니다. 하지만 ISO Tube는 RFID가 수동형인 관계로 인식 거리가 매우 짧아, RFID를 자동인식 센서로 관리할 수 있는 방법은 불가능하다고 판단됩니다. 그래서 ISO Tube의 데이터 수집은 100% 사람에 의존할 수밖에 없습니다. ○○○와 ○○○는, 다음의 내용에 대해 관련 직원들과 미팅하여, 경제성과 효율성이 극대화되며 지속 실행 가능한 방법을 찾아 정립해 보세요.

① 운전기사가 차량 운행 일지를 작성하고, 운송부서에서 운행일지에 있는 데이터를 엑셀로 정리해서 매일 ○○○와 ○○○에게 전달합니다(차량 운행 일지에는, 고객, 출발시간, 도착시간, 용기번호가 기록되어 있어야 합니다).

② 운전기사가 차량 운행 일지를 작성하고, 운송부서에서 운행일지를 ○○○와 ○○○에게 제출하면, ○○○와 ○○○는 엑셀로 기록 유지합니다.

③ ISO Tube 각 용기에, RFID를 부착하고, 운전기사는 출발과 도착 시 RFID를 수작업으로 Scan 합니다. 외부에서 회사로 입고 시에 Scan(불량) 되지 않으면 S0 담당자에게 이야기하고, S0 담당자는 반드시 RFID를 교체 및 재Scan 해야 하고, 회사에서 외부로 출고 시에 Scan(불량) 되지 않으면, S3 담당자에게 이야기하고, S3 담당자가 교체 및 재Scan한 이후에 차량은 출발해야 합니다. 하지만 현장 인력이 자주 교체되고, 여러분의 생각하는 방식과 행동하는 방식 그리고 여러분의 조직문화를 경험한 결과, 잘 될지 모르겠습니다. 왜냐하면, 인력에 의존도가 높고, 사람에 의존하여 사람 간에(운전기사와 S0 및 S3에 근무하는 사람) 상호 연계해야 하는 프로세스가 존재하므로, 현실적으로 지속 가능할지 모르겠습니다. 어쩌면 불가능하다고 판단됩니다.

④ 용기마다 GPS 수신기를 설치하여 운영하는 것을 검토해 보세요. 간단하고 쉬운 방법이나, 관련 인프라 Setting과 수신료가 발생합니다.

고객으로부터 ISO Tube 용기 회수 시, 바로 공장 내에 입고되어 충전 후 바로 다시 고객으로 가는 경우도 있지만, 공장 안이 아닌, 공장 밖의 주차장에서 장기간 대기했다가, 일정 기간이 지난 후, 공장 내로 입고되어 충전 및 고객으로 출고되는 경우도 있습니다. 중요한 것은, 주차장에 처음 도착한 시간입니다. 외부 주차장에 도착한 시간을 실시간 정문 경비실 직원이 수작업으로 관리하기 어렵습니다. 그리고 S0와 S3의 담당자들이, 다른 업무를 하는 과정에서, 외부 주차장에 있는 ISO Tube의 도착시간을 실시간 확인하는 것 또한 제한됩니다. 그리고 다른 업무를 하는 과정에서 RFID를 실시간 교체하는 것도 어렵습니다. 따라서 ISO Tube는 ①과 ②를 유지하는 것이 좋을 듯합니다. 게다가 ISO Tube가 수백 수천 개가 있는 것이 아니기에, 운전기사가 운행일지를 잘 기록해 주기만 한다면 문제는 없을 것으로 판단됩니다. 하지만 그동안 운송부서에 ISO Tube 관련 데이터를 요청하면, 데이터 수집에 소요되는 시간도 오래 걸렸고, 데이터도 정확하지 않았으며, 설상가상으로 명확한 R&R도 없는 것 같았습니다. ○○○와 ○○○는 이 점을 명심하고, 후속조치 진행 바랍니다.

■ 당부의 말씀

나는 ○○○○년에 여러분을 처음 만났을 때, 영업 담당자와 정보시스템 개발 담당자로부터 이런 말을 직접 들었습니다. 현재 이 사람들은(영업 담당자, 정보시스템 개발자) 퇴사를 했다고 들었습니다. 그리고 ○○○○년에, 재무에 근무하는 사람이 한 말을 직접 들은 것은 아니고 회의를 통해 간접적으로 전달 받았습니다. 재무에 근무하는 사람은 퇴사했는지 아니면 아직 다니고 있는지는 모르겠습니다. 내가 이들에게 들은 이야기는 **"여기는 뭘 해도 안 돼!", "여기는 어떤 것도 안 돼!", "여기는 죽어도 실시간 재고를 알 수 있는 방법은 없어!"**입니다.

S&OP 프로세스는 SCM의 많은 부분을 차지합니다. 그리고 S&OP 프로세스를 구축하는 데 필요한 과정은, 다음과 같이 크게 3가지로 구분할 수 있습니다. 그리고 이 3가지는 모든 기업에 공통적으로 적용됩니다. 가스를 생산 유통하는 기업이든, 반도체를 생산 유통하는 기업이든, 자동차를 생산 유통하는 기업이든 그리고 한국, 중국, 미국, 일본, 프랑스, 러시아 등 모두 공통적으로 적용됩니다. "① 기준정보의 정리와 사용하는 언어의 일치", "② 실시간 Real 데이터를 수집하며 프로세스 유지 상태 점검, 보완, 개선. 만약 데이터 수집이 불가능하다면, 최우선적으로 가능한 방법을 찾아 데이터 수집 프로세스부터 Setting", "③ S&OP 프로세스 유지를 위해 필요한 ○○○○○○○○○○○○○○○○○○○○○○○○○○○○○○○○ 정의하며 이

들을 상호 연계". 현재 여러분 회사는, 그동안의 노력을 통해, ①과 ③은 일정 부분 이상으로 되어 있습니다. ①에 소요되는 시간은, 기업의 Operation 수준과 DNA 수준에 따라 다릅니다. 수개월 이하로 소요될 수도 있고, 수개월 이상이 소요될 수 있습니다. 여러분 회사의 경우는, 수개월 이상 소요된 Case입니다. ③은 ①보다 시간이 더 많이 소요되지만, 많은 Reference를 활용하여, 여러분의 큰 도움 없이도 일정 수준 이상으로 완료가 가능했습니다. 문제는, ②입니다. 내가 이야기하고 싶은것은, 앞부분에, ○○○와 ○○○에게 많은 이야기를 했는데, 이야기한 목적은, ②를 해결하기 위함이고, 이것마저 안된다면(올바른 방향과 속도로 데이터 수집이 안된다면), 내가 예전에, 여러분에게 들었던 말들은, 내 기준에서도, 실제 사실이고 진리인 것입니다. 즉, "여기는 뭘 해도 안 돼!", "여기는 어떤 것도 안돼!", "여기는 죽어도 실시간 재고를 알 수 있는 방법은 없어!"는 사실이고 진리인 것입니다. 앞부분의 내용을 추진했음에도 불구하고 안 된다면, 스마트폰과 비교해서 예를 들면, 용기에 스마트폰 수준의 고도의, 그리고 수 킬로미터 또는 수백 미터 떨어져도 100% 인식이 가능한 최첨단의 능동적 RFID 태크를 부착하고, 이 RFID는 용기가 폐기될 때까지 어떤 조건에서도 절대 훼손되거나 파손되지 않는 RFID 태그이며, 회사 내부와 외부에(스마트폰을 운영 가능하게 하는 중계기와 같은) 실시간 RFID를 인식 가능하게 하는 거대한 중계기와 슈퍼컴퓨터 같은 정보시스템이 설치 및 운영되는 것입니다. 즉, 사업장 내로 용기의 입고, 사업장 내 이동, 사업장 밖으로 출고하는 과정에서 사람이 0.000001퍼센트도 신경쓰지 않아도 되는, 기계와 컴퓨터에 의한 완전 자동화 현대화로 변경되면 가능할 것입니다. 단, 100% 자동화 현대화가 되면, 용기의 실시간 Visibility는 100% 가능할 수 있겠지만, 용기 수량의 과부족을 예방할 수는 없습니다. 과부족은, 수요예측을 기반으로 구축 및 유지하는, S&OP 프로세스에 의해서만 가능한데, S&OP 프로세스를 구축하고 유지하기 위해서는, 과학적인 부분도 필요하지만, 사람에 의한 예술

(Art, 藝術)적인 부분도 필요하기 때문입니다.

"② 실시간 Real 데이터를 수집하며 프로세스 유지 상태 점검, 보완, 개선. 만약 데이터 수집이 불가능하다면, 최우선적으로 가능한 방법을 찾아 데이터 수집 프로세스부터 Setting". 즉, ②를 실현하기 위해, 나는 그동안 여러분과 다음과 같은 과정을 거쳤습니다.

- 여러분은 S&OP에 필요한 데이터를 전혀 수집하고 있지 않았습니다.
- 그래서 수작업으로는 불가능하다고 판단되어, IN-OUT 개념이 반영된 정보시스템의 구축을 이야기하였습니다(○○○○년). 그리고 나는 ○○○○에서 운영하는 RFID가 용기에 부착되어 있는 것을 보았습니다. 그래서 가능성을 문의한 결과, ○○○○○○의 RFID를 가지고는 IN-OUT 개념 적용이 불가능하다는 답변을 받았고, 나는, 그렇다면 Barcode로 해도 된다고 이야기를 하였습니다(○○○○년)
- IN-OUT 개념이 반영된 정보시스템을 만들었다고 해서 확인한 결과, IN-OUT 개념이 적용된 정보시스템이 아니었습니다. 이것도 아니고 저것도 아닌, 개발자만을 위한 "나홀로" 정보시스템이었습니다(○○○○년)
- IN-OUT 개념을 잘 모른다고 판단되어, 내가 직접 수 개월 동안 PI를 진행하여 정보시스템 개발자에게 전달하였습니다(○○○○년). 정보시스템을 만들기 전에 PI를 제대로 진행하지 않으면 현실과 동떨어짐은 물론, 목적에 맞지 않는 정보시스템이 만들어지고, 현실에서 사람들이 사용하는 것이 불가능하거나 매우 불편한 상태의 정보시스템이 만들어집니다. 즉, PI를 실행한 수준과 결과 대로 정보시스템이 만들어지는 것인데, PI를 제대로 하지 않으면, 정보시스템은 이것도 저것도 아닌 정보시스템이 됩니다. 설계 도면으로 비유를 하면, PI는 실제 설계이고, 설계 위에 부분별로 보기 좋게, 알아보기 좋게 색깔을 입히거나 표시를 하는 것이 정보시스템입니다. 여러분은 정보시스템이 완료되기까지는 수작업으로 데이터를 수집해 보겠다고 했습니다. 하지만 말과 행동은 달랐고, 수작업으로는 데이터 수

집이 되지 않았습니다. 그러던 와중에 정보시스템이 거의 완료되었다고 들었습니다(○○○○년)

- 나는 정보시스템을 현장에 적용해서, 데이터 수집을 해보라고 말했습니다. 그런데 사람이 자주 바뀌고, 일정 수준 이상의 노력을 기대할 수 없으며 기타 발생되는 다양한 어려움이 있어, ISO Tube부터 해보는게 어떻겠냐는 제안을 여러분으로부터 받았습니다. 나는 그렇게 해보자고 했습니다. 내 입장에서 볼 때, ISO Tube는, 굳이 정보시스템을 활용하지 않고도, 입고와 출고 시간을 수작업으로 잘 기록만 한다면, 충분히 가능한 일이었기에, 데이터 수집에 큰 문제가 없을 것으로 판단하였습니다. 그런데 제대로 시작을 해보기도 전에 R&R 문제부터 발생하여, 이후에 흐지부지해졌습니다.

- 나는 지속적으로 현장에, 정보시스템의 적극 활용과 정착을 독려했습니다. ○○○○○까지 현장으로 보내 보았지만, 큰 진전은 없었습니다.

- 그러던 중, RFID를 IN-OUT 개념으로 사용할 수 있도록 ○○○○○에 승인을 요청했고, ○○○○○ 승인을 기다리고 있다는 이야기를 여러분에게 들었습니다. 그래서 나는 ○○○○ 승인이 완료될 때까지 수작업이 안 된다면 바코드라도 부착해서 관리해 보자고 했습니다. 관련된 바코드 프린터기와 바코드 스티커의 규격과 재질까지도 모두 이야기해 주었습니다.

- RFID를 IN-OUT 개념으로 활용할 수 있다는 이야기를, 지난주, ○○○, ○○○, ○○○와 미팅을 통해 알게 되었습니다.

내가 "② 실시간 Real 데이터를 수집하며 프로세스 유지 상태 점검, 보완, 개선. 만약 데이터 수집이 불가능하다면, 최우선적으로 가능한 방법을 찾아 데이터 수집 프로세스부터 Setting"과 관련해서, 즉, 상기에, 여러분에게 개략적으로 진행된 경과를 이야기한 목적은 다음과 같습니다. 회사가 창립된 이후부터 오랜 기간, S&OP 프로세스에 필요한 데이터 수집을 전혀 안

하고 있었습니다. 그래서 나는, IN-OUT 개념의 정보시스템 구축이 필요하다는 것을 가이드를 했고, 여러분은 나에게 IN-OUT 개념이 반영된 정보시스템이 개발될 때까지 우선은 수작업으로 프로세스를 구축해보겠다고 했습니다. 그래서 나는 체크 포인트를 알려주고, 수작업이라도 구축해보라고 했지만, 여전히, 여러분의 노력과 힘에 의한 데이터 수집 프로세스 구축은 잘 안 되고 있습니다. 따라서 나는 여러분 회사의 경우, 여러 이유로 인해, 여러분의 노력과 힘에 의한 데이터 수집 프로세스 구축과 수작업에 의한 데이터 수집 프로세스 구축과 데이터 수집은 절대 불가능하다고 판단하고 있습니다.

현재, IN-OUT 개념의 정보시스템이 개발되었지만, 정보시스템을 현장에서 잘 활용하지 않고, 정보시스템을 통한 데이터 수집 뿐만 아니라, 정보시스템에 수집된 데이터가 S&OP에 활용 가능하도록 Display도 되지 않고 있습니다. 정보시스템에 수집된 데이터가 Display 되려면, 정보시스템 내에 다양한 목적의 경영정보 화면이 만들어져 있어야 하는데, 전혀 만들어져 있지 않습니다. ○○○와 ○○○는 정보시스템 개발자와 함께 경영정보 화면들을 추가로 만들어야 합니다.

데이터 수집과 관련한 프로세스를 구축하는 과정에서 많은 기업이 진통을 겪습니다. 각각의 기업이 처한 환경과 유지 중인 DNA로 인해, 기업이 겪는 진통의 정도(깊이와 넓이)와 기간은 다릅니다. 최소 1년 이상에서 수년이 걸리기도 하고, 어떤 기업은 10년이 지나도 똑같은 경우도 있습니다. 여러분도 매우 오랜 기간 데이터를 수집하지 않았고, 설령 데이터를 수집했다고 하더라도 비용 지급이나 결산에 활용해왔지, S&OP 프로세스를 유지하는 데 활용하지는 않았습니다.

나는 앞부분에, 다양한 내용을 제안했고 추진해보자고 했습니다. 내가 제안한 내용은, 나는 벼랑 끝에 선 느낌에서, 그리고 최후의 보루라는 생각으로 제안한 것입니다. 제안한 내용대로 했는데도 데이터 수집에 희망이 보이지 않는다면, 예전에, 내가 들었던 말들 "여기는 뭘 해도 안 돼!", "여기는 어떤 것도 안 돼!", "여기는 죽어도 실시간 재고를 알 수 있는 방법은 없어!"는 내 기준에서 볼 때도 진리고 사실입니다. 이 말들이 "진리이고 사실이다."라고 내 마음속에 명확하게 자리 잡는다면, 내가 여러분에게 이야기하고 싶은 것은, 여기(이 회사)는, "누가 와서 뭘 어떻게 해보려고 해도 안 돼!"입니다. 나는 기업의 업종과 나라를 불문하고, 모두에게 적용 가능한 방법으로 그리고 실제 모든 업종의 기업과 나라에서 적용하고 있는, 그것도 아주 기본적인 방법과 방향을 가지고, 여러분 회사에서(여러분 회사를 대상으로), 충분히 이렇게도 가이드해 보고, 저렇게도 가이드해 보았다고 판단합니다. 앞으로 누군가 나를 대신한다면, 그동안 여러분과 힘겨루기와 좌충우돌하는 과정에서 일정 부분 기초는 닦아 놓았기에 내가 처음 시작할 때보다 쉽게 접근할 수는 있겠지만, 현재 여러분의 생각하고 행동하는 방식 그리고 여러분의 DNA 상태가 그대로 유지된다면, 앞에서 이야기한(스마트폰을 예로 들면서 이야기한)대로, 100% 완전 자동화, 현대화가 아닌 이상, 여러분은 여러분의 회사에서 올바른 방향과 속도로 데이터 수집하는 것은 불가능하다고 판단됩니다. 그리고 배우는 것보다 잊어버리는 것이 더 빠르고 쉽습니다. 같은 양과 수준을 배우는 데 5년 걸리면, 잊어 버리는 데는 2.5년이면 가능합니다. 그만큼 배우는 것은 고통스럽고 어렵지만 잊어버리는 것은 간단하고 쉽습니다. 따라서 여러분 입장에서는 많이 어렵겠지만, 기존부터 해오던 방식만을 고수하려고 하지 않기를 바랍니다.

여러분은 유명 대기업들을 알고 있지 않습니까? 대기업이 국내외적 SCM을 구축하기 위해서는 수년에서 십수 년 이상 진통을 겪습니다. 그리고 글로벌화와 실시간 다양한 환경의 변화로 인해 현재도 끊임없이 진통을 겪고 있습니다. 여러분 회사는 대기업보다는 훨씬 작은 규모이기에 일정 수준 이상의 SCM 구축이 빠른 시간 내 가능할 것으로 쉽게 생각하고 판단할 수도 있겠지만, 잘못된 생각이고 잘못된 판단입니다. 그동안 여러 조직과 기업을 통해 겪은 제 경험으로 이야기하자면, 조직과 기업의 규모가 작다고 해서 일정 수준 이상의 SCM이 빨리 구축되고, 조직과 기업의 규모가 크다고 해서 일정 수준 이상의 SCM 구축이 지연되거나 늦게 되는 것은 아닙니다. 일정 수준 이상의 SCM을 구축하는 속도는 기업에 근무하고 있는 사람들의 생각하고 행동하는 방식, 도덕 및 윤리 그리고 협력과 관련된 조직문화, DNA 정도와 수준에 달려있습니다. 나는 다시 한번 강조해서 이야기합니다. 나는 앞부분에 있는 내용을 추진하려고 하고, 추진한 결과 데이터 수집이 잘 안된다면, 예전에, 내가 여러분에게 들었던 말들, "여기는 뭘 해도 안 돼!", "여기는 어떤 것도 안 돼!", "여기는 죽어도 실시간 재고를 알 수 있는 방법은 없어!"는 내 기준에서도 볼 때, 진리이고 사실입니다. 그리고 이 말들이 진리이고 사실로 내 마음속에서 명확하게 자리 잡는다면, 내가 여러분에게 이야기하고 싶은 것은, "여기는 그 누가 와도 안 돼, 여기는 그 누가 뭘 해보려고 해도 안 돼!"입니다. 그리고 한마디를 더 하자면, 여러분은 현재의 R&R이 변경되거나 현재보다 R&R이 증가되는 것에 매우 민감하게 반응하며, 과정보다는 결과를 중요시하는 분위기가 형성되어 있고, "네 것과 내 것에 대한 구분"이 너무 확실합니다. 따라서 여러분이 협력을 통해 과정을 잘 유지하는 것을 중요하게 생각하기보다 결과만을 가지고 "너의 탓" 하는 것을 더 중요하게 생각한다면 그리고 여러분이 현재 상태에서 변화하기 위한 노력을 부단히 하지 않는다면, 나는 여러분에게서 조금의 희망도 보이지 않는다고 생각할 것이고, 여러분에게 전체 최적화 관점, 시스템적 관점에서 언급하는 것을 포기할 것이며, 그렇게 된다면 여러분과 조직문화가 능동적이지 않는 한, 여러분과 여러분의 회사는 정말 빠른 시간 안에, ○○○○년 이전으로 다시 되돌아갈 것입니다.

○○○와 ○○○○는 다음의 내용을 추가로 확인하고, 협조가 필요하다면, ○○○와 이야기해서 진행 바랍니다. 실시간 소통에 문제가 있다고 판단됩니다. ○○○와 ○○○가 존재하는 이유는, 전사적 경영혁신입니다.

따라서 회사가 나아가고 있는 방향, 회사가 나아갈 방향, 회사 각 부서의 진행 및 예정사항, 개선되는 부분과 상태, 수요공급 간에 발생되는 모든 부서의 이슈(문제점) 사항들에 대해 ○○○와 ○○○는 모두 잘 알고 있어야 합니다. 특히, 발생되는 다양한 문제점에 대해서는 수집하고, 기록화하기 바랍니다. 문제점들을 당장 개선할 수 없고, ○○○와 ○○○ 입장에서 당장 중요하거나 필요하지 않더라도, 기록을 유지하기 바랍니다. 왜냐하면 역사를 잘 알고 있는 것이 중요합니다. 앞으로 데이터 수집이 잘 된다면, 그 다음 순서는 ○○○와 ○○○ 입장에서는 역사가 재발되지 않도록 S&OP 프로세스를 유지하는 것이기 때문입니다. 따라서 부정적 문제점이나 각종 이슈 사항을 수집하는 것은 어떤 방법으로든 진행하기 바랍니다. 알면서 안하는 것, 알면서 못하는 것, 몰라서 못 하는 것에는 차이가 있습니다. 꼭 회의를 하지 않아도 다양한 이슈 사항이 자동적으로 공유될 수 있는 프로세스를 구축해서 운영하기 바랍니다.

19가지 Factor와 과부족

19가지 Factor와 이를 기반으로 한 Logic을 정립한다면 현재 운영하는 용기 중 최소 10~20%, 더 나아가 그 이상의 숫자를 줄일 수 있고(경제성 및 효율성 ↑), 10~20%, 더 나아가 그 이상의 신규 소요가 감소될 수 있습니다(투자비 ↓)

☞ 용기가 증가될 수록, 신규 조달(투자) 및 유지관리(재검사, Repair, Clean 등)에 소요되는 비용 高

　　※ 용기 1BT의 조달 단가는 수십만원 ~ 수억원이며, 밸브 1개의 조달 단가는 수십만원 ~ 수백만원
　　※ 5년마다 받는 재검사 시, 1BT 당 소요되는 비용은 수백만원~ 수천만원
　　※ 가스의 판매 가격이 낮은 경우, 운영 용기 숫자를 효율화해야만 이익이 향상됨

☞ 용기가 증가될 수록, 관리 Point 증가 및 안전·환경·보안에 취약할 가능성 高

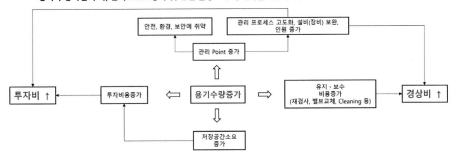

　　최적의 용기 숫자를 정립하고 운영하는 것이 필요합니다. 왜냐하면 용기 숫자는 효율성, 경제성, 적응성, 안정성 등에 지대한 영향을 미치기 때문입니다. 즉, 정립하고 운영 중인 용기 숫자는, 효율성, 경제성, 적응성, 안정성

등에 지대한 영향을 미치는 원인이 됩니다. 하지만 다른 한편으로는 결과입니다. 사유는 다음과 같습니다. 최적의 운영 용기 숫자를 정립하고 유지하기 위해서는 다양한 Factor가 필요하고, 제가 그동안 파악한 결과 Facter의 종류는 19가지였습니다. 즉, 19가지 Factor가 영향을 미쳐서 최적의 운영 용기 숫자가 정립되고, 19가지 Factor가 영향을 미쳐서 용기의 과부족 현상이 발생하게 됩니다. 과부족이 발생하지 않는 적정 운영 용기 수량을 항상 유지할 수 있으려면, 19가지 Factor를 적기, 신뢰성 있게 생성하고 잘 유지해야 합니다. 즉, Factor를 생성 및 유지해야 하는 부서는 운영 용기 수량을 정립하는 부서에 적기, 신뢰성 있게 Factor를 제공해야 하고, 제공한 Factor가 정해진 약속이나 Rule의 범위를 임의적으로 자주 벗어나고 변경되도록 만들어서도 안 됩니다. 그래야만 올바른 방향과 속도로 적정 용기 운영 수량을 정립하고 유지할 수 있습니다.

가스를 제조 및 유통하는 회사의 수요공급에 영향을 미치는 분야(전략적 관점에서)를 크게 구분하자면, 가스, 설비(장비), 용기(밸브), 저장소, 인력, 차량 등입니다. 이중에서 일반적으로, 가장 자주 발생하는 이슈는 용기입니다. 왜 용기 이슈가 자주 발생하는 것일까요? 앞에서 용기는 결과(물)라고 이야기하였습니다. 용기 숫자에 영향을 미치는 19가지 Factor는 여러분이 업무를 해야만 생성 및 유지됩니다. 좀 더 이해하기 쉽게 이야기하면, 19가지 Factor는 가스를 제조 및 유통하는 기업이 수요공급을 유지하기 위해 필요한 정보와 데이터이며, 여러분이 업무 과정(프로세스)을 실행한(유지한) 결과물입니다. 즉, 19가지 Factor는 정보 및 데이터이고, 여러분이 업무 프로세스를 유지하여 나타난 결과물입니다. 여러분이 업무 프로세스를 어떻게, 어떠한 수준으로 유지했느냐에 따라, 정보 및 데이터의 양과 신뢰성, 수준은 천차만별이 됩니다. 따라서 19가지 Factor는 구성원들의 업무 수준, 기업의 DNA 수준, 기업의 경영 수준을 나타내는 척도이자 결과물이기도 합니다. 만약 구성원의 DNA와 업무 유지 수준이 높고, 기업의 DNA

수준과 경영 수준이 높다면, 19가지 Factor는 적기에 신뢰성 있게 생성 및 유지될 것이고, 정해진 약속이나 Rule의 범위를 임의적으로 자주 벗어나거나 변경되지도 않을 것입니다. 반대로 구성원의 DNA와 업무 수준, 기업의 DNA 수준과 경영 수준이 낮으면, 19가지 Factor는 적기에 신뢰성 있게 유지되지 않을 것이고, 정해진 약속이나 Rule의 범위를 임의적으로 벗어나거나 변경되는 경우가 자주 발생할 것입니다. 때로는 DNA와 경영 수준에 상관없이 환경에 의해 어쩔 수 없는 것도 있습니다. 하지만 가수가 자신의 목 상태를 관리하는 것도 노래 실력에 포함되는 것처럼, 환경을 자신에게 유리한 방향으로 관리하는 것도 실력에 해당됩니다. 따라서 여러분은 19가지 Factor를 적기, 신뢰성 있게 생성 및 유지하기 위해 노력해야 합니다. 이를 위해서는 각종 업무 프로세스 개선, 인력 충원 및 인재 유지, 조직 개편, 정보시스템 구축 및 운영, 설비 구축 및 유지, 기타 인프라 구축 등, 다양한 노력을 해야 합니다. 재차 강조해서 말씀드립니다. 여러분이 명심해야 할 것은 다음과 같습니다. 적정 운영 용기 숫자에 영향을 미치는 19가지 Factor는 아이러니하게도 가스를 제조 및 유통하는 기업에게 꼭 필요한 정보와 데이터들입니다. 따라서 기업이 실시간 내·외부 환경 변화에 대응 가능한 적정 운영 용기 수량을 실시간 정립 및 유지하지 못한다는 것은, 효율성, 경제성, 적응성, 안정성 있게 경영할 수 있는 여건이나 능력이 안 된다는 것을 의미합니다. 즉, 기업이 실시간 적정 운영 용기 수량을 제대로 정립 및 유지하지 못한다면 기업이 구축 및 유지하고 있는 경영 수준은 매우 낮다는 것을 의미합니다. 그리고 가스를 제조 및 유통하는 기업의 S&OP에 필요한 정보와 데이터는 크게 두 가지로 구분됩니다. 첫 번째는 용기의 입고, 이동, 보관, 출고, 폐기되는 과정을 통해 생성된 정보와 데이터(실시간 위치, 수량, 상태를 나타내는 정보와 데이터), 두 번째는 적정 운영 용기 수량에 영향을 미치는 19가지 Factor들입니다(19가지 Factor에 대한 정보와 데이터). 일반적으로, 애매한 상황에서, "용기가 부족해서 안 된다."라는 말을 자주 합니다. 반복해서 이야기하지만, 용기 숫자는 결과물입니다. "용기 숫자의 과부족으로 인해 문제가 있다."고 말하며, 용기 숫자를 가해자로 생각할 수 있지만, 용기 숫자는 피해자입니다. 용기 숫자는 실시간 위치, 상태, 수량이 Visibility 되는 데이터, 그리고 19가지 Factor에 영향을 받아 생성되었을 뿐입니다. 어떤 문제가 발생하면 "용기가 부족해서"라는 말로 대충 마무리하려고 하는데, 이러한 발언은 그 상황과 자신들의 책임을 회피하기 위한 수단에 불과하며, 누구나 손쉽게 할 수 있는 말입니다. 그리고 용기 숫자가 부족해진 근본 원인이 자신과 자신이 소속된 부서일 수도 있습니다. 따라서 앞으로 여러분은 문제 발생 시, "용기가 부족해서"라는 말로 대충 때우기보다는, 용기 부족에 영향을 미친 원인을(Factor) 먼저 파악하고 깊게 반성하며, 고민을 통해 Factor의 신뢰성과 수준을 개선하려는 분위기를 형성해야 합니다.

앞에서 지속적으로 이야기했습니다만, 용기의 과부족은 가스를 제조 및 유통하는 기업의 수요공급에 지대한 영향을 미치고(용기가 없으면, 공급 적응성과 안정성이 낮아지고, 용기가 많으면 경제성과 효율성이 낮아집니다), 적정 운영 용기 수량에 영향을 미치는 19가지 Factor는 구성원의 DNA와 업무 수준, 기업의 DNA와 경영 수준을 나타내는 결과입니다. 따라서 앞으로 '19가지 Factor가 적기에 신뢰성 있게 제공되는지, 정해진 약속이나 Rule의 범위를 임의적으로 자주 벗어나거나 변경되는지, 벗어나지 않고 변경되지 않는지'에 대해, 19가지 Factor를 생성하고 유지하는 책임이 있는 사람과 부서는 그에 맞는 평가를 받아야 합니다. 같은 내용이지만 다르게 표현하면, 19 Factor를 생성, 제공, 유지하는 수준에 따라 용기의 과부족이 발생하고, 용기의 과부족은 효율성, 경제성, 적응성, 안정성에 악영향을 미치기에, 19 Factor를 생성, 제공, 유지하는 수준과 평가는 비례해야 하지 않을까요? CEO를 중심으로 한 경영진과 관리자들은 이 부분에 대해 깊게 생각하고, 19가지 Factor에 대한 KPI를 유지함은 물론, 평가에 반영하는 방향을 검토 후 적극 실행할 필요가 있습니다. 오랜 시간 여러분은 19가지 Factor의 생성, 제공, 유지 수준에 대해 '너무 안이하고 너그럽게 생각하고 봐주고 있지 않았는가?'에 대해 생각해 보시기 바랍니다.

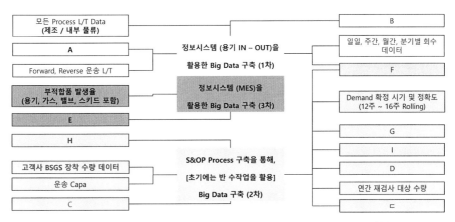

용기 운영 수량에 영향을 미치는 19 Factor 도출 → 용기 운영 Logic을 재 정립 / 운영 → 회전율 향상
(회전율 향상 → 용기 운영 효율 증가 → 용기 숫자 ↓, 용기가 발생시키는 매출액 ↑)

용기 숫자는 동시다발적, 그리고 복합적인 업무들과 경영의 결과물인데, 적정 운영 용기 숫자를 산정하기 위해서는 기준이 되는 Logic을 설정하여 운영해야 합니다. Logic을 설정하여 운영한다고 하니, 적정 운영 용기 숫자를 정립하고 운영하는 것을 단순 계산식이나 산수로 생각하고 대수롭지 않게 생각할 수 있습니다. 실제 여러분 중에 어떤 사람은 나에게 "Logic을 알려달라"고 했고, "Logic에 단순히 숫자를 대입하면 되는 일 아니냐?"라고 이야기했습니다. 내가 Logic을 여러분에게 알려주면, 여러분은 실시간 적정 운영 용기 숫자를 정립하고 유지할 수 있습니까? 적정 운영 용기 숫자를 정립하는 데 기준이 되는 Logic도, 19가지 Factor에 의해 영향을 받습니다. 따라서 생성된 Factor의 신뢰성이 낮거나 Factor가 제대로 생성되지 않는다면 여러분 회사에 적합한 Logic을 정립하는 것이 어렵거나 불가능합니다.

우여곡절 끝에 Logic을 정립했다고 하더라도 Logic을 제대로 활용하는 것이 어렵거나 불가능하며, 정립된 Logic의 Powerful 함과 Detail 정도와 수준은 떨어집니다. 같은 종류의 가스를 생산하고 유통하는 기업들일지라도, 각각의 기업이 생성하고 유지해야 하는 19가지 Factor의 수준이 다르다면, Logic 또한 다를 수밖에 없습니다. 그래서 나는 최적의 용기 숫자를 정립하고 운영하는 행위는 공학적, 산수적, 예술적을 포함한다고 이야기하고 싶습니다. 왜냐하면 예측, 수량관리, L/T 등에 대해서는 컴퓨터화 및 공학적 모델링으로 지향되었고, 실시간 변화되는 내·외부 환경과 Factor의 생성 및 유지 수준에 따라 불확실성이 존재하게 되는데, 이러한 불확실한 상황을 극복하기 위해서는, 적정 운영 용기 수량을 정립하는 데 책임이 있는 인원들의 창조성, 직관력, 통찰력, 결정력, 그리고 정신적 유연성과 같은 특성이 필요하고 중요한 요소로 작용하기 때문입니다. 그리고 이러한 특성을 보유한 책임 있는 인원은 화가가 도화지에 그림을 그리듯이, 실시간 상황과 Business에 적합한 그림, 즉 "예술적 능력을 표현하게 된다."라는 것입니다. 그리고 실시간 내·외부 환경과 Factor를 생성하고 유지하는 수준에 따라 발생하는 불확실성에 의해 요구되는 예술적 양상은, "즉흥성, 예측, 동시성 및 연속성과 같은 원리로 이루어져 있으며, 공식화를 할 수 없다는 것"입니다. 이렇듯 적정 운영 용기 숫자를 정립하고 유지하는 과정은 1+1=2와 같은 단순 산수나 계산식도 아니고, 1+1=2처럼 불변하는 것도 아니기에, 단순하고 대수롭지 않게 생각하지 않기를 바랍니다. 그리고 용기 숫자가 정립되고 운영되는 개념을 잘 이해하려면, 부분 최적화적 생각이 아닌 전체 최적화/시스템적 사고/Process/시스템에 대한 용어의 정의를 제대로 이해하고, 다양한 경험을 통해 전체 최적화/시스템적 사고/Process/시스템에 대한 풍부한 철학을 보유하고 있어야 합니다. 일반적으로, 용어를 제대로 이해하고, 용어에 대한 자신만의 철학을 형성하는 과정은 오랜 시간이 소요됩니다. 간과하지 말아야 할 것은, 단순히 시간이 흐르고 나이가 많다고 해서, 하나의 기업에 오래 있었다고 해서, 그리고 직급이 높다고 해서, 큰 기업에 근무했다고 해서 자신만의 철학이 형성되는 것이 아닙니다. 따라서 전체 최적화/시스템적 사고/Process/시스템에 대해 부단히 고민하고 철학을 형성하기 바랍니다. 다음은 용기의 과부족에 영향을 미치는 경우입니다. S&OP Process를 유지하는 과정에서는 정말 많은 경우의 수가 실시간 발생하지만, 12가지만 간단하게 예를 들어 보았습니다(빙산의 일각 수준). 아래 12가지 내용은, 적정 운영 용기 수량에 영향을 미치는 Factor들이, 용기 운영 수량을 정립하고 운영함에 있어 부정적 영향을 미치는 것을 나타냅니다. 앞에서도 이야기했지만, Factor를 생성하고 유지하는 부서에서는 적정 운영 용기 수량을 정립하는 부서에 Factor를 적기에 신뢰성 있게 제공해야 하고, 제공한 Factor가 정해진 약속이나 Rule의 범위를 임의적으로 자주 벗어나거나 변경되어서도 안 됩니다. 그런데 적기에 신뢰성 있게 제공이 안 되고, 정해진 약속이나 Rule의 범위를 자주 임의적으로 벗어나거나 변경된다면, 당연히 흔들리게 되어 있고, 이는 과부족 현상으로 이어집니다. 여러분의 회사에 운영 중인 용기 현황과 보유 중인 재고 현황을 보면, 어떤 용기와 재고는 남고, 어떤 용기와 재고는 부족합니다. 이러한 현상은 "여러분이 19가지 Factor를 제대로 생성하고 유지하지 못하고 있다는 것"을 의미합니다. 만약, 여러분이 프로세스를 유지하는 수준이 낮고, 내외부 환경, 특히 고객으로 인해 어려움이 많다면, 가장 쉬운 방법은, 부서별 생성 및 유지하고 있는 Factor들의 오차 범위를 측정하여 오차 범위만큼 용기와 밸브 숫자를 증가시키고 비축해 놓는 것입니다. 반면에 이렇게 비축 개념 즉, OT(On Time) Based SCM이나 JIT(Just In Time) Based SCM이 아닌, Mass Based SCM을 유지하게 된다면, 19가지 Factor에 관여하고 있는 인력들의 숫자 또한 감소해야 합니다. 왜냐하면 상대적으로 업무 강도나 요구 수준이 낮아지기 때문입니다. 하지만 아이러니하게도, 여러분이 몸담고 있는 기업의 현실이, 정보시스템을 통해 실시간 데이터를 생성하고 수집하는 것이 원활하지 않고, 수집된 정보와 데이터의 신뢰성이 낮다면, 여러분이 Mass Based SCM을 유지하더라도 인력 숫자를 감소하는 것은 불가능합니다. 수요와 공급의 시작은 영업입니다. 즉, 19가지 Factor들 중에, 용기 숫자에 가장 큰 영향을 미치는 Factor는 Forecast입니다. 따라서 Forecast 관련, 영업 부서가 유지하고 있는 각종 Process에 깊이가 없고 올바른 방향과 속도로 제대로 정립되지 않고 유지 또한 되지 않는다면, 다른 부서의 Process는 굳이 확인 안 해봐도 수준이 높지 않음을 알 수 있습니다. 여러분, 단추가 많은 옷을 입는데 첫 단추를 잘못 채우면 어떻게 되나요? 다른 단추들도 제 위치에 채워지지 않습니다. 930L 이하 사이즈의 용기로 납품하는 품목에 대해서, 우리는 16주 미래의 Forecast를 내다보고 Rolling을 하고 있습니다. 16주라고 정한 이유는, 취급하는 용기와 밸브 중에, 조달 L/T이 가장 늦은 품목이 16주이기 때문입니다. 그런데 최근 갑자기 조달 L/T이 16주 이상 발생하고 있습니다. 어떻게 해야 할까요? 영업의 Rolling 구간을 16주 이상으로 더 늘려야 할까요? 조달 L/T이 16주 안에 들어올 수 있는 방법을 찾아야 할까요? 영업에서 X-1년 11월~12월에 사업 계획을 수립했습니다. X년에 용기 발주는 X-1년에 수립한 사업 계획에 명시된 시점에 진행하게 됩니다. 문제는 명시된 시점에 용기 발주를 진행했는데, 여러 이유로, X-1년에는 4개월 소요되던 조달 L/T이, X년에는 6개월로 증가되었습니다. X-1년의 사업 계획 수립 시, 이 부분을 예측하지 못했기에, 당연히 운영 용기는 부족해질 수밖에 없습니다. 영업에서 X-1년 11월~12월에 사업 계획을 수립했습니다. 그런데 X년에 계획에 없던 용기 소요가 갑자기 발생했고, 이 소요는 X-1년에 수립한 사업 계획에는 당연히 반영되어 있지 않았습니다. 고객은 2개월 안에 납품을 해달라고 합니다. 그런데 X년의 조달 L/T은 6개월입니다. 당연히 운영 용기가 부족해질 수밖에 없습니다. 영업에서 Forecast를 Rolling을 한 결과, 매월 200BT가 납품된다고 공지했습니다. 그래서 200BT에 맞게 용기를 준비했는데, 실제 300BT가 납품되었고, 일시적이 아닌 지속적으로 300BT가 납품되었습니다. 당연히 운영 용기가 부족해 질 수밖에 없습니다. 반대로, 매월 200BT가 납품된다고 했는데, 실제로는 100BT가 납품되면 용기가 남게 됩니다. 아래에 있는 표는 실제 사례이며, 표의 내용을 이해하는 데 도움을 주기 위해, 표와 상관없는 내용으로, 우선 예를 들어 설명하겠습니다. 영업의 미래 Forecast를 확인한 결과, 고객별로(각기 다른 수개월 뒤에) 납품할 용기가 부족하다고 판단되어 투자를 통해 신규 용기를 조달했고, 각기 다른 수개월 뒤에 고객별 Forecast와 투자 시점에 고객별 Forecast를 비교해 본 결과를 나타낸 내용입니다.

	투자 시점	투자 품목 (용기)	투자 수량 (투자 시점에 Sensing한 Forecast를 기준으로 소요 산정)	고객	Forecast 비교 결과 (일치율)
1	20년 10월 13일	Tank lorry	3BT	A	98%
2	20년 12월 12일	440L	32BT	B	0%
3	21년 1월 5일	440L	35	C	33%
4	21년 2월 9일	44L	189BT	D	52%
5	21년 2월 25일	47L	239BT	E	74%

1. 20년 10월에, 미래 7개월 후, A 고객사에 Tank lorry 납품이 증가한다는 것을 Sensing 했습니다. 그래서 10월 13일에 Tank lorry 3대를 투자하였습니다. 투자 시점의 Forecast와 7개월 후 Forecast를 비교한 결과, 98%가 일치하였습니다. 그래서 투자는 효과적이었다는 것을 나타냅니다.

2. 20년 12월에, 미래 4개월 후 B 고객사에 440L 사이즈 용기의 납품이 증가한다는 것을 Sensing 했습니다. 그래서 12월 12일에 440L 32BT를 투자하였습니다. 투자 시점의 Forecast와 4개월 후 Forecast를 비교한 결과, 0%가 일치하였습니다. 그래서 투자는, 효과적이지 못했습니다. 영업부서는 고객과 사용량이(납품량) 증가되는 시점을 다시 검토하고 협의하여, 용기가 장기간 방치되지 않도록 해야 합니다.

4. 21년 2월에, 미래 5개월 후, D 고객사에 44L 사이즈 용기의 납품이 증가한다는 것을 Sensing 했습니다. 그래서 2월 9일에 44L 189 BT를 투자하였습니다. 투자 시점의 Forecast와 5개월 후 Forecast를 비교한 결과, 52%(148%, 투자를 했지만 예상보다 더 많은 매출이 발생함)가 일치하였습니다. 투자는 효과적이었지만, 고객에게 안정적으로 48%의 물량을 더 공급하기 위해서는 추가 용기 투자가 필요한 상황입니다.

고객까지 납품에(Door to Door) 소요되는 L/T이 3주인데, 물류 대란으로 5주가 소요됩니다. 당연히 운영 용기가 부족해질 수밖에 없습니다. 태풍으로 인해 선박의 하역이 지연되었습니다. 이는 물류 L/T 증가로 연결되어 운영 용기가 부족해질 수밖에 없습니다. 태풍은 늦여름과 가을에 발생 빈도가 높습니다. 따라서 천재지변이지만 사전에 어느 정도 예상하고 대비할 수 있습니다. 여러분은 어떠하십니까? 내가 여러분이 수년간 해외 고객 및 공급사와 Business를 유지한 결과를 확인해 보면, 매년, 명절, 국경일, 태풍 등으로 인한 물류 L/T 증가가 예상되었지만, 100% 완벽하게 제대로 대비한 적은 없었습니다. 왜냐하면, 매년 공급 이슈가 발생했기 때문입니다. 오랜 시간 여러분은 발생형, 탐색형, 설정형 문제 인식 중에, 발생형에 치우친 업무와 경영을 해왔습니다. 즉, 소 잃고 외양간 고치는 행위를 반복해 왔습니다. 고객에게 한 달 동안 300BT를 공급했는데, 여러 가지 이유로, 한 달 동안 공병은 150BT밖에 회수되지 않았습니다. 공병이 회수되어야 충전 후 납품이 가능한데, 공병이 제때 회수되지 않으면 당연히 운영 용기는 부족해질 수밖에 없습니다. 생산했지만, 부적합품이 많이 발생했습니다. 설상가상으로 부적합품을 처리하는 시간도 지연되고 있습니다. 당연히 운영 용기는 부족해질 수밖에 없습니다. 정해진 Rule에 따르면, 재검사 L/T이 2주입니다. 그런데 재검사 과정에서 문제가 발생하여 L/T이 8주가 소요되었습니다. 당연히 운영 용기는 부족해질 수밖에 없습니다. A 고객사와 Business가 종료되어, 다가오는 10부터 납품을 안 하는 것으로 결정되었습니다. A 고객사 납품 용도로 사용했던 용기 숫자는 1,000BT입니다. 다행스럽게도, B 고객사에서 11월부터 1,000BT을 추가 납품해달라고 합니다. 이러한 경우, Balancing 계획을 수립합니다. A 고객사 용도로 사용했던 1,000BT을 B 고객사 용도로 전환하는 계획을 수립하고, B 고객사 소요에 대해서는 신규 조달을 계획하지 않습니다. 그런데 A 고객사에서 10월이 아닌, 12월까지 납품해 달라고 변경 요구합니다. 그러면 수립했던 Balancing

계획이 무너지게 되고, B 고객사에 납품할 운영 용기는 부족해집니다. 이런 상황에서 B 고객사에 공급할 용기를 무조건 신규 조달해야 할까요? 신규 조달하게 되면 나중에 용기 1,000BT이 잉여 수량으로 발생하게 됩니다. 만약 19 Factor들이 실시간 적기에 생성되고 신뢰성 또한 높다면, 그리고 적정 운영 용기 수량을 정립하는 데 책임이 있는 인원들이 유지하고 있는 창조성, 직관력, 통찰력, 결정력, 그리고 정신적 유연성 등의 수준이 높고 깊이가 깊다면, 1,000BT를 신규 조달하지 않고 Win-Win 할 수 있는 방법을 찾을 수도 있습니다. 왜냐하면 가스업은 거래가 종료되었더라도 용기가 순서대로(천천히) 고객으로부터 빠져나오고, 신규 거래가 형성되더라도 용기가 순서대로(천천히) 고객으로 들어가기 때문입니다. 신규 조달 후 입고 되었는데, 품질 테스트에 통과를 못 하는 상황이 장기간 발생합니다. 당연히 운영 용기가 부족해질 수밖에 없습니다. 원료와 상품을 거래하는 공급사에 이슈가 있어 원료와 상품의 수급이 원활하지 않습니다. 당연히 운영 용기는 부족해질 수밖에 없습니다. 예기치 않게 폐기 수량이 증가했습니다. 그러면 당연히 운영 용기는 부족해질 수밖에 없습니다.

나는 19가지 Factor의 생성 여부와 수준을 확인하고자 합니다. 19가지 Factor를 확인한다는 것은 여러분이 유지하고 있는 프로세스를 확인하겠다는 것입니다. 여러분이 유지하고 있는 프로세스를 확인한다는 것은 여러분이 실제 유지하고 있는 수작업, 반수작업, 정보시스템에 의한 업무 진행 과정 모두를 확인하겠다는 것입니다.

아래의 내용은, Factor들에 대한 실제 사례를 나타냅니다. 보안을 이유로, 일부 숫자와 내용을 모호하게 표현한 점은 양해 바랍니다.

● Factor: 국외 고객사 수출입 L/T 증가

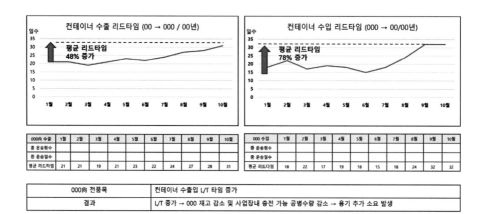

000向 수출	1월	2월	3월	4월	5월	6월	7월	8월	9월	10월
총 운송횟수										
총 운송일수										
평균 리드타임	21	21	19	21	23	22	24	27	28	31

000 수입	1월	2월	3월	4월	5월	6월	7월	8월	9월	10월
총 운송횟수										
총 운송일수										
평균 리드다임	18	22	17	19	18	15	18	24	32	32

000向 전품목	컨테이너 수출입 L/T 타임 증가
결과	L/T 증가 → 000 재고 감소 및 사업장내 충전 가능 공병수량 감소 → 용기 추가 소요 발생

● Factor: 국외 고객사 Reverse 물류(공병 회수) 정체

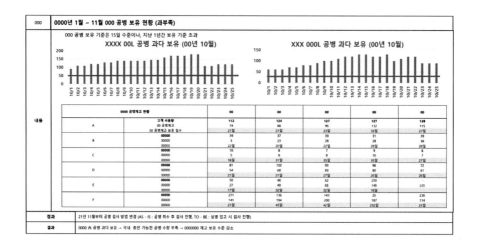

● Factor: 공급사 조달 L/T 증가

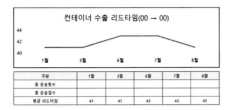

컨테이너 수출 리드타임(00 → 00)

구분	1월	3월	6월	7월	8월
총 운송횟수					
총 운송일수					
평균 리드타임	41	41	43	43	41

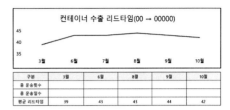

컨테이너 수출 리드타임(00 → 00000)

구분	3월	6월	8월	9월	10월
총 운송횟수					
총 운송일수					
평균 리드타임	39	43	43	44	42

컨테이너 수입 리드타임(000 → 000)

구분	2월	4월	6월	7월	9월
총 운송횟수					
총 운송일수					
평균 리드타임	63	74	50	65	63

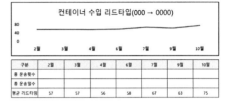

컨테이너 수입 리드타입(000 → 0000)

구분	2월	3월	4월	6월	7월	9월	10월
총 운송횟수							
총 운송일수							
평균 리드타임	57	57	56	58	67	63	75

● Factor: 장착 수량 증가(예측과 실제 납품간 차이)

고객사	품명	000주 FCST內변동 (용기, 밸브 조달 L/T 조과)				내용	결과
		AS-WAS		AS-IS			
		공유시점	FCST	공유시점	FCST		
000	A		00년 0월 : 61BT		00년 1월 : 84BT	FCST 38% 증가	용기 추가 소요 발생, 재고 감소 운영, 용기 혼용 사용, 항공운송 증가
	B		00년 0월 : 319BT		00년 7월 : 353BT	FCST 11% 증가	
	C		00년 0월 : 82BT		00년 7월 : 100BT	FCST 22% 증가	
	D		00년 0~0월 : 8BT		00년 8~10월 : 10BT	FCST 25% 증가	
	E		00년 0월 ~ : 16BT		00년 11월~ : 38BT	FCST 137% 증가	
	F		00년 00월 : 49BT		00년 10월 : 66BT	FCST 35% 증가	
	G		00년 00월 : 106BT		00년 1월 : 133BT	FCST 25% 증가	
	H		00년 00월 : 150BT		00년 12월 : 220BT	FCST 46% 증가	
	I		00년 00월 : 31BT		00년 1월 : 46BT	FCST 48% 증가	
	J		00년 00월 : 30BT		00년 12월 : 80BT	FCST 67% 증가	

● Factor: 고객 사용량 증가

고객사	품목	구분	7월	8월	9월	10월	11월	결과
0000 (제품)	A	예측 실제	54 86 +32	54 86 +32	54 86 +32	54 86 +32	54 89 +35	용기 추가 소요 발생, 재고 감소 운영, 용기 혼용 사용, 항공운송 증가
	B	예측 실제	60 75 +15	60 76 +16	60 75 +16	60 75 +15	60 71 +11	
	C	예측 실제	8 16 +8	8 16 +8	8 18 +10	8 17 +9	8 16 +8	
	D	예측 실제	6 15 +9	6 14 +8	6 14 +8	6 16 +10	6 17 +11	
	E	예측 실제	4 23 +19	4 28 +24	4 27 +23	4 25 +21	4 27 +23	
	F	예측 실제	232 238 +6	232 242 +10	232 261 +29	232 257 +25	232 268 +46	
0000 (상품)	G	예측 실제	12 15 +3	12 17 +5	12 17 +5	12 18 +6	12 16 +4	
	H	예측 실제	12 17 +5	12 17 +5	12 17 +5	12 17 +5	12 16 +4	
	I	예측 실제	12 15 +3	12 17 +5	12 17 +5	12 17 +5	12 17 +5	
	K	예측 실제	56 92 +36	56 100 +44	56 103 +47	56 100 +44	56 10 +47	
차이 소계			136	157	180	172	194	

● Factor: 부적합품 증가

고객사	품명	출하량 대비 부적합율			결과
		ISSUE 시점	AS-WAS	AS-IS	
○○○○	A	0000	부적합율 ○○% (○○○○)	부적합율 52% (○○○○)	비 가용 용기 증가, 재고 감소 운영, 공급 Shortage 예상
○○○○	B	0000	부적합율 ○○% (○○○○)	부적합율 17% (○○○○)	
○○○○	C	0000	부적합율 ○○% (○○○○○)	부적합율 16% (○○○○)	
○○○○○	D	0000	부적합율 ○○% (○○○○○○)	부적합율 73% (○○○○)	
○○○○○	R	0000	부적합율 ○○% (○○○○○○)	부적합율 71% (○○○○)	

● Factor: 재검사 L/T 증가

00	000년 00월 00L 재검사 L/T : 2주 → 3주 (L/T 1주 증가) / 납품주기 : 매주 → 3주로 증가
내용	00년 00월 재검사 업체 설비 개선(스마트 팩토리) 진행 통보 / 재검사 L/T 증가 발생
경과	**AS-IS** 재검사 납품 주기 : 매주 / 재검사 L,T : 2주 → **TO-BE** 재검사 납품 주기 : 3주 / 재검사 L,T : 3주
결과	00월 재검사업체 출고 수량 약 000BT 감소 (0월 689BT 출고 → 0월 381BT 출고 → 0월 645BT 출고) / 0월부터 정상화 00월 사내 재고 약 0.5(300BT) 재고 감소

경과 표 (AS-IS / TO-BE):

재검사 비가용 수량	평균	최소	최대		재검사 비가용 수량	평균	최소	최대
	414	154	414	→		550	271	817

다음은 가스를 제조 및 유통하는 기업의 사례입니다. 해당 기업은 높은 수준의 S&OP 프로세스를 유지하기를 희망했습니다. 하지만 데이터 가시성과 신뢰성이 낮아 최소한의 S&OP 프로세스를 유지하는 것도 불가능했습니다. 따라서 해당 기업에 S&OP에 필요한 데이터 수집 프로세스부터 구축하도록 권고하였습니다.

■ 가스 산업에서 가스를 제조하고 유통하기 위해 필요한 것은, 가스, 용기, 밸브, 설비, 장비, 사람 등입니다. 그래서 가스를 제조 or 유통하는 기업에서 발생하는 문제들의 대부분은, 가스, 용기, 밸브의 품질과 과부족, 설비/장비/사람 고장 문제나 Capa의 과부족이 원인입니다.

■ 가스를 제조 or 유통하는 회사에서, S&OP 프로세스를 유지하는 데 필요한 데이터는 다음과 같습니다.
 · A 가스: ① 현재 보유(품질, 과부족) 데이터, ② 고객의 미래 Forecast 대비 과부족 예상 데이터
 · B 용기: ③ 현재 보유 데이터(품질, 과부족), ④ 고객의 미래 Forecast 대비 과부족 예상 데이터
 · C 밸브: ⑤ 현재 보유 데이터(품질, 과부족), ⑥ 고객의 미래 Forecast 대비 과부족 예상 데이터
 · D 설비/장비/사람: ⑦ 현재 고장, Capa 데이터, ⑧ 고객의 미래 Forecast 대비 Capa 과부족 예상 데이터

■ 상기 "2"의 A, B, C 데이터는 용기를 통해 대부분 확보 가능합니다. 즉, S&OP 프로세스를 유지하는 데 필요한 데이터의 대부분은 용기로부터 얻을 수 있습니다. 용기의 과거 or 현재 위치, 용기의 과거 or 현재 상태(제품, 상품, 공병, 실병, 부적합품 등), 용기의 과거 or 현재 수량을 확인할 수 있다면, A, B, C에 대한 데이터를 대부분 확보할 수 있습니다.

■ 여러분은, 당장 모든 데이터를 단기간에 신뢰성 있게 수집 및 운영할 수 없습니다. 따라서 우선, ① 신뢰성 있는 데이터를 수집할 수 있는 인프라를 구축하고(프로세스와 ICT), ② 신뢰성 있는 데이터를 기반으로, 적정운영 용기와(밸브 포함) Logic을 정립하여 운영할 것을 권고합니다.

■ 적정운영 용기 Logic을(밸브 포함) 정립하는데 필요한, 과거 or 현재 데이터를 실시간 확보할 수 있다면, 상기의 A,B,C가 모두 해결될 수 있다고 해도 과언이 아니고, 적정운영 용기Logic을(밸브 포함) 정립 및 운영하는 것이 가능해져(적정 수량의 용기와 밸브를 운영하는 것이 가능해져), 고객을 대상으로 한 적응성이 빨라지고, 내부적으로는 효율성과 경제성이 증가합니다.

■ 적정운영 용기 Logic을 정립/운영하는 데 필요한 데이터.

- ○○○○○○○○○○○○○○○○○○○○○○○○○○○○○○○
- ○○○○○○○○○○○○○○○○○○○○○○○○○○○○○○○
- 부적합(이상발생) 발생 수량/발생율(월별/분기별, 가스, 용기, 밸브의 부적합 발생 수량/발생율)
- 고객(품목별)별, 가스 사용 L/T
- ○○○○○○○○○○○○○○○○○○○○○○○○○○○○○○○
- 월별(1년을 기준) 재검사 대상 용기 수량
- Forecast 정확도(4주 구간, 8주 구간, 12주 구간, 16주 구간)
- ○○○○○○○○○○○○○○○○○○○○○○○○○○○○○○○
- 자원 조달 L/T(가스, 용기, 밸브, 기타)
- 고객의 VMI(Vender Managed Inventory)요구 수량
- ○○○○○○○○○○○○○○○○○○○○○○○○○○○○○○○
- ○○○○○○○○○○○○○○○○○○○○○○○○○○○○○○○
- 모든 내부 프로세스별 하루 작업 가능 Capa(프로세스별 작업 가능한 용기 숫자)
- 고객별 전용화된 용기 종류와 수량(모든 고객을 대상으로 용기를 공통으로 운영하지 못하고, 특정 고객
  은 특정 용기만 운영하고 있는 종류와 수량)

■ 적정운영 밸브 Logic을 정립/운영하는 데 필요한 데이터.

- ○○○○○○○○○○○○○○○○○○○○○○○○○○○○○○○
- 재검사 예정인 용기 수량(M~M+6)
- ○○○○○○○○○○○○○○○○○○○○○○○○○○○○○○○
- 밸브 부적합이 발생 될 것으로 잠정 예상되는 밸브 수량(M~M+6, 과거 추세 분석을 통해 잠정 판단)
- ○○○○○○○○○○○○○○○○○○○○○○○○○○○○○○○
- 현재(사업장내) 밸브 보유 수량
- ○○○○○○○○○○○○○○○○○○○○○○○○○○○○○○○
- 밸브 발주 후, 밸브 제조사에서 생산중인 수량(00일 이내 도착 가능 수량. VMI 기준을 추가 정립해
  야 함)

큰 관점에서 Gas 산업 SCM

큰 관점에서 Gas 산업 SCM을 이해하는 데 도움이 되었으면 하는 관점에서 준비했습니다. 큰 관점에서 전달하는 내용이라 세세하게 문장으로 나열하기 보다는, 도식과 일부 문장으로만 나타내었습니다.

(GAS Supply Chain Management)

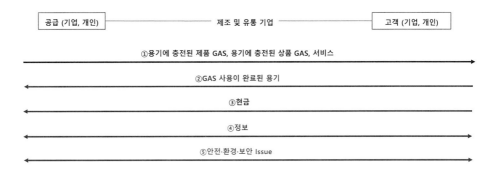

① 가스의 물리적 특성으로 인해, 가스 자체만으로 물류(物流)를 발생시킬 수 없음. 반드시 용기에 담겨져야만(충전 후) 물류(物流)가 발생함.

② Backward·Reverse 물류에 의해, 사용 완료된 용기를 회수해야만 고객에게 적기, 적소, 적량의 가스 재공급이 가능함.

④ 가스의 물리적 특성으로 인해, 가스 자체만으로는 수요·공급에 필요한 정보를 생성시킬 수 없음. 가스에 대한 다양한 정보는, 가스가 용기에 담겨진(충전)후, 용기의 위치 별, 수량 별, 상태 별 정보를 통해 생성됨.

⑤ 제조 및 유통되는 가스는 크고 작은 용기에 충전되어 있는데, 제조, 보관, 이동, 사용 과정에서 안전·환경·보안에 취약할 시, 폭발과 누출에 의한 환경오염, 재산피해, 인명사고 등이 발생함. 따라서 크고 작은 용기들의 관리가 매우 중요함.

- GAS를 제조 및 유통하는 기업의 Supply Chain에 대한 평가는, 단순히 고객에게 적기·적량을 공급한 결과에 국한되지 않음.

- GAS를 제조 및 유통하는 기업의 Supply Chain은, "가스를 기업 내·외부에서 안전·환경·보안에 위배되지 않게 제조 및 유통하는 것", "고객이 안전·환경·보안에 위배되지 않게 최종 사용할 수 있게 하는 것"까지 포함됨.

- 기업의 부주의로 인해, 폭발과 누출에 의한 환경오염, 재산피해,인명사고 등이 발생하게 되면, 기업 이미지를 하락시켜 매출을 감소시키고, 정부나 지자체의 안전·환경 규제에 따라 사업(업)이 존폐의 위기에 몰릴 수 있음.

- 일반적으로 올바른 방향과 속도로 SCM을 지속 유지하기 위해서는, 다양한 분야에 지속적인 노력과 투자를 실행해야 하나, 특히, 가스산업(업)에 있어, 매년 크고 작은 용기들의 안전·환경·보안을 위해 노력 & 투자하지 않는다면 향후 사업의 안정성과 지속성을 보장받을 수 없음.

☞ 따라서 GAS SCM에서는, 용기의 위치별, 수량별, 상태별 정보를 생성시키고, Control 가능한, 프로세스와 시스템 구축/운영이 매우 중요함.

☞ 다소 과장된 표현일 수 있지만, 많은 용기를 보유 및 운영 중인 기업의 GAS SCM은 용기 SCM이라고 해도 과언이 아님.

☞ 그런데 용기 관리 프로세스와 시스템(정보시스템에 국한되지 않음)이 미흡한 상태라면, 제대로 구축해야 함.

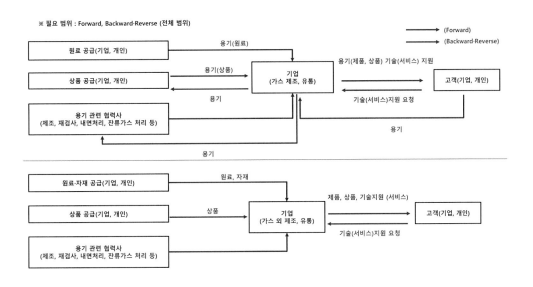

다음은 내가 정립해 본 가스업의 정의입니다.

안전·환경·보안 근간(根幹)하,
- 용기(容器), 밸브. 상품, 원료 등 중장기구간자원계획과, 자원간연계성을 통합관리하여 가용자원의 수급을 안정화하고,
- 고객이 요구하는 품질로 제조 및 유통된 제품과 상품을 유기적으로 고객과 연결하며,
- Backward, Reverse 물류에 의해 발생되는 각종 상태의 자원을 최단시간에 가용화하고,
- 고객의 다양한 요구에 올바른 방향과 속도로 지속 실행 가능하면서도, 내부적으로는 효율·효과·경제성을 향상시켜 이익률을 극대화하여,
- 궁극적으로는 기업의 번영을 추구하고 기업의 가치를 상승시키기 위한 경영 철학·사상(思想)

다음은 S&OP 프로세스를 유지하기 위한 고려사항입니다.

- 안전·환경·보안근간(根幹)
- 안정적 고객수요 및 주문 특성
- 자원 확보를 위한 L/T 長(용기, 밸브. 상품, 원료)
- 자원 간 연계성 大 → 자원 통합관리의 필요성 高
- 가용자원 수급 불균형 시 제조 차질
- 품질 불량에 의한 Loss율 低(Infrastructure Facilities 구축 가정)
- 제조공정 비교적 단순(전처리, 충전, 검사)
- 재고보다는 용기가 운영상의 문제를 더 숨기는 역할
- 제조업과 유통업의 공존 가능성 高
- 완성품 재고의 적응성(보유수준, 위치) 확보 必
- 가스 품질불량 및 출하 오류가 고객에 미치는 영향 大
- 자원 품질 중요성 高(용기, 밸브, 상품, 원료)
- 복잡하고 비효율적인 물류(흐름) 유지 가능성 高

책임자가 퇴사해서 처벌할 사람이 없다고요?

☞ **지휘**

주어진 권한을 이용해서 영향력을 행사하는 행위로서 설득과 협력의 과정이기도 함.

☞ **통제**

어떤 일이 발생되지 않도록 억제하, 또는 경영의 과정 그리고 평가, 시정, 조정하는 활동이 포함됨.

☞ **경영**

의사결정을 통해, 조직이 설립 목적에 부합되도록 주어진 자원을 계획하고 지휘하며 통제하는 것.

☞ **지휘관**

국가 조직(군대, 경찰, 소방) 등에서 지휘의 임무를 하는 사람을 말하며, 기업의 경영자와 관리자에게도 사용되기도 함.

☞ **참모**

조직 내에서 지휘관을 보좌하여 관리,자문,정책, 조언의 기능을 수행하는 사람. 부여받은 역할에 따라, 개인, 일반, 특별 참모로 구분됨.

☞ **의사결정**

조직의 목표를 달성하기 위해, 여러 대안을 모색하고 최선의 방안을 선택하고 결정하는 과정.

개략적으로 나타내었지만, 우선, 상기에 있는 용어의 정의에 대해 주의 깊게 하나하나 살펴보고 이해하기 바랍니다. 경영 과정에서 문제가 발생하면, 당연히 누군가는 그에 합당한 책임을 져야 합니다. 그런데 "사람이 퇴사해서 처벌할 사람이 없다."며 **유야무야 넘어가는 일이 비일비재 하게 발생합니다.** 특히, 퇴임한 CEO에게 모든 책임을 전가하거나, 퇴임한 사업본부장에게 모든 책임을 전가하며, 최대한 본인들에게는 불똥이 튀지 않도록 노력하는 경우를 자주 볼 수 있습니다. 여러분이 명확하게 알아야 할 것은, 기업경영은 한 사람이 하는 것이 아니며, 기업경영과정은 한사람에 의해 시작되고, 진행되며, 종결되는 과정이 아니라는 점입니다. 기업 경영과정에서 의사결정은 혼자 하는 것이 아닌, 집단의사결정이 주를 이루게 됩니다.

아래에 있는 도식은, SIDA(Sense-Interpret-Deside-Action, DoD), PDCA(Plan-Do-Check-Adjust, Naver)를 나타냅니다. 기업경영과 기업경영 과정은, SIDA, PDCA의 연속입니다. 예를 들어, 중견기업 이상에서 SIDA와 PDCA 중에 CEO가 직접적으로 진행하는 과정은, SIDA의 경우에는 I와 D, PDCA의 경우, A와 C에 있는 경우가 대부분입니다. 물론 아주 작은 기업의 경우, CEO가, SIDA와 PDCA 과정 중에 SIDA와 PDCA 모두 해야 할 수도 있습니다. 여기서 강조하고 싶은 것은 좋은 일에는 합의와 협력의 중요성을 강조하며 엮이려고 하고, 나에게 "공"이 돌아올 수 있다고 생각하면 발을 담그려고 부단히 노력하면서, 정작 문제가 발생하면, 상대방에게 책임을 전가하고 뒷걸음질 치거나, 모르쇠 빠져나가려고 애쓰는 점입니다. 아래 SIDA와 PDCA를 보면 알겠지만, 경영의 과정은, CEO 혼자, 그리고 모든 것을 직접하는 것이 아닙니다. 반대로 이야기하면, 문제가 생겼을 때, "CEO가 결정했는데요, CEO가 다 한 것인데요, 그리고 이런 사람들이 퇴사해서 나는 모르겠어요."라고 이야기하는 것은 아니라는 것입니다. SIDA 과정에서, S를 잘못하게 되면, 당연히 I와 D를 잘할 수 없습니다. 이런 상황에서 모든 책임이 CEO에게 있나요? "첫 단추를 잘 꿰어야 한다."라는 말처럼 S부터 제대로 해야 I와 D도 제대로 할 수 있습니다. 일반적으로 영업 조직이 S에 해당됩니다. 실제로 중국에 공장을 설립했는데, S를 제대로 하지 못해서 설립한 공장이 애물단지가 된 경우가 있습니다. 좀 더 설명하면, 중국의 가스 기업들은 버리는 폐가스를 가져다가 A 제품을 만듭니다. 그런데 비싼 원료가 있어야만 A 제품이 만들어지는 공장을 설립했습니다. 많은 판가 차이로 사업이 제대로 되겠습니까? 과연, 누구에게 책임이 있을까요? 그것도 1차 책임 말이죠. 당연히 S를 잘못한 조직과 사람에게 1차 책임이 있는 것입니다. 또 하나 사례를 들면, 매출이 발생할 것으로 예상해서, ○○○○○를 ○○억 원에 구매했지만, 1번도 사용하지 못하고 방치하다가 수년이 지나 고철값 수준으로 매각한 경우도 보았습니다. 모두 예전 CEO의 책임이라고 하며 이구동성 이야기하는데, 예전 CEO가 SIDA와 PDCA 과정을 모두 혼자 그리고 독단적으로 했다면 전적으로 CEO의 잘못이겠지만, 그렇지 않다면, 모든 책임이 CEO에 있다고 하는 것은 잘못된 생각과 행동인 것입니다. 이러한 현상을 볼 때마다, "인간은 참 이기적, 개인적 동물이구나."를 느끼게 되고, 그래서 "인간에게 지속적으로 사회적 동물임을 강조하고, 윤리와 도덕을 강조하는 것인가?"라는 생각이 듭니다.

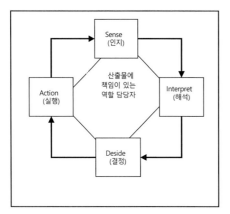
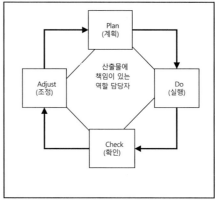

　기업 경영은, 한두 사람이 아닌, CEO, CEO 외 임원, 팀장, 파트장 등의 직책자, 부장, 차장, 과장, 대리, 사원등의 직급으로 이루어진 구성원들이 상호 유기적으로 움직여야만 잘 유지됩니다. 이해를 돕기 위해, 지휘관과 참모라는 용어를 사용하여 설명하겠습니다. SIDA와 PDCA는 지휘관과 참모간의 역할이 연계되고 유지되는 과정이라고도 할 수 있습니다. CEO는 해당 기업의 지휘관입니다만, 그룹에 소속되어 있다면, 회장의 참모이기도 합니다. COO와 CFO를 포함한 임원들은 CEO의 참모이며, COO와 CFO, 그리고 임원들이 책임지고 있는 조직이 있다면, 해당 조직에서는 지휘관이 됩니다. 간혹, CFO를 CEO를 견제하는 역할이라고 하며, CEO와 대등하게 생각하는 경우가 있는데, CFO는 CEO의 참모입니다. 팀장과 파트장 등 직책자들은 상위에 있는 임원의 참모이며, 해당 팀과 파트에서는 지휘관에 해당됩니다. 따라서 CEO를 포함한 임원, 그리고 팀장 파트장*등의 직책자들은 지휘관과 참모에 대한 용어의 정의를 명확하게 이해하고 본인들이 어떻게 생각하고 행동해야 하는지를 잘 파악하며 이에 적절한 노력을 해야만, 기업에 이익이 되는 역할을 할 수 있고, 기업 경영에 필요한 Followship과 Fellowship을 구성원들에게서 이끌어낼 수 있으며, 구성원들로부터 Respect 또한 받을 수 있습니다. 그리고 여러분이 본 Episode를 읽으면서, 지휘관과 참모의 역할을 제대로 이해한다면, "책임자가 퇴사해서 처벌할 수 없다"라는 말이 얼마나 큰 모순인지에 대해서도 이해할 수 있을 것입니다.

아래의 표는, 기업에서 지휘관과 참모에 해당되는 사람들이 어떤 역할을 해야 하는지에 대해 개략적으로 기술한 내용입니다.

▲ 지휘와 통제의 주체는 지휘관이며, 지휘통제 과정에서 시기 적절한 결심이 지휘관의 핵심 역할입니다.

▲ 지휘통제는, 기업에서 부여받은 지휘권을 가지고, 책임이 있는 부서에 권한을 행사하는 것입니다.

▲ 지휘관은, 인문학적(術, 術), 그리고 과학을 효과적으로 결합하여 지휘합니다.

▲ 지휘관은, 경영 목표 달성을 위한 계획을 수립하고 준비하며, 실행하고 평가하기 위해 지휘통제체계를 적절히 운영합니다.

▲ 지휘관은 경영목표의 효과적 달성을 위해, 타 지휘관, 참모, 여러 부서가 지속적으로 상호작용을 할 수 있도록 하여야 하며, 이는 불확실성과 마찰을 감소시키는 것과 연계됩니다.

▲ 지휘관은 인원, 정보관리(Information Management) 절차, 시설, 설비, 장비 등을 대상으로 유기적인 지휘통제체계를 유도해야 합니다.

▲ 지휘관은 협력, 소통, 합의 등을 통해, 부서별 협력, 합동 수준을 극대화하며, 이를 기반으로 경영 목표에 부합된 전략과 전술을 구사하고 추진해야 합니다.

▲ 지휘관은 실시간 변화되는 경영환경과 상황에 대해 이해해야 하며, 상급 지휘관의 의도와 생각을 발전시켜, 참모와 연관 부서에 전달하고, 의도대로 추진되고 있는지를 지도하고 평가해야 합니다.

▲ 참모는 지휘관을 보좌하기 위해 존재합니다. 따라서 지휘관이 본인의 의지를 실현하고 능력을 발휘할 수 있도록 조력해야 합니다.

▲ 참모는 본인이 담당한 분야에 대한 책임이 있고, 책임을 바탕으로 본인이 담당한 분야를 통제해야 합니다. 그리고 지휘관을 통해 지시받거나 지휘관으로부터 위임받은 내용에 대해서는 권한 또한 행사해야 합니다.

▲ 참모는 어떤 경영 환경에서도 지휘관이 제대로 된 결심을 할 수 있도록 조언을 아끼지 말아야 합니다.

▲ 참모는 지휘관의 결심을 적기에 하달 및 전달하여, 모든 부서가 동일한 방향으로 나아갈 수 있게 해야 합니다.

▲ 참모는 정보를 수집하고 처리하며, 정보의 중요도를 고려하되, 적시성이 상실되지 않도록 지휘관과 연관 부서에 실시간 보고 및 전파해야 합니다. 특히, 획득한 정보를 분석하여 새로운 의미를 찾아내야 하고, 이를 위한 지속적인 연구도 게을리하지 말아야 합니다.

여러분은 현재, 지휘관에 해당되나요? 참모에 해당되나요? 여러분이 지휘관과 참모가 아니거나 아니라고 생각한다면, 여러분은 언제쯤 지휘관과 참모가 될 것으로 생각하나요? 그리고 여러분이 지휘관과 참모가 된다면, 어떻게 생각하고 행동할 것 같은가요?

B2B에서 영업조직

☞ **전자상거래**

B는 비즈니스(Business)와 기업을 의미합니다. C는 일반 소비자(Consumer)와 고객(Customer)를 말하고 G는 정부(Government)를 의미합니다. 그리고 2는 TO를 의미합니다.

C2C: 소비자간 거래, C2B: 소비자가 주체가 되어 기업과 거래, C&C2B: 여러 소비자가 기업과 거래,

B2C: 기업과 소비자간 거래, B2B: 기업간 거래, B2G: 기업과 정부간 거래, G2B: 정부와 기업 간 거래,

B2E: 기업과 종업원 간 거래, C2G: 소비자와 정부간 거래, G2C: 정부와 소비자간 거래. 이렇게 두 주체간의 관계 외에, B2B와 B2C를 결합한 'B2B2C' 등도 있으며, 다양한 형태를 모두 아우르는 'B2All'도 등장함.

상기의 거래 중에, 가스업(가스의 제조 및 유통)에는, 여러 가지 형태가 존재할 수 있으나, 반도체, 태양광, Display의 핵심 공정에 소요되는 가스를 제조 및 유통하는 경우, 100% B2B에 해당됩니다. 본문에서 이야기하는 B2B

는 반도체, 태양광, Display의 핵심 공정에 소요되는 가스를 제조 유통하는 B2B에 국한합니다. 이러한 B2B의 경우, 진입 장벽이 매우 높습니다. 즉, 공급사 입장에서 볼 때, 기술이 좋고, 품질 좋은 가스를 공급할 수 있다고 스스로 자부하더라도 쉽게 고객에게 진입할 수 있다는 보장이 없습니다. 왜냐하면 공급자의 입장이 아닌, 반도체, 태양광, Display 등을 제조하는 고객의 입장에서 볼 때 공급 단가의 경쟁력도 중요하지만, 품질과 공급 안정성, 안전환경 관점에서의 안전성 등이 매우 중요하기 때문입니다. 간단히 예를 들면, A사와 B사는 같은 종류의 가스를 생산하고, 생산된 가스의 성분을 분석한 결과 데이터도 같습니다. 즉, 두 회사에서 생산하는 가스는 같은 품종에, 고객이 요구하는 99.99999%의 순도를 충족합니다. 문제는 데이터적으로 같은 품목, 농도, 순도인데 고객의 설비에서 각기 다른 반응 이슈가 발생할 가능성이 있고, 발생한 이슈는 고객에게 엄청난 경제적, 안전환경적 관점에서 손실을 가져올 수 있다는 점입니다. 따라서 고객 입장에서 A사와 거래조건이 잘 맞지 않는다고 해서 즉흥적으로 B사의 가스를 공급받는 것은 현실적으로 제한됩니다. 고객이 B사의 가스를 사용하고 싶다면, 사전에 충분한 검증(Process) 과정을 거쳐야만 가능합니다. 그리고 고객이 B사에 대한 충분한 검증 과정을 거쳤다고 하더라도, 공급사를 변경하는 과정에서 예기치 않은 이슈가 추가 발생할 수 있습니다. 이렇게 현실적으로 예기치 않는 이슈 발생이 가능한 상황에서, 큰 문제가 아닌, 자잘한 문제 또는, 고객사 담당자 입맛에 맞지 않는다고 해서 기존 공급사를 변경하는 것은 제한됩니다. 즉, 진입하는 과정은 공급사와 고객사에 근무하는 일부 담당자 간에 결정할 수 있는 것이 아니라, 공급사의 조달, 생산, 품질, 물류 등, 공급사의 SCM 능력에 대해 고객에서는 개인적이 아닌, 집단적 의사결정(Group Decision Making)을 통해 결정하게 됩니다. 요약하면 개인의 능력이 아닌 기업 간에 전략적 파트너십에 의해 결정이 됩니다. 때때로, 기업이 경쟁상대를 동일 업종의 기업으로 간주하는 경우가 있는데, 기업의 경쟁상대는 타 기업이 아닌 고객입니다. 고객이 요구를 충족할 수 있는 프로세스와 시스템, 그리고 이러한 기반하에서 고품질의 제품과 상품을 제조 및 유통할 수 있다면, 이는 매출과 영업 이익의 향상으로 이어지게 됩니다.

진입 장벽이 높은 만큼 한번 진입하게 되면, 큰 문제가 발생하지 않는 한, 고객이 유지하는 사업이 없어지지 않는 한, 공급사와 고객 간의 거래 관계는 지속적으로 유지될 가능성이 높습니다. 게다가 반도체, 태양광, Display 관련 분야들의 경우, 고객의 사업이 지속 유지된다면, 매일(365일) 설비가 가동되는 편입니다. 따라서 개인의 능력보다는 전략적 파트너십에 의해 수주되고, 한번 고객에 진입하면 거래 관계가 지속 유지되는 상황이므로 영업 조직에 소속되어 있는 인원들은 수주보다는 고객의 정보를 단순히 전달하고 단순히 관리하는 역할에 치중할 가능성이 높습니다. 그렇다면 이러한 B2B에서 영업 조직의 역할과 존재의 이유는 어떻게 정립해야 할까요? 기업마다 처한 환경이 다르고, 기업 구성원마다 생각하고 행동하는 방식, 수준, DNA가 다르기에, 모든 기업은 각기 다른 정의를 통해 영업 조직을 구축 및 운영하고 있습니다. 따라서 어떻게 구축 및 운영하는 것이 최적이라고 딱 잘라 말할 수는 없지만, 지향했으면 하는 측면에서 이야기를 해보겠습니다.

첫째, 일반적으로, ① 영업(외부에서 고객을 만나서 수주 역할), ② 영업관리, ③ 마케팅을 구분해서 조직을 구성합니다. 이런 경우, 영업이 직접 뛰면서 수주 역할을 하고 있는지 주의 깊게 살펴보아야 합니다. 영업이 직접 뛰면서 수주 역할을 하지 않는다면, 특히, 영업과 영업관리 간에 역할과 존재의 이유를 재검토해야 합니다. 왜냐하면, 현실적으로 영업과 영업관리 간에 실제 유지하고 있는 행위가 모호하고 뚜렷하게 구분되지 않기 때문입니다.

둘째, 생판회의 명칭의 프로세스와 회의 또는 S&OP 명칭의 프로세스와 회의를 유지하고 있다면, 수요공급에 관련된 정보를 융합하는 조직(C라고 가정)을 유지하고 있다는 것을 의미합니다. 이러하다면 영업은 영업관리가 유지하고 있는 역할 중 고객과 직접 관련된 일부 역할과 고객의 데이터를 C라는 조직에 전달하는 역할만을 재정립하여 유지하고, 나머지 영업 관리에 소속된 인원들은 C에 흡수되어 유지되는 것이 매우 긍정적입니다. 왜냐하면 영업, 영업관리, C 조직은 공통적으로 정보를 생성하고 전달하는 등 정보를 유지관리하는 역할을 합니다. 하지만 이렇게 정보를 유지관리하는 부서를 각각 따로 운영 시, 정보 전달 단계만 증가되고, 모호한 역할 안에서 Gry Zone이 발생되어, 결론적으로 인력과 업무가 유지됨에 있어 비효율적이게 됩니다. 최고 경영자의 의사결정에 필요한 최적의 정보는 영업, 구매, 생산, 품질, 물류 정보가 융합된 상태이어야 합니다. 융합된 정보는 C에서만 만들 수 있습니다. 따라서 영업 조직에서는 영업과 마케팅을 유지하고, 영업관리는 C에서 유지하는 것이 매우 바람직합니다.

셋째, 전사품질보증 조직을 따로 분리하여 독립적으로 유지하거나 영업 조직에 통합하는 것이 긍정적입니다. 가스업의 경우 고객에게 납품 후 고객에서 품질 이슈가 자주 발생할 가능성이 높습니다. 따라서 품질 이슈 발생 시, 영업이 대응하는 경우도 있으나 실질적·현실적으로는 품질보증 조직이 대응하는 경우가 대부분입니다. 그리고 공급사가 조달하는 원료와 상품의 조달 과정에 대해서도 고객은 직간접적으로(품질 Process) 관여합니다. 따라서 품질보증 조직은, 전체최적화 관점에서 영업, 생산, 품질, 물류 부서와 연계하며 업무를 유지해야 하고, 고객과도 매우 밀접한 관계에 있습니다. 즉, B2B 세일즈는, 고객의 다양한 이슈를 확인하고 이를 해결해야만 고객과의 관계 유지가 가능하고, 전략적 관점에서 고객의 최종 구매 의사 결정을 이끌어내야만 수주가 가능한데, 고객을 통해 생성되는 다양한 이슈 중 상당 부분이 품질과 관련된 이슈입니다. 따라서 아무리, 영업이 세일즈의 주도적 역할을 한다고 하더라도, 구매, 생산, 품질, 물류 등, 전사적 협업이 필수적이고, 그 중에서도, 품질을 보증하는 부서의 역할은 세일즈에 매우 중요한 역할을 차지합니다. 품질 보증과, 품질(품석기를 통해 가스 검사)부서를, 같은 "품질" 용어를 사용한다고 해서, 같은 본부나 조직안에 구성하는 것은, 바람직하지 않습니다. 명확하게 인식해야 하는 것은, 품질(분석기를 통해 가스분석)부서는 실행부서입니다. 생산계획에 따라, 구매의 원료와 상품 조달 계획에 따라, 단순 분석 계획을 수립하고 실행(가스분석)하며 인력을 관리하는 부서입니다. 품질보증 부서는, 고객과 연계하여 전사적 품질을 담당하는 부서로서, 기획부서에 해당 되기에, 이와는 별개로 판단해야 합니다. 용기 내부에 충전된 가스의 품질만 품질인가요? 밸브와 용기의 외관, 그리고 용기와 Package된 구성품들의 품질도 품질입니다. 품질에 대한 정의를 제대로 정립하지 못한 기업일수록 품질보증 조직을 가스분석 조직과 같이 구성할 가능성이 높습니다. 그리고 "너는 너", "나는 나" 등의 개인주의, 강력한 매너리즘, 땅따먹기와 밥그릇 쟁탈전 등의 조직문화가 형성된 기업일수록, 상기에 이야기한 세 가지가 실천되기 어렵습니다.

그리고, 본문에서는 영업을 대상으로만 이야기 하였는데, 생산관리 조직과 구매조직도 영업과 유사한 이슈를 안고 있습니다.

IT 담당자님에게

S&OP를 수면 위에 띄워 놓고 시작할 때, 업종에 따라 개략적인(경험값+오차값) 값으로 시작해도 되고, 100퍼센트 정확한 데이터를 기반으로 시작해도 됩니다. 왜냐하면 업종에 따라 다를 수 있는데, 어떤 업종은 정보시스템에 반드시 의지해야 하는 반면에, 어떤 업종은 사람에 의존해서 유지되는 경우도 있기 때문입니다. 하지만, 가스산업은 정보시스템에 반드시 의지해야 합니다. 따라서 회사가(경험값+오차값)으로 S&OP를 시작하고자 한다면 최소한 다음의 내용이 준비되고 관리 되어야 합니다. (경험값+오차값)을 반영해 S0와 S3의 목표재고기준을 설정합니다. 그래서 나는 잠정적으로 S0를 ○○일, S3를 ○○○일로 설정하려고 합니다. 그리고 S0와 S3에 목표재고 기준을 설정할 수 있는 용기가 문제없이 확보되어야 합니다. 또한, 실시간(Real Time) S0와 S3에 있는 용기 현황이 정보시스템을 통해 나타나야 합니다. S0, S3, 운송에서는 용기 IN-OUT을 하고, 이 결과는 정보시스템에 실시간 정보로 나타나야 합니다. 가장 최소조건으로 시작하는 것을 이야기했습니다.

어제 용기 관리 프로그램을 개발한 IT 담당자와 미팅하였습니다. 적극적으로 협조해주어서 고맙습니다.

어제 하지 못한 이야기를 간략하게 더 하겠습니다. ○○○는 계획 수립이 안 되고, 계획 간에 잘 연계되지 않으며, 실행도 잘 안 됩니다. 왜냐하면 실행은 계획에 영향을 받기 때문입니다. 결론적으로 문제점을 사전에 예상하고 계획관리를 통해 업무가 진행되기보다는, "소 잃고 외양간 고치는 식"의 업무가 진행되고 있습니다. 이러한 문제점을 최소화하고 더 나아가 완전히 없애기 위해서는 S&OP를 해야 합니다. S&OP는 계획을 수립하고 계획을 연계시키는 프로세스이며, 매주 진행되는 S&OP 회의에서 계획 대비 실행 상태를 비교하며 문제가 발생되지 않게 관리합니다.

단기간에 S&OP를 진행하기 위해서는 크게 두 가지가 필요합니다.

첫 번째: S&OP에서 사용할 수 있는 Excel 양식을 정립하고, 영업, 생산, 구매, 품질, 물류 담당자들이 양식을 잘 유지해야 합니다. 그리고 이 양식들은 상호 연계되며, 여러분이 공유하는 데이터는 통일되어야만 활용할 수 있게 됩니다. 즉, 영업이 수요를 입력하면, 완성품 재고 상태를 고려, 생산은 생산계획을 수립할 수 있고, 품질은 생산에서 만드는 제품과 구매에서 조달하는 상품 운영 계획을 통해 분석 계획을 수립할 수 있고, 구매는 용기와 밸브의 추가 소요 수량은 얼마인지? 상품의 현 재고를 고려해 볼 때, 언제 공급사에 상품을 요청해야 하는지? 등이 판단 됩니다.

두 번째: 각종 기준 정보가 통일되어야 하고, S&OP에서 활용할 수 있는 다양한 데이터를 제공할 수 있어야 합니다. 다양한 데이터 제공은 사람의 수작업으로 하기는 어렵기에 정보시스템이 운영되어야 합니다.

○○○를 한 달간 점검해 보니 첫 번째와 두 번째를 모두 동시에 진행해야 합니다.

첫 번째는 수작업으로 진행하는 것이므로, ○○○○의 각 구성원과 지속적으로 이야기하면서 양식을 만들고, 실제 입력하는 연습을 하면 됩니다.

하지만 두 번째는 사람에 의존해 할 수 있는 것이 아니므로, ○○○○에 있는 정보시스템 중에 용기관리 프로그램을 보완하여 진행해 보겠습니다.

용기관리 프로그램을 보니, 용기와 관련된 기준 정보라며 등록된 정보들이 있었습니다. ○○○○의 IT 담당자가 중요하게 생각해야 할 것은 이 기준 정보들을 왜 등록하고 있는지에 대해 의문을 갖는 것입니다. 그리고 이 기준 정보들을 누가 어떻게 활용하고 있고, 구성원이 일을 하고 있는데 어떻게 도움이 되고 있는지에 대해서도 의문을 갖는 것입니다. 정보시스템에 기준정보 포함, 정보라고 등록하는 데이터나 내용들은 융합되어 반드시 누군가가 활용해야 하고, 누군가에게 반드시 도움이 되어야 합니다. 나는 어제, 용기와 관련된 기준정보로 반드시 등록해야 하는 종류는 다음과 같다고 언급했습니다[정보시스템에 입력된 용기번호, 용기에 각인된 용기번호(용기 제작시 발행되는 성적서에 기록된 용기번호와 일치하는 번호), 용기에 각인된 가스 품목명(실제 고객에 납품하는 가스 품목과 일치되어야 함), 용기 사이즈, 440L의 경우 스키드 규격, ERP에 입력된 품목 코드, 밸브 규격(INLET, OUTLET, 밸브 제조사), 충전기한, 재검사 일자, 용기 제작일자, 검사 규격(KGS, DOT, GB 등), 자사와 타사 구분, 제품과 상품 구분, 성적서 등]. 이러한 정보들을 입력해야 하는 이유가 있습니다. 예를 들어, 밸브를 공급하는 회사의 밸브 조달 L/T이 4개월이라면, 4개월 전에 앞으로 4개월 후의 재검사나 손망실로 인한 밸브 소요가 얼마가 될 것인지에 대한 데이터가 S&OP에 제공되어야 합니다. 여기에 추가하여, 용기 재검사 데이터는 재검사 4개월 전에 데이터가 생성되게 하고, 손망실은 과거의 손망실 추세와 관련된 데이터가 집계되어 S&OP에 제공되게 해야 합니다. 즉, 밸브 정보, 재검사 정보, 손망실 정보가 있어야만 밸브를 언제, 얼마나 조달해야 하는지를 알 수 있습니다. 따라서 정보시스템은 상기의 3가지 데이터를 혼합하여 밸브를 언제, 얼마나 조달하면 되는지에 대해 의사결정이 가능한 리포트를 제공할 수 있어야 합니다. 이렇게 되면 계획성 있는 업무를 할 수 있으며,

이를 위해서 정보시스템이 필요한 것입니다.

그리고 공정별 용기 IN-OUT Scan을 철저히 해야 한다고 이야기를 했습니다. 그런데 ○○○는 ○○○ 제조 프로세스가 간단하고 시간이 얼마 소요되지 않는 이유로, 최종 출하 단계에서만 용기 IN-OUT을 한다고 했습니다. 이러한 것은 정말 근시안적으로 생각하고 행동하는 것입니다. 무조건 공정별 용기 IN-OUT을 하는 습관을 들이게 해야 합니다. 1개월 동안 지켜본 결과, 현재 ○○○○에서 문제되는 것은 원료 분야가 아닙니다. 간단히 예를 들면, 다음의 것들이 ○○○○의 문제점입니다. 충분한 완성품 재고가 없는 상태에서 영업으로부터 전달되는 고객의 요구는 계획적이지 않습니다. 이러한 상태에서는 향후 일주일 동안의 생산계획을 확정할 수 없습니다. 게다가 영업의 요구에 맞게 생산해 보려고 해도, 보유하고 있는 용기가 충분하지 않고, 어떤 용기는 밸브가 고장 났는데 사용할 수 있는 밸브가 없어 밸브 교체를 하지 못하고, 고객과 공급사에 보내려고 하는데 스키드가 맞지 않아 다시 스키드를 교체해야 하고, 정보시스템을 통해 실시간 원료재고, 공정재고, 완성품 재고를 확인할 수 없고, 정보시스템을 통해 매일 얼마의 수량이 고객으로 출고되었는지도 실시간 확인하는 것이 제한되다 보니, 월 단위 재고 조사도 내실 있게 할 수도 없습니다. 월 재고조사를 하기 위해서는 1개월 동안 실시간 가스의 위치와 상태에 대한 기록이 신뢰성 있는 리포트로 집계되어야만 내실 있게 가능한데 그렇지 않습니다. 이러한 어려움으로 인해 다양한 Loss가 발생하고, 이러한 어려움은 여러 부서와 구성원들에게 좋지 않은 영향을 주게 되어, 서로 불신하게 되고 일하기 어렵게 만들고 있습니다. 그리고 최소한 회수되는 시점과 출하되는 시점에 용기 IN-OUT Scan을 반드시 해야 합니다. 회사 밖으로 용기가 나가는데 용기 OUT Scan을 하지 않는 것은 정말 심각하게 받아들여야 합니다. 용기가 언제 회사 외부로 나갔는지 모른다면, 용기 회수 시 S&OP 운영에 필요한 데이터 구축이 불가능합니다.

회수되는 시점에 용기 IN-OUT을 해야 하는 이유에 대해 간단하게 설명하면, ① 고객에게 출하되거나 공급사에 충전 의뢰한 용기 수량이 맞게 입고 되었는지를 확인하기 위함입니다. 즉, 회사 밖으로 나간 용기가 제대로 회사 안으로 들어왔는지를 확인하는 행위이며, 정보시스템 수량과 실제 수량을 일치시키는 데이터 구축에 필요한 행위입니다. ② 고객에게 출하되거나 공급사에 충전 의뢰한 용기들이 얼마 만에 돌아오는지에 대한 시간을 체크하기 위함입니다. 이 시간들은 다시 고객사에서 사용하는 시간, 고객사에서 ○○○로 운송하는 시간, 공급사에서 충전하는 시간, 공급사에서 ○○○로 운송하는 시간 등의 분석을 통해, 최적의 용기운영수량 산정에 도움이 되는 데이터를 구축하기 위해 필요합니다. ③ 재검사가 도래된 용기를 사전에 걸러내기 위함입니다. 용기는 재검사를 제때 받지 않으면 가스 재충전이 불가능합니다. 그리고 재검사를 위해 재검사 업체에 용기를 보내게 되면, 용기 운영 수량이 부족하게 됩니다. 그래서 재검사 계획을 수립해야 하고, 재검사 계획을 용기 운영 계획에 반영하면, 용기 부족으로 인해 어떤 문제가 예상되는지를 사전에 분석할 수 있게 되고, 이를 통해 수요 공급 관련 계획을 재검토 및 재수립하게 됩니다.

회수, 잔류가스처리(대기 포함), 진공처리(대기 포함), 충전대기, 충전 중, 충전 완료, 분석 대기, 분석 중, 분석 완료, 외관검사(Leak Test 등), 출하 작업 및 검사, 완성품 상태로 보관 등, 이 모든 Process에 용기 IN-OUT이 진행되는 것이 좋습니다. 하지만, 기업마다 처해진 환경이 있으므로, 해당 기업에 맞는 용기 IN-OUT 지점을 정립하면 됩니다. 아래는 용기관리 프로그램에 생성되어야 하는 정보와 내용들에 대해 예를 들어 나타내었습니다.

▲ 용기정보(신규 용기 등록, 용기 정보를 수정, 미사용 처리를 위함)

▲ 용기 바코드 출력(바코드가 훼손되기도 하기에 용기에 부착할 바코드 출력하기 위함)

▲ ○○○○○○○○○○○○○○○○○○○○○

▲ ○○○○○○○○○○○○○○○○○○○○○○

▲ 출하(고객사로 출하 시 재고 수량에서 자동적으로 재고 삭감)

▲ ○○○○○○○○○○○○○○○○○○○○○○○○○○○

▲ 사업장 이동(동일한 공간의 사업장을 벗어나는 프로세스가 있다면 만들어야 합니다.)

▲ 용기성적서 관리(용기별 성적서 파일을 저장)

▲   ○○○○○○○○○○○○○○○○○○○○○○○○○○○○○○○○○
○○○○○○○○○○○○○○○○○○○○○○○○○○○○○○○○○
○○○○○○○○○○○○○○○○○ 각각의 위치별로도 나타나야 합니다.)

▲ ○○○○○○○○○○○○○○○○○○○

▲ ○○○○○○○○○○○○○○○○○○○

▲ 이력현황(기간별로 용기 IN-OUT 이력 조회)

▲ 출하현황(기간별 용기출하현황 조회)

▲ 회수현황(기간별 용기회수현황 조회)

▲ ○○○○○○○○○○○○○○○○○○

▲ 상품재고(상품으로 등록된 용기의 재고 조회)

▲ 원료재고(원료로 등록된 용기의 재고 조회)…. 등등

많은 이야기를 더 하고 싶지만, 이 정도만 하겠습니다. 하루라도 빨리 용기관리 프로그램을 대폭 보완하여(메뉴의 생성, 레포트 생성 등), 정보시스템이 S&OP에 도움이 되도록 해야겠습니다. 현재 ○○○○○의 용기관리 프로그램을 분석해본 결과, 앞으로 어떻게 보완해야 하는지를 알겠습니다. 불가능하지 않습니다. 다만, 우리에게는 시간과 인내가 필요할 뿐입니다.

ERP와 MES가 이미 구축되어 있다네요

○○○○년을 기준으로 ERP가 구축된 지 7년이 지났고(○○○○년 구축), MES가 구축된 지 5년(○○○○년 구축)이 지난 기업의 예입니다. 이 당시 S&OP 프로세스 유지를 위해 수면 에 띄워 놓고 공식적으로 유지하고 있는 계획은 생산계획밖에 없었던 상태였습니다. 일반적으로 ① 업무 프로세스와 운영 기준이 미흡하고, 데이터의 신뢰성이 미비하여 주로 개인역량이나 부분 최적화된 상태로 부서 내 관점에 의존하게 되는 경우, ② 업무 프로세스를 정의하고 각종 운영 기준들을 문서화하여 데이터 유지관리 기반을(체계) 정립하면서, ③ 정보시스템을 구축하기 시작하게 되는데, 이때는 정보시스템 안정화 수준으로서 업무 프로세스와 시스템 연계가 다소 미비할 수 있습니다. 그래서 ④ 본격적으로 시스템을 활용하며 업무 프로세스와 정보시스템, 그리고 데이터 연계를 검증하며 연계체계를 공고히 하고, ⑤ 정보시스템이 경영의 핵심 수단으로 자리 잡고 난 이후에는, Rule와 정보시스템에 의한 운영 체계를 구축 및 운영하는 것이 바람직합니다(필요합니다). 그런데 이 기업은 ○○○○년 기준, ERP(7년 경과)와 MES(5년 경과)를 구축하여 운영하고 있음에도 불구하고, ①에 해당되는 상황과 수준을 유지하고 있었습니다. 정보시스템을 단순히 구축하는 것이 중요한 것이 아니라, 어떠한 과정을 통해 어떻게 구축했고, 구축한 정보시스템을 어떻게 운영 또

는 활용하고 있는지가 중요합니다. 여러분이 소속되어 있는 기업은 어떠한가요?

■ **운영 문제점 진단**(○○○○년 기준)

- 수요예측 및 수주관리 역량이 취약하였습니다.
  - 수요예측을 기반으로 한, 물동 운영상에 문제점이 다수 있었습니다. 그 중 하나가, (예측물량+안전재고(×일)에 대한 생산계획) 운영이었는데, CAPA 운영이 비효율적이었습니다.
  - 수요예측 대비 실제 수주는 일치하지 않았고, 생산계획에 대한 변동도 잦았습니다.
    ※ 필요한 재고는 부족하고 불필요한 재고는 증가하는 등의 악순환이 반복되었습니다.

- 확정체제에 대한 운영기준이 불명확하였습니다.
  - 왜 사전 점검을 강화하고 공급자원운영의 안정화를 꾀하는지에 대한 목적이 모호하였습니다.
  - 1개월 확정 or 1주 확정 등 확정에 대한 의미와 세부 운영 기준이 미흡하였습니다.

- 효율성과 경제성 고려한 ○○ 운영 기준 필요
  - ○○ 상태별, 위치별, 수량별 Visibility를 확대할 필요가 있었습니다.

- 공급 역량과 고객의 요구를(납기) 모두 반영한 운영 전략이 필요했습니다.
  - MTS 전략에서→MTO, MTS 혼용 전략으로의 전환이 필요했습니다.

- 공급사 입장만이 아닌, 고객 입장이 반영된 전략 수립 및 관리 필요

  ※ 예 제품 재고운영 전략: 제품 재고(예측)+ 안전재고(X일)+고객별 Buffer 재고

- 사업 규모 및 물량확대에 대응하여, 전체 최적화와 연계한 부서별 업무 기준 및 역할 재정립이 필요했습니다.

  - 개인역량 및 부서별 자체 업무개선 위주의 활동으로 인해 부분 최적화 상태였습니다.

  - 회사 자원 운영 효율화 및 고객 대응력 강화를 위해 전체 최적화 관점에서 모든 업무의 효율성을 점검할 필요가 있었습니다.

  ※ ○○○○○○○○○○○○○○간 연계를 위한 인식 전환이 필요했습니다.

  ※ 특히, ○○○○○○○○○○○○○○ 필요성에 대해 미인지하고 있었습니다.

- 업무 프로세스 및 운영 기준의 체계화, 문서화를 통해 지속적인 관리가 필요했습니다.

  ※ 정보시스템은 정의된 운영 프로세스 및 기준을 지원하는 수단일 뿐입니다. 즉, 정보시스템은 현실의 운영 프로세스 및 기준에 영향을 받게 됩니다. 따라서 업무 기준 불명확→시스템 기능 미비→시스템과 업무 Gap 大→수작업 多→Data 불일치의 악순환은 끊임없이 발생했습니다.

- 07년 ERP, 09년 MES가 도입되었으나, 예를 들면, ERP를 부분(최소) 적용해서(경영관리, 실적마감 등) 활용하고 있었으며, 물동관리는 수작업이 중심이 되었습니다. 비용처리 및 월 마감을 위한 수작업과 시스템의 이중 업무가 가중되었고, 이로 인해 실물과 데이터상에 Gap은 커질 수밖에 없었습니다.

- 기준정보 및 운영기준 재정립 등 업무개선 활동에 선행하여 추진하고 업무 Rule을 정립하는 것이 필요했습니다.

- 업무별 정보시스템의 역할 및 Data 연계성에 대한 정의가 미비하여, 수작업, 정보시스템, Point Tool 등 업무수단이 혼재되어 있었습니다.

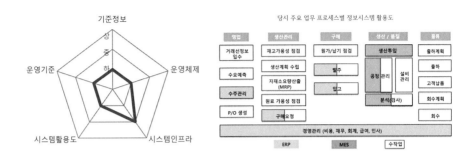

- 정보시스템에 생성된 Data(정보)를 경영정보로 활용하기 제한되었습니다. 왜냐하면, 리포트가 미흡했을 뿐만 아니라, 현장에서 발생된 데이터의 신뢰성 또한 저하되었습니다.

따라서 영업~공급이 연계되는 과정, 그리고 S&OP 프로세스 기준을 재정립하는 것이 필요하다는 점, 전체 최적화 관점에서 全 Supply Chain의 운영 효율화를 위한 혁신역할을 강화하는 것이 필요하다는 점을 느꼈습니다.

그래서 우선 전략 수준(범위)에서 운영 기준과 운영 전략을 정립하였고, 운영 기준은 다음과 같습니다.

① 수요예측을 기준으로 한 자원 운영 계획을 수립합니다. 수요예측은 중장기 소요 원자재의 L/T을 기준으로 하여 Rolling 합니다. ② 자재 소요량은 임의의 예측을 통한 구매를 금지하고, 자원 계획을 기준하여 계산 및 구매 합니다. ③ 각종 계획들을 수립 및 연계하며, 생산과 분석은 생산 및 분석 계획을 기준으로 실행하고, 운송은 출하 계획 기준으로 실행합니다. ④ ○○○○○○○○○○○○○○○○○○○ ○○○○○○○○○○○○○○○○○

○ ○○○○○○○○○○○○○○○. ⑤ 특성별 납기 관리를 강화합니다. MTO 모델은 D+X일, MTS 모델은 D+X일~Z일. ⑥ ○○○○○○○○○○ ○○○○○○○○○○○○○○○○○○○○○○○○○○○○○○○ ○○○○. ⑦ 재무 데이터와 물동 데이터, 그리고 실물간에는 실시간 일치 되어야 합니다.

다음은 운영 전략(종합)입니다.

구분	AS - IS	TO - BE	TO- BE 프로세스 시행 원칙
공급전략	MTS 중심	....	• 실시간 Data 처리 → 실물 ~Data 일치화 • 수작업 배제 → 시스템과 Rule 에 의한 운영체제 구축 • Data 중복 입력 최소화 → 시스템 간 연계성 강화 • 재무 Data~물동 Data 실시 간 일치화
운영주기	월 단위	....	
수요확정구간	차월(1개월)	....	
S&OP	-	....	
재고운영기준	-	....	
재고책임	-	....	
결품책임	-	....	

다음은 운영 전략(세부)이며, 수요 부분입니다.

구분		AS - IS	TO - BE	TO- BE 프로세스 시행 원칙
고객사 협업		-	....	• 실시간 Data 처리 → 실물 ~Data 일치화 • 수작업 배제 → 시스템과 Rule에 의한 운영체제 구축 • Data 중복 입력 최소화 → 시스템간 연계성 강화 • 재무 Data~물동 Data 실시 간 일치화
수요 예측	운영단위	월단위	....	
	대상기간	차월 확정	....	
	대상	제품군	....	
	주기	월 1회	....	
수주 관리	수주기준	MTS 기준	....	
	관리기준	-	수요예측 정확도 관리 (수주실적/수요예측)	

납기 관리	납기기준	ASAP	....	
	납기약속 (ATP)	재고 가용량	....	
출하계획 관리		-	....	

다음은 운영 전략(세부)이며, 공급 부분입니다.

구분	AS-IS	TO-BE	TO- BE 프로세스 원칙
생산전략	MTS 기반의 예측 생산	....	• 실시간 Data 처리 → 실물~Data 일치화 • 수작업 배제 → 시스템과 Rule에 의한 운영체제 구축 • Data 중복 입력 최소화 → 시스템간 연계성 강화 • 재무 Data~물동 Data 실시간 일치화
생산계획 수립기준	수요예측+ 안전재고(○○일)	....	
기준재고 기준	-	....	
확정구간	-	....	
변동계획 반영	수시	D+○일 반영 (○○일 확정)	
사업장내 제품재고	-	....	
용기 가용성	-	....	
납품관리	-	....	
제조역량 기준	유연성	....	

조직 역할 검토가 필요했습니다. 전략을 수립하고 시행하는 것은 조직과 사람입니다. 그래서 우리가 왜 SCM을 수면위에 띄워 놓고 이야기하려고 하는지? 그리고 우리가 SCM을 함에 있어 추가해야 할 목표는 무엇인지를 명확하게 정의하는 것이 필요하였고, 자원 계획 운영을 위한 전담 부서들의 역할을 강화하는 것이 필요하였습니다. 그래서 수요~공급자원 동기화

를 통한 효율성, 경제성, 적응성 향상을 목표로 하고, 제품, 상품, 용기, 밸브, 원료, 스키드 등 자원의 통합운영을 통한 연계성을 강화하고, 부서별 역할 및 운영체계를 일원화하는 노력과 자원별 상세 업무 및 R&R을 재정립하는 것을 목표로 하였습니다.

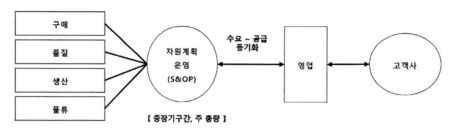

구분		내용
계획 기능	S&OP 전담 부서	• 자원별 운영 Logic 및 기준 정립 • 중장기 소요량 점검 및 수요 동기화 • 주 단위 자원계획 수립 및 실행 차질 점검
실행 기능	구매	• 발주 및 입고관리 (구매)
	생산	• 단기 생산계획 및 실행 (생산)
	품질	• 품질보증 및 분석 (품질)
	영업	• 수주 관리 (영업)
	물류	• 판매계획 기준 출하실행(물류)
	용기관리	신설 검토

정보시스템을 제대로 이해하고 제대로 활용하는 것이 필요했습니다. ERP는 계획~실행~실물이 연계된 Close Loop 시스템이 되어야 하고, 물동~재무 및 회계가 연계된 의사결정 지원 시스템이어야 합니다. 그리고 ERP 기반의 MRP를 실행하고 발주 관리한다는 것은, 기준정보를 정립하며 유지관리(자재 Code, 조달 L/T, 발주 정보, 협력사 정보 등), 소요량 및 적정재고 Logic의 명확화(인위적인 Buffer 물량 제거), 구매업무 표준화 및 시스템을

활용한 업무 효율화, 조달관리 중심에서 개발구매 및 우수 협력사 관리로의 업무의 질적 변화 등을 의미합니다. MES를 제대로 활용하기 위해서는, 우선, Data 신뢰성 강화(수량/위치/상태/LT/작업결과), 현장업무와 시스템간 프로세스 일원화, 기준정보 운영 강화가 필요합니다. 그리고 계획대비 실행관리(계획 대비 실행관리→공정별차질 Zero화), Full-Proof 체계의 확대, MES Data 분석을 강화하여 PLC 관리를 체계화 하며(공정/품질/설비/출하/창고/설치/회수관리), 설비관리체계를 자동화해야 합니다(예, 설비~MES I/F 단계적 확대, 설비 유지관리 및 RISK 관리 체계화). 그리고 용기와 차량(트레일러 차량 포함) 증가, 물류센터 신규 구축 등의 인프라가 증가될 것이 예상되므로, MES에 치우치기 보다는, WMS와 TMS 등에 대한 연구를 통해, WMS와 TMS 등을 ERP와 I/F하는 노력이 필요하다는 판단이 들었습니다.

S&OP(프로세스)를 주단위, 월단위로 구분하고 강화하는 것이 필요했습니다.

구분	내용
주 단위	• 단기 구간 물동 운영 관리 - ○○○○○○○○ - 수요관리 역량 분석, 차질 원인 분석: 판매 계획 대비 실적 - ○○○○○○○○ (RTF 차질) 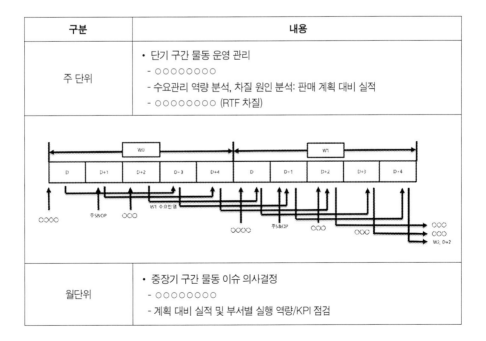
월단위	• 중장기 구간 물동 이슈 의사결정 - ○○○○○○○○ - 계획 대비 실적 및 부서별 실행 역량/KPI 점검

준비 프로세스에 대해 개략적으로 정립하였습니다.

구분	Process	Task	Activity
1	자원준비 프로세스 (자재/원료/상품)	1-1 경영계획	1-1-1 사업계획 수립(년간) 1-1-2 실행계획 수립 (분기)
		1-7 가입고	1-7-1 실물 확인: 경비실 기준 1-7-2 수입검사 요청: 가입고 기준 자동 요청
		1-8 원료 사전작업	1-8-1 원료 합성/정제 (Bulk)
		1-9 수입검사	1-9-1 수입검사: 검사결과 ERP 반영 1-9-2 반환 프로세스: 반환 창고 입고 및 업체 통보
		1-10 입고	1-10-1 입고 및 ERP 반영 1-10-2 용기 등록 (신규) → ERP 기준 정보 반영 1-10-3 공정표 부착: 상품, 원료(Bottle)
		1-11 구매비용 처리	1-11-1 구매 경비 등록/전표 생성: ERP 등록 기준 1-11-2 세금계산서 입수 및 매입 등록 (내수) 1-11-3 전표 결제 1-11-4 대금지급
	제조 실행	2-1 생산계획 수립	
	프로세스		
		2-2 실행 점검 및 확정	
		2-3 자재/원료 투입	
		2-4 생산	
		2-5 분석	
		2-6 생산계획 수립	
		2-7 투입자재 및 원료 정산	2-7-1 투입 자재 정산 (일별) → ERP 반영 2-7-2 투입 원료 정산 (일별) → ERP 반영 2-7-3 미사용 자재/원료 반환 프로세스 (일별): 자재 및 원료 (Bottle)

		2-8 공병반환 (원료)	2-8-1 공병 현황 관리: 사용완료 공병 입고 및 반환공병 List Up 2-8-2 차량 부킹및 운송 (내자): 3PL 2-8-3 외자 프로세스 (외자) - 컨테이너 부킹 - 위험물 스티커 부착: 용기, 컨테이너 - 수출서류작성 - 위험물 검사: Fault 시 보완 - 운송: 3PL 2-8-4 공병반환실적처리 → ERP 반영
	수주, 외관검사, 출하 프로세스		
		3-8 외자 프로세스	3-8-1 컨테이너 상차 3-8-2 수입서류작성 3-8-3 위험물 검사 3-8-4 통관서류전달 및 컨테이너 체결, 운송
		3-9 매출매입 등록	3-9-1 G/R 처리 및 매출매입등록 → ERP 반영
	용기회수 및 관리 프로세스	4-1 용기 회수 계획 수립	4-1-1 용기 회수 계획 수립: Aging 기준
		4-2 용기 회수, 운송(내자)	4-2-1 용기 회수 및 운송
		4-3 외자 및 통관	4-3-1 용기 회수 및 운송 4-3-2 수입통관 4-3-3 운송 (3PL)
		4-4 저장소 입고	4-4-1 회수 등록→ERP 반영
		4-5 용기현황 관리	4-5-1 용기 현황 관리: Status, 위치, Aging, 충전 의뢰 검사대상 등

		4-6 용기 재검사 (제품)	4-6-1 재검사 용기 선정 4-6-2 재검사 용기 출고 4-6-3 용기 재검사 4-6-4 비용처리 4-6-5 저장소 입고 및 회수등록→ ERP 반영
		4-7 충전의뢰(상품)	4-7-1 충전 의뢰 검사 대상 용기 선정 및 검사 의뢰 (자가 용기) 4-7-2 충전의뢰검사→검사결과 ERP 반영 (자사 용기) 4-7-3 불합격 용기 Feedback 프로세스: 불합격품 구역 회수 (자가 용기) 4-7-4 충전의뢰대상 용기 관리: List Up 및 전달 4-7-5 차량 부킹및 운송 (내자 상품): 3PL 4-7-6 외자 프로세스 (외자 상품) - 컨테이너 부킹 - 위험물 스티커 부착: 용기, 컨테이너 - 수출서류작성 - 위험물 검사: Fault 시 보완 - 운송: 3PL 4-7-7 업체별 MES 용기 등록→ERP 반영→MES I/F
	해외법인 프로세스	5-1 수주	5-1-1 주단위수요예측: ○○주
		5-2 S&OP	5-2-1 공급가용량산출 5-2-2 S&OP 수요~공급 조정 및 RTF 확정
		5-3 P/O	5-3-1 P/O 수량 확정 및 발행: 판매법인→본사
		5-4 가용성 확보, 출하 (외자)	생산실행 프로세스, 수주 및 출하 프로세스
		5-4 통관 및 가입고	5-4-1 통관 프로세스 5-4-2 가입고및 수입검사의뢰
		5-5 수입검사	5-5-1 수입검사 5-5-2 부적합품 Feedback 프로세스
		5-6 입고	5-6-1 입고→가용성 반영 5-6-2 상품 대급 지급 프로세스

이후, 상기 내용들을 우선 기반하여, 보다 세부적인 후속 조치를 하기 시작했습니다. 하지만, 생각보다 속도는 빠르게 나타나지 않았습니다. 왜냐고요? 이해하는 시간, 공감하는 시간, 움직이는 시간 등, 변화를 위한 시간이 필요하니까요.

4M
(Man, Machine, Method, Material)

아래의 내용은, 4M을 실제 업무에 적용했던 사례를 나타냅니다. 4M이라는 용어를 많이 듣기는 하지만, 실제 업무에 적용한 "예"를 본적은 많지 않을 수 있기에, 아래의 내용이 잘 검토되었다고 볼 수는 없지만, 여러분에게 조금이나마 도움이 되었으면 하는 입장에서 나타내었습니다.

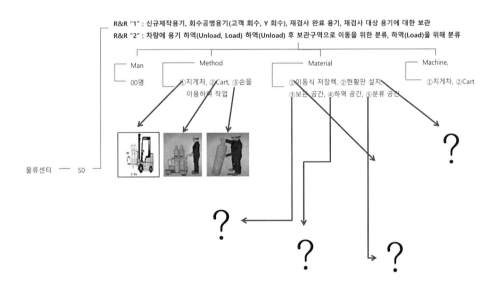

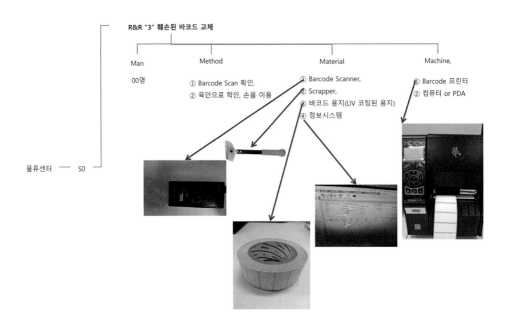

R&R "3" 훼손된 바코드 교체

Man   Method   Material   Machine,

00명

① Barcode Scan 확인,
② 육안으로 확인, 손을 이용

① Barcode Scanner,
② Scrapper,
③ 바코드 용지(UV 코팅된 용지)
④ 정보시스템

① Barcode 프린터
② 컴퓨터 or PDA

물류센터 ── SO

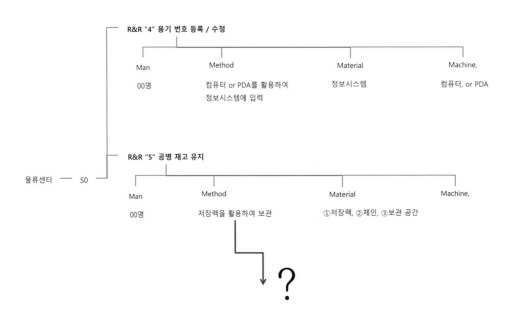

R&R "4" 용기 번호 등록 / 수정

Man   Method   Material   Machine,

00명   컴퓨터 or PDA를 활용하여   정보시스템   컴퓨터, or PDA
           정보시스템에 입력

R&R "5" 공병 재고 유지

Man   Method   Material   Machine,

00명   저장렉을 활용하여 보관   ①저장렉, ②체인, ③보관 공간

물류센터 ── SO

?

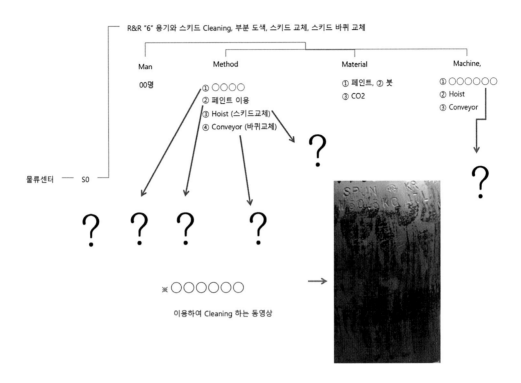

R&R "6" 용기와 스키드 Cleaning, 부분 도색, 스키드 교체, 스키드 바퀴 교체

Man

00명

Method

① ○○○○
② 페인트 이용
③ Hoist (스키드교체)
④ Conveyor (바퀴교체)

Material

① 페인트, ② 붓
③ CO2

Machine,

① ○○○○○○
② Hoist
③ Conveyor

물류센터 — S0

※ ○○○○○○

이용하여 Cleaning 하는 동영상

변화를 위한 계획 수립은 어떻게 하나요?

여러분은 변화가(개선, 발전, 혁신 등. 본문에서는 개선으로 통일해서 표현) 필요하다고 생각하는 업무 분야가 발생한다면 어떻게 하십니까? 타인의 도움 없이 혼자할 수 있는 것은 혼자 알아서 할 수도 있고, 간단하다고 생각되면 대충 말로 이야기하고 개선할 수도 있습니다. 하지만, 기업 내에서 개선해야 할 업무들의 대부분은, 나 혼자 할 수 없는 경우, 타인의 도움이 필요한 경우, 개선 과정과 결과가 타인과 현재/미래 운영 중 또는 예정인 타 조직의 프로세스에 영향을 미치는 경우, 비용이 필요한 경우, 상급자의 의사 결정이 필요한 경우 등이 대부분이기에, 가급적, 기획을 통해 계획을 하는 것이 긍정적이고, 계획이 잘 반영되고 일목요연하게 정리된 보고서/품의서를 작성하여 후속조치 하는 것이 긍정적입니다. **기획을 통해 계획문서를 작성하고 후속조치를 추진하는 유형에 있어 정답은 없습니다.** 다만, 나의 경우에는, 다음과 같은 유형으로 개선 보고서/품의서를 작성하고, 후속조치를 하는 편입니다.

순서	내용
1	제목
2	개요

3	배경/목적/기대효과
4	현상황(현실태) 및 문제점
5	검토결과
6	개선/후속조치방향
7	결론/결언
8	행정사항/업무협조
9	AAR(After Action Review)

Ⅰ 제목

제목은 말 그대로 제목입니다. 한눈에 전체적인 내용을 상대방에게 보여 줄 수 있는 요약 문장으로 작성하거나, 상대방의 관심을 이끌 수 있는 요약 문장으로 작성하는 것을 추천합니다.

Ⅱ 개요

개요는 사전적으로는 간결하게 추려 쓴 주요 내용을 의미하는데, 제목을 조금 더 부연 설명하되 가급적 요약 문장으로 작성하는 것을 추천합니다.

Ⅲ 배경/목적/기대효과

문서를 작성하게 된 배경은 무엇인지, 어떤 목적을 위해 문서를 작성하게 되었는지, 그리고 어떤 기대효과가 발생하기에 문서를 작성하게 되었는지 등을 나타냅니다. 배경, 목적, 기대 효과를 모두 작성해야 한다는 것은 아닙니다. 배경만 작성해도 되고, 목적만 작성해도 되고, 배경과 목적으로 구분해서 모두 작성해도 됩니다. 문서를 작성하는 사람이 상황에 맞게 표현하고 싶은 것을 작성하면 됩니다. 하지만, 목적을 작성하게 된다면, 가급적 목적 다음에, 기대 효과를 정성적, 정량적으로 구분하여 작성하는 것을 추천합니다.

Ⅳ 현상황(현실태) 및 문제점

　현상황/현실태 둘 다 유사하게 사용할 수 있는 용어입니다. 현상황(현실태)는 현재 상황(상태)에 대해 조금도 추가하거나 빼지 않고, 정말 있는 그대로 바라보고, 객관적인/비판적인 시각에서 작성하면 됩니다. 주의할 것은, 자신만의 주관적인 판단을 반영해서는 안 됩니다. 현상황(현실태)만 작성해도 되고, 현상황(현실태)과 연계된 문제점까지 작성해도 되는데, 가급적 문제점까지 연계해서 작성하는 것을 추천합니다. 가장 중요한 것은, 객관적/비판적인 시각에서 작성된 각각의 문제점 간에 서로 겹쳐지는 부분이 있어서도 안 되고, 서로 Cause-Effect 관계에 있어서도 안 된다는 점입니다. 예를 들어, 현상황(현실태)이 작성되고 현상황(현실태)과 연계된 문제점이 각각 4개의 문장으로 작성되었다고 가정 시, 문제점을 나타내는 각각의 문장은 겹쳐지는 부분이 있거나 Cause-Effect 관계에 있지 않고, 독립적이어야 한다는 것입니다. 그래야만, 개선/후속조치 방향을 작성(수립)하기가 수월합니다. 많은 분들이, 현상황(현실태), 문제점, 개선/후속조치 방향을 각각 다르게 검토(생각)하는 경우가 잦습니다. 즉, 현상황(현실태)를 검토(생각)해서 작성했는데, 문제점을 작성시 현상황(현실태)와 연계하여 검토(생각)하지 않고, 개선/후속조치 방향을 작성시 현상황(현실태)과 문제점을 연계하여 검토(생각)하지 않는다는 것입니다. 현상황(현실태)과 연계한 문제점이 4개이고, 각각의 문제점들이 겹쳐지는 부분이 있지 않고 Cause-Effect 관계에 있지 않다면, 개선/후속조치 방향도 4개 이하 수준에서 정리가 됩니다. 많은 분이 현상황(현실태), 문제점에 대해서는 제대로 검토(생각)하지 않고, 개선/후속조치 방향에 우선 순위와 무게를 두고 검토(생각)하는 경우가 있는데, 반드시 이해하고 실천하셔야 할 것은 개선/후속조치 방향을 우선적으로 그리고 깊게 검토(생각)할 것이 아니라, 현상황(현실태)와 문제점을 우선적으로 그리고 깊게 검토(생각)해야 합니다. 여러분이 제대로 현상황(현실태)과 문제점을 분석했다면, 개선/후속조치 방향은 별도로 검토하지 않아도 작성이 가능하기에, 개선/후속조치 방향을 제대로 알고 싶으시다면, 현상황(현실태)과 문제점부터 제대로(비판적으로) 검토하십시오. 현상황(현실태)과 문제점을 제대로 분석하지 않은 상태에서 작성된 개선/후속조치 방향은, "보여주기식", "쇼"에 불과하기도 합니다. 왜냐하면, 현상황(현상태)과 문제점을 검토하는 과정에서, 근본적인 문제점을 도출해내지 못한다면, 개선/후속조치 방향은 얕은 수준에서 검토(생각)되기에, 근본적으로 문제를 해결하지도 못할 뿐만 아니라, 그때만 반짝 뭔가 하는 것처럼 그리고 무언가 개선되는 것처럼 보일 뿐, 뒤돌아보면(현실에서 보면), 문제는 다른 방향에서 또다시 발생하게 되고, 단기적으로 올바른 방향과 속도로 프로세스가 구축 및 유지되며 중기적으로 시스템화 되는 것과는 거리가 멀게 됩니다. 이런 상황이 지속되면, 하부 구성원들은 지속적으로 스트레스를 받게 됩니다. 왜냐하면, 개선/후속조치 방향대로 해보았더니, 다른 부분/방향으로 또다른 문제가 발생하게 되거나, 매번 개선을 한다고 하는데 현실에서 하나라도 제대로 개선되는 것은 없고, 정신 없이 바쁘기만 하기 때문입니다. 그리고 아이러니하게도, 현상황(현실태)과 문제점을 제대로 검토하지 않고 얕은 수준으로 검토하게 되면, 개선/후속조치 방향이 인력이나 비용이 필요하다는 내용에 국한되어 검토(생각)될 수 있습니다. 물론 사람이 필요할 수도 있고, 비용이 필요할 수도 있습니다. 다만 제가 말씀드리고 싶은 것은, 조직에서 발생하는 문제점들의 근본 원인은, 사람과 비용일 수도 있지만, 프로세스와 시스템일 수도 있다는 점입니다. 일반적으로, 이전부터 본인에게 부여된 R&R을 유지하면서 능동적으로 프로세스와 시스템을 깊게 검토하는 것이 어렵다 보니 사람과 비용에만 국한하여 해결 방향을 모색하는 경우가 종종 발생할 수 있습니다. 여러분들도 경험해보셨겠지만, 본인에게 직면한 R&R을 유지하면서 오랜 기간 잘못되어 있거나 꼬여 있는 프로세스와 시스템을 능동적으로 검토하는 것이 쉽던가요? 쉽지 않으셨을 것입니다. 왜냐하면 프로세스와 시스템을 검토하기 위해서는 세세하게 많은 내용을 구석구석 알고 있어야 하고, 내 부서가 아닌 다른 부서의 프로세스와 시스템도 알아야 하며, 전체 최적화와 시스템적 사고를 이해하는 능력을 가지고 있어야 하고, 검토를 위해서는 많은 고민과 인내 또한 필요하기 때문입니다. 프로세스와 시스템을 제대로 검토(생각)한 결과, 사람과 비용이 필요 없을 수도 있고, 사람과 비용이 필요할 수도 있습니다. 하지만 여러분이 검토(생각)한 결과, 개선/후속조치 방향이 사람과 비용에 국한되더라도, 그 이면에는 프로세스와 시스템에 대한 근본적인 검토 결과가 깔려 있어야 합니다. 일반적으로, 프로세스와 시스템에 대한 근본적인 검토(생각)를 잘 하지 않는 조직 문화를 가지고 있는 기업의 경우, 매출에 비해 인력이 증가할 가능성이 높을 수도 있습니다. 그래서 조직에서는 본인이 먼저 책임있는 의사결정을 하지 않으려고 하는 성향의 관리자와 리더, 단순히 타인 또는 아래 사람이 해올 때까지 기다렸다가 무인 승차, 훈수, 채점하는 성향을 가지고 있는 관리자와 리더가 아닌, 본인 스스로 프로세스와 시스템을 능동적으로 고민하고 책임 있는 의사결정을 통해 주위와 아랫사람에게 먼저 이야기할 수 있는 관리자와 리더를 많이 보유하는 것이 중요합니다. 결론적으로, 어떤 개선 업무를 추진 시 현상황(현실태), 문제점, 개선/후속조치 방향을 각각 따로 검토(생각)하거나 개선/후속조치 방향부터 검토(생각)하는 습관을 가지고 있는 분이 있다면, 순서와 중요도를 잘못 이해하며 실천하고 있다고 말씀드리고 싶습니다. 추가로, 제가 오랜 시간 조직 생활을 하는 과정에서, 어떤 구성원은 저에게 현실태라는 용어를 사용하지 말라고 이야기한 적이 있었는데, 저는 이해가 되지 않았습니다. 왜냐하면, 내용의 Quality가 중요하지, 현상황이라는 단어를 사용하지 않고 현실태라는 단어를 사용한 것이 문서의 Quality에 영향을 미치는 것은 아니기 때문입니다. 기업에서 구성원들이 사용하는 용어와 용어를 이해하는 정도를 통일하는 것은 매우 중요합니다. 하지만, 현상황과 현실태라는 용어의 경우, 반드시 통일할 가치가 있는 용어일까요? 여러분들은 정말 중요한 것이 무엇이고 본질이 무엇인지를 잘 이해하시기 바라고, Quality 높은 내용을 가지고 이야기하시기 바랍니다. 나에게는 해당 구성원이 그저 꼰대로밖에는 느껴지지 않았습니다.

V 검토결과

검토 결과는 말 그대로, 어떤 사실이나 내용을 분석하고 따지는 것이라고 이해하시면 되겠습니다. 앞에서 현상황(현실태)만 작성했다면, 문제점에 대해 분석한 결과를 나타내도 되고, 현상황(현실태)과 문제점을 모두 작성했다면 굳이 검토결과를 작성할 필요는 없습니다. 다만, 현상황(현실태)와 문제점이라는 표현에 다소 거부감이 있을 경우, 현상황(현실태)와 문제점을 작성하지 않고, 검토결과라는 항목에 현상황(현실태)과 문제점에 대한 내용을 작성해도 됩니다.

VI 개선/후속조치방향

개선/후속조치 방향에 대해서, 깊게 고민하고 많은 것을 작성해야 할 것처럼 생각되지만, 앞에서 언급한 대로, 명확하고 간결하게 작성하는 것이 좋습니다. 즉, 앞 부분에 도출한 문제점 간에 서로 겹쳐지는 부분이 없고, Cause-Effect 관계에 있지 않다면, 개선/후속조치 방향은 명확하고 간결하게 작성됩니다.

VII 결론/결언

작성해도 되고 안 해도 됩니다. 다만, 한 번 더 작성자의 생각을 정리하고, 상대방에게 명확하고 간결하게 강조하고 싶다면, 작성하는 것을 추천합니다.

Ⅷ 행정사항/업무협조

앞에서 언급한 것처럼 개선이 필요한 업무의 대부분은 나 혼자 할 수 없는 경우, 타인의 도움이 필요한 경우, 개선 과정과 결과가 타인과 현재/미래 운영 중 또는 예정인 타 조직의 프로세스에 영향을 미치는 경우, 비용이 필요한 경우, 상급자의 의사 결정이 필요한 경우 등입니다. 그래서 완료 기한을 명시한 조직별(구성원별) R&R과 비용이 필요시 비용 확보에 대한 협의 내용을 구체적으로 작성하시면 됩니다. 주의할 사항은, R&R 작성 시 개략적이고 모호하게 작성하면 안 됩니다. R&R은 아주 구체적으로 작성해야 하고, 문서를 작성하기 전에 상대방과 사전 미팅을 통해 상호 협의가 된 부분을 작성해야 합니다. 문서를 작성하기 전에 상대방과 미팅을 했지만 작성자의 의도대로 상대방과 R&R이 협의 되지 않은 경우, 협의되지 않은 부분에 대해서는, 별도 발췌하여 작성하고, 의사결정자의 의사결정(도움)을 통해 후속 조치하는 것이 좋습니다. 만약 의사결정자가 나서서 책임 있는 의사결정과 R&R 조정에 대해 고민/실행하지 않는다면, 그리고 수평적 관계의 상대방과 R&R 협의 또한 제대로 잘 안 된다면 난관에 봉착하게 됩니다. 이런 상황에서는 급하게 하려고 하지 말고 인내심을 가지고 지속적으로 소통하며 상황을 변화시켜야 합니다. 소통과 협력이 잘 안 된다고 혼자 다 하려고 하는 것은 권장하고 싶지 않습니다. 왜냐하면, 향후 올바른 방향과 속도의 프로세스와 시스템이 구축되도록 후속 조치를 해야 하는데, 힘든 것은 둘째 치고, 혼자서 올바른 방향과 속도로 지속 실행 가능한 프로세스와 시스템을 구축하는 것은 거의 불가능하기 때문입니다. 다른 한편으로 생각하면 굳이 힘들게 찾아가면서 개선 노력을 할 필요가 없을 수도 있습니다. 왜냐하면 현실적으로, 이런 분위기의 조직에서는 신념을 가지고 일하는 사람이 분란이 일으키는 사람으로 인식되어, 본인에게 좋을 것이 별로 없기 때문입니다. 현재, 여러분은 어떠하십니까? 상기의 내용으로 인해 갈등하고 있을 수도 있습니다. 어떻게 생각하시든 상관없지만, 명심하실 것은, 여러분이 더 성장하고 싶다면, 성장을 하지 않더라도 안정적인 생활을 유지하고 싶다면, 여러분이 소속된 회사가 잘 되어야만 성장과 안정의 기회가 주어집니다. 그래서 저는, 여러분들에게 조직을 위해 인내심을 가지고 소통하며 노력해보실 것을 권고합니다.

추가로 말씀드리겠습니다. 학문적으로는 리더와 관리자를 구분하고 있으나, 현실에서 리더와 관리자를 구분하는 것은, 큰 의미가 없다고 판단됩니다. 왜냐하면 현실에서는 상황에 따라 책에서 이야기하는 리더와 관리자의 역할을 동시에 요구 받는 경우가 있기 때문입니다. 리더와 관리자에게 요구되는 중요한 덕목 중에 하나는 통찰력과 이를 기반으로 한 책임 있는 의사결정입니다. 왜냐하면 통찰력과 책임 있는 의사결정은 하부 조직원들에게 신뢰를 이끌어 낼 수 있기 때문입니다. 간혹, 리더와 관리자의 역할을 해야 하는 구성원들이 CEO나 여러 조직을 총괄하는 사람에게 의사결정을 미루는 경우가 있습니다. 본인이 해야 하는 다양한 전략적, 전술적 의사 결정 분야 중에 어떤 분야를 본인이 직접 해야 하는지에 관해서 깊게 생각해 보시기 바랍니다. 여러분이 통찰력을 기반으로 한 책임 있는 의사결정을 하지 않는다면, **여러분의 존재 이유**를 고민해 보아야 합니다. 혹, 어떤 범위와 깊이까지 의사결정 해야 하는지에 대해 모르는 것은 아니겠죠?

일반적으로 전결 규정을 정립하여, 협력 및 Cross Check 강화, 수직과 수평의 조화, 업무 속도 향상 등의 효과를 기대하지만, 통찰력을 기반으로 한 책임 있는 의사결정을 하지 않는 구성원이 많다면, 전결 규정이 잘 정립되어 있더라도, 현실에서는 협력 및 Cross Check 강화, 수직과 수평의 조화, 속도 향상 등의 기대 효과가 생각보다 낮을 수 있습니다. 그리고 단순히 시간이 흘렀다고 해서(단순히 시간만 흐른 경력 보유), 내실 있는 리더나 관리자가 될 수 있는 것이 아닙니다. 오랜 기간 어떻게 생각하고 행동해왔느냐에 달려 있습니다. 그리고 문서를 통한 합의가, 의사결정과 Cross Check를 위함도 있지만, 책임을 적당히 떠넘기는 수단으로도 악용될 수도 있습니다.

IX AAR(After Action Review)

굉장히 중요한 부분입니다. 그런데 대부분 계획 문서에 관련 내용을 포함시키지 않고, 계획 문서에 내용을 포함시켰더라도 향후 현실에서 잘 실천하지 않게 됩니다. 계획 문서에는 반드시 향후 언제 AAR을 할 것인지에 대해 작성해야 합니다. AAR의 횟수나 기간은 문서 작성자가 상급자와 함께 생각해서 결정하면 됩니다. 여러분들께서 한번 생각해 보십시오. 우리는 많은 개선/후속조치 방향을 수립하고 지시하고 있습니다. 그런데 적절한(기간/횟수) AAR을 통해 개선/후속조치 방향의 진행과정을 검토(생각)하기보다는 잊고 있다가 나중에 문제가 발생하면, 왜 "개선/후속조치 방향대로 업무가 진행되지 않았느냐."라고 아래 사람만 탓하고 책임을 전가하고 있지는 않습니까? AAR은 매일 업무에 직면하는 담당자나 실무자가 주도하기 어렵습니다. AAR은 관리자와 리더가 주도해야 합니다. 그동안 경험을 해보니, 기업의 DNA 수준에 따라 AAR을 유지하는 수준은 달랐습니다. 군의 프로세스와 시스템 안에는 AAR을 반드시 하도록 되어 있기에, 오랜시간 AAR에 익숙했던 저로서는 AAR이 잘 유지되지 않는 것을 경험할 때 아쉬움이 많이 남습니다. AAR을 통해 얻을 수 있는 것은 여러 가지 인데, 그 중에 하나가 교훈 입니다. 정말 아이러니한 것은, AAR을 통해 교훈을 도출했지만 DNA가 낮은 기업에 가까울수록 나중에 유사한 문제점과 현상이 동일하게 재발된다는 점입니다. 왜냐하면 AAR에서는 현란하게 만든 즉, "보여주기 식"의 보고를 위한 보고서와 말로 대충 때울 뿐 AAR 이후 제대로 SOP를 정립하는 데 노력을 기울이지 않고, 정립된 SOP대로 실제 실행하는 과정에서 발생하는 문제점을 분석하며 적절한 조치 또한 하지 않기 때문입니다. AAR은 끝이 아닙니다. AAR은 또 다른 기획과 계획의 시작점(출발점)이기도 합니다.

마지막으로 여러분들에게 강조하고 싶은 것은 기업과 구성원의 DNA가 높지 않다면, 성급하게 여러 가지를 개선하려고 하는 것보다 하나를 개선하더라도 제대로 개선하고 올바른 방향과 속도의 프로세스와 시스템으로 자리잡아 지속 유지하게 만드는 것이 더 중요합니다. 예를 들어, 매달 5가지에 대한 개선/후속조치 방향을 검토(생각)하고 조치했는데, 실제 현실에서 올바른 방향과 속도로 지속 유지되는 것이 없다면, 쓸데없는 시간을 보낸 것이고, 비생산적으로 경영한 것과 다를 바 없습니다. 그리고 이러한 상황에서는 1년, 2년, 3년, 그 이상이 지나도 올바른 방향과 속도로 지속 유지되는 것은 하나도 없습니다.

즉, 시간이 지나도 경쟁력으로 자리 잡은 분야는 하나도 없게 됩니다. 경쟁력은 올바른 방향과 속도로 지속 유지될 때(프로세스/시스템) 진정한 의미에서 경쟁력이라고 할 수 있습니다. 차라리 6개월마다 1가지에 대해 개선/후속조치 방향을 검토(생각)하고 조치를 했는데 올바른 방향과 속도로 지속 유지된다면, 1년이 지난 시점에는 2가지가 개선되게 되고, 2년이 지난 시점에는 4가지가 개선되게 됩니다. 이 4가지가 3년째에도 올바른 방향과 속도로 지속 유지된다면(올바른 방향과 속도의 프로세스 및 시스템) 4가지는 기업의 경쟁력이 될 것입니다. 여러분이 몸담고 있는 기업을 한번 돌아보십시오. 올바른 방향과 속도로 지속 유지되고 있는 경쟁력이 몇 가지나 됩니까? 기업과 기업 안의 구성원들은 매년 개선을 위해 많은 노력을 합니다. 이러한 점을 감안해 본다면, 생긴 지 오래된 기업일수록 경쟁력은 높아야 합니다. 왜냐하면, 오랜 시간 동안 개선한 것이 너무도 많을 것이기 때문입니다. 하지만, 실제 현실은 그렇지 않습니다.

X 사례(원본과 비교해 개략적으로 작성함)

1. 제목: Skid 바퀴(Set) 개선 계획 품의(보고)
2. 개요: 현재 사용 중인 Skid 바퀴에(Set) 대한 개선 계획을 품의하는 내용임.
3. 배경
   가. Skid 바퀴(Set) 고장으로 인해, 고객의 반품 및 Complain 발생 증가.
4. 현상황(현실태)/문제점
   가. 바퀴(Set) 고장 발생시, 440L 용기 이동 및 고정 불가.
      1) 고객의 반품 및 Complain 증가
      2) 제조 불가(공정 진행 불가)
   나. Skid와 바퀴(Set)가 연결되는 부위 협착 시(볼트/너트) 교체시간(정비) 과다 발생
      1) 보유 중인 Capa로는(2인 1조) 하루 8개 이하 교체 가능. 발생 수량 8개 초과 시, 용기 사용 효율 저하(비가용 상태로 대기)
      2) 잦은 Skid 바퀴 교체 비용 상승(연간 평균 5,000만 원 수준의 교체 비용 발생 중, 인건비 제외)

　　　　다. 바퀴 고정을 위한 고정 장치 조작 과정이 매우 불편함

　　5. 개선/발전 방향

　　　　가. 바퀴(Set) 내구성 향상(바퀴 Set 중, 소모품 외 부분의 고장 발생율 Zero화)

　　　　나. 조달 단가 하락

　　6. 행정사항/업무 협조

　　　　가. A팀: 연구 및 시험평가 주관/외부 협력 업체 비교 검토 및 선정 품의

　　　　나. B팀: 외부 협력 업체에 대한 계약

　　　　다. C팀: 연구 및 시험평가 완료까지 소요되는 예산 지원(A팀에서 소요 예산 품의)

　　7. AAR: 4개월 후, 연구 및 시험평가 결과 발표/추가 개선 사항 도출

　　실제 연구 및 시험평가 결과, 현재 개선된 바퀴(신형)를 조달하여 사용한 결과, 조달 단가는 기존보다 낮추었고, 내구성과 편리성은 기존보다 월등히 향상됨. 그리고 1년간 확인한 결과, 기존에 사용 중인 바퀴는(구형) 1,000여 개의 고장이 발생했지만, 개선된 바퀴의(신형) 고장은 없었음(지면과 마찰이 있는 우레탄만 소모품으로 교체).

제조 및 유통하는 회사가 쉽게 간과할 수 있는 부분 몇 가지

가스를 제조하고 유통하는 회사에 발생하는 내용입니다. 참고하시고, 미래를 위해 사전에 고민할 것이 있다면 사전에 고민하고, 준비할 것은 준비해야 합니다.

① 가스를 용기에 충전하는 프로세스에만 상대적으로 관심이 높습니다(충전 프로세스). 생산 프로세스 안에는, 잔류가스처리, 진공처리, 충전 프로세스로 세부 구성되지만(필요시 내면처리 프로세스 포함), 생산조직 안에서는, 충전 프로세스에만 관심이 높은 편입니다. 그리고 충전 프로세스에서 원활한 가스 충전을 위해서는 설비, 사람, 가스, 용기가 필요한데, 충전 프로세스에서는 설비, 사람, 가스에만 관심 높고, 용기에는 관심이 낮은 편입니다. 충전할 수 있는 용기가 없는 것은, 자신들의 문제라고 생각하지 않습니다. 충전 프로세스에 있는 사람들은 적기에 충전할 수 있는 용기가 없다고 불평을 하고, 더 나아가 생산을 담당하는 관리자나 임원도 충전할 수 있는 용기가 없다고 불평합니다. 답답한 것은 서로 불만만 쏟아 낼 뿐, 충전 프로세스 앞단의 프로세스들이 제대로 가시화(공간/설비/시설/사람에 대한 Capa Visibility, 실시간 용기가 위치되어 있은 데이터 현황 Visibility)가 되어야만 충전 프로세스에서 실시간 충전 가능한 용기 확보가 가능하다는 것을 심

각하게 고민하거나 생각하지 않는다는 것입니다. 생산을 담당하는 관리자나 임원의 R&R에는 잔류가스처리, 진공처리 프로세스도 포함됩니다. 그런데 잔류가스처리, 진공처리를 Visibility 하는 데는 관심이 부족하고, 충전 가능한 용기가 없다고 불평하는 데만 관심이 있는 편입니다. 기업 내부에 있는(S0에 있는) 공병 용기가 충전 프로세스까지 이동하는 경우는 다음의 3가지입니다. ○○○○○○○○○○○, ○○○○○○○○, ○○○○. 충전 프로세스에서 용기를 제대로 공급받고 싶으면, 충전 프로세스보다 앞에 있는 프로세스인, ○○○○○○○○ 프로세스에 문제가 없어야만, 충전 프로세스에 용기가 적기 공급될 수 있습니다.

나는 다음과 같이 판단합니다. 현재 ○○에서 주력으로 생산하는 제품의 경우 가스 특성상 잔류가스처리, 진공처리 프로세스가 크게 중요하지 않습니다. 하지만 가스 종류가 다양해지고, 부식성, 독성에 가까운 가스를 취급할수록, 그리고 가스 순도가 매우 높을수록 잔류가스처리, 진공처리 프로세스는 매우 중요합니다. 앞으로 ○○○가 다른 가스 사업을 추진한다면, 잔류가스처리와 진공처리 프로세스 또한 잘 구축해야 합니다. 잔류가스처리, 진공처리 프로세스에 문제가 있다면, S0에 ○○일 수준을 항상 유지해 봐야 소용없습니다. 왜냐하면 잔류가스처리, 진공처리에서 병목 현상이 발생된다면 S0에 용기가 있다고 하더라도 충전 프로세스 입장에서 충전 가능한 용기 확보는 항상 어렵게 됩니다. 그래서 현재 ○○○에서 주력으로 생산하는 가스만을 고려 시에는 우선 "S0 프로세스에 항상, 월 매출 수량 중, ○○일 평균 매출 수준의(가급적 평균보다는 Max 양이 더 좋음) 공병(공병 용기)을 항상 확보 및 보관할 수 있도록 해야 한다."라고 이야기한 것이고, 앞으로 ○○○가 다른 가스도 주력으로 하게 된다면, S0는 항상 ○○일 평균 매출 수준의 공병을 유지해야 하고, 잔류가스처리 프로세스와 진공처리 프로세스의 Capa Up(시설/설비/사람)과 Visibility(시설/설비/사람/실시간 용기의 위치/수량별 데이터)에도 많은 관심을 기울여야 합니다.

② 고객은 가스의 전수 분석에 관심이 높아집니다. 고객은 전수(고객에 납품되는 모든 용기의 가스를 분석) 분석을 원하는데, 전수 분석을 위한 프로세스, 인력, 분석기를 확보하기 어려울 경우 대충 몇 개만 샘플 형식으로 분석하고 나서, 다 분석했다고 허위로 이야기하고 고객에게 보내기도 합니다. 그러다가 거짓말이 들통나게 되면 고객은 매우 큰 불만을 표출하고 결국에는 고객에게 신뢰를 잃어 거래가 끊기는 경우도 있습니다. 가스를 전수 분석할 수 있는 설비와 인력, 노하우를 갖추고 있는 것은, 가스를 생산하고 유통하는 기업의 큰 경쟁력입니다. 그리고 시간이 지날수록 전수 분석 능력을 갖추는 것은 선택이 아니라 필수가 됩니다. 제품을 분석하는 능력을 갖추는 것도 중요하지만, 상품을 취급한다면 상품을 분석하는 능력 또한 갖추어야 합니다. 가스를 분석하는 분석기마다 분석할 수 있는 가스의 종류가 상이합니다. 그래서 분석기를 선택할 때는 향후 미래에 취급하게 될 수 있는 가스는 무엇인가를 고민하고, 영업의 중장기 Forecast 또한 신중하게 검토해야 합니다. 이러한 고민 끝에 분석기를 선택해야만, 분석기 운영 효율과 경제성이 점차 높아집니다. 당장 현재만 보고 근시안적으로 고민 없이 분석기를 선정하다 보면, 사업이 확장될수록, 분석기의 수량은 증가하고, 분석기의 운영 효율성과 경제성은 낮아집니다. 그리고 S&OP 프로세스를 구축하는 과정에서, 분석 계획을 수립하는 시점이 늦은 편입니다. 사유는 다음과 같습니다. 일반적인 품질조직이 운영되는 문화 안에는, 분석 계획을 수립하는 것 자체를 생소하게 여기는 편입니다. 그리고 분석기는 하나의 분석기가 여러 가스를 분석하도록 되어 있고(예를 들어, 하나의 분석기가 제조하는 제품 1품목, 유통하는 상품 2품목, 원료 1품목을 분석 가능하다), 하나의 분석기를 한 사람이 담당하는 것이 아니다 보니, 영업조직의 판매 계획과 구매조직의 상품 및 원료 조달 계획, 생산의 충전 계획이 실시간 연계되고, 인력 운영 계획까지 연계되어야만, 내실 있는(실시간 계획과 실행의 일치) 분석 계획을 수립할 수 있습니다.

③ 스티커를 잘못 붙여서 고객에 오(잘못) 출고하는 경우가 발생합니다. 오출고로 고객의 생산라인이 오염되면, 가스를 공급하는 회사가 수십 억에서 수백 억을(한화) 변상해야 할 수도 있습니다. 따라서 가스 공급회사는 경각심을 가지고 S3 프로세스에서 스티커를 교체하고, 제대로 부착했는지를 관리할 수 있는 프로세스를 구축해야 합니다. 그리고 고객은 용기와 밸브의 외관 검사 중요성을 인식하고, 가스 공급 회사에게 제대로 검사를 하고 나서, 납품할 것을 강조합니다. 가스 공급 회사는 검사 기준에 대한 SOP와 작업 절차 SOP를 검토하고 정립하는 것을 고민하게 됩니다. 즉, 용기와 밸브의 외관검사에 대한 기준 정립과 작업을 누가 책임지고 해야 할 것인가를 고민하게 되는데, 바람직한 것은 품질조직입니다. 왜냐하면 외관검사 항목이 가스는 아니지만, 고객에 가스와 같이(가스를 충전하여) 납품되는 용기와 밸브에 대한 검사 기준이기 때문입니다. 용기와 밸브에 대한 검사 기준은 가스와 마찬가지로, 품질적 측면에서 접근하여 고객과 협의를 통해 정립해야 합니다. 즉, 가스를 공급하는 기업이 고객과 함께 용기와 밸브의 품질 기준을 검토하고 정립하고 관리하는 것이기에 품질조직이 진행하는 것이 타당하고 합리적입니다. 가스의 품질은 품질이고, 용기와 밸브의 품질은 품질이 아닌가요? 그런데 품질조직에서는 가스의 품질만 본인들의 역할이라고 생각하는 경향이 강합니다. 가스를 제조하고 유통하는 기업이라 그런지 모르겠지만, 가스산업의 많은 기업이 주로 가스에만 관심이 많은 편입니다. 하지만 가스만을 가지고는 고객에 납품할 수 없습니다. 가스만을 중요하게 생각하면서, 수요공급상에서 물류(물건의 흐름)의 흐름이 원활하기를 기대하는 것은 지나친 욕심이고 어불성설입니다.

④ 고객은 안정적으로 가스를 공급받고 싶어서 가스 공급 회사에게 S3에 완성품 재고를 많이 보유할 것을 요구합니다. 그래서 가스 공급 회사 입장에서는 S3의 공간과 시설을 넓게 확보하려는 검토와 노력을 하게 됩니다.

하지만 S3의 공간과 시설을 무한정 넓게 할 수는 없습니다. 가스 공급 회사 입장에서도 경제성과 효율성을 고려해야 합니다. 예를 들어 고객이 완성품 재고를 30일을 유지하라고 하면, 공급회사에서는 원료재고 15일, 공정상에 있는 재고 5일, 완성품 재고 10일로 운영하는 계획을 수립하고, 이렇게 하면 문제없이 공급할 수 있다는 것을 고객에게 이야기하여 이해시키고 협의해야 합니다. 그런데 문제는 이러한 데이터를(원료재고 수량, 공정상에 있는 재고 수량, 완성품 재고 수량) 실시간 집계하고 관리하며, 고객이 의문점을 가지고 방문하거나 요구 시 즉각 제출할 수 있어야 하는데, 프로세스와 정보시스템이 제대로 구축되고 유지되지 않으면 불가능합니다. 수작업으로 원료재고, 공정상에 있는 재고, 완성품 재고에 대한 데이터를 실시간 Mix하면서 관리하는 것은 불가능합니다. 그래서 제대로 프로세스와 정보시스템을 구축하고 관련된 경영정보 화면과 프로세스를 잘 운영하는 것이 중요합니다.

⑤ 국가의 안전환경 분야를 관리하는 정부 조직에서 점검을 나와, 용기가 건물이나 시설 외부, 통로 등에 위치되거나 방치되지 않도록 하라고 이야기합니다. 그리고 국가에서 정한 가스 관련 법과 규정을 준수하라고 합니다. 가스를 제조 및 유통하는 기업의 대부분은 우선 생산 관리 분야에서 법에 위배되지 않으려고 노력합니다. 이것이 위배되면 생산을 할 수 없기 때문이기도 하고, 가스 누출, 화재나 폭발 등이 발생될 경우 기업의 생존과 직결되기에 신경을 쓰는 편입니다. 이와 상대적으로 가스를 제조 및 유통하는 기업이 잘 노력하지 않고, 노력해도 잘 안 되는 분야는 다음과 같습니다.

첫째, 법과 규정에 적합한 저장(보관)시설을 구축하는 것입니다. 법과 규정에 적합한 저장(보관) 시설을 구축하기 위해서는 생각보다 많은 비용이 소요됩니다. 일반적으로 가스를 제조하는 기업에서는 생산 시설을 건설하는 것에는 기대감이 큽니다. 그런데 저장 및 유통 시설을 짓는 것에는 인색한 편입니다. 저장 및 유통 시설은 생산 시설보다 생산성과 경제성이 없다고 생각합니다. 물론 이런 생각도 틀린 것은 아닙니다. 하지만 다음과 같이 생각해야 합니다.

가스 특성상, 가스를 통제하기 위해서는 용기에 가스를 담아야만 통제가 가능합니다. 보관 및 유통 시설이 비좁음으로 인해, 분류, 보관(저장), Picking을 제대로 할 수 없는 상태라면, 직원들이 아무리 노력해도, 국가에서 정한 가스 관련 법과 규정을 잘 따르지 못하게 됩니다. 가스를 공급하는 기업이 아닌, 대규모 물류 회사의 경우, 거대한 물류센터를 운영하며, 자동화된 Picking과 컨베이어 시스템을 통해 다양한 크기의 화물을, 실시간 지역별로 분류하고, 실시간 세부 주소별로 구분하며, 실시간 차량별로 적재합니다. 물류 회사의 역할은, 빠르고, 안전 및 정확하게 화물을 고객에게 전달하는 것입니다. 가스를 공급하는 회사의 역할 또한, 빠르고, 안전 및 정확하게 용기를(제품과 상품을) 고객에게 전달하는 것입니다. 이를 위해서는(택배회사처럼 자동화된 컨베이어 시스템 구축은 필요 없겠지만), 용기를 분류하고, 품목별로 구분 보관하고, 가스 특성별 안전하게 보관할 수 있는 공간과 시설이 있어야 합니다. 가스를 제조하는 기업의 공급 속도에 영향을 미치는 것은, 사무 부분과 현장 부분으로 구분할 수 있는데, 현장 부분: 잔류가스처리 시설(설비) Capa, 진공처리 시설(설비) Capa, 충전 시설(설비) Capa, 분석 시설(분석기, 분석 설비) Capa, 수작업 프로세스 Capa(외관검사, 출하작업) 등입니다. Capa는 각 프로세스에서 시간당 설비와 사람의 처리 능력을 나타내며, 설비의 고장 발생과 사람의 결근도 포함됩니다. 사무 부분: S&OP 프로세스(각종 계획 시트 안에 있는 데이터들의 적기 연계). 가스를 유통하는 기업의 공급 속도에 영향을 미치는 것은, 사무 부분과 현장 부분으로 구분할 수 있는데, 현장 부분: S0, S3, 운송. 사무 부분: S&OP 프로세스(각종 계획 시트 안에 있는 데이터들의 정확성)

둘째, 허가되지 않은 구역에, 즉, 용기가 허가된 시설 외부에 저장(보관), 대기, 방치 되지 않도록 하는 것입니다. 가스를 제조 및 유통하는 회사에 가보면, 강렬한 햇빛에 노출되고, 눈과 비를 맞으며 외부에 보관/잠시 대기/방치되는 경우가 잦습니다. 이것을 해결하려면, S0, S3 프로세스의 보관 Capa를 증가시키고, 물류(물건의 흐름) 관점에서 프로세스를 개선해야 합니다. 물류(물건의 흐름) 관점에서 프로세스를 개선해야 한다는 것은, 다음과 같습니다. 한번에 많이 이동시키거나, 많이 이동시켰다가, 적게 이동시켰다 등을 반복하는 것이 아니라, 프로세스별 Capa 고려, 정해진 약속에 따라 균등하게(일정한 수량을) 이동시키는 것입니다. 이를 위해서는 Process별 처리 Capa가(예 모든 프로세스가 1시간에 10개의 용기를 처리 가능) 균등한 것이 가장 좋습니다. 하지만, 이렇게 되어 있는(모든 현장 Process Capa가 균등한) 기업은 많지 않습니다. 그래서 다음과 같이 하는 것이 좋습니다.

잔류가스처리, 진공처리, 충전, 분석, 외관검사 프로세스에서는 본인들의(프로세스별) Capa 고려, 작업 진행 중인 수량과 대기 수량을 제외한 용기는 각 프로세스에 없어야 합니다. 예를 들어, 잔류가스 처리, 진공처리, 충전은 설비에 장착하는 수량이 8개라면, 8개가 작업 진행 중인 수량이고, 8개가 대기 수량이 됩니다. 즉, 잔류가스처리, 진공처리, 충전에서는 16개만 용기를 보유하고, 그 이상의 용기가 각 프로세스에 있다면 없게 만들어야 합니다. 많은 기업이, 작업을 진행하는 장소는 만들어 놓는데, 대기하는 장소는 잘 생각하지 않습니다. 대기하는 장소는 최소한 지붕은 있어야 하고 벽까지 있으면 더 좋습니다. ○○○○는 신규 공장을 검토할 때, 프로세스별로 해당 프로세스 작업시작 전 잠시 용기가 대기하는 공간, 해당 프로세스 작업을 진행하는 공간, 해당 프로세스 작업 완료 후 다음 프로세스로 이동하기 위해 용기가 잠시 대기하는 공간을 모두 구분하여 반영해야 합니다. 그래야 현장에서 바코드 스캔하는 Point도 명확해지고, 데이터도 명확하게 집계됩니다. 그리고 현장도 혼잡하지 않고, 작업자들이 혼동하는 것을 최소화할 수 있습니다.

예를 들어, 충전을 예로 들면, 충전대기 공간+충전하는 공간+충전 완료 후 다음 프로세스로 가기 위해 대기하는 공간이 있어야 합니다. 충전 대기 공간(바코드 IN)+충전하는 공간(작업시작, 작업완료)+충전완료 후 다음 프로세스로 가기 위해 대기하는 공간(바코드 OUT). 내가 절실하게 깨달은 철학이 하나 있습니다. 공간이 무조건 넓다고 좋은 것은 아닙니다. 왜냐하면 공간이 넓으면 비효율적이고, 불필요한 물건들로 가득 찰 수 있습니다. 예를 들어, 우리가 가정에서 큰 냉장고를 구매합니다. 그리고 한번에 많은 음식을 사다가 냉장고에 많이 넣어 둡니다. 이러한 과정을 반복하다 보면 나중에는 어떤 음식이 냉장고 어디에 있는지 잘 모릅니다. 심지어 안 먹는 음식도 발생합니다. 냉장고가 커지면 사람들은 조금씩, 자주 장을 보지 않습니다. 궁극적으로는 냉장고의 운영 효율도 낮고, 음식물 구매에 소요되는 비용도 증가하고, 사람들은 게을러집니다. 그리고 냉동실에서 오래 있던 것은 결국 버리게 됩니다(마트에서 장을 보았는데, 오랜 시간 음식을 먹지 않을 경우 음식의 이동 경로: 냉장고→냉동고→쓰레기통). 이렇게 공간이 불필요하게 많은 것도 문제지만, 너무 없어도 문제입니다. 프로세스를 구분하고 업무를 구분할, 그리고 업무에 필요한 최소한의 공간은 확보해야 합니다. 용기는 부피가 큽니다. 일정 공간의 확보는 매우 중요합니다. 일반적으로 신규 공장(사업장) Lay Out을 검토할 때, 생산조직에서는 충전설비의 배관과 용기를 연결 후 충전을 진행하는 공간만 생각하고 반영합니다. 분석은 분석기와 분석기의 배관과 용기를 연결하는 공간만 생각합니다. 많은 사람이 용기가 충전 설비에서 충전 완료되고, 충전 완료 후, 충전 설비에서 용기를 분리하는 순간, 용기는 순간 이동(SF 공상 과학 영화에서 나오는 순간 이동=Teleport)을 통해 분석기 앞으로 이동한다고 생각하는 것 같습니다. 외관검사, 출하작업에 필요한 공간 등에 대해서는 전혀 생각을 안 합니다. 가스를 통제하고 싶으면, 용기를 통제할 수 있어야 합니다. 제대로 개념 있게 통제하고 싶다면 적절한 공간이 필요합니다. 용기는 물류(물건의 흐름)를 발생시키는 주체입니다. 물건이 흐르는 과정에는 잠시 대기하는 과정, 잠시 보관하는 과정도 발생합니다. 신규 사업장에는 반드시 해당 프로세스 작업시작 전 용기가 대기하는 공간, 해당 프로세스 작업을 진행하는 공간, 해당 프로세스 작업 완료후 다음 프로세스로 이동하기 위해 용기가 대기하는 공간을 모두 구분하여반영해야 합니다. 그리고 프로세스별로, 언제 용기를 이동 시켜야 하는지에 대한 시간 계획(Business Rhythm)과 용기를 이동시키는 주는 주체(조직, 부서, 사람)에 대한 R&R을 명확하게 정립해야 합니다. ○○○○에는 아직 미래적인 이야기지만 프로세스별로 본인들만의 생각을 가지고 알아서 하는것이 아니라, S&OP 프로세스의 각종 Sheet를 상호 잘 연계하고, 프로세스별 Capa를 Visibility하면, 계획에 따라, 현장 프로세스별 1회 이동 수량을정립하여 운영할 수 있게 됩니다.

셋째, 법과 규정에 적합한 운송 수단을 확보하고 운영하는 것입니다. 나는 온도 유지에 대해 구체적으로 이야기하고자 합니다. 현재까지 나는 온도 유지 관련, 가스 관련 법과 규정에 적합한 운송 수단을 보유 및 유지하고있는 회사를 보지 못하였습니다. 가스 관련 법과 규정, 그리고 MSDS에 나와 있는 가스 특성을 모두 준수하기 위해서는, 일반 차량, 냉장차량, 냉동차량, 냉동 냉장 컨테이너 등 다양한 차량과 운송 수단을 보유해야만 합니다.

⑥ S&OP 프로세스를 구축하지 않은 가스 제조 기업은, 우선, 생산계획부터 수립하는 편입니다. 그리고 생산을 담당하는 임원이나 팀장은, 주 단위 또는 월 단위로 생산계획을 수립하여, 이렇게 생산하겠다고 대표이사에게 보고합니다(주 단위로 할수록 더 높은 수준과 디테일함이 요구되기에, 대부분 월단위로 하는 경향이 높다). 그리고 대표이사는 그렇게 되는 줄 알고 결재합니다. 하지만 내막을 들여다보면 그렇지 않습니다. 다시 한번 강조해서 이야기를 하면 S&OP 프로세스가 정립되지 않은 기업의 생산계획은 소설입니

다. 즉, 생산 입장에서만 작성한 소설입니다. 대표이사에게 보고한 내용이지만, 실현 불가능합니다.

S&OP 프로세스가 제대로 구축되어 있지 않은 경우 다음과 같은 현상이 발생하는 것이 일반적입니다: 영업은 다음달 판매 계획을 명확하게 제시하지 않습니다. 영업의 팀장이나 임원은 다음달 판매 계획을 수립할 때, 이번 달에 부족한 부분을 다음달 판매 계획에 Catch Up하여 추가 반영하지 않습니다. 이렇다는 것은, 영업의 판매 계획은 생산에서 데이터를 달라고 하니, 영업의 각 담당자가 알아서(담당자 수준에서) 전달한 데이터들의 합입니다. 이것은 고객과 명확하게 확인하지 않은 하부 담당자 본인만의 상상일 수 있습니다. 그리고 생산에서 영업 담당자에게 데이터를 보내달라고 했고, 영업 담당자별로 데이터를 보내주었지만, 영업담당자별로 데이터를 생성한 시점이 다를 가능성이 높습니다. 결론적으로, 영업 조직은 데이터를 확정하지 않고 계속 변경할 것입니다. 그리고 생산조직은 실시간 변경된 데이터로 실시간 변경 계획을 수립하여 생산해야 할 것입니다.

S&OP 프로세스가 제대로 구축되어 있지 않은 경우 다음과 같은 현상이 발생하는 것이 일반적입니다: 생산계획 수립 시, 재고를 확인하지 않은 상태에서 생산계획을 수립합니다. 기업 내 재고보유목표(재고유지목표)에 대한 명확한 기준이 없으니, 미래 재고 운영 계획을 고려한 생산계획을 수립할 수 없습니다. 영업에서 제대로 된 판매 계획을 수립하지 않고, 각 현장 프로세스 Capa나 Lead Time(L/T)이 명확하지 않은데, 재고보유목표(재고유지목표)를 정립하는 것은 불가능합니다. ○○○○의 경우, 현재 주력 가스 품목에 한정하여 고려 시, 전체 프로세스 L/T이 ○○○일 이내이므로, S0와 S3의 재고 보유목표를 ○○일과 ○○일로 정했습니다. 앞으로 ○○○가 ○○○○○ 사업을 확장하여 진행할 경우, 잔류가스처리, 진공처리, 외관검사, 출하작업 프로세스가 반드시 제대로 운영되어야 하고, 이 프로세스들의 L/T을 추가한 결과, 전체 프로세스 L/T이 ○○일을 초과 시, S3의

재고보유목표는 ○○○일 수준에서 증가되어야 합니다. 생산계획이 재고 운영 계획과(재고보유목표) 연계되어 수립되어야 하는데 그렇지 않으면, 소설입니다. S&OP 프로세스 구축은, 최대한 우발상황을 줄이고, 먼저 예측하며, 예측한 것이 실현 가능하게, 그리고 계획성 있는 경영을 하기 위함입니다. S&OP 프로세스가 제대로 구축 및 유지되지 않는 기업은 계획성과는 거리가 멀기에, 설비의 유지보수도 전체 최적화 관점에서 계획성 있게 관리하지 않습니다. 정례화된, 정기적인, 계획성 있는 설비 관리가 되지 않는 상황이라면, 설비와 장비가 언제 고장 날지 모릅니다. 연간, 반기, 분기, 주간 설비 유지보수 계획을 고려하지 않고 수립된 생산계획은 소설입니다. 사람(인력)도 마찬가지입니다. 인력 운영 계획이 반영되지 않은 생산계획은 소설입니다.

S&OP 프로세스가 제대로 구축되어 있지 않은 경우 다음과 같은 현상이 발생하는 것이 일반적입니다: 생산에 BOM(Bill of Material)이 없습니다. BOM이 없으면 원료 소요량을 적기 예측할 수 없기 때문에 대충 개략적인 수량을 가져다 놓고 생산합니다. 그러다가 원료 공급 업체에 문제가 있거나 천재지변 포함 물류 리스크가 발생하면 원료 Shortage가 발생합니다. 따라서 BOM을 기반으로 ○○○○○○○○○○○○○○○○○ 운영하지 않은 상태에서 생산계획을 수립한다면 생산계획은 소설입니다. 이러한 수준의 생산계획을 수립하여, 매달 대표이사에게 보고하고 있는 임원이나 팀장은 허위보고를 하는 것이고, "눈 가리고 아웅", 또는 "쇼"를 하고 있는 것입니다. 대표이사에게 팀장과 임원은 거창하게 생산계획을 보고했지만, 실제 생산계획을 수립하는 하부 담당자는 보고 이후, 매일 생산계획을 변경합니다. 계획을 작성하는 담당자 입장에서 볼 때, 생산계획은, 계획이지만, 계획과는 거리가 먼, "하루 벌어 하루를 먹고 사는 것"과 같이 안정되지 않은 상황이 지속되고, 생산계획을 수립하는 담당자는 특별하게 배우는 것 없이, 비생산적인 행위(다양한 숫자를 고치는 것만 반복)를 지속하게 됩니다.

S&OP 프로세스가 제대로 구축되어 있지 않은 경우 다음과 같은 현상이 발생하는 것이 일반적입니다: 생산을 하려면 가스도 필요하지만, 용기와 밸브도 필요합니다. 취급하는 가스와 용기에 적합한 밸브와 밸브가 장착된 용기가 없다면 충전 불가능합니다. 적정용기 운영계획이 없는 상태에서 수립한 생산계획은 소설입니다. 적정용기 운영 Logic을 정립하고, 이를 기반으로 적정용기 운영수량을 유지하는 것은 매우 중요합니다. 이를 위해서는 용기가 언제, 어디에, 얼마나 있는지에 대한 데이터가 실시간, 또는 누적 관리되어, 내가 원하는 조건의 데이터를 실시간 수집할 수 있어야 합니다. 이를 위해서는, 정보시스템의 역할이 중요합니다. 그리고 외부에서 공병 용기가 공장(사업장) 내부로 들어오는 것을 통제할 수 있어야 하고, 내부에서 외부로 나가는 실병 용기를 통제할 수 있어야 합니다. 그래서 S0와 S3 프로세스가 매우 중요합니다. S0와 S3 프로세스에서만이라도 정보시스템 데이터와 용기 실물을 비교하며 모든 정보(데이터)를 일치시키고, IN-OUT을 통해 용기를 통제하고, 통제한 결과가 정보시스템에서 다양한 데이터(정보)로 나타난다면, 70~80% 정확도로 적정 운영용기 수량을 정립할 수 있습니다. ○○○는 반드시, S0와 S3 프로세스 운영 수준을 높여야 합니다.

⑦ S4를(가스/용기/밸브 부적합 발생품 보관소, 가스/용기/밸브 문제 발생품 보관소) 제대로 관리하지 않습니다. 우리가 역사를 배우는 이유는, 역사를 통해, 교훈을 얻고, 역사를 반복하지 않기 위함입니다. 가스 공급기업에서는 S4 프로세스를 통해 역사를 배워야 합니다. 부적합품(이상발생품)이 발생하면, 문제가 발생했다는 내용을 전사 공유하고(전사 공유하는 프로세스를 구축하고), S4 프로세스에 이동시켜야 합니다. 그리고 S4 프로세스에 입고된 용기를 대상으로 왜 문제가 발생하였고, 재발하지 않으려면 어떻게 해야 하는지를 자세히 검토하고, 해결방안을 도출하며, 재발되지 않도록 조직 내부에 횡전개를 해야 합니다. 많은 관심을 갖지 않으면, S4는 사람들의 관심에서 멀

어지는 프로세스입니다. 즉, S4 프로세스에 입고된 용기는 장기간 해결되지 않은 상태로 방치될 가능성이 높습니다. 방치 기간이 증가될수록 운영 용기 수량은 부족하고 안전환경에도 문제가 생겨, 매번 소 잃고 외양간 고치는 일을 반복하게 됩니다.

"정보시스템 구축 TFT"라는 명칭의 조직에 소속되어 업무를 해 본 소감

조직 생활을 하면서 다양한 분야의 TFT와 CFT에 몸담아 보았습니다. 정보시스템 구축 분야는 그중 한 분야였고, 정보시스템 구축 TFT와 CFT 중에서도 가스회사 정보시스템 구축 TFT에 소속되어 업무해 본 경험을 이야기하겠습니다. ○○여 년 동안 여러 TFT에 소속되어 업무를 하면서 임직원들에게 느낀 점은 다음과 같습니다.

하나, 기존부터 근무하고 있었던 구성원들은 본인들이 유지하고 있는 AS-IS(내가 유지해야 하는 업무의 범위와 깊이는 어디까지이며 무엇인가, 나는 왜 이 업무을 하고 있는가, 업무를 유지하면서 어떤 부분이 문제인가 등)를 스스로 정의·분석하는 것이 제한되고, 스스로 TO-BE(그렇다면 발전적인 방향은 무엇인가?)를 도출하거나 제시할 수 없었으며, 왜 변화해야 하는지를 제대로 이해하지 못하였습니다(매너리즘, 하위 평준화).

둘, TFT에 소속된 인원들의 적극성과 참여율이 매우 낮았습니다. 왜냐하면 매너리즘도 강했지만, TFT도 해야 하고, 본인이 실제 소속된 팀에서 부여받은 업무 또한 동시에 해야 하는 문제가 동시다발적으로 작용하였습니다.

셋, 대표이사만 관심 있고, 다른 임원이나 팀장들은 관심이 없는 경우가 많았습니다. 가장 눈꼴사납게 보인 것 중에 하나로는 대표이사 앞에서는 관심 있는 척하고, 뒤에서는 강 건너 불구경하듯이 쳐다보다가 시기적절한 시점에 아는 척 훈수를 두며 잘난 체하거나, 보이지 않는 곳에서는 자신들과는 상관없다는 식으로 생각하고 행동하기 일쑤였던 경우입니다.

넷, "예전에, 그리고 우리도 다 해보았는데 너희들이 하면 더 잘 되겠나?"라는 매너리즘과 "누구에게나 숨기고 싶은 비밀이 있다."라는 말처럼, 프로세스와 데이터의 공식적이고도 공개적인 Visibility에 대해 불편함을 가지고 있는 경우도 있었습니다.

다섯, "대표이사는 전문 경영인이다. 얼마 있으면 떠날 사람이다. 따라서 잠시 소나기만 피하면 된다"라는 생각을 가지고 있는 경우도 있었습니다.

여섯, "열심히 하든 안 하든 추가 성과에 대한 보상 기준이 없는데, 내가 굳이 왜 TFT에 소속되어서 업무를 더 해야 하는가? 근무평정 권한이 없는 TFT Leader보다는 근무평정 권한이 있는 소속 팀장에게 잘 보이는 것"이 중요하다는 인식이 전반적으로 자리 잡고 있었습니다.

일곱, MBO에 TFT 업무는 포함되어 있지 않았기에, "왜 해야 하지?"라는 인식이 많았습니다.

여덟, 프로세스를 이해하는 수준이 낮고, 무엇을 프로세스로 유지·관리해야 하는지에 대한 인식을 제대로 하지 못하고 있었습니다. 즉, 회사가 유지·관리해야 하는 프로세스에 대한 정의와 프로세스별 Visibility가 제대로 되어 있지 않았습니다. 대부분의 가스회사는 제조업이기도 하지만 유통업의 성격도 강합니다. 하지만 충전과 분석 프로세스 위주의 생각이 매우 강했고, 충전과 분석 외 프로세스에는 큰 관심이 없었습니다.

아홉, 임원과 팀장 등 직책자의 역할과 존재의 이유 등이 모호하였습니다.

열, 전산을 담당하는 조직의 역할, 능력, 존재의 이유 등이 낮거나 모호하였습니다.

열하나, TFT와 CFT에 대한 이해와 용어의 정의에 부합된 현실 적용이 부족하였고, TFT와 CFT 정의에 적합한 인력을 선발하고 운영하는 것이 제한되었습니다.

정보시스템 구축 TFT에 처음 몸담았던 시기는 2002년이었습니다. 본문에서는 ○○○○년부터 ○○○○년까지의 내용만 그것도 개략적으로 나열하였습니다.

○○○○년

ERP와 MES, 그리고 용기관리 명칭의 정보 시스템(프로그램)이 있었습니다. ERP는 재무와 구매 부서만 활용하는 상태였으며, MES와는 연계가 잘 되지 않는 상태였습니다. MES 데이터를 ERP에 연계하여 활용하기 위해서는 별도 엑셀 작업을 통해 데이터를 가공하여 추가 입력 및 활용해야 했습니다. ERP는 전사적 자원관리 프로그램임에도 불구하고, ERP를 부분 개선 시, Head Control 하는 부서가 지정되거나 주관하여 전사적으로 추진하기보다는 각 부서 사용자들이 사용자 입장에서 개발자에게 직접 개선을 요구하고 진행하였습니다(전체 최적화가 아닌 부분 최적화). 그래서 이 사람 저 사람의 요구 사항이 다 반영되어 표준화와 거리가 좀 있는 상태였습니다. 설상가상으로 고객사에서 권장했던 프로그램을 제대로 PI 하지 않은 채 구축하여, 현실과 괴리감이 있었고 활용도 또한 매우 낮았습니다. 그래서 정보시스템이 존재했지만 많은 수작업이 공존하고 있었습니다. MES는 제조실행 프로그램인데, 구축 범위나 존재의 이유 등이 모호하였습니다. 간단히 예를 들어, 프로그램 안에 영업의 수요예측 프로세스가 반영되어 있었고, 용기 위치별 수량 파악은 불가능하였습니다. 즉, 제조실행 프로그램에 걸맞게 필요한 것은 반영되어 있지 않고 불필요한 것은 반영되어 있었습니다. 존재의 이유를 제대로 고민하지 않고 구축한 상태라고 밖에는 여겨지지 않았습니다. 매출의 50%가 상품인데 상품 프로세스가 반영된 정보시스템(프로그램)은 없었고 MES에도 상품 프로세스는 반영되어 있지 않았습니다. 그리고 용기에 바코드가 부착되어 있었는데 바코드 훼손이 잦았고 바코드 스캔 또한 제대로 하지 않고 있었습니다. 고객으로 출하 시와 용기 회수 시에만 주로 스캔을 했지만, 이것도 제대로 유지되고 있지 않았습니다. 충전 시, 작업시작과 작업종료에 대해 수작업으로 MES(컴퓨터)에 입력했습니다. 충전 시간이 어떤 것은 한 시간, 어떤 것은 1분, 어떤 것은 3초였습니다. 분석도 마찬가지였습니다. 충전 전에 작업시작, 작업완료를 입력하고 충전을 시작하거나, 충전완료 후 작업시작을 입력하기도 하였습니다. MES에 작업시작, 작업종료를 수작업으로 입력하는 것은 반영되어 있었지만, 바코드 IN-OUT 스캔 관련 기능이 부실했습니다. 즉, 정보시스템을 통해 실시간 용기의 수량, 위치, 상태 확인이 불가능하였습니다. 가스회사의 경영을 위한 데이터는 용기를 통해 생성됩니다. 그런데 실시간 용기의 수량, 위치, 상태 확인이 불가능하다면 경영에 도움이 되는 데이터는 생성되고 있지 않다는 것을 의미합니다. 제조과정을 거쳐 최종 출하 시까지 실제 TAT(Turn Around Time)는 4~5일 이내였지만, MES에 나타난 데이터는 2주, 3주였습니다. 올바르게 프로세스가 유지되고 있는지, 아닌지에 대해 확인할 수 있는 데이터가 생성되지도 않았지만, 데이터가 구현되는 경영정보 화면도 거의 없었습니다. 생산 팀장과 생산 담당 임원은 MES에 다 있고, MES를 제대로 활용하고 있다고 했습니다. 즉, "있다, 없다, 하고 있다, 하고 있지 않다"에 대해 생각하고 판단하는 기준이 너무도 달랐습니다. 뭐가 있다는 것인지? 뭐가 없다는 것인지? 무엇을 다하고 있다는 것인지? 참 안타깝고 답답했습니다. 생산에서는 충전 시 작업시작과 작업종료를 MES에 입력하고 있었습니다. 맞습니다. 정보시스템에 입력하고 있습니다. 그런데 충전 TAT가 어떤 것은 1분, 어떤 것은 한 시간, 어떤 것은 3초였습니다. 이것이 진정한 의미에서 정보시스템을 활용하고 있는 것인가요? 진정성 있는 대화를 이끌어내기까지 정말 많은 시간이 필요했습니다. 용기 관리 명칭의 프로그램은 거의 활용하지 않고 있었습니다. 왜냐하면, 가장 기본이 되는 실제 용기가 몇 BT 있는지를 모르는데, 활용이 가능하겠습니까? 그래서 우선적으로, 용기 실사를 추진하였고 97%의 정확도에 이르기까지 1년 6개월 정도의 기간이 소요되었습니다.

○○○○년

기존에 구축해 놓은 ERP, MES, 용기관리 프로그램을 기반으로 SCM을 안정화하는 것은 어려웠습니다. 매너리즘과 비협조적인 분위기에서 정보 시스템 관련 TFT 구축도 어려웠고, 무슨 이야기를 하면 ERP를 만든 회사와 개발자, MES를 만든 회사와 개발자, 그리고 용기관리 프로그램을 만든 회사와 개발자가 기술적, 환경적으로 어렵고 안 된다고 했습니다. 그리고 정보시스템 안에 데이터가 엉켜있는 것도 제약 요인이었습니다. 가스회사의 SCM을 위해 가장 기본적인 것은, 가스가 실시간 어디에, 어떻게, 어떠한 상태로, 얼마나 있는 것에 대한 파악이 가능하게 만드는 것입니다. 이것이 가능해야 수요공급 계획을 수립하고 유지할 수 있습니다. 그런데 가장 기본적인, 가스가 실시간 어디에 어떻게, 어떠한 상태로, 얼마나 있는 것에 대한 파악이 안 되고 있었습니다.

가스는 특성상 용기에 충전되어야만 파악이 가능합니다. 그래서 가스를 파악하기 위해서는 용기를 파악할 수 있어야 하는데, MES에 IN-OUT 바코드 스캔 관련 기능이 제대로 구축되어 있지 않다 보니, SCM을 안정화하는 것이 불가능했습니다. 가스회사는 가스를 담을 용기가 어디에, 어떻게, 어떠한 상태로, 얼마나 있는지를 알아야 수요공급 계획을 수립할 수 있습니다. 그래서 IN-OUT 시스템(프로그램)을 별도로 추가 구축하기 시작했습니다. MES 안에 개발하지 않고 IN-OUT 시스템을 별도 개발한 이유는, MES 안에, 위치와 저장소 운영 개념을 포함하려고 검토하는 과정에서

MES를 개발한 회사의 비협조가 발목을 잡았기 때문입니다. IN-OUT 개념의 별도 시스템을 구축하는 과정도 순탄치 않았습니다. 그 당시 생산의 팀장과 임원, 품질의 팀장과 임원, 영업의 팀장과 임원은, 정보시스템을 추가로 만들어서 돈을 낭비했다, 불필요한 프로그램을 또 만들었다, 기존에 있던 용기관리 프로그램처럼 사용 안 하게 될 것이라는 등, 다양한 이야기를 하면서 결코 성공하지 못할 것이라는 말을 공공연하게 하고 다녔습니다. 나는 현장에서 IN-OUT 바코드 스캔을 할 수 있게 바코드 재질 개선, 바코드가 훼손되면 누가 붙여야 하는지 등 여러 가지 제도와 장비를 추가 준비하고 정립하고 시행하였습니다. 그리고 현장 작업자들이 바코드 스캔을 할 수 있는 여건과 환경 또한 마련하였습니다. 현장 교육자들도 수시 교육하고 그들과 소통하였습니다. 그리고 바코드 스캔 결과가 반드시 나타나도록 경영정보 화면도 만들었습니다. 이러한 과정은 정말 인고의 시간이었습니다. 다시 하라고 하면 글쎄요, 안 할 것 같습니다. 시간이 지날수록 경영정보 화면에 데이터가 누적되기 시작했습니다. 특히 바코드 스캔을 했는지, 안 했는지에 대한 데이터부터 누적되기 시작했는데, 나는 이 데이터를 매일 대표이사에게 보고하고 전사 공유했습니다. 그리고 대표이사는 바코드 스캔에 대한 데이터를 KPI로 지정하여, 근무평정과 성과평가에 반영하였습니다. KPI로 지정하고 성과평가에 반영하니, 사람들은 울며 겨자먹기 식이었지만 따라오기 시작했습니다. 그리고 일정 기간이 지나니, 습관화되어 자연스럽게 바코드 스캔 수준이 높아지게 되었습니다. 하지만, 문제는 사람에 의한 바코드 스캔의 경우, 휴먼에러가 발생할 가능성이 높습니다. 도덕, 윤리, R&R, SOP, 관리감독, 교육훈련 등이 제대로 유지되지 않는다면, 사람에 의한 바코드 스캔은 지속적이고도 잘 유지되지 않습니다. 그래서 RFID 운영을 추진하려고 검토하였지만, 여론에 밀려 진행하지는 못하였습니다. IN-OUT 프로그램을 안정화 한 이후 IN-OUT 프로그램을 기존 MES에 흡수시켰습니다. IN-OUT 프로그램을 MES에 흡수시키고 싶은 마음은 없었습니다. IN-OUT 프로그램은 WMS에 근접한 프로그램이었기에 MES를 IN-OUT 프로그램에 흡수시키고 싶었습니다. 왜냐하면, 작업시작 작업종료도 중요하지만, 더 중요한 것은, 실시간 용기의 위치, 상태, 수량에 대한 데이터이기 때문입니다. 그리고 유지 중이었던 MES의 프로세스에 부족한 부분이 많았기 때문입니다. 하지만 기존 인원의 여론에 의해 MES에 IN-OUT 프로그램을 통합시켰습니다. 안타까웠던 것은, IN-OUT 프로그램이 MES에 흡수되면서, WMS 관점에서 운영을 위해 만들어진 많은 부분이 버려졌습니다.

○○○○년

MES TFT의 멤버로 참여하게 되었습니다. MES도 마찬가지로 개념 정립이나 PI를 제대로 하지 않고 구축했습니다. 설상가상으로 충전과 분석 프로세스만 강조했던 조직문화여서 다른 프로세스들은 더욱 MES에 제대로 반영되어 있지 않았습니다. 앞에서 언급한 대로 제품과 상품을 다 취급함에도 불구하고 MES에 상품을 관리하는 프로세스가 반영되어 있지 않았습니다. 회사 내에 MES 하나면 된다고 판단한다면, 제조실행이지만 MES 운영 범위와 개념을 제대로 정립해서 구축 및 운영하거나 MES 외 다른 프로그램을 구축하여 ERP, MES와 제대로 인터페이스를 해야 하는데, 이것도 저것도 아닌 상태로 되어 있었습니다. 이렇게 된 결과에는 세 가지 원인이 있습니다.

첫 번째는 생산에서 MES 구축과 개선을 주도해왔기 때문입니다. MES는 제조실행 프로그램이다 보니 생산에서 주도해 왔는데 생산은 생산에만 관심이 있었고, 그 안에서도 충전에만 관심이 있었습니다. 그리고 미래에도 생산은 생산에만 관심이 있을 것입니다. 즉, 생산 입장에서는 MES에 생산 프로세스만 잘 반영되어 있으면 됩니다. 상품은 생산에서 전혀 관심을 가질 대상이 아닙니다. 내가 절실하게 깨달은 것은 정보시스템의 구축, 수정, 보완은 회사 전체를 바라보고 업무하는 부서에서 해야 한다는 것입니다. 즉, 전체 최적화 관점에서 헤드 컨트롤 역할이 가능한, 헤드 컨트롤 역할을 유지하고 있는 부서에서 정보시스템을 구축, 수정, 보완해야 합니다.

두 번째는 현실의 프로세스가 빈약하다는 것입니다. 정보시스템은 현실의 프로세스가 반영된 것입니다. 현실에 있는 프로세스들이 Visibility되어 있지 않고, 빈약하다면, 그리고 프로세스가 주먹구구식으로 유지되고 있다면, 당연히 정보시스템에 프로세스를 반영할 수 없고, 정보시스템을 통해 프로세스를 유지하는 것도 불가능합니다.

세 번째는, TFT Leader가 어느 모임의 총무처럼, 서기처럼, 이야기해서는 안 된다는 것입니다. 각 분야 담당자가 참석하면 TFT Leader는 각 분야 담당자에게 "각자 알아서 각 분야에 대해 언제까지 AS--IS를 분석해 오세요."라고 이야기하고, 해당 일자가 되면 각자 발표하고 고생했다고 이야기하고 박수 치고 끝나는 경우가 대부분이었습니다. 이러한 과정을 계속 반복하며 진도를 나갔습니다. TFT Leader는 분야별 발표한 자료를 확인하고 검증하는 과정을 거쳐야 하고, 미흡한 부분이 발견된다면 AAR을 해야합니다. 이러한 노력과 과정이 없는 TFT Leader는 누구나 할 수 있습니다. ○○○이 나에게 ERP 구축 TFT를 하라고 했습니다. 나는 못 한다고 했습니다. 하지만 할 사람이 없다면서 나에게 하라고 했습니다. 그래도 나는 다시 못한다고 했고, 이렇게 의견이 오가다가 결국에는 하게 되었습니다. 현재 내가 가장 후회되는 것은, 하지 말았어야 했는데 했던 것입니다. 왜냐하면, 나의 능력 부족, 매너리즘 및 비협조 조직 문화가 엉키고 교차하는 사이에서, 사람들과 갈등만 발생하였고 육체적 정신적 고생만 했기 때문입니다. 내가 못 한다고 했던 이유는, 충전과 분석 프로세스를 제외하고, 다른 프로세스에 대한 Visibility가 안 되어 있다는 것을 그 누구보다도 잘 알고 있었기 때문입니다. ERP의 핵심 기능이자 역할 중 하나인 MRP는 프로세스 Visibility가 되어 있지 않으면 안 됩니다. 즉, 충전 프로세스에 용기

10BT를 입력하면, 자동적으로 이전 공정인 잔류가스처리 공정에도 10BT, 진공처리 공정에도 10BT가 생성되고, 이후 공정인 분석에도 10BT이 입력될 수 있어야 합니다. 즉, 제품을 만드는 데 필요한(가스를 충전하는 데 필요한) 자재인 용기 10BT이 모든 공정(프로세스)에서 준비될 수 있어야 합니다. 그런데 잔류가스처리 공정에 용기가 몇 BT가 있는지 알 수 없고, 언제 확보될 수 있는지 알 수 없는데 무슨 MRP를 할 수 있겠습니까? 그리고 기준정보와 사용하는 각종 언어(양식, 데이터 전달·입력 주기, Business Rhythm 등)의 통일이 되지 않은 상태에서 무슨 ERP를 만들겠다는 것입니까? 물론 PI 하는 과정에서 TO-BE 방향에 입각해 기준정보와 언어의 일치를 위한 노력을 하게 되지만, 나는 모든 것이 불가능할 것이라고 예상했습니다. 그리고 예상은 빗나가지 않았습니다. 제 아무리 뛰어난 ERP 패키지 업체의 PI 컨설턴트일지라도 할지라도, 내부 직원들이 AS-IS를 분석하지 못하고, 내부 직원들이 현실적인 TO-BE를 그려내지 못하면 어떻게 할 방법이 없습니다. 왜냐하면, PI 컨설턴트의 결과물은 내부 직원들이 이야기해준 것을 기반으로 하기 때문입니다. 즉, 내부 직원들이 잘 모르고, 비협조적이고, 의견을 제시하지 않는다면, 컨설턴트가 내부 직원처럼 업무를 해본 경험이 없는 상태에서, 아무리 기고 난다는 컨설턴트도 방법이 없습니다. ERP는 다른 프로세스도 마찬가지이지만, 생산 안에서도 잔류가스처리, 진공처리 프로세스는 예상대로 Visibility 되지 않은 상태에서 신규 구축되었습니다. 모든 프로세스가 Visibility 되는 것이 어려울 것이라고 예상했지만, 현실로 나타났고, 프로세스가 Visibility 되지 않았기에 기준정보를 포함, 각종 언어의 통일 또한 제대로 되지 않았습니다. 나는 많은 정보시스템 구축 프로젝트에서 다음과 같은 현상을 자주 경험했으며 가스회사에서도 예외는 아니었습니다. 대부분 처음에는 기업(조직)이 의욕적으로 패키지 정보시스템 구축 업체에게(개념적으로) 이것저것을 반영해 달라고 이야기하고, 정보시스템 구축 업체도 최대한 반영하겠다고 이야기하지만, 계약 후, PI 단계에서

AS-IS와 TO-BE를 제대로 그려내지 못해, 정보시스템 구축 업체가 유도하는 대로, 아니면, 정보시스템 구축 업체의 패키지 프로그램이 거의 그대로 구축되는 경우가 많습니다. 이렇게 구축된 정보시스템은 현실과 괴리가 많게 됩니다. 즉, 정보시스템을 사용하지 않고 수작업으로 대신하거나, 정보시스템이 구축되었지만 수작업이 줄어들지 않거나 사람이 더 증가하거나, 현실과 괴리되고 불편한 정보시스템 사용을 무조건 해야 하는 "일을 위한 일"이 발생하는 등의 문제를 낳게 됩니다. 구축한 ERP는 끊임없이 잡음만 일으키다가 버리게 되었습니다. 나는 2년의 ERP 구축 과정에서 정말 많은 것을 깨달았습니다.

첫째, 프로세스가 Visibility 되어 있지 않은 상태에서 정보시스템을 구축하는 것은 지양해야 합니다.

둘째, PI의 TO-BE 방향대로 프로세스가 Visibility 되고 잘 유지될 것이라고 한결같이 믿거나 당연시해서는 안 됩니다. 왜냐하면, TO-BE 프로세스는 탁상공론에 의해 만들어진 것일 뿐, 검토하는 과정에 깊이나 수준이 낮았다면 실제 TO-BE를 실현하는 과정에서는 인력과 시간, 노력과 비용이 추가 소요될 수 있기 때문입니다.

셋째, 내부 전산팀이 프로세스를 연구하지 않고, 단순히 RFI나 RFP를 요구하며 수동적으로 움직인다면, 더는 기대하지 말고 유지보수 수준으로 전산팀의 역할과 존재의 이유를 재정립해야 합니다. 자칫 잘못하면 이것도 저것도 아닌 상황이 발생하게 됩니다.

넷째, 조직문화와 구성원의 DNA가 하위 평준화 되어 있다면 급하게 구축하지 말아야 합니다.

○○○○년-○○○○년

간헐적으로, 조금씩 무엇을 한다고 하고, MES Ⅱ (New MES) 프로젝트를 통해 MES를 대대적으로 개선한다고 들었는데, 딱히 피부에 와닿게 진행된 것은 없었습니다. 나 또한, 여러 가지 이유를 핑계로 발을 담그고 싶지 않았습니다. 정보시스템에 대해서는 양치기 소년에게 속은 마을 사람들처럼 믿고 싶지도 않고, 별로 기대하고 싶지도 않았습니다. 나의 기대에 부흥하듯이, New MES는 비용을 들여 추진하다가 Drop 하였습니다.

정보시스템 구축 및 변천 과정을 보면서, 내가 느낀 점은 다음과 같습니다. 내 회사이고, 내 돈이라고 생각하고 일하는 사람이 없으면, 회사의 프로세스는 빠르게 좋아지지 않습니다. 내 일이라고 생각하고 직접 나서서 책임지려고 하는 사람이 없으면, 회사의 프로세스는 빠르게 좋아지지 않습니다. 능력 없는 사람들로 이루어진, 하위 평준화된 조직일수록 회사의 프로세스는 빠르게 좋아지지 않습니다. Fiest 펭귄 역할을 하는 사람이 없다면, 회사의 프로세스는 빠르게 좋아지지 않습니다. **사람들은 일반적으로, 누구나 할 수 있는 수준에서 적당한 말과 행동을 합니다.** 직접 나서서 하기는 싫고, 직접 책임지기도 싫지만 적당히, 때론 좋게 평가 받으면서 적당히 연명하고는 싶어합니다. 그래서 회사들이 많은 돈을 들여서 노력을 함에도 불구하고, 개선되거나 발전되는 속도가 늦다고 판단됩니다. 그래서 대기업일 수록 막강한 재력과 인재, 다양한 인력을 바탕으로 중견·중소기업에 비해 상대적으로 빠르게 성장할 가능성이 높다고 판단됩니다. 회사와 조직이 발전하는 데 기회비용과 손실비용은 어쩔 수 없이 발생합니다. 다만, 기회비용과 손실비용을 최소화하면서, 빠르게 프로세스를 개선하여 시스템 고도화를 구축할 수 있느냐가 중요합니다. 그런데 대부분의 회사는 정보시스템을 구축하고 개선하는 분야에 대해서는 다른 분야에 비해 기회비용과 손실비용이 더 많이 발생하는 편입니다. 왜냐하면, 현실의 프로세스를 진단 후, 미래의 프로세스를 정립하여 정보시스템에 반영해야 하는데, 일반적으로 쉬운 일이 아니기 때문입니다. 그리고 일반적으로 PI는 내부 직원들에게 관심이 없거나 잘하지 못하는 분야이기도 합니다. 그리고 기존에 구축된 정보시스템을 기반으로 정보시스템 개선 또는 혁신을 추구하는 경우가 많은데, 기존에 구축된 정보시스템이 대부분 좋은 상태가 아니다 보니, 풀어가는 과정이 어렵습니다. 따라서 기존정보시스템을 과감하게 버리는 것이 나을 수도 있습니다. 하지만 구성원들의 DNA가 낮다면, 새롭게 구축하는 것도 참 어려운 일입니다.

"존재의 이유"를 고민해 봅시다

수준 높은 SCM를 위해서는, ① 올바른 방향과 속도의 프로세스와 시스템 구축·운영을 위한 능동적 연구·검토, ② 구성원들의 수준 향상, ③ 구성원들의 적극적 의지와 동참, ④ 적절한 정보수집 방식 구축, 필요시, 정보시스템 구축·운영을 위한 연구·투자 등이 필요합니다. 문제는, SCM은, 다양한 시행착오를 통해 올바른 방향과 속도를 유지할 수 있는 방법을 찾고 프로세스 및 시스템으로 정립하는 과정에서 많은 시간이 소요되고, 수준이 낮은 구성원들을 계몽하는 과정에서 많은 시간이 소요되며, 변화를 거부하는 개인적·암묵적·조직적인 저항을 잠재우고 그들을 적극 동참시키는 과정에서 많은 시간이 소요되고, 적절한 정보수집 방식을 구축하거나 정보시스템을 안정화, 정상화, 고도화 시키는 과정에서 많은 시간 또한 소요됩니다. 따라서 단기간에 SCM을 제대로 구축하는 것은 쉽지 않은 것이 현실입니다. ○○○사에 아쉬운 것은, 동일 업종의 사례를 통해 타 기업이 오랜 기간, 비용과 노력의 투자를 통해 축적한 노하우를 벤치마킹할 수 있음에도 불구하고 "○○○사에 학습조직 유지가 미비하여 ①이 잘 되지 않고", "PI 없이 구축되었다고 해도 과언이 아닌 기존 정보시스템을 TO-BE 방향으로 변화시키고 개선해야 하는데, ④ 대한 후속조치가 잘 되고 있지 않다."라는 점입니다. 무조건 돈을 들여 정보시스템을 새롭게 구축해야 한다는 것도 아니고 무조건 변경해야 한다는 것도 아닙니다. 현재 구축된 정보시스템이 존재의 이유에 부합되는지를 확인하고, 부합되지 않는다면 어떤 방향으로 구축과 변경을 해야 하는지에 대해 고민을 해보라는 것입니다. 반대로, 기존 정보시스템을 완전히 뒤집어 엎어 버리고, 새롭게 다시 구축할 수도 있습니다. 대부분의 중견·대기업의 경우, 성장 과정에서 초기에 정보시스템을 구축했더라도 지속적으로 개선 및 변경하거나, 초기에 구축한 정보시스템을 완전히 버리고 새롭게 구축하는 진통을 겪으며 선진 노하우를 축적하는 추세를 보이는 편입니다. ○○○사가 ①과 ④가 잘 안 되는 이유는, ②와 ③이 매우 부정적으로 작용하고 있기 때문입니다.

이러한 상황에서(②와 ③이 매우 부정적으로 작용하는 상황), ○○○사의 CEO가 오너가 아닌 전문 경영인이며 설상가상으로 CEO가 자주 교체되고 정책 또한 자주 변경된다면, ○○○사는 현실적인 관점에서, 조기에(단기간에), 일정 수준 이상의 SCM을 구축하는 것은 거의 불가능합니다.

○○○사는 "존재의 이유"에 대해 고민해야 합니다. **존재의 이유를 고민하는 대상에는 사람과 업무(프로세스) 모두 해당됩니다.** 저 업무(프로세스, 인프라 포함)는 왜 존재할까? 유지 중인 저 업무는 조직에 어떤 긍정적인 영향을 미칠까? 부족한 업무는 무엇일까? 저 사람은 왜 저 업무를 하고 있는 것일까? 저 사람은 왜 존재할까? 저 사람이 해야 하는 역할은 어디까지이며, 무엇일까? 등에 의문점을 가지고, 조직 전반을 끊임없이 바라보아야 합니다. 사유는, 조직 내에는 ① 피상적으로는 대단한 일을 하는 것처럼 보이고, 꼭 필요한 사람이라고 생각될 수 있지만, 다른 사람이 노력한 결과물에 단순히 숟가락을 얹는 방식으로 기생하는 사람이 있기 때문입니다. 즉, 실제적으로 능력이 없거나 높지 않은데, 마치 능력이 있는 것처럼 보이는 사람이 존재하기 때문입니다. ② 피상적으로 보면, 바쁘게 업무를 하고 있는 것처럼 보이지만 실제 제대로 하고 있지 않을 수도 있고, 바쁘게 업무를 하고 있지만 유지하고 있는 일 중에는 SCM 구축에 큰 도움이 되지 않는 사

람과 업무들이 있을 수 있기 때문입니다. ③ 정작 필요한 업무(프로세스)와 사람은 A인데, A를 제대로 구축 및 유지하기 위한 노력을 하기보다는, A에 무관심하거나 엉뚱하게 B에 전념하고 있을 수도 있기 때문입니다. ①, ②, ③과 같은 사람들과 업무(프로세스)들은, SCM 구축 및 유지에 도움이 되지 않습니다. 따라서 나는 앞으로, 존재의 이유에 관해 적극 고민할 것입니다. 그래서 상기 ①과 ②에 대한 확인을 ○○○에게 요구했습니다. ○○○가 내가 요구한 것을 완수하기 위해서는, 모든 부서와 사람이 유지하고 있는 프로세스를 하나하나 직접 꼼꼼하게 살펴보는 것은 물론이고, 모든 사람이 유지하고 있는 업무 및 행동 방식까지 모두 수집해야 합니다. 내가 ○○○에게 요구한 과정은 시간이 오래 소요되고 인내심이 필요하고, 매우 피곤하고 어려운 일입니다. 따라서 ○○○사에서는(○○○회사), ○○○에게 많은 도움을 주어야 합니다.

어떤 업무를 추진하려고 했을 때, ○○○가 보안을 이유로 거절하며, 나에게 보안에 관해 설명해 주었습니다. 나는 되물었습니다. "보안이 무엇인가요?". 나는 정보보안, 문서보안, 통신보안, 문서보안 분야에 대한 실무 업무와 총괄하는 업무까지 경험한 적이 있습니다. 그때 내가 느낀 점은 과도한 보안으로 인해, "구더기가 무서워서 장 못 담그는 상황"이 발생하는 것, 꼭 필요한 것을 보안 범위에 규정하기보다는 광범위한 범위를 개략적으로 보안으로 규정하다 보니, "보안 불감증"의 상황이 발생하는 것, 보안은 "코에 걸면 코걸이, 귀에 걸면 귀걸이"식의 정책 유지가 가능하기에, 꼭 필요한 부분에 대해 명확하게 개념을 정립하고 시행하는 것이 필요하다는 것이었습니다. ○○○는, 보안에 대한 깊이와 철학이 없는 상태에서 나에게 이야기한다고 생각되었고, "빈 수레가 요란하다", "선무당이 사람 잡는다"는 느낌 또한 받았습니다. ○○○사에서 ○○○의 역할은 어디까지이며, ○○○는 어떤 지휘, 조정, 통제 권한을 가지고 있습니까? ○○○가 올바른 방향과 속도로 판단하는 능력이 부족하거나 협조적이지 않으면, ○○○을 바라보며 ○○○의 하부에 있는, ○○○의 눈치를 보는 다른 사람들까지도 판단력이 흐려지고 협조적이지 않게 됩니다. ○○○사에서는 ○○○가 안 된다고 하면 안 되는 것인가요? 모든 부서와 사람이 유지하고 있는 프로세스, 그리고 행동방식에 대해 "있는 그대로" 진단함에 있어, 이런 저런 이유로, 요구사항을 비공개하거나 비협조한다면, "있는 그대로" 진단하는 것이 불가능합니다. 진단하는 과정에서 비협조적이거나 비 공개하는 경우가 없게 ○○○사에서는 주의해야 합니다. ○○○사가 반드시 명심해야 할 것은, Visibility 된 만큼 개선됩니다.

전통적으로 위계, 서열, 나이가 중요시되는 한국 사회이지만, 나는 철저히 객관적 능력 위주의 조직관리 정책을 선호합니다. 실제로 예를 하나 들면, 부장, 과장이 있지만, 어떤 팀은 부장이 팀장을 하고 있고, 어떤 팀은 대리가 팀장을 하고 있습니다. 그리고 어떤 팀 안에는, 과장, 대리가 있지만, 사원이 파트장을 하고 있습니다. 나는 팀장과 파트장 등 직책자를 임명한 이후, 결과만을 보고 이야기하기보다는 지속적인 관찰을 통해 팀장과 파트장의 부족함과 어려움을 확인하고 같이 고민하며, 물심양면으로 지원을 합니다. 낮은 계급, 그리고 나이가 적은 사람들을 직책자로 임명하는 것은 쉽지도 않고, 쉽게 결정할 수 있는 것도 아닙니다. 왜냐하면, 낮은 계급, 나이가 적은 사람들의 경우에는, 의지, 도전 정신, 보유하고 있는 최신 지식, 빠른 업무 처리 속도, 창의 등이 강점일 수 있지만, 높은 계급, 나이가 많은 사람에 비해 상대적으로 의사결정 능력과 소통, 풍부한 경험 및 연륜에 의해서만 습득할 수 있는 분야들은 부족할 수도 있습니다. 설상가상으로 조직원들이 팀장이나 파트장의 나이와 직급, 경험이 적다는 이유로 말을 잘 듣지 않을 상황이 발생할 수도 있습니다. 문제는, 젊은 사람들이 의지, 도전 정신, 최신 지식, 업무 처리 속도, 창의성 등에 강점을 많이 가지고 있다고 하더라도 그들 혼자만의 노력으로는, 직급이 높고 나이든 사람들의 비 협조와 무관심, 훈수, 꾀, 매너리즘 등을 이겨내기가 어렵습니다. 즉, 아무리 강점이 많은 젊은 사람이라도, 상대적으로 나이가 많고 직급이 높은 사람들을 상대하는 것은 쉽지 않고, 이 과정에서 젊은 사람들의 의지와 도전 정신이 낮아질 수 있습니다. 따라서 나는 조직의 매너리즘을 타파하고 커다란 변화를 주기 위하여, 낮은 계급, 나이가 적은 사람 중에 강점을 보유한 사람을 팀장이나 파트장으로 임명하고 조직을 이끌어 가도록 시도하지만, 이들이 조직을 이끌어 가는 과정에서 부족하다고 판단되는 부분과 어려워하는 부분을 관찰해서 적극 지원하고, 때로는 내가 직접 나서서 책임 있는 의사결정을 지원하고 강력하게 조정·통제 또한 지원합니다. 이런 관점에서 ○○○에게 궁금한 점과 아쉬운 점이 많습니다. 끝에 "장"이라는 단어가 포함된 직급·직책명은 상급 조직에 대해서는 참모 역할일 수 있지만, 조직을 책임지는 지휘관을 의미하기도 합니다. 지휘관은 리더와 관리자의 역할을 동시에 해야 합니다. 상황에 따라 스스로 고민해서 Solution도 도출하기도 해야 하고, 실시간 현명한 판단과 책임 있는 의사결정도 해야 하고, 하부 직원들을 대상으로 계몽 활동도 해야 하고, 구성원들이 만족감을 가지고 잘 근무할 수 있도록 조직 관리도 해야 합니다. ○○○사에서 ○○○의 역할은 무엇인가요? ○○○가, "장"으로 역할을 하지 못하고, 단순히 참모 수준의 역할을 하고 있다면, "장"의 직급과 직책을 부여하는 것은 부정적입니다. 반드시 능력과 역할에 맞는 직급과 직책을 부여하는 것이 필요합니다. 직급과 직책이 상부에 있는 사람들이 하부에 있는 사람들에게 제대로된 역할과 업무를 하는 것을 바라듯이, 하부에 있는 사람들은 상부에 있는 사람들에게 그에 맞는 자질과 역량을 보유하고 책임감 있게 Lead하는 것을 기대합니다. CEO가 조직을 키우려고 한다면, 그리고 조직이 커질수록, 공과 사를 구분해서 철저히 능력 위주로 가야 한다는 것을 이야기하고 싶습니다. 직원들은 회사가 성장하는 것을 보고 만족감과 비전을 갖기도 하지만, 윗사람이 보유하고 있는 능력과 수준을 경험하면서 회사에 대한 만족감과 비전을 갖기도 합니다. 그래서 철저히 능력과 자질 위주로 조직이 운영되어야만, 조직과 조직문화, 그리고 구성원들의 생각하고 행동하는 방식이 조금씩 올바르게 서게 되고, 조금씩 바뀌게 됩니다. 나는 ○○○의 능력을 객관적으로 검증해보려고 합니다. 나는 ○○○○의 편을 드는 것이 아닙니다. ○○○의 직급과 직책명 끝에 "장"이 붙어 있다면, "장"으로서 능동적으로, 실시간 ○○○○의 어려움을 파악하여 면담 및 조치하고, 가끔 저녁 식사를 하면서 이야기도 들어 주고 격려도 해주고, ○○○○ 편에 서서 이야기도 해주고, 명확한 판단과 의사결정을 통해 ○○○○가 업무를 하는 데 도움을 줄 수 있는 가이드를 해주어야 합니다. 그런데 ○○○는, ○○○○가 처한 환경이나 전후 사정을 고려하지 않고, 결과만을 가지고 ○○○○을 질타하고 비아냥거리는 말을 해서, ○○○○의 감정만 상하게 만들었습니다. 내가 ○○○○와 면담해본 결과 ○○○○의 마음에는 ○○○에 대한 존경심이 없어진 지 오래되었습니다. 그렇다면, ○○○가 조직 내에 존재하는 이유는 무엇인가요?

존중과 인정은 객관적으로 명확하게 구분해야만 합니다. 존중과 인정을 혼동해서는 안 됩니다. 인간은 누구나 소중한 생명을 가졌기 때문에 서로 존중하며 살아가야 합니다. 하지만, 인정은 직급 고하, 남녀노소를 막론하고 철저하게 객관적으로 검증된 능력에 기반해야 합니다. 자신과 친하지 않다고 해서 객관적인 능력을 무시하거나 배척해서도 안 됩니다. 그리고 상급자가 하급자를 존중·인정하지 않는 것보다 하급자가 상급자를 존중·인정하지 않는 것이 더 큰 문제입니다. 상급자에 비해 상대적으로 하급자의 자질과 능력이 부족한 경우, 상급자가 하급자를 대상으로 계몽활동을 하거나 적절한 자질과 능력을 갖춘 하급자를 찾으면 됩니다. 하지만 하급자에 비해 상대적으로 상급자의 자질과 능력이 부족한 경우, 하급자가 상급자를 대상으로 계몽활동을 하거나 적절한 자질과 능력을 갖춘 상급자를 찾는 것은 불가능합니다. 상급자가 하급자에 비해 자질과 능력이 부족한 경우, 하급자는 능동적이기보다는 수동적으로 조직 생활을 유지할 가능성이 매우 높거나, "절이 싫으면 스님이 떠나면 된다."라는 말처럼, 조직을 바꾸려고 노력하기보다는 조직을 떠나게 됩니다. 상급자가 하급자보다 자질이 뛰어나고 능력이 높다면, 조직 내에, 최소한 Leadership, or, Followship, or, Leadership·Followship 중에 하나라도 올바르게 뿌리내리고 형성될 수 있지만, 상급자의 자질과 능력이 하급자보다 현저하게 낮다면, 하급자나 상급자나 자질과 역량에 별 차이가 없다면, Leadership, Followship, Fellowship 중, 어느 하나도 조직 내에 올바르게 뿌리내리거나 형성되는 것은 기대하기 어렵습니다. 어찌 보면, 어렵다기보다는, 내 경험상 불가능에 가까웠습니다. "지피지기 백전백승"이라는 말이 있습니다. 상대방을 알고, 나를 알면 백번 싸워도 백번 이긴다는 말입니다. 상대방을 모르면 상대방을 알기 위해 끊임없이 노력해야 하고, 내가 나 자신을 잘 모른다면 나 자신을 알기 위해 끊임없이 노력해야 하고, 내가 상대방에 비해 부족하다면, 나를 끊임없이 업그레이드해야 합니다. 기업에서 구축 및 유지하는 S&OP는 "지피지기 백전백승"을 실천하기 위한 프로세스입니다. S&OP 프로세스를 구축 및 유지하기 위해서는, 영업부서가 고객을 직접 만나 이성적·감성적 교감과 교류를 통해 고객을 이해하고, 다양한 Sensing Channel을 통해 고객의 Needs를 실시간 파악할 수 있도록 노력해야 합니다. 그리고 S&OP 운영부서, 생산, 품질, 구매, 물류 부서는 영업의 정보를 기반으로, Single Plan을 구축하여, 유기적, 효율적, 적시적, 경제적인 움직임(실행)이 가능하도록 노력해야 합니다. 여러분의 회사는 "지피지기 백전백승"이 잘 되고 있습니까? "지피지기 백전백승"을 실현함에 있어, 여러분의 회사는 어떤 것이 부족하거나 문제입니까? 영업부서의 수준과 역할에 문제가 있습니까? 아니면, S&OP 운영 부서, 생산, 품질, 구매, 물류 부서의 수준과 역할에 문제가 있습니까? 여러분의 회사는 고객을 얼마나 잘 알고 있습니까? 여러분의 회사는 회사 내부에 있는 부서와 구성원들에 대해 얼마나 잘 알고 있습니까? 회사에서 문제가 발생하면, 서로 남 탓을 하는 경우가 잦고, 문제점이 개선·보완되어 지속적으로 잘 유지되기보다는 재발하는 경우가 발생합니다. 이러한 상황이 발생하는 원인은, 회사가, 회사 밖의 고객을 잘 몰라서 일 수도 있지만, 회사가 회사 안에 나를(업무, 프로세스, 사람) 잘 몰라서 발생할 수도 있습니다. 업무와 사람에 대해 존재의 이유를 고민하고 후속 조치하는 과정은, 회사(기업) 입장에서 자신을 알아가는 과정과도 같습니다. 그래서 회사(기업)는 끊임없이, 업무와 사람에 대한 존재의 이유를 관찰하고 이에 적절한 후속조치를 해야 합니다. 나는 ○○○에게 모든 부서와 사람이 유지하고 있는 프로세스를 하나하나 직접 꼼꼼하게 살펴보는 것은 물론이고, 모든 사람이 유지하고 있는 업무 및 행동 방식까지 모두 수집할 것을 요청했고, ○○○는 적극 이행할 것입니다. 나는 ○○○사(회사)에 있는 영업, 생산, 품질, 물류, 구매 부서의 사람들이 능동적이고 자발적으로 자신을 알아가고, 자신이 부족한 부분을 깨치고 개선하기를 희망했지만, 더는 기대하기 어렵다고 판단됩니다. 그래서 업무(프로세스)와 사람을 대상으로, 존재의 이유를 파악하여, ○○○를 통해 CEO에게 지속적으로 말씀드릴 예정이며, CEO는 관련 내용을 검토 후, 필요시, 행정적, 강제적 조치를 통해, 후속조치를 하셔야 할 것입니다. 그리고 시간이 지나면 건강한 사람의 혈관에도 노폐물이 점점 축적되듯이, 존재의 이유에 부합되지 않는 업무와 사람이 발생할 수 있습니다. 따라서 존재의 이유를 파악하는 것은 일회적으로 끝나는 것이 아니라, 최소 2년 단위로 정례화하여 유지하는 것이 좋겠습니다.

정보관리

☞ **첩보**

"목적을 가지고 의도적으로 수집된 자료들이 아직 분석, 정제되지 않은 상태. 첩보란 정보가 되기 전의 모든 사회적 현상을 말하는 것으로써, 부정확하고 단편적인 불규칙한 사실에 대한 견문이므로 첩보란 모든 "보고 들은 것"이라 말할 수 있습니다."

☞ **첩보**

"정보가 되기 전, 아직 분석, 정제되지 않은 상태로서 단순히 보고 들은 것"

☞ **정보**

"평가, 분석을 통해 정리된 지식과 자료"

☞ **데이터**

"숫자, 문자, 기호 등으로 표현한 것으로, 데이터에 의미가 부여되면 정보가 되며, 데이터를 통해 만들어진 정보는 또 다른 정보를 위한 데이터가 될 수 있음"

☞ U.S DoD(Department of Defense)

관리되지 않은 정보는 없느니만 못하다.

☞ **엘빈 토플러**(Alvin Toffler)

설사, 정보를 획득하여 적절히 처리하더라도 적기에 있지 않은 정보는 무용지물이다.

☞ **손자병법 제13편 용간**(用間)

총명한 군주와 현명한 장수가 움직이기만 하면 적을 이기고 출중하게 공을 세우는 것은 먼저 적정을 알고 있기 때문이다.

과학기술의 발달과 글로벌화에 따른 디지털 정보체계의 발전은, 기업에 경영과 비즈니스에 관련된 수많은 정보를 제공하고 있습니다. 다양한 경영과 비즈니스 환경에서 정보가 부족한 것도 문제이지만, "정보피로 신드롬"과 같이, 정보가 너무 많아도 의사결정에 혼란을 초래하게 됩니다. 그리고 가치 있는 정보가 적기에 제공되지 못하고, 의사결정과 무관한 정보가 제공되는 경우에는 오히려 의사결정을 지연시키고 혼란을 야기하게 됩니다. 예를 들면, S&OP 프로세스를 유지하는 과정에서 정보가 부족해 의사결정을 할 수 없는 상황이 발생하기도 하고, 상호 융합되지 않거나 융합할 수 없는, 부서별 "동떨어진 정보"나 "나 홀로 정보"의 제공으로 의사결정에 혼란을 초래하기도 합니다. 그리고 적기에 정보가 제공되지 않아 의사결정이 지연되거나, 첩보 수준의 내용이나 단순 데이터를 별도의 노력이나 검증 없이 정보로 제공하여 의사결정에 혼란과 또 다른 문제를 야기하기도 합니다. 즉, 정보체계의 구축 및 유지 수준이 미흡하면, S&OP 프로세스 구축 및 유지 또한 미흡하게 될 수밖에 없습니다. 따라서 효과적인 경영과 Business를 위해서는 의사결정과 업무 프로세스에 직접적으로 기여할 수 있는 정보를 적기에 제공할 수 있도록 정보체계를 구축하고 관리해야 합니다. 기업에서 정보체계는, S&OP 프로세스를 유지하는 사람과 정보시스템으로 이루어지며, 유지하는 기능, 부서에 따라 다양하게 구분됩니다.

기업은, 경쟁 대상과 비교해, 정보 우위에 있어야 합니다. 정보의 우위에 있는 기업은, 경쟁 대상보다 먼저 보고, 듣고, 판단할 수 있으며, 실시간 빠른 의사결정을 통해 Business 속도를 높일 수 있습니다. 즉, 정보 우위는 시장에서 주도권을 확보할 수 있게 도와줍니다. 문제는 과학기술과 글로벌화로 인해, 경쟁 기업으로 분류된 상대방만 경쟁 대상이 아니고, 경쟁 대상이라고 생각되지 않는 기업도 잠재적 경쟁 상대이고, 고객 또한, 또 다른 경쟁 상대라는 점이며, 이러한 "잠재적 경쟁 상대와 고객을 대상으로 정보의 우위를 유지하는 것은 쉽지가 않다."라는 점입니다. 정보관리는 정보체계를 이용하여, 관련 정보를 사용 가능한 상태로 적기 제공함으로써, 경영과 비즈니스를 가시화하고, 리더와 관리자의 상황 이해와 이들의 의사결정을 지원하는 프로세스입니다. 정보관리는 제한된 시간에 방대한 정보가 효과적으로 활용될 수 있도록 하는 데 중점을 두어야 하며, 참모 형태의 모든 실무 담당자가 일차적으로 수행하게 됩니다. 정보 관리는 데이터·정보 수집, 비교·분석, 경험과 예측을 반영한 새로운 의미 도출, 지식화, 전파, 정보 보호의 순으로 구성 및 유지됩니다. 조직·부서별 리더와 관리자의 요구, 실무 담당자의 판단에 따라 데이터와 정보를 수집하게 되고, 수집된 각종 데이터와 정보들은 비교·분석 등의 처리 과정을 거쳐, 또 다른 정보로 변환되고 생산됩니다. 이러한 정보들은 조직·부서별, 리더, 관리자, 실무 담당자의 다양하고 전문적인 분석·평가 과정을 거쳐 지식으로 변환되고 생산됩니다. 문제는, 조직·부서별, 리더와 관리자가 지식으로 생산하는 과정을 실무 담당자에게 전적으로 떠넘기는 상황이 종종 발생한다는 것입니다. 그리고 관련된 정보는 정확성, 적기성, 완전성, 신뢰성을 갖추어야 합니다. 즉, 정보는 사실에 입각하여 실제 상황을 있는 그대로 정확하게 설명하여야 하며,

조직·부서별, 리더와 관리자가 요구하는 시간과 공간에서 제공되어야 합니다. 그리고 조직·부서별, 리더와 관리자의 요구를 충족할 수 있는 수준이어야 하며, 왜곡되거나 변질되지 않고 신뢰할 수 있어야 합니다. 여러분은 데이터를 생성하고 있습니까? 정보를 생성하고 있습니까? 여러분이 생성한 데이터는 정확성, 적기성, 완전성, 신뢰성 중 어떤 것이 부족합니까? 여러분의 회사에서 발생되는 정보는 정확성, 적기성, 완전성, 신뢰성 중에, 어떤 것이 부족합니까? 데이터·정보 수집, 비교·분석, 경험과 예측을 반영한 새로운 의미 도출, 지식화, 전파, 정보 보호 과정 중에서, 여러분이 현실적으로 유지하고 있는 역할은 무엇입니까?

"**데이터·정보 수집**"은 가용한 수단과 방법으로 데이터·정보를 획득하는 활동입니다. 기업이 처한 환경과 각종 인프라의 구축 및 유지 수준에 따라, "데이터·정보 수집" 방법은 수작업, 반 수작업, 현대화·자동화 방법을, 그리고 "Push 형태로 수집하느냐", "Pull 형태로 수집하느냐"로 구분됩니다. 수작업, 반수작업, 다양한 매체나 정보시스템을 이용한 현대화·자동화 방법에 대해서는 무슨 내용인지 이해가 될 것입니다. Push 형태는, 가용한 데이터·정보를 기존 데이터·정보 제공체계에 따라, 데이터·정보를 사용하는 사람에게 제공하는 것입니다. Pull 형태는, 데이터·정보를 사용하는 사람이 그들의 필요에 따라, 데이터·정보를 요청하고 정보의 출처(사람, 정보시스템, 기타 등)는 이러한 요청에 따라 데이터·정보를 제공하는 것입니다. 여러분은 데이터·정보를 수작업으로 수집하고 있습니까? 반수작업으로 수집하고 있습니까? 아니면, 자동화·현대화 방법을 통해 수집하고 있습니까? 여러분이 수집하고 있는 데이터·정보 중에, 수작업, 반수작업, 자동화·현대화 방법이 차지하는 비율은 각각 얼마나 되나요? 여러분은 주로, 데이터·정보를 사용하는 사람에 해당하나요? 아니면, 주로, 데이터·정보를 제공하는 사람에 해당하나요? 여러분은 데이터·정보를 수집 및 제공하고 사용시, Pull 방식을 많이 택하고 있나요? 아니면, Push 방식을 많이 택하고 있나요?

S&OP 프로세스를 예로 들겠습니다. 데이터·정보 수집을 위해서는 ①
S&OP 회의를 주관하고 리드하는 부서에서, S&OP 프로세스 유지를 위
해 어떤 데이터·정보가 필요한지를 판단 및 결정하고, 이와 관련된 부서와
사람들에게 요구하게 됩니다. 이러한 것은, Pull 형태에 해당됩니다. 하지
만, 이상적인 것은, S&OP 회의를 주관하고 리드하는 부서에 의한 Pull이
아닌, 실제 S&OP 프로세스를 실행 및 유지하는 각 부서에 의한 Push입니
다. ② 각 부서의 리더 및 관리자들과 실무 담당자들은 S&OP 회의와 실제
S&OP 프로세스를 유지하는 데 필요한 데이터·정보의 종류를 결정해야 합
니다. ③ 해당 조직·부서별 실무 담당자들은, 리더와 관리자들이 별도로 요
구하지 않더라도, 필요시 즉각 활용할 수 있도록, 지속적으로 최신화를 해
야 합니다. 조직 전반적 DNA 수준과 윤리·도덕성이 낮고, 체계가 잘 정립
되어 있지 않은 기업에는 자동화·현대화보다는 반수작업과 수작업에 의한
데이터·정보 수집이 많고, Push보다는 Pull 형태가 더 많습니다. Push 형
태와 Pull 형태 중에 어떤 것이 더 낫다고 이야기하는 것은 아닙니다. 다만
Push와 비교했을 때 Pull에 의해 수집되는 데이터·정보는 사람에 의존하는
경향이 상대적으로 더 높을 수 있기에, 전반적으로 DNA 수준과 윤리·도덕
성이 높은 기업과 전반적으로 DNA 수준과 윤리·도덕성이 낮은 기업 간에,
수집되는 데이터·정보의 양과 질에는 많은 차이가 발생합니다. 그리고 전
반적으로 DNA 수준과 윤리·도덕성이 낮고, 체계가 잘 정립되어 있지 않은
기업에는, ①, ②, ③이 능동적으로 적기 유지 및 정착되지 않습니다. 따라
서 DNA 수준과 윤리·도덕성이 낮고, 체계가 잘 정립되어 있지 않은 기업
에서는 우선, 수집되어야 하는 데이터·정보 종류를 정의하고, Push 형태에
의해 수집되어야 하는 데이터·정보 종류와 수, Pull 형태에 의해 수집되어
야 하는 데이터 종류와 수를 정립하고, 변화되는 내·외부 환경에 따라 Push
와 Pull 형태에 의해 수집되는 수와 종류는 지속 변경 관리해야 합니다. 그
리고 Gray Zone이 없도록 반강제적으로 R&R을 부여하고, R&R을 기반으

로 한 요일별, 시간별, 부서별, 사람별 Business Rhythm을 구체적으로 정립하며, 수작업, 반수작업보다는, 정보시스템에 의한 데이터·정보수집이 될 수 있는 체계를 구축해나가는 것을 지향해야 합니다. 가스를 제조 및 유통하는 회사에서 경영에 필요한 정보의 대부분은 용기로부터 수집됩니다. 따라서 용기와 관련된 데이터·정보를 얼마나 효과적으로 수집할 수 있느냐가 매우 중요한데, 용기와 관련된 데이터·정보는, 수작업, 반수작업, 정보시스템을 통해 수집할 수 있습니다. 권장하는 것은, 용기는 총 수명주기 관점에서 계속 움직이고 회전되기에, 지정된 위치(Gate)를 통해 RFID나 Barcode Scan을 진행하고, 실시간 용기별 위치 데이터(IN-OUT)가 정보시스템에 자동 집계되도록 하는 것입니다. 이것을 기반으로, 융합된 데이터가 Display 되는 다양한 경영정보 화면을 추가하면, 용기별(용기번호별) 위치·수량·상태 데이터가 실시간 정보시스템에 생성되도록 할 수 있습니다. 하지만, 저장소나 대기 장소에 일정 기간 정지되어 있는 것을 수작업이나 반수작업을 통해 수량 파악 후 정보시스템에 입력하게 되면, 상대적으로 데이터·정보를 수집하는 시간이 지연되고, 상대적으로 휴먼 에러에 의한 오류도 많이 발생하게 됩니다. 이런 상태에서는, 다양한 경영정보 화면을 추가해도 경영과 Business에 적극 활용하기 어렵습니다. 기업의 규모가 매우 작다면, 정보시스템이 아닌 수작업과 반수작업을 통해 데이터·정보를 수집할 수도 있습니다. 하지만 기업 규모에 상관없이 용기를 많이 보유하며 운영하고 있다면, 수작업과 반수작업에 의해 데이터·정보를 수집하는 방식을 반드시 탈피하는 것이 필요합니다. 왜냐하면, 수작업과 반 수작업은 사람에 전적으로 의존하는 것인데, 기업의 ① 모든 업무 프로세스가 아주 구체적으로 나열 및 정립되어 있어 구성원들이 업무하는 과정에서 임의적으로 생각할 수 있는 부분이 하나도 없고, ② 아주 사소하고 구체적인 업무 부분까지 구성원들 간에 협력 체계와 R&R이 완벽하게 구분 및 유지되고 있고, ③ 업무 과정에서 Gray Zone에 해당되는 부분이나, 모호한 부분이 하나도 없고, ④

Gray Zone에 해당되는 부분이나 모호한 부분이 발생하면, 구성원 서로가 적극적으로 먼저 나서서 일하려고 하고, ⑤ 굳이 시키지 않아도 스스로 능동적으로 일하며 해결하려고 하고, ⑥ 올바른 방향과 속도의 결과물을 산출 할 수 있는 우수한 능력을 가진 사람들로만 구성되어 있다면, 수작업과 반수작업에 의해 데이터·정보를 수집하더라도 문제는 없을 것이고, 비록 수작업, 반수작업이지만, 수집된 데이터·정보는 정확성, 적기성, 완전성, 신뢰성을 충족할 것입니다. 여러분이 근무하는 기업에는 ①, ②, ③처럼 되어 있나요? 여러분 포함, 여러분 주위에 있는 사람들은, ④, ⑤, ⑥에 해당되나요? 만약, 여러분이 근무하는 기업에, ①, ②, ③, ④, ⑤, ⑥을 기대할 수 없다면, 여러분은 하루라도 빨리, 수작업, 반수작업을 탈피해야 합니다. 그리고 여러분은, 정보시스템을 통해 용기 데이터·정보를 수집한다는 것에 대한 패러다임을 무조건 바꾸었으면 좋겠습니다. 용기 데이터·정보를 정보시스템을 통해 수집한다는 것은, 지정된 여러 위치에서 실시간 RFID 또는 Barcode Scan을 통해 데이터·정보가 자동적으로 정보시스템에 축적되도록 하는 것입니다. 수작업으로 용기를 파악하고, 수작업으로 파악한 데이터를 2차 수작업으로 정보시스템에 입력하는 것은, 정보시스템을 통해 용기의 데이터·정보를 수집하는 것이 결코 아닙니다. 즉, 1차 수작업을 통해 용기 수량을 파악하고, 2차 수작업을 통해 정보시스템에 수량을 입력하는 행위는 SCM보다는 재무적 관점에서 비용 결산을 위해 필요한 행위를 하는 것에 더 가깝고, SCM 관점에서 볼 때는, 비효율적, 비경제적, 비효과적으로, "일을 위한 일"을 하고 있는 것과 별반 다르지 않습니다. 그리고 경영과 Business에 필요한 용기 정보는, 다양한 위치에서 실시간 수집되는 것이 좋습니다. 하지만 1차 수작업을 통해 용기 수량을 파악하고, 2차 수작업을 통해 정보시스템에 수량을 입력하는 방식을 유지한다면, 실시간 다양한 위치가 아닌, 일정 규모의 저장소나 일정 기간 이상 대기하는 장소에서만 할 수 있고, 특정 시간에만 할 수 있습니다. 결국 수집된 데이터·정보의 양과 질에 차이는 발생하고, 이러한 데이터·정보는 SCM 관점에 입각한, 경영과 비즈니스에 큰 도움을 주지 못합니다. 내가 현재 이야기하고 있는 내용은 대단한 내용이 아니고, 지극히 기본적이며 누구나 알 수 있는 당연한 내용입니다. 그리고 정보시스템을 물류(물건의 흐름)적 관점과 SCM 관점에서 활용하기보다는 재무적 관점에서 제한적으로 활용하는 것이, 가스를 제조 및 유통하고 있는 기업에만 국한되어 나타나는 현상도 아닙니다. 그리고 이러한 현상은, 프로세스와 시스템이 잘 구축되어 있지 않은 기업, 그리고 중소 기업으로 갈수록 더 많이 나타나는 현상이기도 합니다.

S&OP 회의를 주관·리드하는 조직·부서에서 Pull 방식으로 각 조직·부서에 요청하는 내용 "예"				
조직 구분		구성원 (업무 파트너)	요청 내용	요일
생산	생산 관리	○○○, ○○○	정제·충전·잔류가스처리·진공처리·내면처리 이슈(Capa 이슈 포함), 부적합 발생 이슈, 해당 설비 이슈.	
	A팀	○○○, ○○○, ○○○		
	B팀	○○○, ○○○		
	C팀	○○○, ○○○, ○○○		
	D팀	○○○, ○○○		
설비	A팀	○○○, ○○○, ○○○	설비와 Package화된 용기 이슈(수입검사 포함), 생산 및 분석과 관련된 설비 이슈, 신규 Plant 가동 이슈.	
	B팀	○○○, ○○○		
	C팀	○○○, ○○○, ○○○		
품질	A팀	○○○, ○○○	용기 및 밸브 수입 검사 이슈, 분석 이슈(Capa 이슈 포함), 고객 PCN 이슈, 부적합 발생 이슈, 해당 설비 이슈.	
	B팀	○○○, ○○○, ○○○		
	C팀	○○○, ○○○		
구매	A팀	○○○, ○○○, ○○○	원료 및 상품 이슈(가스량, 운영용기 수량, 공급사 제약조건, 운송 L/T), 용기 및 밸브 조달 이슈, 재검사 이슈(조달 부분).	
	B팀	○○○, ○○○		
	C팀	○○○, ○○○, ○○○		

용기관리 (총수명 주기 관리 관점)	A팀	○○○, ○○○	신규 조달 소요 산정 이슈, 적정운영 수량 정립 이슈, 운영 용기 및 밸브 과부족 이슈, 용기 및 밸브 폐기 이슈, 재검사 이슈, 위치와 수량에 대한 Visibility 이슈, 공병 회수 이슈, 용기를 가용 상태로 전환하는 이슈.
	B팀	○○○, ○○○, ○○○	
	C팀	○○○, ○○○	
영업	A팀	○○○, ○○○, ○○○	기존 고객의 사용량 및 장착수량 증감 이슈, 기존 고객과 거래 종료, 신규 고객에게 판매하는 이슈, 용기와 밸브 사양 변경 이슈, 고객 Complain 이슈, 공병 반환 이슈.
	B팀	○○○, ○○○	
	C팀	○○○, ○○○, ○○○	
물류	A팀	○○○, ○○○	재고 과부족 이슈, 운송 이슈, 저장 인허가 변경 이슈, 저장 Capa 이슈.
	B팀	○○○, ○○○, ○○○	
	C팀	○○○, ○○○	
해외법인	A팀	○○○, ○○○	생산 및 분석 이슈, 재고 과부족 이슈, 운송 이슈(L/T 포함), 해당 국가 법규의 변경이 수요공급에 미치는 영향 이슈, 공병 반환 이슈.
	B팀	○○○, ○○○, ○○○	
	C팀	○○○, ○○○	

"정보 처리"는 수집된 데이터·정보에 의미를 부여하고 지식으로 변환시키는 것입니다. 수집된 데이터·정보는 의미가 부여되기 전에는 정보로서 효용성이 낮습니다. 따라서 수집된 데이터·정보가, 정보로서의 가치를 갖을 수 있으려면 정보처리 과정을 거쳐야 합니다. 정보처리는 선별, 융합, 우선 순위 지정으로 이루어집니다. 데이터·정보의 선별은 가치를 평가하여 즉각 활용할 수 있는 데이터·정보와 향후 활용할 수 있는 데이터·정보, 단순히 참고할 수준의 데이터·정보, 그리고 필요하지 않은 데이터·정보 등으로 분류하는 것입니다. 정보의 융합은, 다양한 출처로부터 획득된 데이터·정보, 첩보의 상호 비교, 평가, 분석, 해석 등을 통해 필요한 정보로 생산하는 것입니다. 단순한 데이터나 첩보들도 정보 융합의 과정을 거치게 되면 경영과 Business에 필요한 관련 정보로서 가치를 가지게 됩니다. 따라서 조직·부서별 실무 담당자들은 수집되는 단편적인 데이터나 첩보들을 간

과하거나 묵살해서는 안되며 융합의 과정을 거쳐 관련 정보로서 가치를 지닐 수 있도록 해야 합니다. 정보의 우선순위 지정은 정보가 원활하게 공유되도록 하기 위해 서로 다른 정보들에 상대적인 중요성을 부여하는 활동입니다. 조직·부서별 실무 담당자는 선별 및 융합된 관련 정보 중 어떤 것이 더 긴급하고 중요한 것인지를 고려하여 우선순위를 지정해야 하며, 통상적으로 리더나 관리자가 요구하는 것을 높은 우선순위에 두는 것이 일반적입니다. 그런데 문제는, 정보 처리 과정에 조직·부서별 리더와 관리자가 관심도 없고, 전혀 관여하지도 않으며 실무자에게 알아서 하라고 한다면, 가치를 지니는 정보들의 생성은 많지 않게 될 것이고, 경영과 비즈니스에 필요한 정보 또한 적기에 제공되지 않을 것입니다. 여러분이 근무하는 조직·부서의 리더와 관리자는, 정보 처리에 실제 어느 정도 관심이 있고, 실제 어느 정도, 실제 어느 깊이로 관여하고 있습니까?

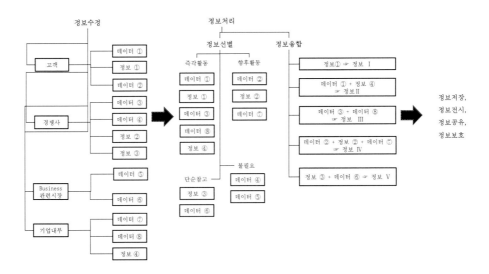

"정보전시 및 공유"는 여러분이 정보를 요청한 사람에게 정보를 쉽게 이해할 수 있게 하고, 정보를 요청한 사람에게 정보를 쉽게 이용할 수 있는 형태로 제공하며, 다른 장소나 사람에게 전달하기 위함입니다. 정보전시 및

공유를 위해서는 최우선적 그리고 기본적으로, 사용하는 언어부터 통일해야 합니다. 업무에 사용하는 양식을 간단하게 예를 들어 보겠습니다. 영업 부서에서 전사적으로 공유하는 양식에, 생산, 품질 등 다른 조직·부서들이 이해하고 그대로 활용하기에 부족한 부분이 있다면, 언어의 통일이 잘 되지 않은 것입니다. 언어의 통일이 잘 되었다면, 영업 부서에서 공유한 양식을 모든 조직·부서가 잘 이해할 수 있을 것이고, 영업 부서에서 공유한 양식과 양식 안에 있는 내용에 대해 별도의 추가 작업이나 변환 과정을 거치지 않고도, 조직·부서별로 연관되는 업무에 그대로 활용할 수 있을 것입니다. 영업 부서에만 해당하는 것이 아닙니다. 조직·부서별로 전시·공유하는 양식은 다른 조직·부서에서 쉽게 이해할 수 있어야 하며, 추가 작업이나 변환 과정을 거치지 않아도, 조직·부서별 연관 업무에 그대로 활용 가능할 수 있어야 합니다. 이러한 "언어의 통일" 이후에 언어의 통일을 기반으로 정보 시스템에 다양한 경영 정보화면을 만들고, 정보를 전시·공유한다면, 상대방이 이해하기 쉬울 뿐만 아니라, 적기에 상대방에게 전달될 것입니다. 명심해주었으면 하는 것은, 정보를 전시 및 공유했지만 상대방이 이해하지 못하고, 적기·적소에 상대방에게 전달되지 않는다면, 진정한 의미에서 "정보전시 및 공유"를 한 것이 아닙니다. **"정보보호"는** 비인가 열람, 유출, 변조, 파괴로부터 정보체계를 보호하는 것입니다.

실무 담당자 뿐만 아니라, 조직·부서별 리더와 관리자는 정보관리 활동의 중요성을 인식하고, 정보체계 운용능력을 갖추어야 할 책임이 있습니다. 따라서 조직·부서별 리더와 관리자는 직접 정보체계를 운영하며 정보관리 활동에 참여해야 합니다. 조직·부서별 리더와 관리자들의 정보체계 운용능력이 미흡하다면, 최신일지라도 정보 체계들은 오히려 업무를 방해하는 요인이 될 수 있습니다. 즉, 현실적으로 내실이 있기보다는, "보여주기식 상황", "일을 위한 일을 하게 되는 상황", "절차만 복잡하고 까다로우며 형식적인 상황" 등을 만들 뿐입니다. 기업에서, 기업에 적합한 S&OP 프로세스를 구축 및 유지하는 것은 기업에 적합한 정보체계를 구축 및 유지하고 있는 것입니다. 즉, 정보체계 구축 및 유지 수준은, S&OP 프로세스 구축 및 수준에 지대한 영향을 미치고, S&OP 프로세스 구축 및 수준과 정비례합니다. 따라서 기업별로, 수작업, 반수작업, 자동화·현대화 중에 어떤 것을 기반으로 한 정보체계를 유지하고 있느냐, R&R을 기반으로 한 요일별, 시간별, 부서별, 사람별 Business Rhythm을 얼마나 구체적으로 정립하고 운영하고 있느냐, 데이터·정보 수집 방식이 Push 형태이냐, Pull 형태이냐에 따라, 천차만별의 정보체계를 구축하고 유지하게 됩니다. 여러분이 근무하고 있는 기업의, 조직·부서별 리더와 관리자는, 직접 정보체계를 운영하며 정보 관리 활동에 참여하고 있습니까? 참여하고 있지 않습니까? 그리고 조직·부서별 리더와 관리자는 중요 정보요구를 통해, 정보관리 활동에 대한 전반적인 기준과 방향을 제공해야 합니다. 조직·부서별 리더와 관리자의 중요 정보요구는 리더와 관리자가 원하는 정보가 무엇인지를 알려주게 되는 것이며, 이를 기초로 실무 담당자들이 정보관리 활동의 우선순위를 판단할 수 있게 됩니다. 결론적으로 조직·부서별 리더와 관리자, 실무 담당자는 해당 부서의 정보관리 체계 구축 및 유지에 대한 책임이 있으며, S&OP 프로세스를 운영하는 부서의 리더와 관리자, 실무 담당자는, 조직·부서별 정보관리 체계 구축 및 유지 활동에 대해 조정, 통제, 감독해야 하는 직접적·도의적 책임을 가져야 합니다. 여러분이 근무하는 기업에서는 어떻게 정보관리를 하고 있습니까? 정보관리 수준은 어떠합니까? 여러분과 여러분이 소속된 조직·부서의 리더와 관리자는 정보관리에 얼마나 관심이 있습니까? 정보관리 분야에서 현실적으로 어떤 역할을 하고 있으며, 현실적으로 어떤 수준을 유지하고 있습니까?

모기 & 앵무새 & 눈과 귀 가리기

조직 생활을 하면서 직급이 상승한다는 것은 권한과 처우, 특히 보수가 증가하기에 좋은 것이 아닐 수 없습니다. 따라서 조직 생활을 하는 사람 중 대부분 직급 상승을 부정적으로 생각하는 사람은 없을 것입니다. 한편으로는 일정 직급에서 만족하고 더는 상승하지 않으려는 사람들도 있는데, 직급이 낮을 때 가장 큰 현실적인 이슈는 상대적으로 보수가 적은 편입니다. 결론적으로 행복은 직급순이 아니기에, 직급 상승이 인생 최대의 목표는 아니지만, 직급 상승이 부정적이라기보다는, 긍정적인 점이 더 큰 것이 사실입니다.

직급이 올라가면 권한이 주어집니다. 조직과 구성원을 대상으로 한, 권한의 행사는 매우 중요합니다. 왜냐하면, 권한의 행사는 조직이 나아가야 할 방향과 속도, 그리고 하부 직원들의 조직 생활에 지대한 영향을 미치기 때문입니다. 조직이 특정 개인에게 권한을 부여했다는 것은, 해당 개인이 리더나 관리자로서의 자질과 역량을 보유하고 있다는 것을 인정한 것입니다. 그런데 문제는, 자세히 들여다보면 직급에 맞는 자질과 역량을 보유하고 있지 않은 사람에게 권한이 부여되기도 한다는 점입니다.

직급이 올라가면 책임을 부여합니다. 조직과 구성원을 대상으로 책임을 실천하는 것은 매우 중요합니다. 왜냐하면, 책임은 조직이 나아가야 할 방향과 속도, 그리고 하부 직원들의 Folloship과 Fellowship 형성에 지대한 영향을 미치기 때문입니다. **문제는 권한 행사는 하고 싶어하면서, 책임지는 것에는 궁색한 점입니다.**

모기

모기, 파리, 거머리, 박쥐 등, 동물의 피를 빨아먹고 사는 생물들이 있습니다. 하급자의 실력과 노력, 열정과 땀을 빨아 먹고 사는 상급자를 모기에 비유하여 이야기하고자 합니다. 모기에 비유되는 사람들은 ① 실력이 없고 정치에 강합니다. ② 하부 직원의 도움 없이 능동적으로 검토하고 적극적으로 의사 결정하기보다는, 하부 직원이 하나부터 열까지 모든 자료와 의견을 제공해 주어야만 그제서야 이해하고 의사결정에 대해 생각하기 시작합니다. ③ 데이터와 의견이 있다고 해도 능동적이고도 책임 있는 의사결정을 하지 않습니다. 앞뒤 다 따져보고 본인에게 조금이라도 이슈가 없는 상황, 또는, 하부 직원이 문서 등을 통해 책임 있는 의견을 기록에 남겼을 때, 그제야 의사결정을 합니다. ④ 본인이 먼저 나서서 의견과 방안을 제시하기보다는 늘 실무자와 하부 직원의 생각과 의견을 존중한다고 이야기하고, 실무자와 하부 직원들의 존재 이유와 역할을 강조하며 의견과 방안을 제시하라고 합니다. ⑤ 개략적이고 원론적인 수준에서 회의를 진행하다가, 구성원들이 세세한 이야기를 하면, 어떻게든 끼어들어 본인이 섬세하다는 점을 강조합니다. ⑥ 이것도 저것도 안 되는 상황에서는 이 사람, 저 사람 다 모아서 확대 회의를 진행하고, 누군가 책임 있게 발언하는 것을 유도합니다. 그리고 타인의 다양한 발언을 근거로 회의를 요약하고 정리합니다.

내가 ○○와 같이 ○○○○에 소속되어 있을 때, 나는 매일 실시간 변화되는 업무와 다양한 부서와 회의 필요성을 ○○○○에게 언급했지만, 한번도 ○○○○ 주관으로 회의가 소집된 적이 없습니다. 물론 업무에 대한 고민은 당연히 없었습니다. ○○○○는 S&OP 회의에 참석해서도 회의에 열중하기보다는 노트북을 이용해 개인적인 업무를 보기 바빴으며, 안전환경 관련 이슈가 있는 회의에는 아예 참석조차 하지 않았습니다. ○○○○가 정말 잘하는 것이 하나 있었습니다. ○○○○은, 사전에 나에게 설명해달라고 요청 후, CEO나 타 경영진, 그리고 타 부서 사람들과 연계되는 결재 문서에, 마치 많이 아는 것처럼 댓글을 다는 것이었습니다. 이것만큼은 꼭 잘했습니다. 결재 시 필요하다면 의견을 제시해야 하겠지만, 아무 필요도 없는 상태와 수준의 문서에도 꼭 의견을 다는 것이었습니다. 정말 정치적이고 가식적으로 보였습니다. 그동안 많은 사람을 겪어 보았지만, 역대 최강이었고, '앞으로 이보다 더한 사람을 만날 가능성이 있을까?'를 가끔 생각해 보기도 합니다.

앵무새

나는 SCM과 S&OP 프로세스를 이해시키기 위해, 여러 사람을 대상으로 지속적인 이야기를 해주었습니다. 지금 와서 생각해 보면, 1:1 가정 교사 노릇을 했다고 판단되고, 아쉬움과 후회만 남을 뿐입니다. 왜냐하면, 내가 가이드해 준 내용을 가지고 솔선수범하며 세세하게 업무를 하는 것이 아니라, 자신의 역량이 높은 것처럼, 그리고 많이 아는 것처럼 과시하는 데 활용하거나, 상대방 뒷다리를 잡기 위해 활용하는 사람들이 발생했기 때문입니다. 예를 하나 들면, 어떤 ○○○○와 업무 과정에서, "디테일한 사고 능력이 없는 것을 감출 수 있는 가장 좋은 방법 중에 하나는, 어쩔 수 없다, 방법이 없다 등의 논리를 동반하여 무조건 돈으로 해결하는 것입니다. 돈으로, 사람, 프로세스, 장비, 설비, 정보시스템 등 모든 것을 영입하고 구매하고 설치할 수 있습니다. 따라서 디테일한 사고 능력이 부족한 사람일수록 돈으로 해결하려는 경향을 보일 수 있습니다"라고 말한 적이 있습니다. 내가 이 말을 한 것은, "더 디테일하게 고민해 보는 조직문화가 형성되었으면 하는 바람"에서 한 것인데, 이 말을 들은 ○○○○○는 자신의 오랜 경험과 철학을 통해 만들어낸 것처럼 여기저기 이야기를 하며, 다른 사람들이 일을 함에 있어 뒷다리를 잡는 데 활용하였습니다. 이후, 역으로 본인이 정말 인생 경험과 철학을 통해 스스로 깨친 것처럼 나에게도 이야기를 해 주었습니다. 그때 ○○○○에게 교육받듯이 이야기를 들으면서 참 많은 생각이 들더군요…. 그리고 "시간적 경력"에 대해 설명한 적이 있었는데, 정말 본인을 위해 유용하게 잘 사용하는 것을 보았습니다. 참….

눈과 귀 가리기

양심이 부족하고, 실력이 부족할수록, 그리고 이기적일수록 상대방의 눈과 귀를 가리기 위한 노력을 더 많이 해야 합니다. 왜냐하면, 상대방의 눈과 귀를 가리기 위한 노력이 조직 안에서 본인의 생존 및 연명과도 직결되기 때문입니다.

모기와 비유되는 사람들은 앵무새와 눈과 귀 가리기 분야에도 탁월한 능력을 보였습니다. 어떤 상급자에게서는 상기 3가지를 모두 경험할 수 있었는데, 이 사람이 관리하는 조직의 하부 구성원들 가슴에는, 이미 Followship과 Fellowship이 없어진 상태로, 겉으로는 큰 문제가 없어 보였지만, 실제로는 "앙꼬 없는 찐빵"과도 같았습니다.

필요한 인프라를 구축한 이후,
내실있는 실사 작업이 필요합니다

RFID든, 바코드이든, 용기 IN-OUT이 가능한 인프라를 구축하는 것은 대단히 중요합니다. **그런데 더 중요한 것은, 실행 과정에서 내실있는 프로세스, Task, Activity를 유지하는 것입니다.** 특히, 비용을 들여 인프라를 구축하면, 다 문제없이 될 거라고 생각하고 알아서 잘하라는 식으로 이야기하며 아래 사람에게 책임을 전가하고 세부 실행 과정을 등한시하는 경우가 많은데, 인프라 구축은 시작일 뿐입니다. 중요한 것은, 모두 함께 실제 실행 과정을 점검하고, AAR(After Action Review)을 통해 지속 개선해 나가는 것입니다. 왜냐하면, AS-IS, TO-BE를 통해 인프라를 구축했다고 하더라도, 100% 완벽하게 AS-IS와 TO-BE를 도출했다고 장담할 수 없으며, 기존에 없던 새로운 인프라의 구축은 주위에 영향을 미치게 되고 또 다른 Bottleneck로 작용할 수 있기 때문입니다.

현상황(개략)

여러분은 RFID가 아닌 바코드에 의한 용기 IN-OUT 인프라를 구축하였습니다. S0와 S3에서 바코드를 실시간 스캔하지 않습니다(실시간 스캔"이 매우 중요합니다). ○○○부서에 소속된 인원이 S0 IN(공병입고)과 S3 OUT(실병출고)를 모두 책임지고 있습니다. 문제는 차량에서 공병을 하차

할 때 스캔해야 하고(S0 IN), 차량에 실병을 상차할 때 스캔해야 합니다(S3 OUT). 스캔해야 하는 상황이 동시다발적으로 발생 시 동시다발적 스캔이 불가능하므로, 일정 시간이 지난 후, 보관 구역에서 스캔을 하게 되는데, 누락되는 경우가 발생합니다. ○○○○ 부서에서는 반드시 상차와 하차 시 바코드 스캔이 될 수 있도록 조직과 인력이 유지되어야 합니다.

바코드 스캔을 해도 S&OP 유지에 도움이 되는 데이터가 생성되지 않습니다. 가스명(가스 세부 품목명), 농도, 순도, 용기 Size, 충전량(압력, 중량), 밸브 타입, 고객별 전용 용기가 구분되는 내용이 정보시스템에 생성되어야 합니다.

모든 용기에 바코드가 100% 부착되어 있지 않습니다. 특히, 번들(여러 개 용기가 연결된)의 경우, 스캔하지 않습니다. 그리고 번들(용기를 연결하고 고정하는 철제 구조물)에 바코드가 부착되어 있지도 않습니다. 그리고 번들을 구성하고 있는 용기(번들 안에 있는 용기들에)에 서로 다른 번호의 바코드가 부착되어 있거나 부착되어 있지 않은 것도 있습니다. 반드시 번들에 바코드를 부착하여 스캔하거나 번들을 구성하고 있는 용기는(번들 안에 있는 용기는) 모두 동일한 번호의 바코드를 부착하여 스캔해야 합니다. 따라서 실시간 바코드를 부착하는 프로세스를 구축해야 합니다. ○○월 ○○일 기준, 총 4XXXX BT의 용기번호가 조회됩니다(현재, 여러분 회사에서 운영 중인 총 용기 수량은 알 수 없으며, 서류 검토가 완료되면 수량의 증가가 발생할 수 있습니다). 4XXXX BT 중, XXXX개의 용기에 바코드가 미부착(미등록)되어 있습니다. 즉, 바코드가 부착된 용기는 3XXXX BT로 나타납니다. 그러나 바코드가 부착된 3XXXX BT는 낱개로 된 용기에 번들을 구성하고 있는 용기까지 포함된 숫자입니다. 따라서 번들에 대한 바코드 운영이 정리되면, 용기 숫자는 3XXXX BT에서 줄어들 수도 있습니다.

용기번호와 바코드번호 간에 1:1로 Matching 되지 않습니다. 즉, 바코드와 관련된 정보시스템에서 한 개의 용기번호에 두 개의 바코드가

Matching되어 있거나, 두 개의 용기번호에 한 개의 바코드가 Matching 되어 있습니다.

㉠ 한 개의 용기번호에 두 개의 바코드 Matching: 746 BT의 용기번호

용기번호	바코드 번호	용기 제조일자	재검사일	중략	
XXXXXXX	09001400	○○	○○	○○	○○
XXXXXXX	09004312	○○	○○	○○	○○

㉠ 두 개의 용기번호에 한 개의 바코드 Matching: 105 BT의 용기번호

용기번호	바코드 번호	용기 제조일자	재검사일	중략	
0108974632	XXXXXXX	○○	○○	○○	○○
0108974632	XXXXXXX	○○	○○	○○	○○

○○월 ○○일 기준, 데이터 상으로 나타나는 4XXXX개의 용기중, 검사 일자가 지난 용기가 2XXX BT입니다. 검사 완료 후에, 다음 검사 일자를 업데이트 하지 않은 것인지, 아니면 검사를 받지 않은 것인지 확인할 수 없습니다. 재검사를 관리하는 프로세스에 대한 점검과 보강이 필요합니다.

바코드를 용기에 부착하는 과정이 정말 비효율적이고, 부착이 누락될 가능성이 높습니다. 차량에서 하차 시, 바코드를 부착하지 않은 용기를 별도로 분류하여 보관하고 있다가, 바코드를 부착하는 것이 아니라, 생산 부서에 소속된 사람이 부착합니다. 차량에서 용기 하차 후, 구분하여 보관하고 있다가 바코드를 부착하는 프로세스를 구축해야 합니다.

중간 의견

바코드가 100% 부착되어 있지 않고, 용기와 바코드 간에 1:1 Matching이 안되고, 바코드를 스캔 시 S&OP에 필요한 데이터가 생성되지 않습니다. 여러분, 단순히, 용기에 바코드를 부착하는 것만이 중요한 것이 아니

라, 부착과 데이터 수집까지 가능한 프로세스를 구축하는 것이 필요합니다. 현재, 여러분이 유지하고 있는 바코드를 부착하고 스캔하는 행위 자체는, 효과성이 없는, 비생산적인 행위일 뿐입니다.

따라서 용기가 입고시, 용기 실물 확인을 통해, 용기번호, RFID칩 번호, 각인명(가스명), 용기Size, 밸브타입, 용기 제작일자, 충전기한(다음 검사일자) 등을 확인하고, 바코드 데이터가 나타나는 정보시스템을 확인하여 비교 후, 데이터를 수정하는 용기 실사 프로세스를 반드시 구축하여 운영해야 합니다.

권고

S0만 전문적으로 담당하는 인력 확보 및 운영(일정 수준 이상 능력 보유, 장기간 근무 필요)이 필요합니다. 용기 입고 시, 용기 실물을 통해, 바코드번호, 각인명(가스명), 용기Size, 밸브타입, 용기제작일자, 충전기한(다음 검사일자) 등을 확인하고, 바코드 데이터가 나타나는 정보시스템을 확인하여 비교 후, 데이터를 수정해야 합니다. 용기가 야간에도 입고된다면, 주간, 야간 할 것 없이, 용기 실사 작업만을 진행해야 합니다. 용기 실사하는 사람에게는 용기 실사 외, 다른 업무를 부여하면 안 됩니다. 제발 패러다임을 바꿔주세요. S0 담당자 업무는 다음과 같습니다. ① 용기를 분류하고 바코드 부착. ② 용기 실사를 통해 실물과 정보시스템간에 데이터 일치. 용기가 입고 시, 용기 실물을 통해, 입고되는 RFID칩 번호, 각인명(가스명), 용기Size, 밸브타입, 용기제작일자, 충전기한(다음 검사일자) 등을 확인하고, 바코드 데이터가 나타나는 정보시스템을 확인하여 비교 후, 데이터를 수정해야 합니다. 그리고 용기번호와 바코드 번호가 1:1로 Matching되는 작업도 병행해서 진행해야 합니다. ③ 번들(번들을 구성하는 용기)에 RFID칩 부착. 번들(용기를 연결하고 고정하는 철제 구조물)에 바코드를 부착하거나, 번들을 구성하고 있는 용기에 모두 같은 번호의 바코드를 부착하거나 둘 중 하나를 해야 합

니다. 하지만, 후자의 방식을 추진해야 한다고 판단합니다. 사유는 다음과 같습니다. 번들 자체(용기를 고정하는 철제 구조물)에 바코드를 부착하는 경우, 정보시스템에 용기번호가 표시되는 칸 한 곳에 번들을 구성하고 있는 용기번호 전체를 입력해야 하는데, 용기 정보를 확인하는 데 현실적으로 제약이 많습니다.

바코드 번호	용기번호	.... 중략			
09003347	068384738, 049577779, 078788987, 039485764, ...084737489	.....	.....	.....	......

그래서 다음과 같은 방법으로 시행하는 것이 현실적입니다. 번들이 입고되면 번들을 구성하고 있는 용기에 부착된 바코드를 제거하고, 정보시스템을 통해 바코드를 제거한 용기번호를 찾아, 정보시스템에 바코드 번호를 삭제합니다. 번들을 구성하는 용기에 모두 같은 바코드를 부착하고, 정보시스템에서 번들을 구성하는 모든 용기번호에 바코드를 등록하고, 용기 유형에 "번들"이라고 표시합니다. 이렇게 하면, 아래와 같이 데이터가 생성되며, 하나의 번들로 관리 가능합니다.

㉐

바코드 번호	용기번호	..........중략			
09003347	068384738	.....	.....	.....	......
09003347	049577779	.....	.....	.....	......
09003347	078788987	.....	.....	.....	......
......중략	084737489	.....	.....	.....	......
09003347	094636363	.....	.....	.....	......

④ 정보시스템에 입력된 용기번호와 바코드 번호를 1:1로 Matching. Matching이 완료된 용기에, 다른 바코드 번호를 등록하려고 할 때 "이미 매칭이 된 용기번호입니다."라고 팝업이 발생하도록 설정합니다. 그리고 Matching이 완료된 바코드에 다른 용기번호를 등록하려고 할 때, "이미 매칭이 된 바코드입니다."라고 팝업이 발생하도록 설정합니다. 만약, 상기 내용을 기술적으로 구현하기 어렵다면, S0 담당자가 엑셀파일을(아래 표 참고) 유지하며 Matching된 용기번호와 바코드에 대한 리스트를 만들어야 합니다. 그리고 바코드를 용기에 부착하기 전에 해당 엑셀파일을 참고해서 Matching된 용기번호인지, Matching된 바코드인지 확인하고 바코드를 용기에 부착해야 합니다.

정보시스템에서 용기 현황을 다운받고 1:1로 매칭되지 않는 두 가지 경우에 대한 엑셀 파일을 제작합니다. 그리고 이 파일을 참고하여 정보시스템상 중복된 정보를 삭제합니다.

한 개의 용기번호에 두 개의 바코드 번호가 매칭된 경우

- 엑셀 파일에서 바코드 등록 일자가 오래된 바코드 번호를 삭제해서 용기번호와 바코드 번호를 1:1 로 매칭시킴.

- 엑셀 파일에 있는 바코드 번호만 정보시스템에 남기고, 사용하지 않는 바코드 번호는 정보시스템에서 삭제함

- 용기가 현장에 입고되었을 때, 실물 용기번호와 바코드 번호를 확인한 후, 정보시스템과 비교함.

- 실물과 일치할 경우, 정보시스템에서 용기번호와 바코드 번호를 수정할 필요 없음.

- 하지만, 정보시스템의 용기번호와 바코드 번호가 실물과 일치하지 않으면, 바코드 번호를 검색하여 다른 용기에서 사용하고 있는지 확인함. 다른 용기에서 사용하고 있는 경우, 부착된 바코드를 떼고 새로운 바코드를 부착 후, 정보시스템에서 바코드 번호 수정. 항상 바코드를 용기에 부착하기 전에는, 매칭 완료된 용기번호와 바코드 번호인지 확인하고 바코드를 용기에 부착해야 함. 다른 용기에서 사용하고 있지 않은 경우, 용기에 부착된 바코드 번호로 정보시스템의 바코드 번호를 수정.

※ 용기가 입고되었을 때, 외관에 나타나는 용기번호와 바코드 번호를 확인한 후, 해당 용기번호를 정보시스템에 검색하고, 2개 이상의 바코드 번호가 매칭되어 있는지 확인하고, 사용하지 않는 바코드 번호를 정보시스템에서 삭제하는 방법도 생각할 수 있음. 그러나 검색한 용기번호에 1개의 바코드 번호가 나타나더라도, 이 바코드 번호가 다른 용기번호와 매칭되어 있을 수 있기 때문에, 또 다른 문제가 발생할 수 있음.

두 개의 용기번호에 한 개의 바코드 번호가 매칭된 경우,

- 엑셀파일에서 두 개의 용기번호 중 바코드 등록 일자가 오래된 용기번호와 매칭된 바코드 번호를 삭제하고 용기번호와 바코드 번호를 1:1로 매칭시킴.

- 엑셀파일을 참고 후, 등록일자가 오래된 용기번호와 매칭된 바코드 번호를 정보시스템에서 삭제함.

- 용기가 입고되었을 때, 실물 용기번호와 바코드 번호를 확인한 후, 정보시스템과 비교함.

- 실물과 일치할 경우, 정보시스템에서 용기번호와 바코드 번호를 수정할 필요 없음.

- 하지만, 정보시스템에 있는 용기번호와 바코드 번호가 실물과 일치하지 않는다면, 바코드 번호를 검색하여 다른 용기에서 사용하고 있는지 확인함. 다른 용기에서 사용하고 있는 경우, 부착된 바코드를 떼고 새로운 바코드를 부착한 후, 정보시스템에서 바코드 수정. 항상 바코드를 용기에 부착하기 전에는, 매칭 완료된 용기번호와 바코드인지 확인하고 바코드를 용기에 부착해야 함. 다른 용기에서 사용하고 있지 않은 경우, 용기에 부착된 바코드 번호로 정보시스템의 바코드 번호를 수정.

※ 두 개의 용기에 하나의 바코드 번호가 매칭된 경우이므로, 먼저 입고된 용기를 용기 1, 나중에 입고된 용기를 용기 2라고 하겠음. 용기 1이 입고되었을 때, 외관에 있는 용기번호와 바코드 번호를 확인한 후, 해당 바코드 번호를 정보시스템에서 검색하여, 2개 이상의 용기번호가 매칭되어 있는지 확인하고, 용기 1과 바코드 번호가 매칭된다면 용기 2의 바코드 번호를 정보시스템에서 삭제하는 방법도 생각할 수 있음. 그러나 검색한 바코드 번호에 1개의 용기번호가 나타나더라도, 이 용기번호에 다른 바코드 번호가 매칭되어 있을 수 있기 때문에, 또 다른 문제가 발생할 수 있음.

용기와 밸브 운영을 위해 필요한 정보들이에요

가스산업에서 용기와 밸브 관련 다양한 정보는 매우 중요합니다. 본서에서 수없이 많이 강조하고 있지만, 다시 한번 강조하면, S&OP 프로세스를 유지하는데 필요한 정보의 많은 부분은 용기와 밸브로부터 생성됩니다. 즉, 실시간, 올바른 방향과 속도의 경영을 위해서는, 실시간 용기와 밸브에 대한 다양한 정보를 생성하고 수집할 수 있어야 합니다. 하지만 실시간 S&OP 프로세스 운영에 완벽하게 도움이 될 정도로, 실시간 용기와 밸브 정보를 제공할 수 있는 플랫폼(정보시스템, 프로세스 등)이 구축되어 있는 기업은 많지 않습니다. 아직도 많은 기업에서는 여러 부분, 수작업, 반수작업에 의존하는 경향이 있습니다. 다음은 용기와 밸브를 운영하기 위해 필요한 정보들에 대해 개략적으로 나타내었습니다. 꼭 가스산업이 아니더라도, **여러분이 어떤 산업에 근무하든지 간에, 정보는 필요하고, 실시간 정보 생성 및 수집 가능한 인프라의 구축 여부는 업무 환경에**(방향과 속도, 깊이, 범위 등) **지대한 영향을 미칩니다.**

적정 용기 운영 수량

① 전체 용기 현황, ② ○○○○○○, ③ 적정 재검사 수량, ④ ○○○○
○○○○, ⑤ 내부 사용 수량, ⑥ 충전 가용 용기 수량, ⑦ ○○○○○○○○,

⑧ ○○○○○○○, ⑨ 제품 공병 목표 재고, ⑩ 적정 공정 재고, ⑪ 해외 고객사 용기 운영 수량, ⑫ ○○○○○○○ 등이 필요합니다. 이 중에서 전체 용기 현황은 고객별 적정 보유 수량, 적정 재검사 수량, 부적합품 예상 발생 수량, 내부 사용 수량, 충전 가용 용기 수량의 기초 데이터가 되기 때문에 정확도는 100%에 근접해야 합니다.

전체 용기 현황

① 제품 및 상품 구분 데이터, ② ○○○○○○, ③ ○○○○○○, ④ 밸브 Type, ⑤ 고객명 정보(고객별로 용기가 구분된 경우), ⑥ ○○○○○, ⑦ 충전기한이 필요합니다. 농도와 순도에 따라 세부적으로 추가 구분해야 한다면, 농도와 순도 정보가 추가됩니다. 그리고 용기의 위치 정보와 상태 정보가 필요합니다.

용기의 위치는 크게 사내와 사외로 구분됩니다. 사내 위치는, 공병저장소, 전처리구역, 충전구역, 분석구역, 완성품 저장소, 부적합저장소 등으로 구분할 수 있으며, 각 구역 공정이 세분화되어 있다면 세부적으로 구분해주는 것이 좋습니다. 그리고 사외 위치는 고객사, 협력사, 공급사 등으로 구분할 수 있습니다. 전체 용기 현황에 표기된 용기의 기본정보(①~⑥)와 용기의 위치 정보를 통해 용기의 품목별 위치별(공정별) 수량을 확인 할수 있습니다.

	구역	내용
구분	공병저장소	- 공병 보관 구역 - 회수 용기, 신규 조달 용기, 잔류가스 대기 용기, 배기 대기 용기, 내면처리 대기 용기, Passivation 대기 등.
	전처리	- 용기를 충전이 가능한 상태로 작업하는 구역 잔류가스 대기, 배기 대기, 내면처리 대기, Passivation 대기, 잔류가스 처리, 배기, 내면처리, Passivation 등.

그리고 용기 상태는 크게, 재검사 대상, 부적합, 내부 사용, 충전 가능 상태 등으로 구분 됩니다. 용기의 기본정보(①~⑥)와 용기의 상태 정보를 통해 용기의 품목별 상태별 수량을 알 수 있습니다.

고객별 적정 보유 수량

고객별 적정 보유 수량 확인을 위해 필요한 것은, ① ○○○○○○, ② ○○○○○○, ③ 각인명, ④ 밸브 Type, ⑤ ○○○○○○, ⑥ 용기 재질 ⑦ ○○○○○○. 이것은 모두 용기 현황에서 확인 가능합니다. 필요시, 전체 용기 현황에서 품목별(①~⑥ 이용) 고객사별(⑦에서 고객사만 선별) 출고된 용기의 수량을 정리해서 고객사별 적정 보유 수량을 확인 할 수도 있습니다.

적정 재검사 수량

적정 재검사 수량 확인을 위해 필요한 것은, ① ○○○○○○, ② 용기 Size, ③ ○○○○, ④ ○○○○○○, ⑤ 고객명(고객사별로 용기가 구분된 경우), ⑥ ○○○○○○, ⑦ 충전기한, ⑧ ○○○○○○. 필요시, 용기 현황에서 품목별(①~⑥이용) 재검사 예정 수량(⑦ 이용)을 정리하고, 재검사 수량이 특정 일자에 편중되지 않도록 분류하여 적정 재검사 수량을 산정할 수도 있습니다.

부적합 예상 발생 수량

① 제품/상품 구분 데이터, ② ○○○○○, ③ ○○○○○, ④ ○○○○○, ⑤ 고객명(고객사별로 용기가 구분된 경우), ⑥ 용기 재질 ⑦ ○○○○○ ⑧ 부적합 발생 일자, ⑨ 품목별 생산 수량입니다. 필요시, 용기 현황에서 품목별(①~⑥이용) 부적합 실적(⑦, ⑧ 이용) 대비 품목별 생산 수량으로 품목별 부적합률을 계산하여 부적합 예상 발생 수량을 산정할 수도 있습니다.

적정 공정 재고

① ○○○○○○, ② 용기 Size, ③ 각인명, ④ 밸브 Type, ⑤ ○○○○○○, ⑥ 고객명, ⑦ ○○○○○○, ⑧ 공정별 L/T, ⑨ ○○○○○○. 고객별 FCST를 확인하고 고객의 최대 소요를 산출하여, 최대 소요에 대응할 수 있는 공정 용기 수량을 계산합니다.

고객별 FCST

① ○○○○○○○○, ② 용기 Size, ③ ○○○○○○○○, ④ 밸브 Type, ⑤ 고객명, ⑥ ○○○○○○○○, ⑦ 고객별 소요.

제품 목표 재고

운송 L/T이 1일 이내일 경우, ① ○○○○○○○○, ② ○○○○○○○○, ③ ○○○○○○○○. 목표재고

(예)=①÷③+1회 최대 판매량.

제품 공병 목표 재고

운송 L/T이 1일 이내인 경우, ① ○○○○○○○○, ② ○○○○○○○○, ③ 품목별, 월별 생산 횟수. 제품 공병 목표 재고

(예)=①÷③+1회 최대 생산량.

해외 고객사 용기 운영 수량

① ○○○○○, ② 용기 Size, ③ ○○○○, ④ ○○○○○, ⑤ 고객명, ⑥ 용기 재질, ⑦ ○○○○○○, ⑧ 운송 L/T, ⑨ 운송주기, ⑩ ○○○○○○.

상품 용기 운영 수량

① 제품/상품 구분 데이터, ② 용기 Size, ③ 각인명, ④ 밸브 Type, ⑤ 고

객명, ⑥ ○○○○○, ⑦ ○○○○○○, ⑧ 운송 L/T, ⑨ ○○○○○○, ⑩ ○○○○○○. 이 정보를 통해 운송 L/T, 운송주기, 고객사 FCST에 따른 공병 회수 시점과 수량을 산정하여 Simulation을 검토 후, 용기 운영 수량을 산정합니다.

공병 현황

공병 현황을 산정하기 위해서는, ① ○○○○○○, ② 용기 Size, ③ ○○○○, ④ 밸브 Type, ⑤ ○○○○, ⑥ 용기 수량별 위치(○○○○○○○, ○○○○○○○, ○○○○○○○, ○○○○○○○○, 신규 조달 용기 수량 등).

Balancing

Balancing은 현재 보유하고 있는 품목별 용기 중, 잉여 발생 품목을 예측하고, 각인 변경을 통해 부족한 품목에 공급(신규 조달 감소). 품목을 구분하기 위해서는, ① ○○○○○○○○, ② 용기 Size, ③ 각인명, ④ ○○○○○○○○, ⑤ 고객명, ⑥ ○○○○○○○○ 등이 필요합니다. 그리고 용기 수량의 과부족을 판단하기 위해서는, ○○○○○○○○과 미래 용기 운영 수량이 필요합니다. 미래 용기 운영 수량은, ○○○○○○○○, 부적합품 예상 발생 수량, ○○○○○○○○, ○○○○○○○○, 고객사 적정 보유 수량, ○○○○○○○○, 해외 고객사 용기 운영 수량, 제품 ○○○○○○○○, 상품 목표 수량, ○○○○○○○○, ○○○○○○○○, 사내 적정 공병 수량을 모두 확인하여 검토합니다.

밸브 소요

밸브 소요를 산정하기 위해서는, 현재 보유 중인 밸브 재고 수량 뿐만 아니라, ○○○○○○○○, ○○○○○○○○, ○○○○○○○○, 밸브 부적합품 발생 수량, 밸브 ○○○○○○○○, Banancing 수량(타 품목으로 각인변경) 정보가 필요합니다. 만약 밸브 VMI(Vendor Managed Inventory)를 진행하고 있다면 밸브 공급사가 보유(생산 중인 것 포함)하고 있는 밸브의 수량도 필요합니다.

> ※ Valve 소요 산정 Logic=00000+00000+재검사 예정 수량+00000+○ ○ ○ ○ ○ ○ ○ ○ ○+○ ○ ○ ○ ○ ○ 수량-현재고[○ ○ ○ ○ ○ ○ ○ ○+생산 중인 밸브 수량)]

신규 용기 입고 예정 수량

① ○ ○ ○ ○, ② ○ ○ ○ ○ ○, ③ ○ ○ ○ ○ ○, ④ 용기 발주 일자, ⑤ ○ ○ ○ ○ ○, ⑥ 용기 조달 L/T이 필요합니다.

재검사 대기 수량

① 제품 및 상품 구분 데이터, ② 용기 Size, ③ 각인명, ④ 밸브 Type, ⑤ 고객명(고객사별로 용기가 구분된 경우), ⑥ 용기 재질 ⑦ 용기의 상태.

재검사 예정 수량

① ○ ○ ○ ○ ○ ○, ② ○ ○ ○ ○ ○ ○, ③ 각인명, ④ ○ ○ ○ ○ ○ ○, ⑤ 고객명(고객사별로 용기가 구분된 경우), ⑥ ○ ○ ○ ○, ⑦ 충전기한이 필요합니다.

밸브 부적합품 발생 예상 수량

① ○ ○ ○ ○ ○ ○, ② ○ ○ ○ ○ ○, ③ ○ ○ ○ ○ ○, ④ 밸브 Type, ⑤ ○ ○ ○ ○ ○ ○, ⑥ 용기 재질, ⑦ ○ ○ ○ ○ ○ ○ ○, ⑧ 부적합 발생 일자, ⑨ ○ ○ ○ ○ ○ ○ 등이 필요합니다.

밸브 재고

밸브 재고를 확인하기 위해서는, 밸브 Type이 필요합니다. 만약 밸브 조달 L/T이 길다면, ① ○ ○ ○ ○ ○ ○ ○, ② ○ ○ ○ ○ ○ ○ ○, ③ 밸브 L/

T이 필요합니다.

일부 내용에 대해 개략적으로 나타내보았습니다. 재차 강조합니다. 실시간 정보 생성 및 수집 가능한 인프라의 구축 여부는, 여러분의 업무 환경에 (방향과 속도, 깊이, 범위 등) 지대한 영향을 미칩니다.

내부 통제

SCM에서 내부 통제도 중요합니다. 왜냐하면, 내부 통제에 문제가 발생하면, SCM에 크고 작은 영향을 미치기 때문입니다. 다만, 아쉬운 점은, 재무부서에서 오너십을 가지고 내부통제 제도를 추진하면서, SCM과 S&OP 프로세스가, 회계 관점의 내부통제제도에 귀속되어 있는 것처럼 생각하고 행동하는 점입니다. 이는, SCM과 S&OP 프로세스에 대한 이해부족으로 인해 발생하는 현상입니다. 내부에 존재하는 프로세스를 조정·통제한다는 관점에서 내부통제라는 용어를 사용해 S&OP 프로세스를 검토하는 것에는 이슈가 없으나, 회계적 관점에서 진행하는 내부통제에 S&OP 프로세스를 연관 짓는 것은 이슈가 있습니다. 본문에서는, 정말 미비하지만, 여러분이 영업, 보안, 회계 관점에서 내부통제를 이해하는 데 조금이나마 도움이 될 수 있도록, 아주 간단하게 예를 들어 보았습니다.

구분		Task	비고
구매	원자재 주문	생산, 품질, 물류 부서에서 운영중인 계획과 현재고를 비교하여 원자재 구매 요청	생산, 품질, 물류 부서의 검토와 상관없이 Routine 하게 사용하는 품목의 경우, 구매요청 없이 구매팀에서 구매 수량 확정
		구매 요청서 접수	
		발주 등록	수시 입고되는 품목의 경우, 선(조치) 원재료 입고 후 정산하는 경우가 있는데, 월말에 구매팀에서 일괄 발주 등록
		발주서(품의서) 승인	
		거래처에 발주서 전달	공식 문서 또는 Email
		임고 관리	

- Task에 대한 세부 Activity 정립 필요. 그리고 Task와 Activity에 ○○○○○○○○○○○○○○○○○○ 정립 필요.
- 구매 요청 없이 진행하는 발주 후 ○○○○○○○○ 미 마감된 발주 내역 등에 대해 통제 가능한 활동 정립 필요.
- ERP 입력 간 휴먼에러가 발생할 위험, ○○○○○○○○○○○○○○○○○, 예방과 Cross Check 가 가능하도록 조치 필요

구분		Task				비고
구매	입고 관리	원자재 도착				
		입고수량 통보				공식 문서 또는 Email
		가입고 처리				구매팀에서는 제품 성적서를 확인 및 공유
		수입검사 요청				
		수입검사	합격	수입검사 불합격	이상발생회의	
					후속조치	
		입고수량 확인				
		입고 등록				
		저장소 이동				

- Task에 대한 세부 Activity 정립 필요. ○○○○○○○○○○○○○○ ○○○○○○○ 정립 필요.
- 수입검사 진행의 완전성, 이상발생보고서, ○○○○○○○○○○○○○○○○ 활동 정립 필요.
- ERP와 MES 입력간 휴먼에러가 발생할 위험, 수입검사 누락, 불합격품이 제대로 입력되지 않고, ○○○○○○○○○○○○○○○ ○○○○○○○○ 예방과 Cross Check가 가능하도록 조치 필요

구분		Task		비고
구 매	매입 대금 전표 작성 및 재금지 급의뢰	내자	외자	
		세금계산서 접수		
		매입등록		
		미승인 매입채무 전표 확인 및 조치		
		승인된 매입채무 전표 조치		
		매입 마감	인보이스 접수 및 수입 통관	
		• Task에 대한 세부 Activity 정립 필요. 그리고 Task와 Activity에 대한 부서별, 담당자별 R&R, SOP의 정립 필요. • 매입 전표○○○○○○○○, ○○○○○○○○○○○○○○○ 통제 가능한 활동 정립 필요. • 입고내역과 매입 내역에 대한 ERP 입력간 휴먼에러가 발생할 위험, ○○○○○○○○○○○○○○○ ○○○○○○○, 예방과 Cross Check가 가능하도록 조치 필요		

구분		Task	비고
영업	고객 관리	신규 거래처 생성	
		신규 거래처 품의 및 승인	신규 거래시 예상되는 수익 구조 검토
		계약서 작성 및 승인	신규 거래처와 계약서 검토 및 법적 질의
		신규 거래처 등록 요청 및 신규 거래처 등록에 따른 기존 거래처 정보 변경 필요시 변경	
		거래처 등록 및 정보 변경	
		• ○○○○○○○○○○○○○○ ○○○○○○○○○○○○○○○○○ • 신규 고객 신용도, 계약서 검토와 승인, 거래처 정보 변경 및 등록 등에 대해 통제 가능한 활동 정립 필요. • ○○○○○○○○○○○○○○ ○○○○○○○○○○○○○○○ 업데이트 되지 않을 위험, 수익 구조에 대한 적절한 검토가 되지 않을 위험이 발생될 수 있으므로, 예방과 Cross Check가 가능하도록 조치 필요	

구분		Task	비고
영업	주문 및 출하	주문 접수	
		출하 일정 확인	수출의 경우, 수출 프로세스에 맞게 진행
		인보이스, 거래 명세표 확인	실물의 출하 및 고객 인수
		수량 확인 및 출하등록	
		매출 확인 및 마감	
		• ○○○○○○○○○○○○○○○○ ○○○○○○○○○○○○○○○○ • ERP 상에 수주 등록과 발주서 비교, 선 출고 관련 승인, 출고 수량과 고객 인수 수량의 비교, 포워더 비딩, ○○○○○○○○○○○○○○○ ○○○○○○○○○○○○○○○ 가능한 활동 정립 필요. • PO의 ○○○○○○○○○○○○○○○ ○○○○○○○○, 부적절한 검토로 인한 물류비 과다 발생 등의 위험이 발생될 수 있으므로, 예방과 Cross Check가 가능하도록 조치 필요	

구분		Task(Pure & 합성 공정)	비고
생산	생산 관리	정제공정	
		공정분석	
		저장(탱크)	
		공정분석(탱크)	이상 발생 시, 정제공정으로 Back
		잔류가스처림 및 배기	용기 공급
		충전	
		품질분석	
		• Task에 대한 세부 Activity 정립 필요. 그리고 Task와 Activity에 대한 부서별, 담당자별 R&R, SOP의 정립 필요. • 실 재고량과 전산상 재고량의 차이, ○○○○○○○○○○○○○○○ ○○○○○○○○○○○○○○○○○, 예외사항 발생시 처리, 용기 공급 등에 대해 통제 가능한 활동 정립 필요. • ○○○○○○○○○○○○○○○ ○○○○○○○○○○○○○○○ ○○○○○○○○, 미 권한자의 공정 진행, 관리자가 공정에 대해 적기 모니터링 불가 등에 대한 예방과 Cross Check가 가능하도록 조치 필요.	

실무 에피소드로 누구나 공감하는 SCM

구분		Task(Pure & 합성 공정)	비고
생산 / 품질 / 물류	재고 실사	실사 계획 수립	
		실사 리스트 생성 및 확인	MES, ERP
		재고실사(생산, 품질, 물류)	
		공정분석(탱크)	
		차이 수량 확인	잔류가스 회수시 MES 등록
		결과 보고 및 승인	ERP

- Task에 대한 세부 Activity 정립 필요. ○○○○○○○○ ○○○○○○○○ ○○○○○○○○ 정립 필요.
- 각종 Tank 정합성, 930L 이하 실린더의 잔류량, 잔류가스 회수시 MES 확인, 재고 실사 결과의 검토 및 승인 등에 대해 통제 가능한 활동 정립 필요.
- ○○○○○○○○○○○○○○○○○○○○○○○○○○ 측정 부정확, 재고 실사 결과가 정보시스템에 부정확하게 반영됨 등에 대한 예방과 Cross Check 가 가능하도록 조치 필요.

다음의 내용은, "입고관리" 분야의 Activity에 대한 "예"를 나타냅니다.

1. 구매관리부서 담당자는 발주시, 정보시스템에 발주 현황을 등록합니다. 재고관리 부서 담당자는 실물(구매관리부서에서 발주한 품목) 도착시, 정보시스템에 있는 발주 현황을 확인하여 구매관리 부서 담당자에게 입고 내역을 통보합니다.

(품목명과 단순 수량 정보, 정보정보시스템에 있는 약속된 기록 양식을 활용하여 통보)

2. 구매관리부서 담당자는 공급처에서 받은 성적서를 정보시스템에 업로드합니다.

※ 성적서: 공급처에서 제공된 품목, 규격, 수량 등 정보가 있는 File.

3. 구매관리부서 업무 담당자는 재고관리부서에서 받은 입고 현황과, 공급사로부터 받은 성적서에 있는 수량을 비교 확인 후, 차이가 없을때(문제가 없을때), 정보시스템에 수량을 입력하고 입력한 수량은 "입고 대기 상태"로 유지합니다. 비교 결과 차이가 있을 때는(문제가 있을 때는),

재고관리부서에서 보내준 현황을 기준으로 정보시스템에 수량을 입력하고, 입력한 수량은 입고 대기 상태로 유지합니다. 그리고 공급사에 확인 후, 성적서를 재요청합니다.

4. 품질관리부서 담당자는, 구매관리부서에서 정보시스템에 업로드한 성적서를 기반으로, 입고 검사를 진행합니다. 입고검사는, 입고된 품목들이(원료, 상품, 소모품, 용기, 밸브, 수리부속 등)

구매관리부서에서 요구한 Spec에(조건에) 부합하는지를 판단하는 과정에 해당합니다. 전수 입고검사를 할 것인지, 샘플을 지정하여 입고검사를 할 것인지에 대해서는, 회사에서 정한 기준

문서에 따릅니다. 그리고 입고 검사를 위한 Check List를(SOP) 내부적으로 정립해야 합니다. 그리고 품목별로 입고 검사를 어디에서 할 것인지에 대해서도 내부적으로 정립해야 합니다.

입고 검사가 완료되면, 정보시스템에 검사 결과를 등록합니다.

- 문제 발생: 정보시스템에 부적합으로 등록하고 재고관리부서에 통보합니다.

- 문제없음: 정보시스템에 적합으로 등록하고 재고관리부서에 통보합니다.

5. 품질관리부서 담당자는 정보시스템에 등록된 부적합품을 처리하기 위한 회의를 소집합니다.

※ 부적합품 처리 회의: 품질관리 부서에서 회의를 주관하여 후속조치에 대해 의사결정합니다.

(반품/재 검사/회사 내부 기준과 비교시 Spec Out 이지만 사용 가능 여부 등)

6. 재고관리부서에서는 최종 합격 수량을 확인하여 구매팀에 전달합니다.

(정보정보시스템에 있는 약속된 기록 양식을 활용하여 통보)

- 중량을 측정해야 하는 품목은, 중량을 측정한 결과도 같이 구매관리부서에 전달합니다.

㉙ Tank Lorry, ISO Tube: 입고 계근, 출고 계근(운전기사와 재고관리부서 담당자 서명)

7. 구매관리부서 담당자는 입고검사 및 부적합품 처리회의 결과에 따라, 후속조치합니다.

- Spec Out이지만 사용: CEO에게 품의서를 상신 및 품의 완료 후, 입고 처리합니다.

- 문제없음: 입고 처리합니다.

- 반품: 입고검사 결과 부적합 내용을 공급사에 통보합니다. 환불 완료 후, 정보시스템 입고 대기 현황에서 취소 처리합니다.

8. 구매관리부서 담당자는 문제없는 품목에 대해 정보시스템에서 입고처리 합니다(내자 및 외자구분).

- 공급사와 거래 명세서, 성적서, 재고관리 부서의 최종 입고 현황을 참고하여 구매입고 등록합니다.

SCM이라는 용어를 이제 막 수면 위에 띄우기 시작한 회사의 대표님에게

속도(Velosity)

기업이 경쟁 우위에 도달하기 위해서는 의사결정과 업무에 대한 속도가 빨라야 하는데, 기업마다 속도의 중요성을 인식하는 정도, 설령 인식했다고 할지라도 앞에서 하는 말과 결과로 나타나는 행동들은 상이합니다. 많은 기업들은, 의사 결정 속도와 업무 속도를 증가시킨다는 명목하에, 수직적 조직 문화에서 수평적 조직문화로 변화할 것을 강조합니다. 그리고 이와 병행하여 관리자 역할의 변화 또한 강조합니다. 하지만 **무조건 수평을 이야기하고 피상적으로 수평적 조직을 구성한다고 해서 의사결정 속도와 업무 속도가 빨라지는 것은 아닙니다.** 몇 가지 예를 들어 보겠습니다. 데이터가 명확하지 않고, R&R, Business Rhythm, SOP 등이 명확하지 않은데, 직원들이 알아서 업무를 추진하고 적기 의사결정을 할 수 있을까요? 의사결정을 한다는 것은 책임을 지는 것인데, 책임 있는 의사결정을 해본 경험이 많지 않은 상태에서 의사결정을 잘할 수 있을까요? 상황에 따라 임원도 꺼리는 책임 있는 의사결정을 직원들에게 알아서 하라고 하면 능동적으로 잘 할 수 있을까요? 능동적으로 하든, 시키는 것을 하든, 성과와 보상에 차이가 없다면 책임있고 능동적인 의사결정을 하면서 업무 속도를 향상시키는 노력을 할까요? 그리고 열정을 가지라고 하지만, 가만히 있으면 중간이라도 간다는 방식의 조직문화, 나서서 해봐야 분란을 조장하고 일으킨다는 손가락질을 받는 조직문화, 100번 잘해봐야 한번 잘못하면 더 큰 불이익이 가는 조직문화가 자리잡고 있다면 누가 열정을 가지고 능동적이고 책임있는 의사결정을 할까요? 또한, 업무를 추진하는 과정에서 다양한 합의와 협의를 해야 하는 경우가 많은데, 물론 합의와 협의 과정을 통해 얻을 수 있는 이로운 점이 있지지만, 때로는 합의와 협의가 추진력을 상실하거나 부정적인 상황을 가져올 수도 있습니다. 왜냐하면, 조직문화가 폐쇄적이고 매너리즘이 강한 상태라면, 합의하는 과정, 협의하는 과정에 어려움을 겪게 되고, 임직원의 DNA 수준이 낮으면 합의와 협의하는 과정에서 많은 인내심과 노력이 필요하기에 속도와 추진력을 상실하게 되는 경우가 발생하기도 합니다. 그리고 수직적이라고 해서 무조건 부정적이고 속도가 느린 것도 아닙니다. 많은 기업이 수평적 조직을 이야기하고 피상적으로 수평적 조직을 구성하지만, 현실적으로는 수직적 조직문화가 그대로 유지되기도 합니다. 중요한 것은 수평, 수직 모양의 조직 구조가 아니라 능동적이고 책임 있는 조직문화, 임직원의 DNA 수준, 생각하고 행동하는 방식과 수준, First 펭귄 역할을 하는 구성원의 증가, 성과에 대한 보상 등이 현실에서 어느 정도로 유지되고 어떻게 작용하고 있는지 등입니다.

SCM을 잘 해보려고 하는 목적은, 경제성, 효율성, 효과성을 높이기 위함입니다. 그리고 의사결정 속도와 업무 속도를 높이기 위함입니다. 기업의 수요공급 프로세스에서 속도는 매우 중요합니다. R&R과 Business Rhythm이 명확하지 않고, 데이터가 정확하지 않으며, SOP 등 업무하는 기준이 명확하지 않다면 속도가 느려집니다. 설상가상으로 임직원의 DNA 수준이 낮고 하위 평준화되어 있으며 매너리즘이 강하게 자리 잡고 있다면 속도는 더 느려집니다. 명확하지 않은 업무 환경과 상황에 처한 직원들은 임원이 의사를 결정해 주기를 희망합니다. 하지만 임원도 명확하지 않은 상태에서 책임 있는 의사 결정하는 것은 쉽지 않습니다. 특히 대기업에서 중견 중소 기업으로 이직한 임원은 대기업에 있을 때보다 상대적으로 의사결정을 더 못 할 수도 있습니다. 왜냐하면, 대기업의 경우 의사결정에 도움이 되는 정보시스템과 프로세스, 그리고 직원의 생각하고 행동하는 수준이 중견기업과 중소기업에 비해 상대적으로 높은 편인데, 이러한 대기업 상황에 익숙해져 있다가 상대적으로 열악한 중견기업과 중소기업의 상황에 처하게 되면 의사결정은 제한되고 직원들과 설비, 정보시스템 수준만 탓하면서 시간을 보내게 될 수 있기 때문입니다. 대기업에서 온 임원이 중견기업과 중소기업에서 의사 결정을 잘하기 위해서는, 최대한 초심으로 돌아가 한두 단계 아래 직급과 직책에서 업무한다는 생각을 가지고, 두 발로 뛰면서 일정 부분 직접 업무를 하거나, 모든 업무를 보다 세세하게 직접 살펴보면서 터득해야 합니다. 하지만, 이렇게 하는 사람은 많지 않습니다. 그래서 브랜드만 보고 사람을 영입하게 되면 기대 이하인 상황이 종종 발생합니다. 즉, 큰 기업에서 영입한 사람은 기존에 있던 브랜드에서는 통했을지 몰라도, 바뀐 브랜드에서는 통하지 않을 가능성이 상존합니다. 게다가 어느 기업이든 임원의 대부분은 직원들이 검토한 결과물에 대해 전략 위주, 채점 위주, 훈수 위주로 대응하는 경향이 있기에, 임원에게 명확하지 않은 결과물에 대해서 책임 있는 의사결정을 기대하기는 어렵습니다. 설상가상으로 의사결정 하기 싫어하고 정치적인 성향이 강한 임원이라면 더욱 그러합니다. 임원이 오래 근무하는 비결이 실력일 수도 있지만, 그렇지 않은 임원의 경우 오래 근무할 수 있는 비결은, 주관과 열정을 가지고 주변을 불편하게 하는 행위를 최소화하고, 직원들이 명확한 결과물을 가지고 오면 의사 결정하며 본인의 공으로 돌리는 방향을 모색하고, 모호한 상황에서는 일반적이고 옳은 이야기를 하면서 아는 척하며 직원들을 훈계하거나 숙제를 주고, 문제가 있는 상황에서는 최대한 책임지지 않으며 직원들에게 책임을 전가하고, 자신의 무능함을 감추기 위해 직원의 무능함을 더 알리려고 노력하며 필요시 본인의 입맛에 맞는 직원으로 교체하는 것입니다. 그리고 수단과 방법을 가리지 않고 오너의 눈과 귀를 가리면서, 앞에서 언급한 모든 것을 최대한 본인에게 유리한 방향으로 지속 반복하는 것입니다.

정보시스템

회사에 구축되어 있는 정보시스템은 S&OP 프로세스에 제대로 된 도움을 못주고 있습니다. 정보시스템을 통해 데이터를 실시간 제공받지 못하면, 수작업으로 데이터를 집계 후 다시 관리 시트(Sheet)에 입력하는 과정을 거쳐야 하는데, 이러한 방식은 데이터의 정확성이 낮고, 직원별로 데이터를 집계한 시간과 장소가(데이터를 생성하는 시점과 위치가) 상이하여 서로 다른 언어로(숫자) 이야기할 가능성이 매우 높으며, 서로 다른 언어로 이야기를 하게 되면 수작업으로 수립한 각종 계획(계획 Sheet)들이 상호 연계 되는 것 또한 어렵게 되고, 궁극적으로 데이터를 집계하고+검증하고+상호 연계하는 데 많은 시간을 허비하게 됩니다. 반대로 정보시스템이 없어도 수작업을 통해 계획을 수립하고, 수작업으로 계획과 실적을 비교하면서 업무를 진행할 수도 있습니다(일정한 패턴을 유지하는 경험값이 있다면 일정 부분 가능합니다). 하지만 기업의 규모가 성장하고, 취급하는 물동량이 일정 규모를 넘어서면, 수작업으로 지속하는 것은 불가능합니다. 경영진은 어떤 방법으로 하든, 직원들이 체계적으로 계획을 수립하고 운영하기를 희망하지만, 정보시스템이 제대로 뒷받침되지 않는 경우, 직원들이 체계적으로 계획을 수립하고 운영하는 것은 제한되거나 불가능합니다. S&OP 프로세스는 실시간 데이터를 융합하며 수요공급을 관리하는 프로세스입니다. 앞에서 이야기한 부정적인 측면이 지속되면[데이터의 정확성이 낮고, 직원별로 데이터를 집계한 시간과 장소(데이터를 생성한 시점과 위치가)가 상이하여 서로 다른 언어(정보)로 이야기하게 될 가능성이 매우 높고, 서로 다른 언어로 이야기를 하게 되면 수작업으로 수립한 각종 계획의 상호 연계 또한 어렵게 되고, 데이터를 집계하고+검증하고+상호 연계하는 데 많은 시간을 허비하게 됨], 직원들은 본인 위주로만 생각하고 행동하며 업무를 하게 됩니다. 즉, 본인이 보고 싶은 대로만 보고, 본인이 생각하고 싶은 대로만 생각하며, 본인이 행동하고 싶은 대로만 행동하게 됩니다. 왜냐하면, 타 부서 및 타 직원과 연계 또는 협력하여 업무하는 것이 어렵기 때문입니다. 조직 내, 누군가는 전체 최적화 관점에서 데이터를 융합하여야 하는데(Data Collaboration), 회사로부터 월급 받는 직원 중에 이 역할을 자처하는 사람은 희박합니다. 왜냐하면, 정보시스템의 도움 없이 데이터를 융합하고 연계하는 것은 정말 어려운 일이기 때문이고, 정말 많은 희생이 필요하기 때문입니다. 그리고 데이터를 융합하는 사람은 여러 부서의 업무를 다 알아야 하고, 서로 다른 언어를 융합하는 과정에서 많은 시간을 소비해야 하고, 많은 스트레스 또한 받게 되기 때문입니다. 그리고 설상가상으로 조직의 성과와 보상 체계가 공정하지 않고, 정치적 조직문화가 유지된다면 데이터 융합을 자처하는 사람은 절대 없습니다. 많은 기업은 도전적 인재, 열정적 인재, 창의적 인재를 환영한다고 하지만, 운영되는 현실과 비교 시 공허한 외침에 불과한 경우가 많습니다. 이러한 상황이 지속되면, 회의를 해도, 자신들의 입장에서 자신들이 처해진 문제점과 어려움만 이야기를 하게 되고, 이는 난상토론으로 이어지고, 전체 최적화에 입각한 의사결정은 잘되지 않습니다. 결국, 속도는 늦어지고, 소 잃고 외양간 고치는 방식의 복습만 반복하게 됩니다. 경영진은 항상 직원들에게 문제점을 해결하라고 이야기하지만, 나 자신의 회사가 아닌데, 자신을 희생해가면서 문제점을 해결하려고 하는 직원은 많지 않습니다. 경영진 중에, 채점이나 훈수 두는 방식이 아닌, 직접 발로 뛰며 업무를 세부적으로 관장하면서 종사하는 사람도 희박합니다. 그래서 기업은 시간과 노력, 비용을 투자하지만, 여전히 직원들의 수준에 의지할 수밖에 없고, 아쉽게도 직원들은 좌충우돌하는 상황에 자주 처하기에 투자 대비 효과는 낮고, 앞으로 나아가는 데 많은 시간이 소요됩니다. 그래서 SCM 수준을 향상시키기 위해서는 중간에 포기하지 않는 것이며, 당장 효과가 눈에 보이지 않는다고 해서 성급하게 판단하지 않는 것이며, 시간과 노력과 비용이 지속적으로 소요되기에 기업의 재무 건전성이 좋아야 하고, 적절한 인재가 확보되어야 하고, 마지막으로 오너와 경영진의 강력한 리더십과 의지, 그리고 인내가 있어야 합니다.

여러분 회사는 정보시스템(정상화, 고도화 수준) 구축이 많이 지연될 것으로 판단됩니다. 그래서 과거 실적값에 미래 예상 수요값을 추가 반영하여, 경험값들을 정립하고, 매주 S&OP 시 경험값을 가지고 S&OP 프로세스를 시작하겠습니다. 우선 경험값들을 정립해야 합니다. 경험값은 과거 3개월 실적 수량(일 평균 납품수량 or 일 최대 납품수량)에, 미래 4개월을 바라보고 증가 예상되는 수량(미래 4개월 동안 증가 예상되는 수량)을 반영하여 정립합니다. 경험값은 매주, 매월 변경됩니다. 경험값으로 하기에, S&OP 프로세스는 월 단위가 아닌 주 단위로 조정 통제합니다. 조정 통제하는 주기가 짧을수록 데이터(정보)의 신뢰성은 높아지게 됩니다. 그리고 앞으로 매주 정립하는 경험값들은 실제 실적과(실행 결과) 비교해 몇 %의 오차가 발생하는가에 의문을 가지고, 과거에 예측했던 데이터와 과거에 발생한 실적 데이터를 비교하여 오차를 확인 후, 미래 예상되는 수요 데이터를 추가하여 잠정적인 오차값을 정립해야 합니다. 오차값은 절댓값입니다. 단, 회사는 과거 데이터 관리가 미흡했기에, 앞으로는, 매주, 매월 예측한 값과 실적 값을 누적 관리해야만, 이 값들을 비교하여 오차값 초안을 산정할 수 있습니다. 여기에 미래 수요 증가 예상값을 추가한다면, 일정 패턴을 형성하는 오차값을 산정하고 운영할 수 있습니다. (경험값+오차값)으로, Supply Chain을 관리한다는 것은, Mass Based SCM 유형에 가깝습니다. 가스를 제조 및 유통하는 기업에서 Mass Based SCM을 유지하기 위해서는 크게 제조 L/T(Lead Time), S0(충전 가능한 공병 재고보유목표 기준 정립 및 운영), S3(완성품 재고보유목표 기준 정립 및 운영)를 고려하여, 우선적으로 재고보유목표 기준을 정립해야 합니다. 나는 재고 보유목표 기준을 정립하기 위해 다음과 같이 진행하겠습니다.

현재 ○○○○의 생산 L/T은, ○○일 이내로서, 재고보유목표 기준을 정립하는 데 큰 영향을 미치지 않습니다. 하지만, 현재, 가스 분석, 외관검사, 출하작업 프로세스를 유지하는 수준이 높지 않기에, 앞으로, 가스분석, 외관검사, 출하작업 프로세스를 제대로 유지한다면, 총 L/T은 ○○일을 초과하게 될 것이고, ○○일을 초과한다면 큰 영향을 미치게 될 것입니다.

 - S0: ○○일(가스충전 가능한 공병 용기 재고 보유 수준, 경험값+오차값)

 - ○○일: 과거 3개월 실적 수량 중, 일 최대 납품수량+미래 4개월을 바라보고 증가 예상되는 (미래 4개월 동안 증가 예상되는 수량) 일 납품 수량+오차값에 해당하는 수량

 - S3: ○○○일(완성품, 경험값+오차값)

 - ○○○일: (과거 3개월 실적 수량 중, 일 최대 납품수량) x 2+[미래 4개월을 바라보고(미래 4개월 동안 증가 예상되는 수량) 일 납품 수량] x 2+오차값에 해당되는 수량

매일, 잔류가스처리와 진공처리 프로세스에 있는 구성원들은 생산계획을 바라보고 업무를 진행해야 하며, 매일, 가스충전과 가스분석 프로세스에 있는 구성원들은 S3의 재고보유목표 수량을 바라보고 업무를 진행해야 합니다. S3의 재고보유목표 수량을 바라보고 업무를 진행한다는 의미는 다음과 같습니다. S3의 재고보유목표 기준 대비 부족한 수량만을 충전 및 분석합니다. 예를 들어, 재고보유목표가 50개인데, 30개밖에 없다면, 20개만 충전 및 분석해야 합니다. 단, 업무 형태 고려, 판단하는 시점을 잘 정립해야 합니다. 예를 들어, 17시 기준, 24시 기준, 08시 기준 등. 왜냐하면 시점에 따라 오차가 발생하고 달라질 수 있기 때문입니다.

Mass Based SCM을 하려면, 실시간 용기가 준비될 수 있어야 합니다. S0에 항상 ○○일 수준의 가스충전 가능한 용기를 보유해야 하고, S3에는 항상 ○○일 수준의(재고보유목표 기준을 충족할 수 있는) 용기를 보유해야 합니다. S&OP 프로세스에서 필요한 계획 시트 중 70~80% 수량을 ○○개월 안

에 정립하고 운영해보겠습니다. 하지만, 30~20%의 수량은 정보시스템의 도움 없이는 불가능합니다(예, 용기 운영 계획 관련 시트(Sheet)와 재검사 계획 시트 등). S0와 S3를 실시간 관리하기 위해서는, 용기 IN-OOT을 제대로 해야 합니다. 그리고 IN-OUT 결과가 Big Data로 형성되어 정보시스템의 다양한 경영정보 화면에 나타나야 합니다. 아무리 정보시스템 수준이 낮고 구축이 지연된다고 하더라도, S0와 S3에 있는 공병 용기와 완성품 용기 현황 만큼은 실시간 정보시스템을 통해 Display 되어야 합니다. 정보시스템과 프로세스는 안정화, 정상화, 고도화 순서로 구축됩니다. 조직의 수준에 따라 안정화 정상화 단계를 동시에 구축 할 수도 있고, 안정화 단계에서 빠르게 고도화 단계로 넘어갈 수도 있습니다. 프로세스의 안정화 정상화 고도화를 위해서는 정보시스템, R&R, Business Rhythm, SOP, 조직문화, 임직원의 DNA, 리더십, 임직원의 의지와 인내가 모두 필요합니다. 그리고 가스산업에서는 정보시스템이 차지하는 비중은 높습니다.

정보시스템의 역할은 중요합니다. 아무리 기존 경험값으로 S&OP를 하더라도, 정보시스템이 해야 할 최소한의 역할은 해야만 합니다. ① 프로세스형 조직을 구축하고, ② R&R과 Business Rhythm을 정립하고, ③ 수작업을 통해 업무를 진행해 보면서 연계되지 않거나 누락된 프로세스를 찾아내며 R&R과 Business Rhythm을 검증하고, ④ 검증된 R&R, Business Rhythm, 그리고 프로세스를, 정보시스템에 최대한 반영해야 합니다. 이렇게 되면, 현실과 정보시스템은 대부분 일치하게 됩니다. 오해가 없었으면 하는 것은, ③을 진행할 때, 최소한의 정보시스템 역할이 필요합니다. 회사는 현장 프로세스에서, 용기 IN-OUT 스캔을 반드시 해야 합니다. 만약에, 모든 현장 프로세스에서 용기 IN-OUT이 제한된다면, S0, S3, 운송 프로세스만이라도 반드시 해주기 바랍니다. 그렇지 않으면 ○○○○종류의 품목을, 실시간(Real Time)으로 관리하는 것은 제한됩니다. 회사는 지금까지 경험값으로 해왔다고 해도 과언이 아닌데, 경험값은 실제 수요 공급 프로세스상에서 끊임없는 문제를 발생시켜왔습니다. 어느 정도 오차 범위가 명확하게 확인된(일정 패턴이 있는) 경험값이라면 수요공급 프로세스 상에서 큰 문제를 발생시키지 않는다고 확신합니다. 왜냐하면, 오차 범위만큼 대비하면(다소 비경제적, 비효율적이겠지만, 추가하거나 빼면) 되기 때문입니다. 하지만, 나는 다음과 같이 판단합니다. 회사 경험값의 오차범위는 수시로 바뀌기에 일정 패턴의 경험값을 적용하는 것은 어렵습니다. 일정 패턴의 경험값이 없다면, 그리고 일정 패턴의 경험값이 향후 발생할 것이라고 예측하지 못한다면, 경험값은, 경험값이 아닌, 항상 예측 불가능한 새로운 값입니다. 이렇게 이야기하는 사유는 다음과 같습니다. 각 부서가 관리하는 시트(Sheet)들이 거의 없거나 매우 부실합니다. 당연히 Sheet 안에 품목 데이터 정리 또한 상세하게 되지 않았고, 당연히 상세한 데이터가 기간별, 일자별 누적되어 관리되지도 못했습니다. 그리고 월별, 분기별, 어떤 고객이, 어떤 품목이 어떤 트랜드를 보였는지에 대해서도 누적 관리하지 않았습니다. 그리고 수작업으로 입력하는 데이터 또한 정확하지 않았습니다. 100% 정확하지 않더라도, 80~90% 정도는 정확해야 하는데, 사람에 따라, 상황에 따라, 그때그때 데이터 편차가 커서, 경험값으로 정립하는 데 어려움이 있습니다. 예를 들어 Minimum과 Maximum간에 차이가 크면, 평균값을 경험값으로 정하기 어렵습니다. Minimum은 상관없겠지만, Maximum은 평균값과 차이가 너무 커서, 평균값을 경험값으로 하면, Maximim으로 대응하는 것이 불가능합니다. 왜냐하면 공급 Shortage가 발생하기 때문입니다. 계획 Sheet의 80~90%에 해당하는 수량을 ○○월 안으로 정립하고(Sheet를 정립한다는 것은, R&R과 Business Rhythm까지 정립한다는 것을 의미함), S0, S3, 운송에서 용기 IN-OUT을 할 수 있게, 그리고 용기 IN-OUT 결과가 정보시스템의 경영정보 화면으로 나타날 수 있게 정보시스템이 보완되고, S0와 S3 현장 운영 조직의 R&R과 Business Rhythm이 정립되고, S0에서 ○○일 수준의 재고를 유지하고, S3에서 00일 수준의 재고를 유지할 수 있다면, 일정 수준의 경험값에 의한 S&OP가 가능하다고 판단됩니다. 즉, 일정수준 패턴을 예상할 수 있는 경험값에 의한 Mass Based SCM을 구축 및 운영할 수 있습니다. 어쩌면, 다양한 상황을(사람수준, 조직문화, 프로세스와 정보시스템이 개선되는 속도) 고려 시, 일정기간 회사에서는 Mass Based SCM이 적합할 수도 있습니다. 그리고 ○○년 뒤, ○○○사업분야에서 Just in Time SCM을 구축하기보다는 민족문화, 기업조직문화, 기업과 구성원들의 생각하고 행동하는 방식, 정보시스템에 대해 생각하고 행동하는 방식 등을 고려 시, Mass Based SCM이 더 적합할 수도 있습니다. 그래서 Just in Time SCM을 당장 고집하기보다는, Mass Based SCM을 우선 정착시키고 난 이후에 생각해 볼 필요가 있을 수도 있습니다. ○○○○ 사업 분야는, 많은 양을 보관해야 하기에, Mass와도 일정 부분 연관이 높습니다. 하지만, Just in Time SCM과 S&R SCM으로 넘어가기 위한 노력은 멈추지 말아야 합니다.

Mass Based SCM	Just In Time SCM	Sense & Respond SCM
물량 중심 재고 수준을 보고 공급 가능시기 판단 불확실한 수요에 대처하기 위해 대량의 재고를 확보 쌓여진 재고의 속도 지연	정해진 시간에 주안 재고의 최소화 정확한 수요 예측 및 최적화로 불확실성 제거 시간 지연 등 우발상황 발생시 문제 발생	적응력에 주안 재고는 항상 이용가능 IT 기술과 물류 융통성을 이용하여 불확실성 제거 분산되고 적응적인 업무 가능

프로세스

프로세스를 다시 변경하거나 구축한다는 것은, 단단하게 굳어져 있는, 그리고 많은 이해관계와 복잡한 업무 관계가 실타래처럼 엉켜있는 과정을 풀어가는 것입니다. 또한 변화를 싫어하고 거부하는 기존 구성원을 대상으로 인내를 가지고 설득해야 하는 과정입니다. 따라서 단기간에 성과는 제자리 걸음일 수 있고, 다양한 잡음과 불평 불만을 통해 오히려 추진력을 잃게 될 수도 있습니다. 명확한 것은, 프로세스를 다시 변경하거나 구축하는 것은, 그 정도와 범위, 깊이에 따라 상상 이상의 시간과 노력이 필요하다는 것입니다. 어떤 기업은 프로세스 혁신을 통해 ○○를 적용하는 데 20년이 걸렸고, 어떤 기업은 프로세스 혁신에 10년 이상의 시간과 노력과 비용을 쏟아 부었습니다. 끊임 없는 도전과 시도, 인내를 견뎌내는 기업은 성장할 것이고, 그렇지 않은 기업은 이류 삼류로 남아, 뒤떨어진 플랫폼(platform)에서 순식간에 없어지거나 삶은 개구리 증후군을 통해 서서히 소멸될 것입니다.

회사의 조직 구조는 프로세스형 조직 구조로 되어 있지 않습니다. 회사의 조직 구성을 보면, 어떤 조직이 어떤 프로세스에 대한 R&R을 유지하고 있는지 잘 이해가 안 됩니다. 즉, 조직도를 보면 프로세스가 유추되지 않고, 잘 보이지도 않습니다. 회사는 새롭게 정립한 10대 현장 프로세스를 기반으로, 정보시스템을 보완해야 하지만, 프로세스형 조직(조직도) 또한 구축하기 바랍니다. 그리고 조직이 구성되면, 조직별 R&R과 프로세스를 세부적으로 나열하고, 조직별 구성원의 Business Rhythm을 정립하고, 조직 간 그리고 구성원 간 R&R과 프로세스가 연계(연결)되지 않는 부분이 있는지 검토 후, 미비점을 보완해야 합니다. 이러한 것이 명확하지 않기에, 업무가 잘 연계(연결)되지 않고, 이로 인해 잡음이 끊이지 않고, 소 잃고 외양간 고치는 식의 상황이 자주 발생하고, 서로 신뢰하지 못하고 힘들어하는 것입니다. 기업에서 인사의 역할은 대단히 중요합니다. 인사의 존재 이유가 단순히 직원을 면담하고, 사람을 채용하고, 평가하는 데 주 목적이 있는 것이 아닙니다. **인사는 회사 전체 프로세스를 대상으로 세세하게 잘 알아야 하고, 조직을 프로세스 형 조직으로 구성하기 위해 부단히 노력해야 합니다.**

이러한 관점에서 인사 조직의 수준은 SCM 구축과 향상에 크고 작은 영향을 미칩니다. 만약에, 인사 조직이, 프로세스가 아닌, 채용과 퇴사, 급여, 인사와 연관된 교육, 근무 평가, 그리고 인사 조직이 이권과 칼자루를 쥔 것처럼 정치와 줄 세우기에만 관심이 많다면, 임직원의 하위 평준화, 정적인 조직문화, 매너리즘이 강화되는 것이 가속화될 것입니다. 잘 아셔야 할 것은, 후퇴하는 속도가 전진하는 속도보다 2배 이상 빠릅니다. 이런저런 이유로, 기업들은 프로세스와 관련된 분야는 혁신 조직을 구축해서 개선하거나 외부 컨설팅을 통해 개선하게 됩니다. 하지만, 이것도 쉽지는 않습니다. 혁신 조직에서 전체 최적화 관점에서 프로세스를 개선하려고 하면, 기존 밥그릇 싸움과 매너리즘을 깨뜨려야 하는데, 다양한 잡음과 정치와 파워게임이 지속되는 과정에서, 혁신조직이 전체 최적화적 관점에서의 역할과 기능을 잃어버리고 부분 최적화적인 수준과 범위의 역할과 기능을 하게 되거나, 소멸되는 경우도 잦습니다. 그리고 기존 매너리즘은 외부 컨설팅이 자리 잡지 못하게 만들기도 합니다. 그래서 오너나 최고 경영자의 강력한 리더십과 의지, 인내가 매우 중요합니다. 현재 회사의 인사도, 다른 기업들과 마찬가지로 SCM 구축에 도움이 되지 못하고 있습니다. SCM은 한 개 부서에서 하는 것이 아닙니다. 전사적으로 모든 조직이 이해하고 다 같이 노력해야 합니다. 다만, 회사의 현재 수준이, 하나의 조직에서 계획과 실행을 동시에 관리(제대로 된 계획 수립, 제대로 된 계획 간 연계, 실행)할 수 없다고 판단되기에, 계획 기능에 대해서는, 통합적으로 주관하는(Head Control) 조직을 구축하고(S&OP 조직), 이 조직에서 통합 관리하는 것을 권유 합니다. 그리고 S&OP 프로세스와 직접 관련된 조직들의 R&R에 대해 다음과 같은 내용으로 재검토하기를 권유 드립니다. 생산 조직: 잔류가스처리 현장 프로세스, 진공처리 현장 프로세스, 충전 현장 프로세스, 현장에 필요한 소모품 및 스페어파트 관리, TPM. 품질 조직: 분석 현장 프로세스, 외관검사 현장 프로세스, 품질 이슈 대응 프로세스, S4 현장 프로세스, TPM. S&OP 조직:

생산계획 수립, 분석 계획 수립, 수출입 계획 수립, 재고운영 계획 수립(S0, S3), 통합 계획 수립. 용기관리 조직: 용기(밸브) 소요 및 운영 계획 수립, 재검사 계획 수립. 용기와 밸브의 현장 관리. 구매 조직: 구매 및 조달 계획 수립, 계약, 업체 및 단가 관련 시장 조사 및 정립. 물류 조직: S0 현장 프로세스, S3 현장 프로세스, 출하작업 현장 프로세스, 현장의 S3 프로세스, 운송 프로세스(계획, 실행), 수출입 현장 프로세스, TPM. 영업 조직: 중장기 Forecast 예측, 분기 및 월 판매 계획 수립, 고객 마케팅, 고객 대응 등.

R&R, SOP

S&OP 프로세스를 지탱하는 기반 중 하나는 SOP입니다. SOP는 한번 제정했다고 해서 끝나는 것이 아닙니다. 업무 상황이나 주위 환경이 변화되면 계속 제정과 개정을 해야 합니다. 그런데 많은 기업이 이 부분에 소홀합니다. 제때 제·개정을 하지 않으면 SOP는 현실과 맞지 않게 되고, 현실과 맞지 않는 SOP는 소설책에 불과하고, 보여주기 식에 불과합니다. 그래서 회사는 SOP를 주기적으로 개정하는 제도나 프로세스를 구축해 놓고 실제 실행해야 합니다. SOP를 직원들 스스로 잘 만들어 오면 좋겠지만 그렇지 않다면, 현재(AS-IS)를 파악해야 합니다. 그래서 우선 다음과 같이 진행하는 것이 필요합니다. 팀(부서)을 책임지는 관리자가 본인이 책임지는 팀(부서)의 일을 나열합니다(List Up). 여기서 중요한 것은, 다음의 내용을 구분하는 것입니다. ① 본인이 책임지고 있는 팀(부서)에서 해야 한다고 생각하는 일에 대한 List Up [현재 하고 있든, 안 하고 있든 상관없습니다. 본인이 책임지고 있는 팀(부서)에서 해야 한다고 생각하는 일(업무)에 대한 List Up], ② 본인이 책임지고 있는 팀(부서)에서 현재 하고 있는 일(업무)에 대한 ② List Up, ③ 팀(부서)에 근무하는 팀원(부서원)은 현재 본인이 하고 있는 일(업무)

에 대한 List Up. 상기 ①, ②, ③에 있는 모든 일을(업무) 합친 ④ List를 생성합니다[①, ②, ③에 있는 일이(업무) 모두 기록되어 있는 List = ④ List]. 모든 팀(부서)이 상기 1,2,3처럼 진행합니다. 그리고 모든 팀(부서)의 ④ List를 서로 비교합니다. 중복되어 있는 업무가 있다면 협의를 통해 하나의 부서로 조정하고 각 팀(부서)별 최종적으로 ⑤ List Up을 합니다. 상기 ⑤가 완료되면, ⑤ List Up은, 각 부서의 R&R이 됩니다. 우선 이것을 가지고, SOP를 제정 또는 개정합니다. 하지만, 이렇게 제·개정된 SOP에는 전체 최적화 관점에서 R&R이 누락된 부분이 있을 수 있기에 완벽한 R&R을 실현하기에는 부족한 부분이 발생합니다. 따라서 프로세스를 유지하는 과정에서 전사가 지속적으로 협업하여 R&R을 검토해야 합니다. 그리고 SOP에는 R&R, 공간, 시설, 설비, 장비, 정보시스템 운영과 관련된 내용이 모두 포함되어야 합니다.

동그라미 하나를 쇠사슬이라고 가정 하겠습니다. 쇠사슬이 쇠사슬로서 역할을 할 수 있으려면 다음과 같이 연결되어 있는 것이 좋습니다. 쇠사슬 하나를 조직이 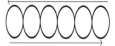 라고 가정하겠습니다. 다음과 같이 조직이 연결되어 있는 방식은 직렬방식으로, 한 조직에서 문제가 발생하면 문제가 해결될 때까 지 업무 속도가 지연되고, 한 조직의 업무가 타 조직에 비해 상대적으로 느린편이면, 전체적으로 업무 속도가 지연되고, 동시다발적으로 정보가 공유되지 않고, 조직 간 Cross Check 되지 않아, Risk를 사전에 예방하고 관리하는 능력이 없습니다.

○○○○○의 현재는 다음과 같습니다. 부서 업무가 연결되어 있지 않고, 떨어져 있으며, 중복 되어 있습니다. 그리고 부서 안에 사람들의 업무 또한 연결되어 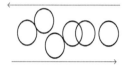 있지 않고, 떨어져 있으며, 중복되어 있습니다. ○○○○가 모두 를 모아서 이야기하지 않는 한 능동적,동시다발적 정보의 공유는 되지 않습니다. 그리고 조직간 Cross Check 되지 않아, Risk를 사전에 예방하고 관리하는 능력이 없습니다.

그래서 다음과 같이 만들어야 합니다. 그리고 이를 위해서 크게 두 가지 방향으로 추진해야 합니다. 하나는 Down-Top 방식이고, 하나 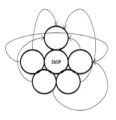 는 Top-Down 방식입니다. Down-Top 방식: 각 부서와 구성원들의 R&R을 세부적으로 정립함과 동시, 누락된 것이 없는지를 비교 검증 →이를 바탕으로 TO-BE 프로세스의 정립/구축 → TO-BE 프로세 스를 정보시스템에 반영.

Top-Down 방식: TO-BE 프로세스 정립 및 구축 →TO-BE 프로세스를 정보시스템에 반영→ 구축된 프로세스와 정보시스템에 맞게 각 부서와 구성원들의 R&R 정립 및 실행(필요시 조직 재 구 축). 하지만, Top-Down 방식으로 진행 시, ○○○○가 해당 업에 대한 오랜 경험이나 철학이 없 으면 실패합니다. 즉, 잘못하면 소설을 쓰게 됩니다.

정보시스템이 구축되면, 조직 개편을 통해 부서별, 그리고 개인별 R&R을 재정립하는 데 도움 이 됩니다. 그래서 정보시스템의 구축이 시급합니다.

그리고 S&OP 프로세스 전담 조직이 Head Control 역할을 할 수 있게 구축 및 운영되어야만, 네트워크화된 조직 운영이 가능하며, S&OP 프로세스 전담 조직이 Head Control 역할을 제대로 할 수 있기 위해서는 정보시스템의 많은 역할이 필요합니다.

TPM

S&OP 프로세스를 유지하기 위해서는, 기초부터 관리해야 합니다. 우선, 현재 저장소에 판매량이 많지 않은 품목을 모두 들어내고, 재 배치를 하는 것이 좋겠습니다. 그럼 공간 부족 문제도 해결이 될 것입니다. 이를 위해서는 TPM을 시작 또는 병행하는 것이 좋겠습니다. 이것은 사람들의 생각에 변화를 주어 용기를 품목별로 구분하고 구역별로 공간을 구분하는데 도움이 됩니다. 하지만, 바쁜 현실을 고려 시 사람들을 모아 놓고 TPM을 거창하게 할 수는 없습니다. 그리고 현재 직원들의 수준을 고려시 거창하게 한다고 해서 일시적으로 수준에 오를 것이라고 생각하지 않습니다. 그래서 다음과 같이 이야기하고 싶습니다. 스펀지가 조금씩 물을 흡수하듯이, 틈틈이 TPM과 관련한 동영상 자료를 시청하는 시간을 갖거나, 대화방에 공유하여 보고 싶은 사람은 시청하게 하는 것입니다. 이러한 것을 끈질기게 지속적으로 반복한다면 정말 느리겠지만, 사람들의 머릿속에 조금씩 3정 5S가 각인이 될 것입니다. 나는 다양한 방법으로 직원들을 끊임없이 교육합니다. 왜냐하면, 사람마다 자라온 환경, 교육 수준, 능력, 인생 가치관 등이 다르기에, 일관된 교육 방식으로는 많은 변화를 이끌어내기 어렵기 때문입니다. 나 역시, 짧은 순간에 크게 바뀔 것을 바라지 않습니다. 당장 효과가 없어도 됩니다. 예를 들어, 1회 교육 시, 단 1명의 생각이 바뀐다고 가정해 보겠습니다. 그리고 생각이 바뀐 1명도, 생각이 크게 바뀐 것이 아니라, 아주 미비하게 바뀌었다고 가정해 보겠습니다. 나는 0.1%의 가능성이 있다면 교육을 합니다. 즉, 내가 관리해야 할 직원이 100명인데, 1회 교육 시 0.5명이 바뀌는 것이 가능하다면, 나는 200번을 목표로 교육합니다. 노력해서 안 되는 것은 없다고 생각합니다. 안 되는 이유는 의지가 부족해서 중간에 포기하기 때문이라고 생각합니다.

지시 10%, 확인과 고민 90%

  직원들에게 업무를 부여 시, 능력에 맞는 수준에서, 상식적이고 합리적인 수준에서, 업무량이 상호 균등한 수준에서, 그리고 보수에 맞는 수준에서 업무를 부여하는(업무의 양과 질) 것이 좋습니다. 이렇게 이야기하는 이유는, 단순히 지시하기보다는, 확인과 고민하는 노력을 많이 해야 한다는 것입니다. 예를 들어, 보수는 동일한데, 직원 본인이 남들과 비교해 더 노력하고 있다고 생각하고, 남들과 비교해 더 뛰어나다고 생각하고, 남들과 비교해 더 어려운 일을 한다고 생각하고, 남들과 비교해 더 많은 일을 하고 있다고 생각한다면, 직원의 머릿속에 피해의식이 자리 잡게 됩니다. 피해의식과 매너리즘이 형성된 직원은 기업 입장에서 긍정적이지 않습니다. 이런 상태(피해의식과 매너리즘이 많이 있는 분위기)에서 아무나 붙잡고, 더 노력하고 더 열심히 하라고 이야기해봐야 소용 없습니다. 그리고 한두 사람에게 보수를 더 많이 줄 테니 더 노력하고 더 열심히 해보라고 해도 소용 없습니다. 왜냐하면, 다 같이 노력하지 않는다면, 한두 사람은 쉽게 지칠 것이기 때문입니다. 직원들에게 지시하기 전에, 우선, 능력이 있는지, 없는지 그리고 책임감이 있는지, 없는지부터 정말 잘 따져 보아야 합니다. 직원은 인간이기에 존중받아야 합니다. 하지만, 무조건 인정해서는 안 됩니다. 존중과 인정을 구분하여 직원을 관리해야 합니다. 즉, 인간이기 때문에 존중해야 하지만, 능력을 인정하는 것은 정말 객관적이고 냉철해야 합니다. 인사는 회사의 모든 프로세스를 이해하고, 프로세스 상에서 직원들이 어떻게 일하고 있는지를 세세하게 파악하고, 미래 지향적인 인력 운영 계획을 수립해야 합니다. 인사는 다양한 루트를 통해 직원을 객관적으로 파악하고, 직원의 업무 성향이나 수준을 파악 후, 해당 직원이 잘할 수 있는 분야에서 일을 할 수 있도록, 인력 운영 계획을 실시간 변경하고 재수립해야 합니다. 그리고 모든 직원은 매년 스스로 MBO를 작성할 수 있어야 합니다. 단, 평가에 치우치기 위해 MBO를 작성하기 보다는, 어떤 일을 어떻게 하고 있는지를 파악하기 위한 관점에서 MBO를 이야기합니다. MBO는 직원들이 앞으로 1년 동안 어떤 업무를 할 것인지에 대해 판단하는 기준이 됩니다. 매년 초, MBO를 확인하여 직원들이 기업에 도움이 되는 고부가가치 업무를 하는지? 매년 항상 똑같은 업무를 하는지, 기업에 도움이 되지 않는 업무를 하는지를 사전에 파악할 수 있고, 조정할 수 있습니다. 그리고 연말에 그동안 어떻게 업무를 진행했는지를 확인할 수 있습니다.

다른 생각

SCM을 위해서는, 다양한 제도와 프로세스를 구축하여 매너리즘에 빠져 있거나 수준이 낮은 기존 인력들을 변화시켜야 합니다. 하지만, 제도와 프로세스를 구축하는 것만으로는 속도가 빨라질 수 없습니다. 내 경험상, 정말 안 되는 사람은 안 되었습니다. 즉, 안 바뀌었습니다. 만에 하나, 바뀌더라도 속도가 너무 느렸습니다. 따라서 능력이 높고 열정과 혁신적 생각이 충만한 인력들의 추가 충원도 필요합니다.

SCM을 잘 구축 및 유지하기 위해서는, SCM에 대해 다양하고도 Quality가 높은 경험을 가지고 있는 사람이 필요합니다. 하지만, SCM 관련 제도와 시스템이 잘 구축되어 있는 큰 기업에서 사람을 데리고 온다고 해서 무조건 도움이 되는 것은 아닙니다. 사람의 능력을 판단하는 핵심적인 부분은, "어떠한 일을 어떻게 해 온 사람인지?"입니다. 큰 기업에서 근무한 과정에서, 기존에 구축된 제도나 시스템 안에서만 쳇바퀴 돌 듯이 일을 해 보았을 가능성을 배제할 수 없고, 만약 그렇다면 그 틀을 벗어난 상태에서는, 창의적, 능동적, 도전적 관점에서 어떻게 해야 할지를 잘 모를 수도 있습니다. ○○○○○의 SCM에 진정으로 도움이 되는 사람은, 맨땅에 헤딩

하면서 SCM을 구축해본 사람입니다. 즉, "무"에서 "유"를 만들어본 사람들이 ○○○○에 도움이 됩니다. 어떻게 보면 ○○○○는 더 어려운 환경을 가지고 있다고도 판단됩니다. 예를 들어, 현재 ○○○○는 아무것도 없는 100평의 땅에 새집을 짓는 것이 아니라, 100평 땅에 지어진 집을 부수고, 같은 공간에 새로운 집을 지어야 하는 상황입니다. 즉, ○○○○○는 "무"에서 "유"로 가야 하는 상황이기도 하고, 올바르지 않은 "유"에서 올바른 "유"로 가야 하는 상황이기도 합니다. 이러한 상황에서는, 배우려고 하는 적극적 의지, 그리고 열정과 혁신, 희생정신이 많이 내재된 사람들이 필요합니다.

무너져 있는 용기 관리 프로세스를 재구축하기 위해 가장 1순위로 필요한 것은 정보시스템이 아닙니다. 물론 정보시스템은 중요하고 필요합니다. 하지만, 정보시스템은 두 번째로 중요하고 필요합니다. 1순위는 다음과 같은 역할을 해줄 수 있는 사람입니다. ① 용기가 회수되었을 때, 용기를 하나하나 육안으로 확인(캡을 열어서 밸브까지 확인). ② 정보시스템 화면에 용기 관련 데이터들을 올바르게 입력. ③ 만약에 주야를 가리지 않고 용기가 회수된다면 8시간씩 교대하면서 일할 수 있는 3명의 사람이 필요한데, 주의할 것은 3명 모두, 정보시스템에 있는 용기번호와 실물을 육안으로 확인하며, 제품과 상품 구분, 용기 제작일자, 재검사 기간, 밸브명 등 관련된 정보들을 하나하나 모두 맞춰가는 수준과 속도가 동일해야 합니다.

SCM을 위해서는, S&OP 프로세스에 대해 오너십을 가지고 계획하고 실행하는 핵심 조직이 필요합니다. 기업마다 다르겠지만, S&OP 전담 조직을 신설해서 운영하거나, 생산관리 조직이 역할을 하는 경우도 있습니다. 꼭 그런 것만은 아니지만, 생산관리 조직이 하는 경우, 생산에만 국한하여 쳐다보거나 관심을 갖는 상황이 발생하기도 합니다. 따라서 제조업이지만, 물류 성격이 강한 가스산업에서는 S&OP 전담 조직을 운영하는 것이 긍정적이고 필요합니다. 어느 기업에, 생산관리, 구매관리, 영업관리가 각자 따로 행동했던 상황에서(부분 최적화), 전체 최적화 관점의 S&OP 전담 조직을 신설 및 운영하고 있었습니다. 나는 몇 년 동안 이 회사의 경영진에게 다음과 같이 이야기를 하였습니다. "S&OP 전담 조직의 R&R 안에는 생산관리, 구매관리, 영업관리와 연관된 업무, 그리고 회사 전체 Headcontrol 업무가 내포되어 있습니다. 그래서 생산관리 업무와 S&OP 전담 조직의 업무, 구매관리 업무와 S&OP 전담 조직의 업무, 영업관리 업무와 S&OP 전담 조직의 업무가 연계되는 과정에서 겹치거나 비효율적인 부분이 있습니다. 따라서 생산관리, 구매관리, 영업관리, S&OP 전담 조직의 업무와 인력의 상당수를 통합해서, 사람과 업무에 효율화를 추구하는 것이 좋겠습니다. 상당부분을 통합하면, 업무 속도가 향상되고 사람은 줄어듭니다". 하지만, 일정 시점이 지난 뒤부터, 나는 이 말을 더이상 언급하지 않았습니다. 왜냐하면, 앞에서 이야기할 때는 호기심으로 듣지만, 정작 현실에서 추진되지 않았기 때문입니다. 나는 경영진에게 묻고 싶습니다. 과연 여러분이 오너라면, 나의 말을 그냥 지나치겠습니까? 여러분이 오너라면 이러한 상태로 운영하겠습니까?

다양한 분야의 조직에 몸담아 보면서, 동일한 업무보다는 늘 새로운 방향의 업무를 부여 받고 새로운 사람을 만났습니다. 그리고 여러 조직을 신설해 보기도 하였습니다. 이 과정에서 느낀 점은, 직급이 높고 나이가 많고, 중요한 직책에 있다고 해서 SCM을 잘 이해하는 것은 아니었습니다.

즉, 직급, 나이, 직책이 높고, 많고, 중요함이 SCM을 잘 이해하고 실천하는 것과 비례하지 않았습니다. 반대로 직급, 나이, 직책이 낮고 적고 덜 중요하더라도, 전체 최적화 사고를 잘 할 수 있는 사람이라면 SCM을 더 빨리 이해하고 실천하였습니다. 특히, 자기 것만 하면 된다는 생각에 사로잡힌 상태로 부분 최적화에 오랜 기간 길들여진 사람들에게 전체 최적화를 이해시키고 따라오게 하는 것은 정말 어려운 일이었습니다. 사람을 만나 이야기를 하거나 일을 맡겨 보면, 나와 생각이 다르다는 것을 알 수 있고, 아무리 이야기해도 움직이지 않는 사람도 있으며, 저 정도 직급과 나이, 그리고 직책이면 이 정도 생각과 행동은 당연히 할 수 있어야 하는 것 아니야? 하는 생각이 드는 사람도 있었습니다. 결론적으로는, 사람들은 각기 다른 생각을 가지고 살아가기에, 해당 조직과 업무에 적합한, 해당 조직과 업무에 적합한 속도, 해당 조직과 업무에 적합한 Quality를 가지고 있는 사람을 만나거나 확보하는 것은 좀처럼 쉽지 않습니다.

실시간 신뢰성 있는 데이터(정보) 생성 및 수집이 가능한 프로세스와 시스템을 구축하세요

S&OP 프로세스가 구축 및 유지되기 위해서는

① S&OP 프로세스에 대한 이해

② 참여해야 할 부서와 인원 정립

③ 부서별 R&R 정립

④ ....

⑤ ....

⑥ ....

⑦ ....

⑧ ....

⑨ S&OP 회의 진행 (책임 있는 의사결정 동반)

⑩ S&OP 회의록 작성 및 공유, 후속조치.

⑪ ③, ④, ⑤, ⑥, ⑦, ⑧이 반영된 정보시스템 구축 및 활용(S&OP 회의를 준비하기 위해 수작업 및 반 수작업으로 데이터를 집계·융합하거나, 아젠다를 작성하는 것을 지양)

상기 열한 가지 중에서 일곱 번째인 "⑦ 실시간 신뢰성 있는 데이터(정보) 생성"에 대한 이야기를 하고자 합니다. S&OP 프로세스 유지를 위해 계획하는 데이터는 물론이고, S&OP 프로세스를 이행한 결과에 따라 생성되는 데이터(정보) 역시 신뢰성이 높아야 합니다. 신뢰성이 낮은 데이터(정보)로는 판단 및 의사결정이 제한되고, 이는 다시 신뢰성이 낮은 데이터(정보)를 생성하게 될 뿐만 아니라, 경영 속도 또한, 느리게 만듭니다. 그리고 이러한 과정은 계속해서 반복되게 됩니다. 즉, 악순환이 반복됩니다.

2020년 12월 31일 기준으로, S&OP 프로세스를 유지함에 있어 가장 큰 문제가 되는 것은 신뢰성 있는 데이터(정보)가 없는 것입니다. 개략적으로 이야기를 하면, 영업의 판매, 생산의 충전, 물류의 재고 데이터에 대한 연계가 잘되지 않습니다. 많은 이슈가 있지만, 간단히 세 가지만 예를 들어 설명하겠습니다.

1. 물류 데이터상에 재고가 없고, 충전한 수량도 없었는데 판매가 발생한 경우.
2. 판매량보다 생산량이 많은데 물류 데이터상에 재고가 줄어든 경우.
3. 판매량보다 생산량이 적은데 물류 데이터상에 재고가 늘어난 경우.

1번의 경우, 이론상으로 불가능합니다. 즉, 재고도 생산도 없었는데 판매가 발생되는 것은 불가능합니다. 그러나 S&OP 프로세스에서 생성되는 데이터를 확인해 보면 이와 같은 현상이 발생합니다. 그렇다면 영업이 판매 실적을 기록하는 과정에서 오류가 발생하고 있는 것인지?를 생각해 볼 수도 있지만, 반드시 100% 그렇지도 않습니다. 어떤 경우에는, 판매할 수 있는 재고 수량이 있었습니다. 즉, 물류의 재고 현황이 맞지 않았습니다. 그리고 생산은 충전 해놓고 제대로 등록하지 않은 경우도 있었습니다. 이러한 상황들은 2번과 3번과 같은 결과 또한 발생시키고 있습니다. 이처럼 데이터 오류는 여러분 회사의 S&OP 프로세스 상에서 동시다발적으로 발생하고 있습니다. 즉, 수작업으로 유지하는 엑셀 파일에 데이터를 잘못 입력할 수도 있고, 정보시스템에 충전 실적을 잘못 등록(혹은 미등록)하거나, 재고 조사가 잘못되는 등 이슈가 지속적으로 발생하고 있고, 개선하지 않는다면 앞으로도 문제는 지속될 것입니다. 나는 이 문제를 심각하게 고민하고 있습니다. 수작업, 반수작업이 무조건 나쁘다는 것이 아닙니다. 업의 특성과 규모, 내외부 환경과 업무 특성, 구축된 인프라에 따라 불가피하게 수작업과 반수작업이 발생하는 것은 어쩔 수 없는 부분이기도 합니다. 하지만, 수작업 또는 반 수작업이 포함된 S&OP 프로세스를 제대로 유지하려면, 윤리, 도덕, R&R, SOP, 중간관리자들에 의한 관리감독과 교육훈련, 구성원 개개인의 기본 자질 등이 높게 그리고 지속적으로 유지되어야 합니다. 하지만, 여러분의 회사는 이 부분에 있어, 개선될 가능성이 전혀 보이지 않습니다.

나는 여러분에게 다음의 내용을 자주 강조해서 언급하였습니다.

용기에 바코드를 부착 후, 최소한, S0, S3, 운송 프로세스만이라도 바코드 스캔을 해야 합니다. 그리고 바코드 스캔 결과는 경영정보 화면에 실시간 나타나야 합니다. 기존 방식과 경험값만으로 SCM유지가 가능하다고 생각하더라도, 최소 수준의 정보시스템 활용과 역할은 유지되어야 합니다. 그리고 ① 프로세스형(형태) 조직을 구축하고, ② R&R과 Business Rhythm을 정립하고, ③ 수작업을 통해 업무를 진행 해보면서 연계되지 않거나 누락된 프로세스를 찾아내며 R&R과 Business Rhythm을 검증하고, ④ 검증된 R&R, Business Rhythm, 그리고 프로세스를, 정보시스템에 최대한 반영하는 노력을 해야 합니다. 이렇게 되면, 현실과 정보시스템은 상당부분 일치하게 됩니다. 문제는, ③을 진행하는 과정에서, 아주 기본적이고 최소한의 정보시스템 역할이 필요합니다. 즉, 여러분의 현장 프로세스에서, 바코드 IN-OUT 스캔을 반드시 해야 합니다. 만약에, 모든 현장 프로세스에서 바코드 IN-OUT 스캔이 제한된다면, 최소한 S0, S3, 운송 프로세스만이라도 반드시 해주기 바랍니다. 정보시스템에 데이터를 사람이 직접 입력하는 것, 사람이 바코드 스캔을 하면 데이터가 자동적으로 생성되는 것, RFID 등에 의해 자동적으로 데이터가 생성되는 것 등에는 사람에게 요구되는 수준과 역할에 분명히 차이가 있습니다. 나는 여러분에게 사람이 데이터를 직접 입력하는 것이 아닌 바코드 스캔을 요구합니다. ○○○종류의 품목을, 사람이 실시간(Real Time) 데이터를 집계하고 직접 입력하는 것은 불가능합니다. 여러분 회사는 지금까지 기존 방식과 경험값으로 SCM을 해왔다고 해도 과언이 아닌데, 경험값은 실제 수요 공급 프로세스상에서 끊임없는 문제를 발생시켜왔습니다. 나는 어느정도 오차 범위가 명확하게 확인된(일정 패턴이 있는) 경험값이라면 수요공급 프로세스 상에서 큰 문제를 발생시키지 않는다고 확신합니다. 왜냐하면, 오차 범위만큼 대비하면(다소 비경제적, 비효율적이겠지만, 추가 하거나 빼면) 되기 때문입니다. 하지만, 나는 다음과 같이 판단합니다. 여러분 회사의 경험값 오차범위는 수시로 바뀝니다.

그래서 일정 패턴의 경험값을 적용하는 것이 어렵습니다. 일정 패턴의 경험값이 없다면, 그리고 일정 패턴의 경험값이 향후 발생할 것이라고 예측하지 못한다면, 경험값은, 더는 경험값이 아닌, 항상 예측 불가능한 새로운 값입니다. 여러분 회사에 일정 패턴의 경험값을 적용하기 어렵다고 이야기하는 사유는 다음과 같습니다. 그동안 각 조직(부서)가 관리하는 시트(Sheet)들이 거의 없거나 매우 부실했습니다. 그나마 있는 Sheet도, Sheet에 품목별 데이터 정리 또한 상세하게 되지 않았었고, 당연히 상세한 데이터가 기간별, 일자별 누적되어 입력 및 관리되지도 못했습니다. 그리고 월별, 분기별, 어떤 고객이, 어떤 품목이 어떤 Trend를 나타냈는지에 대해서 누적 입력 및 관리하지도 않았습니다. 그리고 수작업으로 엑셀 Sheet나 정보시스템에 입력하는 데이터 또한 정확하지 않았습니다. 100% 정확하지 않아도, 80-90% 정도는 정확해야 하는데, 사람에 따라, 상항에 따라, 즉, 그때그때 데이터 편차가 커서, 이 데이터를 그대로 경험값으로 정립하는데 어려움이 있습니다. 즉, Minimum과 Maximum간에 차이가 크면, 평균값을 경험값으로 정하기 어렵습니다. Minimum은 상관없겠지만, Maximum은 평균값과 차이가 너무 커서, 평균값을 경험값으로 정립하면, Maximim은 대응하는 것이 불가능합니다.

나는 상기의 내용을 수도 없이 이야기하고 Action을 유도하였지만, 실제 업무 현장에는 전혀 진행되고 있지 않습니다. 그래서 여러분의 회사는 사람이 하는 부분을 극소화함과 동시에 IOT를 기반으로 한 시스템을 구축해야 한다고 강조합니다.

이러한 상태라면, 사람에 의존한 방법이 S&OP 프로세스에 존재하면 할수록 중장기적으로 S&OP 프로세스 안정화, 고도화는 물론이고, S&OP 프로세스의 초기 안정화부터 불가능합니다. 현재 여러분은 모든 실적을 정보시스템에 수작업으로 입력하고 있습니다. 그리고 정보시스템에 입력된 데이터를 S&OP 프로세스를 진행하기 위한 엑셀 양식에 수기로 2차 입력하고 있습니다. 경제성과 효율성이 낮고, 작업의 번거로움을 떠나, 직원들의 현 유지 상태와 수준 고려시, 현재와 같은 수준과 상태의 수작업과 반 수작업이 지속적으로 유지된다면 데이터 맞추는 일에만 계속 매달리게 될 것입니다. 더 멀리, 더 높이 나아가야 하는데, 현재의 상태에서는 한 발짝도 앞으로 나아갈 수 없습니다. 왜냐하면 휴먼에러가 지속적으로 계속 발생하고 있고 데이터에 신뢰성이 없으니, 어느 단계에서 어떤 문제가 발생했는지 정확하게 판단하기 어렵고, 판단을 위한 데이터 조사에 모든 시간을 보내야 하기 때문입니다.

S&OP 프로세스는 데이터 과학이기도 합니다. 따라서 S&OP 프로세스 상에서는 다양한 BIG 데이터를 형성하고 경영에 도움이 되는 결과물을 도출해 낼 수 있어야 합니다. 그러나 영업의 판매, 생산의 충전, 물류의 완성품 재고 등 누구의 정보도 신뢰할 수 없기 때문에, 실시간 적절한 의사결정을 통해 빠르게 업무를 추진할 수 없습니다. 현재와 같은 수준의 수작업과 반수작업이 진행되는 상황에서는 부서별 그리고 구성원별 Business Rhythm을 구체적으로 정립해도 무용지물입니다. 신뢰성 있는 데이터 생성이 가능한 프로세스 or 시스템을 구축하는 방법은 다양합니다. 업종에 따라, 조직과 구성원의 DNA 상태에 따라, 내외부 환경에 따라, 재무 능력에 따라, 수작업, 수작업+반수작업, 반수작업+ICT화, ICT화 등 다양한 방법으로 프로세스와 시스템을 구축하면 됩니다. 하지만, 여러분 회사의 경우, 수작업을 극소화하고, 최대한 ICT 그 안에서도 최대한 IOT에 기반한 프로세스와 시스템을 구축해야 합니다. 즉, IOT를 기반으로 한 용기 In-Out 시스템 구축이 필요하며, 이를 통해, 실시간 용기의 위치, 상태, 수량을 파악할 수 있어야 합니다. 우선, IOT를 기반으로한 인프라가 구축되기 전까지, 인내심을 가지고 수작업과 반수작업을 통해, S&OP 프로세스 운영 수준을 향상시켜 보겠습니다.

코로나 바이러스가 Supply Chain을 붕괴시키고 혼란스럽게 했다?

코로나 바이러스를 겪으면서, 전 지구적으로 유지되고 있었던 국가 간, 기업 간에 유지되고 있던 다양한 Supply Chain이 붕괴되고 혼란스러워졌습니다. 그런데 근본 원인이 바이러스 때문일까요? 바이러스가 출몰하지 않았다면 문제가 없었을까요? **우리는 바이러스에게 모든 책임을 떠넘기거나 착각하고 있는 것은 아닐까요?**

☞ **연합**

　두 가지 이상의 사물이 서로 합동하여 만든 조직체.

☞ **합동**

　둘 이상의 개인과 조직이 모여 함께함.

☞ **연합작전**

　두 나라 이상의 군대가 같은 편이 되어 함께 벌이는 작전.

☞ **합동작전**

　육해공군 중에 둘 이상의 군이 함께 벌이는 작전.

과학기술이 크게 발달하지 않은 과거에는 육군은 육군만을, 해군은 해군만을, 공군은 공군만을 상대해서 전쟁과 전투를 벌였다면, 현대에는, 육군이 해군과 공군을, 해군이 육군과 공군을, 공군이 육군과 해군을 상대해서 전쟁과 전투를 벌여야 하는 상황으로 변화되었습니다. 1차, 2차 세계대전에도 연합군이라는 용어가 등장했지만, 이라크 전쟁과 아프카니스탄 전쟁 등을 통해, 연합군, 다국적군의 역할과 중요성이 더 화두로 떠오르기도 하였습니다. 즉, 상대와 1:1로 벌이는 전쟁과 전투의 패러다임과 플랫폼은 구시대적인 유물이 된 지 오래되었고, 앞으로, 우주전의 개념을 실제 실행하게 된다면, 현재의 패러다임과 플랫폼은 또 변화될 것입니다. 따라서 과거부터 현재까지 전쟁과 전투에 대한 패러다임과 플랫폼의 변화는 계속되어 왔고, 지속적으로 변화될 것을 요구받고 있습니다. 이러한 배경으로 인해, 본인은 기업에 근무하기 이전에, "연합", "합동" 용어에 대해서는 귀가 따갑게 들었습니다. 왜냐하면, 연합, 합동의 개념을 배제하고는 효과 기반의 전투와 전쟁을 수행하는 것은 불가능해졌기 때문입니다. SCM을 기업에만 해당되는 것으로 착각하는 분들을 간혹 보았습니다. 현재는, 민관군이라고 순서를 정해 이야기하지만, 예전에는 군관민의 시대라고 해도 과언이 아닙니다. 왜냐하면, 인류의 역사는 전쟁의 역사이기도 하기 때문입니다. 전쟁과 전투를 하기 위해서는 사람, 장비, 무기, 물자 등에 대한 Supply Chain 구축과 관리가 매우 중요합니다. 그리고 Supply Chain을 구축 및 유지하기 위한, 전술, 작전, 전략을 수립해야 합니다. 전쟁과 전투는 엄연히 구분되는데, 특히 국가의 존폐에 영향을 미치고 장기간 지속될 수밖에 없는 전쟁 특성상, 전쟁에 승리하기 위해서는 SCM이 매우 중요합니다. 러시아가 우크라이나를 침공하면서, 공항, 도로, 철도, 항만, 통신 시설들을 타격해서 공격하는 이유 중 하나도 SCM을 무력화시키기 위함입니다. 전술보다는 작전이 큰 개념이고, 작전보다는 전략이 큰 개념인데, 군에서는 전술, 작전, 전략의 용어를 모두 사용해서 SCM을 하지만, 기업에서는 전술과 전략이라는 용어만 사용하는 편입니다. 여러분은, 전술과 전략에 대한 의미를 잘 이해하고, 여러분이 구축하거나 유지하고 있는 Supply Chain 안에는 전술 분야와 전략분야가 잘 구분 및 유지되고 있습니까?

본인은, War Game를 통해 전쟁 및 전투에 대한 모의 훈련을 많이 경험 하였습니다. War Game을 통해 터득한 소감은, 전쟁과 전투를 함에 있어, "기존에 수립된 계획과 체결한 약속과 합의는 언제든 무너질 수 있다는 것" 입니다. 즉, "불확실성과 우발상황은 항상 존재하고 항상 발생 가능하다는 것"입니다. War Game 기간에 실시간 변화되는 전장 상황에 대응하기 위해 매일, 계획을 수정해야 했고, 관련 부서와 기관에 협조 요청을 해야 했습니 다. 교대조 근무를 하면서, 인원, 장비, 물자 유지 수준을 제대로 유지한 상 태로 다음 사람에게 인계했는데, 휴식을 취하고 돌아와 보니 인원, 장비, 물 자가 턱없이 부족한 상태로 되어 있는 경우가 다반사였습니다. 반대로, 상 대방에게 넉넉한 상태로 인수를 받았는데. 내가 근무하는 시간에 인원, 장 비, 물자가 엄청난 피해를 본 적도 있습니다. 군에는 지역지원개념, 공통지 원개념 등이 있습니다. 육군, 해군, 공군 중에 어떤 품목에 대해서는, 특정 군에서 책임지고 예산을 확보, 조달, 보관, 분배합니다. 그리고 특정 지역 에 있는 어떤 부대가 지정된 인근 부대를 책임지고 지원합니다. 이는 국내 뿐만 아니라, 다국적군이 형성되어 수행하는 연합, 합동 전술, 작전, 전략에 도 동일하게 적용됩니다. 하지만, 전장 상황에 따라, 100% 반드시 지켜지 는 것은 아닙니다. 여러분이 다음의 "예"에 대해 함 생각해 보세요. A라는 부대는 B라는 부대에 상호 협정을 기반으로 탄약을 지원할 의무가 있습니 다. 그런데 A라는 부대가 적군과 싸우면서 탄약 소모가 많이 예상된다면, B 부대가 요청한다고 해서 탄약을 쉽게 지원할 수 있을까요? A라는 부대는 우선 A 부대 입장에서만 생각을 하겠죠. 당장 나부터 살아야 하니까요. 즉, 협력과 합의의 내용은 상황에 따라 언제든 지켜지지 않을 가능성이 상존합 니다. 그리고 항상 예상대로, 계획대로 유지 또는 진행되지 않습니다. 불확실성과 우발상황은 항상 존재합니다. 기업에서는, 5 Why 기법을 이용해서 질문을 많이 하고 받는 편입니다. 이와 유사하게 군에서 본인은 "안 되면? 차선책은?" 방식을 이용한 질문을 많이 하고 받았습니다. 어떤 것을 계획하거나 기획할 때, 항상 들었던 질문은, 만약에 그것이 안 되면? 다른 차선책은? 또 다른 차선책은? 또 다른 차선책은, 적이 만약에 이렇게 움직인다면? 차가 막힌다면? 갑자기 사람이 아프다면? 상급자가 죽는다면? 비가 내린다면? 사고가 난다면, 천재지변이 발생한다면, 눈이 온다면? 강풍이 분다면? 장비가 고장 난다면? 모래 바람이 분다면? 먼지가 많다면? 날씨가 매우 춥다면? 등등. 어쩔 때는 정말 짜증나서 속으로 "그럼 어쩌라고요?!"를 수없이 외친 적이 있습니다. 하지만 그 경험과, 경험을 통해 형성된 습관, 그리고 경험을 통해 변화된 생각하며 행동하는 방식이 나에게 많은 도움이 되고 있다는 것을 지금은 절실히 깨닫고 있습니다. 군에서는 항상 동일한 내용의 계획을 수립하거나 기획할 때, Plan A, Plan B, Plan C… 등을 고민해야 했습니다. 결론적으로 여러분에게 하고 싶은 이야기는 코로나 바이러스로 SCM이 붕괴되거나 혼란스러워진 것은 결과적으로 맞지만, 근본 원인은, "다양한 우발상황에 대해 미리, 그리고 깊게 고민하지 않고 이에 대한 대비책을 만들어 놓지 않았다는 것"입니다. 즉, **모든 것은 나를 중심으로 돌아갈 것이고, 모든 것이 계획대로, 그리고 On Time으로 될 것이라는 안이한 생각, 그리고 상대방은 내 생각대로 움직일 것이라는 착각이 불러온 결과일 뿐입니다.** 본인은 항상 입버릇처럼 이야기하는 것이 있습니다. 그중에 두 가지만 이야기를 하겠습니다. 상대방에게 이야기를 했냐고 물어보면 메일을 보냈다고 대수롭지 않게 이야기를 하는 경우를 종종 보게 됩니다. 그럼 나는 이렇게 이야기를 합니다. "상대방이 메일을 읽지 않으면 어떻게 될까요? 상대방은 메일을 읽지 못하는 상황에 처할 수도 있습니다. 따라서 상대방에게 메일을 보내는 것이 중요한 것이 아니라, 상대방이 메일을 읽어보았는지? 그리고 읽더라도 메일을 제대로 이해했는지? 상대방이 메일을 읽지 않았다면 읽게 만드는 것이 중요합니다". 그리고 어떤 업무의 진행 상황에 대해 금요일에 물어보았더니, A 상태라고 답변을 했습니다. 그리고 3일이 지난, 월요일 아침에 물어보니, 동일하게 A 상태라고 답변을 했습니다. 그런데 월요일에 다시 확인하고 나서 A 상태라고 이야기하는 것이 아니라, 대부분 금요일에 확인했던 A 상태를 그대로 Ctrl+C, Ctrl+V해서 A 상태라고 이야기를 합니다. 3일 동안 어떤 제약 상황이 발생했을지 모르는데, "확인도 하지 않고 전혀 문제가 없다는 식"으로 이야기하는 것이 맞는가요? 오늘 17시에 업무를 종료하고 내일 발표할 과업 일지를 작성했다면, 나의 기준에는, 내일 09시에 발표하는 과업일지는 어제 17시를 기준으로 작성된 과업일지를 발표하는 것이 아니라, 내일 08시 기준으로 다시 확인된 내용의 과업일지를 작성해서 발표하는 것입니다. 물론, 쉽지 않습니다. 매우 힘들고 어려운 일입니다. 나 또한 매일 매일 새롭게 마인드 컨트롤을 하고 다짐하지 않는다면 힘든 일입니다. 하지만, 이러한 방식으로 생각하고 행동하는 습관을 형성한다면, 그리고 그것이 제대로 축적된다면, 여러분은, 섬세하고 디테일한 사람으로 인정을 받을 것이고, 이런 유형의 사람들이 기업 구성원으로 많이 존재한다면, 그 기업은, SCM이 안정화 되고 더 나아가 고도화 될 것입니다. 그리고 이러한 기업 구성원들은 기업이 효율, 효과, 경제성의 극대화를 이룰 수 있는 초석이 됩니다. **왜냐하면, SCM을 기획하고 계획하고 실행하는 주체는, 정보시스템도 아니고, 기계도 아닌 사람이기 때문입니다.**

변화의 출발은 R&R과 SOP부터

R&R을 이야기하면 어떤 분은 우스갯소리로, "조선시대도, 쌍팔년도도 아닌, 시대가 어느 시대인데, 아직도 R&R 타령이야?"라고 이야기할 수도 있습니다. 맞습니다. 과학기술이 발전하고, 사회문화도 발전하고, 사람 개개인의 교육 수준도 높아지고, 기업이 조직과 시스템으로서의 전문성을 갖추도록 요구받기 시작한 지도 꽤 오래되었는데, 아직도 R&R 이야기를 한다는 것이 참, 이해가 안 갈 수 밖에요. 그런데 현실에서는 아직도 R&R 이야기를 할 수 밖에 없어요. 왜 끊임없이 R&R 이야기를 해야 할까요? 무엇이 문제일까요? 과학기술과 사회문화가 발달했지만, 반대로 사람은 더 개인주의적, 이기주의적으로 변해가서 그런 것일까요? 아니면, 사람들이 너무 많이 배워서 그런 것일까요? 본문을 읽어보기 전에, 다음의 예를 참고 바랍니다.

1950년에 발발한 6·25 전쟁은, 1953년에 휴전이 되었습니다. 현재, 휴전선을 두고 남과 북이 대치하고 있습니다. 38도선을 그은 것은 미국과 소련이었습니다. 미국과 소련은, 38도선을 그을 때, 지형지물이 자세하게 나타나는 대축적 지도가 아닌, 1:1,000,000과 같은 소축적 지도를 이용해 38선을 그었을 것입니다. 그럼 이제 한국과 북한은 보다 디테일하게 R&R 관련 Action을 취해야 합니다. 대통령과 국방부 장관은, 1:100,000 정도 지도를 가지고 R&R 관련 다양한 이야기를 하겠죠. 국방부 장관과 각 지역을 책임지는 장군들은 여러 장의 1:50,000 지도를 가지고 R&R 관련 다양한 이야기를 할 것이고, 연대장은 더 많은 수의 1:25,000 지도를 가지고, 대대장은 1:10,000, 중대장은 1:5,000 지도를 가지고 R&R과 관련 해, 다양하고도 디테일한 이야기를 할 것입니다. 그리고 세세한 계획과 실행이 내포된, 즉, 기업으로 이야기하면 SOP 같은 문서도 작성할 것입니다. 소대장은 이보다 더 자세한 지도를 이용해 지형지물을 확인하고, 구체적인 R&R을 검토하고, SOP를 작성하고 교육하며 실행할 것입니다. 여러분, 기업에서 왜 R&R 이슈가 끊이지 않을까요? 서로 R&R을 많이 받지 않으려고 해서 그런 것일까요? 사람이 부족해서 그런 것일까요? 각종 인프라가 부족해서 그런 것일까요? 그리고 상기에 예를 들었지만, 장관, 장군, 연대장, 대대장, 중대장, 소대장 등과 같이 각자가 책임져야 할 범위와 디테일함이 있습니다. 그런데 기업에 있는 임직원들은, 모두 1:1,000,000이나, 1:100,000 지도만을 보고 이야기를 하고 있거나, 1:1,000,000이나, 1:100,000 지도만을 보려고 하기 때문은 아닐까요? 이런 것을 해결하려면 어떻게 해야 할까요?

○○○사의 임직원들을, 회사에 출근하면 본인이 소속된 조직과 개인별 업무를 제대로 해야 한다는 관점에서, 회사에 출근하면 상대 조직과 상대방 간에 협업을 제대로 해야 한다는 관점에서 볼 때, 본인이 소속된 조직과 개인별 R&R이 어디서부터 어디까지인지를 잘 모르며, 본인이 소속된 조직과 개인별 R&R의 깊이가 어느 정도여야 하는지에 대해 잘 모릅니다. 이러한 상태가 장기간 지속되다 보니 스스로, 능동적으로, 주도적으로 업무를 유지하는 문화가 형성되기보다는, 수동적인 업무유지 문화가 형성되어 있습니다. 이러한 상태가 지속될 때 나타나는 부정적 현상으로는, 참다못해 CEO가 자주 나서게 되고, 결국 CEO에 의한 지시가 많아지며 CEO에 의한 지시가 구체적이게 됩니다. 일반적으로 CEO의 지시는 전략적이거나 큰 방향 위주여야 하고, 임직원들은 CEO의 방향을 전술적 그리고 구체

적으로 풀어서 업무를 진행해야 하는데, CEO가 임직원들에게 기대할 수 있는 부분이 거의 없다 보니, CEO가 임직원들에게 세세한 부분까지 가르쳐주고 지시를 하게 됩니다. 하지만, 임직원들은 능동적, 그리고 열정을 가지고 업무를 하기보다는, CEO가 지시한 것만 완료하면 본인들이 해야 할 업무는 끝났다고 생각하고 행동하는 경향이 점점 높아집니다. 특히 이러한 현상은, 하위 평준화된 조직의 임원, 직책자, 중간관리자 등에게서 두드러지게 나타납니다. 그리고 임직원들 대부분이 업무에 자신이 없다 보니, CEO가 이야기하기 전까지는 본인들 스스로 의사결정을 하려고 하지 않습니다. 때로는 상식적인 수준에서 임직원들이 할 수 있는 범위나 깊이의 업무까지도 의사결정을 회피하다 보니, 회사 전반의 업무 속도가 지연되고, 부서별, 개인별 협업 또한 잘 되지 않습니다. 결국, 업무에 자신이 없고 협업이 잘 되지 않음으로 인해, 오너십을 가지고 업무를 주도하는 사람이 나타나지 않게 되고, 의사결정이 지연되며, 회사 전반의 업무속도는 지연됩니다. 이러한 현상은 시장 경쟁력에도 영향을 미치며, 시간이 지날수록 좋지 않은 조직 문화와 매너리즘은 굳어져서 변화를 위해서는 많은 비용과 시간, 노력이 필요하게 됩니다.

이러한 현상을 예방하거나 극복하기 위해서 필요한 것은 많겠지만, 그중 하나가 수준 높게 제정 및 개정된 SOP라고 판단합니다. 그런데 여러분은 SOP에 대해 잘못 이해하고 있기에 이에 대한 인식의 변화가 필요합니다.

SOP와 R&R은 서로 뗄 수 없는 관계입니다. SOP는 R&R을 기반으로 합니다. 조직과 개인의 R&R을 구체적으로 서술한 것이 SOP입니다. 그리고 조직과 개인의 R&R이 서로 중복되지 않게, R&R 간 누락된 것이 없게 반영해 놓은 것이 SOP입니다. R&R이 중복되면, 남이 할 것이라고 생각해서 서로 미루게 되어 수요공급 프로세스상에서 문제가 발생하고, R&R이 누락되면 수요공급상에 구멍이 생겨 문제가 발생합니다. SCM에 있어 R&R의 중복과 누락은 Chain에 문제가 생긴다는 것입니다. 여러 개의 쇠고리가 연결된 쇠사슬이 있습니다. 이 쇠사슬이 잘 유지하려면, 각각의 쇠고리가 튼튼해야 하고, 쇠고리간에 잘 연결되어 있어야 합니다. 그래야만, 쇠사슬이 잘 연결되고, 쇠사슬로서의 역할을 할 수 있습니다. 조직과 개인의 R&R은 쇠사슬을 구성하는 각각의 쇠고리이고, 쇠사슬이 역할을 잘 하게 하려면 각각의 쇠고리가 잘 연결되어야 하는데, 조직과 개인 간 R&R의 중복과 누락을 방지하는 것이(노력이) 각각의 쇠고리를 잘 연결하는 것과 같습니다. S&OP를 예로 들면(S&OP를 쇠사슬이라고 가정하면), 각각의 부서에서 Sheet 만들고 운영하는 것은 쇠고리이고 이 쇠고리를 연결하는 것은 Business Rhythm입니다. 이전에도 이야기했듯이 Business Rhythm은 6하원칙(언제, 누가, 어떻게, 왜, 어디서, 무엇을)을 기반으로, 각 부서 및 개인 간, 요일별, 시간별 작성해야 할 Sheet와 데이터를 약속한 것입니다. 수작업이 아닌, 정보시스템 안에 Sheet들이 반영되고, 정보시스템을 통해 자동적으로 데이터가 Sheet 안에 기록된다면, S&OP를 구축하고 운영하는데 필요한 인력 소요는 줄어들 것이고, 적은 인력으로도 효율적, 경제적 운영이 가능하며, 의사결정 속도가 빨려져서 고객의 Sense에 반응하는 속도는 크게 향상됩니다.

R&R의 범위와 깊이는 일반적으로 4가지로 구분할 수 있습니다. Mega [Process보다 큰 관점, 조직별(부서별, 팀별)로 해야 할 R&R 구분)], Process [(Task 보다 큰 관점, 조직 안에서(부서안에서, 팀안에서) 가져야 할 R&R 구분. 해당 조직의 장이 가져가야 할 R&R), Task[Activity 보다 큰 관점, 조직안(부서안에서, 팀안에서)에서 개인별로(조직의 장보다 하위에 있는 직원) 가져야 할 R&R 구분], Activity[Task를 세부화, 구체화].

Mega 관점 "예"		
물류	생산	품질
Process 관점 "예"		
☞ 용기 정보 등록, 수정 ☞ 외관 검사(스티커, 녹, 도색 불량, Leak 검사, 중량 검사, 밸브 검사, 품질에서도 할 수 있음) ☞ 출하작업(Packing, Packing 상태 검사) ☞ S0, S3(제품, 상품, 원료 입고, 출고, 보관) ※ 원료는 930L 이하 용기에 충전되어, 저장소에 보관해야 하는 원료만 해당됨, Tank Lorry나 ISO Tube에 의해 입고되어 대형 탱크에 충전되는 원료는 생산에서 주관하는 것이 좋음. ☞ S4 관리(부적합품 보관 및 후속조치, 품질에서 주관 할 수도 있음) ☞ 내부 물류 및 운송	☞ 내면처리 ☞ 잔류가스처리 ☞ 진공처리 ☞ 충전 전 검사, 확인 (밸브, 용기상태, 공정표, 기준 정보) ☞ 충전 ☞ 충전 후 검사(Leak, 밸브, 압력, 중량 등) ☞ 충전 설비 및 각종 배관 관리 ☞ Tank Lorry나 ISO Tube에 의해 입고되어 대형 탱크에 충전되는 원료의 수량 관리	☞ 분석 전 검사, 확인 (밸브, 용기상태, 공정표, 기준 정보) ☞ 분석 ☞ 분석 후 검사(Leak, 밸브 등) ☞ 분석 설비 및 각종 배관 관리 ☞ S4 관리(부적합품 보관 및 후속조치, 물류에서 주관 할 수도 있음)

많은 기업이(조직이) SOP를 제정 및 개정함에 있어, Task와 Activity 부분에서 취약합니다. 이유는 다음과 같습니다. Task와 Activity는, 개인별 능력을 고려하여 차등 분배해야 하고, 특정 개인에게 많은 업무가 몰리지 않게 균등 분배해야 하고, 요일 및 시간별 해야 할 업무를 세부적으로 구분해야 하고, 수작업을 이용한 업무 방식/정보시스템을 이용한 업무 방식/설비와 장비를 이용한 업무 방식을 세부적으로 구분해야 하고, 각각의 업무를 어디서(구체적 위치) 어떻게(방법) 해야 하는지에 대해서도 세부적으로 기술해야 하며, 안전환경 관점에서 주의해야 할 사항들에 대해서도 기술해야 하는 등, 현실에 맞게 고민하고 적용해야 할 것이 많습니다. 특히, 자동화된 설비와 장비에 의존한(설비나 장비 버튼 몇 개만 누르면 되는 업무) 업무가 아닌, 사람에 의존해서 해야 하는 업무라면, 더 고민할 것이 많습니다. 즉,

Thinking Process나 Brainstorming 등의 과정을 통한 인고의 노력이 필요합니다. 이러한 관점에서 볼 때, 수작업에 의존한 R&R에 대한 SOP는 창의적에 가깝다고도 할 수 있습니다. 따라서 특히 수작업에 의존한 업무가 많은 조직과 분야일수록 SOP를 제정 및 개정하는 것은 쉬운 일이 아닙니다. 설상가상으로 임직원 수준이 낮은 경우, SOP 구축이 더욱 쉽지 않습니다. R&R과 SOP가 제대로 유지되지 않은 기업일수록 인내심을 가지고 점진적으로 PI를 지속해야 하는데, 정보시스템 구축시 진행되는 단기적 PI에 의존하는 경향이 자주 발생합니다. 하지만, 이러한 상황에서 만든 정보시스템은 현실과 괴리감이 자주 발생하기도 합니다. ○○○에게 S0, 잔류가스 처리, 진공처리, 충전 프로세스에 대한 R&R이 기록된 문서 초안을 전달했습니다. R&R이 기록된 문서는, Mega, Process, Task, Activity 중에, Process에 해당됩니다. 각 조직의(부서의, 팀의) 직책자와 중간 관리자는, 이 문서를 기반으로 구성원들과 Task와 Activity를 만들어야 합니다. 그런데 직책자와 중간 관리자들이 실제 잘 할 수 있을지는 모르겠습니다. 우선 ○○○○에게 다음과 같이 이야기를 했습니다. "내가 보내주는 내용을 기반으로 추가할 부분이 있다면 추가하여, 직원들과 이야기를 해주세요. 그리고 직원들이 ○○○○에게 제출하게 되면, 제출한 내용을 가지고 나와 지속적으로 미팅을 하는 것이 좋겠습니다". 이런 방식으로 매주 ○○○와 미팅을 하면서 R&R과 SOP에 대한 후속조치를 하겠습니다. 분석, 외관검사, 출하작업, S3, 운송에 대해서도 다음주 내에 ○○○에게 모두 보내주고, ○○○○에게 설명하고, 계속해서 같은 방식으로 후속 조치를 하겠습니다.

○○○은 다음의 내용을 생각해보기 바랍니다. 한 사람이 여러 프로세스를(공정을, 많은 일을) 모두 제대로 할 수 있다면 정말 이상적이고 긍정적입니다. 하지만, 인력에 의존한 분야의 경우, 한 사람이 여러 프로세스에 대한 R&R을 부여받는 것은 부정적일 수도 있습니다. 그리고 일반적으로 한 사람이 여러 프로세스를 유지한다는 것은, 한 사람이 여러 프로세스를 제대

로 하고 있다는 것을 의미하기도 하지만, 한 사람이 여러 프로세스를 대충하고(대충 책임지고) 있을 수도 있다는 것을 의미하기도 합니다. R&R의 범위가 명확해지고, R&R의 중복 및 누락이 없게 되고, R&R의 깊이가 깊어지면(수준이 높아지면, 섬세해지면), 한 사람이 여러 프로세스를 책임지는 것은 제한됩니다. 만약, 업무의(작업의) 대부분이 설비와 장비로 이루어진 프로세스들은 한 사람이 여러 프로세스를 책임지는 것이 가능할 수도 있습니다. 앞으로 여러분은, 한 사람이 여러 프로세스를 책임지는 것이 현실적으로 가능한 것인지, 한 사람이 여러 프로세스를 책임지는 것이 올바른 것인지에 대해 심각하게 고민해 볼 필요가 있습니다. 왜냐하면, 여러분은 수작업이 많은 환경에서 한사람에게 여러 분야를 맡기고 있기 때문입니다.

아마도 내 예상은, R&R이 명확하게 정립되면, 직원들이 현실적으로 해야 할 업무는 더 많아질 것입니다. 왜냐하면, 현재 여러분의 업무가 진행되는 상황을 보면, 해야함에도 불구하고 안 하고 있는 것들이 많고, 하고는 있지만 디테일하거나 섬세하지 않습니다. 여러분은 해야 함에도 불구하고 안하고 있는 업무들을 재정립하는 것도 필요하지만, 업무를 섬세하게 하며 업무 수준을 올리는 것 또한 필요합니다. 업무가 증가하지 않았지만, 업무가 섬세하며 수준이 올라간 것만으로도, 업무에 더 많은 시간이 필요하게 됩니다. 직원에게 여러 프로세스를 책임지게 하는 것은 Risk가 있습니다. 만약, 해당 직원이 퇴사를 한다면, 기업의 여러 프로세스에 문제가 발생하게 되고, 이는 수요공급에 큰 영향을 미치게 됩니다. 그리고 직원을 채용해서 숙련시키기까지는 많은 시간이 필요하게 됩니다. 조직이 커지고 성장할수록, CEO는, 고객과 유대관계 형성(영업적 측면), 수요공급상에서 전략적 의사결정, 안전환경 측면에서 큰 방향 정립 등에 주력하고, 나머지는 CEO를 제외한 경영진과 직책자, 그리고 중간 관리자들에 의해 진행되는 것이 바람직합니다. 현재, 여러분은 과도기를 겪고 있습니다. 다음주까지, 아래의 내용을 보내겠습니다. ○○○○를 통해 미팅을 진행하겠습니다.

- S&OP 프로세스에서 유지해야 하는 Sheet들의 종류(명칭)는 무엇인지? 그리고 실제 유지하고 있는 Sheet 종류
- Sheet들이 요일별, 시간별, 부서별 어떤 순서로 연결되는지?(번호와 화살표를 이용한 도식화)
- Sheet들을 유지하기 위해 수집 및 활용하는 데이터 수(종류).
- 확보되지 않은 데이터는 어떻게 수집해야 하는지? 수집을 위해서는 어떤 노력을 해야 하는지?

내가 상기 내용을 검토하고 개선하는 노력을 해도, 급격하게 개선될 가능성은 높지 않습니다. 예를 들어, 현재 생성 및 수집되지 않는 데이터들은, 명확한 R&R을 기반으로 한 SOP의 제정 및 개정, SOP를 준수한 수작업, SOP를 준수한 정보시스템 작업 등이 유지되어야만 신뢰성 있게 수집 및 생성 가능합니다. 여러분은 R&R이 불명확하고 SOP 제정 및 개정 상태가 취약합니다. 따라서 추진 과정에서 많은 불평불만이 발생할 것이고, 급기야 이간질과 정치에 의해 추진력을 잃게 될 수도 있습니다. 하지만, S&OP 프로세스 구축을 위한 다양한 노력이 다른 분야들을 개선하고 추진하는 데 또 하나의 기준이 되어 줄 수도 있기에, 인내심을 가지고 노력하는 것이 필요합니다. S&OP 프로세스의 유지는 SCM의 대부분을 차지하는 것이기에, 당연히 인내심을 동반한 변화와 혁신 없이는 어렵습니다. S&OP 프로세스는, 모든 부서가(조직이) 전체 최적화 관점에서 네트워크화 되어야만 유지 가능한 프로세스인데, 네트워크화의 기반은 R&R과 SOP입니다. 그리고 한 조직(부서가)만이 열심히 개선 노력한다고 해서, 그리고 한 조직부터 순차적으로 개선한다고 해서 S&OP 프로세스가 잘 유지된다는 보장은 없습니다. 가끔 어떤 기업에서는 한 부서를 개선하고 나서, 다른 한 부서를 개선하는 방식으로 추진하는 경우도 있는데 긍정적이지 않습니다. 설상가상으로, 전체 최적화가 아닌, 부분 최적화 관점에서 한 부서만의 개선은, 개선된 부분이 다른 부서에 병목(Bottleneck)으로 작용할 수 있기에, 회

사 전체적으로 볼 때 개선된 것이 아니게 됩니다. 이와 마찬가지로 R&R의 정립과 SOP 제정과 개정 또한 모든 부서(조직)에서 동시 다발적으로 추진되어야 합니다.

프로세스에 대해 생각하는 시간을 가져 보세요

가스를 제조하는 기업을 예로 들겠습니다. 원료를 조달해 제품을 만들고 고객에 최종 납품하기까지는 여러 프로세스를 거쳐야 합니다. 제품을 만들기 위해 필요한 프로세스가 10개인데, 8개 프로세스만 유지한다면 제품을 만들 수가 없습니다. 10개의 프로세스 중 8개의 프로세스가 부실하면 만든 제품이 부실합니다. 즉, 제품의 품질이 좋지 않습니다. 그리고 프로세스가 부실하면 Loss가 많이 발생합니다. Loss는 눈에 잘 보이기도 하고, 눈에 잘 보이지 않기도 합니다. 즉, 경제성과 효율성이 낮아집니다. 10개의 프로세스 중 5개가 잘 연결되지 않으면 공급 속도가 늦어집니다. 즉, 적응성이 낮아집니다. 10개의 프로세스 중, 7개 프로세스의 각 Capa가 5이고(동일한 시간에 용기 5개 처리할 수 있고), 3개의 프로세스 각 Capa가 3이면(동일한 시간에 용기 3개 처리할 수 있고), 이 기업의 Capa는 5가 아니라 3입니다. 즉, 경제성, 효율성, 효과성이 낮아지고 공급 속도 또한 느려집니다. 그런데 사람들은, 기업의 Capa가 5라고 생각하고 행동하는 경향이 자주 발생합니다. 그래서 매번 문제가 발생 때마다 Capa는 5인데 왜 잘 안 되냐고 논쟁하게 됩니다.

돈이 많다고 해서 무조건 선진기업이 되는 것이 아닙니다. 선진기업은 돈이 많은 기업이 아니라, 후진기업에 비해 프로세스를 정의하고, 관리하고, 연결하는 능력과 수준이 높은 기업입니다. 기업이 수요와 공급과 관련된 내·외부 모든 프로세스를 명확하게 정의하고, 각각의 프로세스를 전체 최적화 관점에서 발전시키고, 각각의 프로세스를 잘 연결하게 되면, 기업은 조직을 뛰어넘어 시스템에 가까워집니다. 기업이 시스템으로 변화되면 효율성과 경제성이 향상되고 제품의 품질 또한 향상될 가능성이 매우 높습니다. 그리고 고객의 Needs를 인지하는 속도도 빨라지고, 인지 후, 공급하는 속도 또한 빨라질 가능성이 매우 높습니다. 결국 기업은 경쟁력이 향상되어 돈을 벌 수밖에 없습니다. 즉, 프로세스를 개선, 발전, 혁신시키면 좋은 품질의 제품을 만들 수 있고, 프로세스의 효율성과 경제성을 높이면 불필요한 내부 Loss를 최소화할 수 있으며, 프로세스 경쟁력을 향상시키면 판가를 낮출 수 있고, 프로세스를 잘 연결시키면 적기, 적소 공급 능력을 갖출수 있습니다. 궁극적으로는 비용이 절감되고, 고객이 감동하게 되어 결국 돈을 벌 수 있게 됩니다.

요리를 예로 들겠습니다. 좋은 요리가 탄생하기 위해서는 다음의 내용들이 필요합니다. 원재료가 신선해야 합니다. 요리에 대한 레시피(recipe)가 있어야 하고 요리를 하는 사람은 레시피(recipe)를 준수해야 합니다. 요리를 하는 사람은 경험을 통해, 올바른 방향과 속도로 숙련되어 있어야 하고 요리에 대한 나름 본인만의 철학 또한 있어야 합니다. 그리고 요리를 하는 데 사용하는(필요한) 기구나 도구들도 해당 음식을 만드는 데 적합한(필요한) 형태와 품질, 재질, 수량이어야 합니다. 여러분 회사는 원료의 품질, 용기 품질, 밸브 품질에 문제가 없습니까? 여러분 회사에는 레시피(Recipe)가 있습니까? 여러분은 레시피(Recipe)를 이해하며 준수하고 있습니까? 여러분은 올바른 방향과 속도로 업무를 경험해 왔습니까? 여러분은 본인들이 현재하고 있는 업무들에 대해 어느 정도의 철학을 가지고 있습니까? 여러분의 회사는 제품을 만드는 데 필요한(적절한) 장비, 설비, 공간을 유지하고 있습니까?

여러분 회사의 경우, 그동안 현장 프로세스를 명확하게 정의하지 않았습니다(프로세스는 사무실 프로세스와 사무실 밖 현장 프로세스로 구분됩니다. 사무실 프로세스에서는 정보의 흐름 프로세스를 구축하는 것을 목표로 해야 합니다). 그래서 여러분이 가스 사업을 하는 데 필요한 현장 10대 프로세스를 정의하였습니다. 10대 프로세스는 S0, 잔류가스처리, 진공처리, 충전, 분석, 외관검사, 출하작업, S3, 운송, S4로 구성됩니다. 10대 프로세스는 공병 용기가 회사에 입고되어 가스 충전 후 제품으로 만들어지고 고객에 최종 납품하기까지, 그리고 용기가 고객으로부터 최종 회수될 때까지의 프로세스들입니다. 불량이 발생하지 않는다면, S4 프로세스를 거치는 경우가 없거나 적어질 것이고, 필요하다면, 내면처리 프로세스까지 내재화하여 11대 프로세스를 직접 구축하고 유지해도 됩니다. 어떤 프로세스를 내재화하여 유지할 것인지? 그리고 어떤 프로세스를 3PL 관점에서 외부에 위탁해서 유지해야 할 것인지는 여러분의 선택에 달려있습니다. 나의 이야기에 말도 안 되는 소리라고 반박하는 사람들도 있겠지만, 가스업에서 일반적으로 중요하다고 인식하는 충전 프로세스도 외부에 위탁해서 운영할 수 있습니다. 충전은 사람이 직접 하는 것이 아닙니다. 사람은 충전 설비에 용기를 위치시켜 연결하고, 충전되고 있는 상태를 화면을 통해 Monitoring 하면 됩니다. 즉, 설비 운영 간 잦은 트러블이 없고, 물류(물건의 흐름) 흐름이 잘 반영된 레이아웃이 구성되어 있고, 자동화에 가까운 프로세스를 유지하고 있다면, 충전 프로세스를 외부에 위탁하는 것은 불가능한 일이 아닙니다. 내 경험상, 외부에 위탁하는 것이 가장 어려운 프로세스는 충전이 아니라, 분석, 외관검사, 그리고 허브 역할을 해야 하는 S0, 실시간 변화되는 다양한 고객의 다양한 요구조건을 반영하여 작업해야 하는 출하작업 프로세스입니다.

여러분은 10대 또는 11대 현장 프로세스 중에 빈약한 프로세스를 찾아내 개선, 발전, 혁신해야 합니다. 프로세스가 빈약한 이유는 제도가 문제일 수도 있고, 사람이 문제일 수도 있고, 설비가 문제일 수도 있습니다. 그리고 부피가 큰 용기를 취급하다 보니 공간이 문제일 수도 있습니다. 그리고 정보시스템에 문제가 있어, 용기 물류 흐름(용기의 흐름)을 적절하게 예상하고 조정하며 통제하지 못하는 것이 문제일 수도 있습니다. 프로세스가 빈약한 이유는 무엇일까요?

　나는 여러분의 SCM 추진 방향을 우선 Mass Based SCM으로 결정했습니다. 이를 위해서는, S0와 S3의 재고보유목표 기준을 정립하고, S0와 S3 프로세스를 개선해야 합니다. 여러분이 취급하는 품목은 회전이 빠르기에, S0와 S3의 재고 보유 목표는 ○○일 납품량에 해당되는 공병용기 보유, ○○일 납품량에 해당되는 충전용기(실병, 제품) 보유로 정했습니다(S3에 보관해야 하는 상품 실병의 경우는 다릅니다. 상품 실병은, 공급사의 공급 능력과 조달 L/T을 추가 고려하여 정립해야 합니다). 이를 위해서는 용기 확보가 가능해야 하며, 여러분 회사에 적합한 적정 용기운영수량을 유지해야 합니다. 적정 용기운영수량을 정립하기 위해서는 정보시스템의 도움이 필요합니다. 왜냐하면, 적정 용기운영수량을 정립하기 위해서는 Logic이 필요하고, Logic에 대입하기 위해 필요한 데이터가(정보) 정보시스템을 통해 실시간 확보될 수 있어야 하기 때문입니다. 다음은 S0 프로세스와 S3 프로세스를 개선해야 합니다. S0와 S3 프로세스에서 해야 하는 업무는 용기에 부착된 RFID나 바코드를 스캔하면서, 해당 공간과 시설 내에서 분류, 보관, 이동하는 것, 그리고 다른 프로세스로 이동시키는 것입니다. 이를 위해서는 바코드와 RFID 부착 및 RFID와 바코드 스캔 업무가 가능하도록 정보시스템을 구축 및 운영해야 하고, 용기를 분류할 수 있는 공간이 필요하고, 용기를 품목별로 구분 보관할 수 있는 공간도 필요하고, 이러한 업무들이 모두 반영된 SOP 또한 필요합니다. 프로세스를 개선, 발전 혁신하는 데 필요한 것이 공간이라면 공간을, 프로세스를 개선, 발전, 혁신하는 데 필요한 것이 시설이라면 시설을, 프로세스를 개선, 발전, 혁신하는 데 필요한 것이 사람이라면 사람을, 프로세스를 개선, 발전, 혁신하는 데 필요한 것이 정보시스템이라면 정보시스템을, 프로세스를 개선, 개선, 발전, 혁신하는 데 필요한 것이

SOP라면 SOP를 손 봐야 합니다. 현재, 여러분의 사업장에 구축된 각종 시설과 공간을 고려 시, S0와 S3 프로세스가 운영(유지)되고 있는 시설과 공간을 확장할 수 없습니다. 따라서 현재 S0 프로세스와 S3 프로세스가 같이 운영(유지)하고 있는 시설과 공간을, S0 프로세스를 유지(운영)하는 용도로만 사용하고, 앞으로 새로운 부지에 시설과 공간을 확보하여 S3 프로세스를 유지(운영)하는 것을 권고합니다. 현재 운영되고 있는 동일한 공간에서 S0와 S3 프로세스를 모두 유지하는 것은 혼란만 초래합니다. 즉, S0 프로세스와 S3 프로세스는 업무 연계성이 미비한데 좁은 공간에 같이 있다 보니 복잡할 뿐입니다. 그리고 앞으로 사업을 더 확장하거나 물동량이 더 증가한다면, 현재 운영되고 있는 공간에서 S0와 S3 프로세스를 모두 유지하는 것은 아예 불가능합니다. 왜냐하면 품목이 다양해지고 물동량이 늘어나게 되면 공간이 복잡하고 비좁게 되는 것도 문제이지만, 외관 관리 프로세스, 출하작업 프로세스, S3 프로세스를 동일한 시설에서 구분 유지하기에는 공간이 턱없이 부족합니다. 현재 여러분 회사는 외관관리 프로세스와 출하작업 프로세스에 크게 신경 쓰고 있지는 않지만, 고객의 눈높이가 높아질 것을 대비해 앞으로 신경 써야 합니다. 그리고 반도체 및 디스플레이 등에 소요되는 특수가스 사업의 경우, 고객이 바라보는 외관검사 프로세스와 출하작업 프로세스의 중요성은 이미 높아졌습니다. 고객은 가스의 품질뿐만 아니라 용기 외관의 품질, 밸브의 품질까지도 확인하고 요구합니다. 따라서 여러분의 회사는 앞으로 외관관리 프로세스, 출하작업 프로세스, S3 프로세스에 대한 R&R을 물류(단순 운송 조직 아님) 조직에서 통합 유지하고, 동일한 시설 내에서 구역을 구분하여 연결 프로세스를 유지할 것을 권고합니다. 외관검사 프로세스는 품질조직이 유지하는 것이 좋지만, 외관관리 프로세스, 출하작업 프로세스, S3 프로세스는 연계성이 많기 때문에 물류 조직에서 R&R을 통합 유지해도 문제는 없습니다. 다만, 품질 조직이 고객과 연계한 외관검사 기준을 잘 정립해 주어야 합니다. 정보시스템을 통해 RFID나 바코드의 교체가 가능할 수 있어야 하고, 정보시스템을 통해 RFID와 바코드 스캔이 가능할 수 있어야 하며, RFID와 바코드 스캔 결과가 실시간 정보시스템 경영정보화면에 다양한 데이터로 나타날 수 있어야 합니다. 그리고 여러분 회사의 경우, 상당 기간 정보시스템 데이터와 용기 실물을 일치시키는 작업을 하지 않았기에, S0에서 용기 스캔 시, 정보시스템을 통해 용기 실사(재물조사)를 병행할 수 있어야 합니다.

용기 실사(재물조사)를 한다는 것은 다음과 같습니다. 용기를 스캔하면 정보시스템에 용기와 관련된 데이터들이 나타납니다. 이렇게 되면 정보시스템의 데이터와 용기 실물을 비교하고 확인할 수 있습니다. 문제는, 정보시스템 데이터와 용기 실물을 비교하고 확인 시, 용기번호의 일치 여부만 확인하는 것입니다. 정보시스템 데이터와 용기 실물을 비교하고 확인한다는 것은, 정보시스템 안에 있는 용기번호, 각인명(품목명), 소유구분(자사 소유/타사 소유), 제품/상품 구분, 용기 Size, 용기 Inlet, 검사 규격(GB, KGS, DOT 등), 밸브 규격, 재검사 일자, 용기 제작일자에 대한 데이터와 실제 용기 실물을 비교 및 확인해서 데이터를 일치시키는 것을 의미합니다.

이러한 데이터들이 모두 맞아야만, 재검사 계획 등 여러 계획을 추가 수립할 수 있고, 올바른 방향과 속도의 용기관리(적정운영수량관리)와 밸브관리(적정운영수량관리)가 가능합니다. 따라서 여러분은 S0에서 용기 스캔시, 정보시스템 데이터와 실물을 일치하는 실사를 반드시 병행해야 합니다. 다른 말로 표현하면, S0에서는 입고되는 용기 스캔 시, 항상 정보시스템 데이터와 실물을 일치하는 작업을 해야 합니다. 그리고 이것을 업의 "기본"으로 생각하고 행동해야 합니다. 정보시스템에 있는 용기번호와 용기 실물의 용기번호만 맞추는 행위는, 손바닥으로 태양을 가리기 위해 노력하는 것과 같습니다.

사람을 개선하기 위해서는, 우선, 조직(팀) 간 R&R을 정립하고, 정립된 조직(팀)의 R&R을 세분화하여 조직내(팀내) 직원들에게 분배합니다. 그리고 조직(팀)의 R&R, 조직내(팀내) 직원들의 R&R, 공간운영, 시설운영, 장비 운영, 정보시스템 운영에 대한 내용을 모두 포함하여 현실적이고도 구체적인, 누구나 쉽게 이해하고 따라 할 수 있는(Fool Proof), 문서의 내용과 실제 발생하는 현실과 차이가 없는 SOP를 작성 및 정립하고 교육합니다. 여러분도 SOP를 작성하겠지만, 이것과 별개로, S0와 S3(외관검사, 출하작업 포함)에 대한 SOP는 내가 직접 초안을 작성하겠습니다. 그리고 타 프로세스에 대한 SOP도 완성본이 아닌 초안 수준으로 내가 작성해 보겠습니다.

모든 프로세스는 계획과 실행을 통해 유지(운영)됩니다. 하지만, 현실에서 프로세스가 유지(운영)되는 수준과 상태는 다양합니다. 어떤 프로세스는 계획 수립이 부실한 상태에서 실행되고(유지되고, 운영되고) 있음에도 불구하고 어떠한 상태와 수준으로 실행되고 있는지를 실시간 제대로 알 방법이 없습니다. 어떤 프로세스는 계획 수립은 부실하지 않은데 실행이 부실한 상태로 운영(유지)되고 있습니다. 어떤 프로세스는 계획 수립이 잘되었고 실행도 계획대로 유지(운영)되었습니다. 어떤 프로세스는 계획 없이 실행으로만 유지(운영)되고 있습니다. 어떤 프로세스는 계획은 수립했는데 실행이 안 됩니다. 어떤 프로세스는 계획 수립도 안 되고, 실행도 안 됩니다. 여러분 회사에 있는 사무실과 사무실 밖 현장의 모든 프로세스는 어떤 상태와 수준인가요? 한 가지 명확한 것은, 계획을 수립하지 않거나 계획 수립이 부실한 프로세스는 제대로 실행되지 않습니다. 또 한 가지 명확한 것은, 계획을 수립하지 않은 프로세스는 실행을 제대로 하고 있는지를 확인하고 판단하는 것이 제한됩니다. 왜냐하면 계획이 없는 상태에서는, 실행을 제대로 하고 있는지를 확인하고 판단할 수 있는 기준이 없습니다. 또 한 가지 명확한 것은, 계획이 수립된 프로세스는 프로세스 간 연결을 시도할 수 있습니다. 또 한가지 명확한 것은, 프로세스 간에 계획을 연결해야만 프로세스 간의 실행을 연결할 수 있습니다. 또 한 가지 명확한 것은, 프로세스 간에 계획이 연결되지 않으면 프로세스 간에 실행 또한 연결되지 않습니다. 또 한 가지 명확한 것은, 계획이 수립된 프로세스를 서로 매끄럽게 잘 연결하면 예상하지 못한 우발상황을 최소화 시킬 수 있습니다.

여러분 회사의 경우 어떤 계획을 그리고 왜 수립해야 하는지를 알지 못했습니다. 어떤 프로세스에는 계획이 없거나 있어도 부실했습니다. 여러분 회사의 어떤 프로세스는 계획 수립이 부실한 상태인데 실행(유지, 운영)되고 있었습니다. 하지만 어떠한 상태와 수준으로 실행되고 있는지는 알 수 없었습니다. 어떤 프로세스는 계획 수립은 부실하지 않은데 실행이 부실한 상태로 운영(유지)되고 있었습니다. 어떤 프로세스는 계획 없이 실행으로만 유지(운영) 되고 있었습니다. 어떤 프로세스는 어느 정도 계획은 수립했는데 실행이 안 되고 있었습니다. 어떤 프로세스는 계획 수립도 안 되었고, 실행도 안 되었습니다.

여러분 회사의 경우, 계획을 수립하지 않거나 계획 수립이 부실한 프로세스는 제대로 실행되지 않았습니다. 계획을 수립하지 않은 프로세스에 대해서는 실행을 제대로 하고 있는지를 판단하는 것이 제한되었습니다. 왜냐하면 계획이 없는 상태에서는, 실행을 제대로 하고 있는지를 판단할 수 있는 기준이 없었기 때문입니다. 여러분 회사의 프로세스들은 계획 수립이 대부분 미흡한데, 설상가상으로 서로 다른 업무 언어를 사용하고 있어 프로세스 간 연결을 시도할 수 없었습니다. 프로세스 간 계획을 연결할 수 없다 보니, 실행 또한 연결할 수 없었습니다. 여러분 회사의 프로세스들은 계획을 수립하지 못하고 프로세스 간 계획을 매끄럽게 잘 연결하지 못하다 보니, 실행 간 다양한 우발상황이 발생했습니다. 상기의 이슈들을 올바른 방향과 속도로 해결하는 방법은 여러 가지가 있을 수 있으나, 가장 중요한 것은 S&OP 프로세스를 내실 있게 구축하는 것입니다.

S&OP는 프로세스이지 회의가 아닙니다. 매주 회의하는 이유는 한 주간 진행된 프로세스를 검토하고(계획 대비 실적), 미흡한 부분을 찾아내 진단하고, 부족한 부분에 대해서는 Catch Up 계획을 수립하기 위함입니다. 그리

고 Thinking Process를 통해 기존에 수립한 계획에 부정적인 영향을 줄 수 있는 우발상황을 억제하거나 최소화하고, 필요시 계획을 변경하며, 의사결정이 필요한 이슈나 의사결정이 되지 않아 속도가 느려진 이슈들에 대해 속도를 높이기 위함입니다. 여러분은 매년 말에 다음 연도 사업 계획을 내실 있게 수립해야 합니다. 특히 영업의 매출에 대한 사업 계획(매출 목표)을 잘 수립해야 합니다(영업이 성장하는 방향으로 매출 목표를 수립하지 못하거나, 성장하는 방향으로 매출 목표를 수립했는데 실제 실행하지 못하면 영업은 영업으로서 존재 이유를 다시 돌아봐야 합니다. 자칫 잘못하면 영업과 사무실에서 데이터 관리를 하는 영업관리 간에 경계가 모호해질 수 있습니다). S&OP 프로세스는 우선 사업계획을 토대로 유지(운영)되지만, 사업계획 대비 변화되는 부분, 그리고 다양하게 발생되는 우발상황에 대해서도 실시간 적절한 대응이 가능해야만 진정한 S&OP 프로세스가 구축되었다고 평가할 수 있습니다(우발 상황이 발생해도 공급 속도와 품질, 그리고 공급 Shortage에 문제 없이 대응 가능한 S&OP 프로세스 구축).

여러분의 S&OP 프로세스 구축을 위해 우선 다음과 같은 기초 작업을 진행하였습니다(사무실 분야에 국한됨). ① 방치되어 있는 데이터를 정리하였습니다(정보시스템상에 XXXX여 품목→XXX여 품목) ② 부서별로 사용 중인 업무 언어를 통일하는 작업을 하였습니다(업무하는 데 기준이 되는 데이터, 업무 하는데 활용하는 데이터, 업무를 위해 유지하는 양식 등이 모두 상이했습니다). ③ 계획 Sheet를 만들었고, 계속해서 만들고 있습니다(일부 계획 Sheet는 정보시스템으로부터 데이터를 지원받아야만 만들 수 있습니다). ④ 계획을 연계하기 위해(계획 Sheet를 운영하고 연계하기 위해) R&R을 정립하고 Business Rhythm을 정립하였습니다(현재까지 작성된 계획 Sheet에 국한하여 R&R과 Business Rhythm을 만들었습니다). ⑤ 용기 데이터를 집계하고, 반 수작업으로 계획 Sheet에 입력하면서, 계획을 연계하는 연습을 하고 있습니다.

S&OP 프로세스 구축을 위해(사무실 분야에 국한됨), 앞으로 추진해야 하는

방향은 크게 다음과 같습니다. ① 정보시스템을 통해, 위치별로 용기 데이터를 실시간 집계할 수 있어야 합니다. 현장을 돌아다니면서 사람이 용기 데이터를 수집하는 것은 한계가 있습니다. ② 정보시스템에 다양한 경영정보화면을 만들어 운영해야 합니다(S&OP에 도움이 되는 경영정보화면, KPI 유지에 도움이 되는 경영정보화면). ③ 반 수작업으로 운영 중인 계획 Sheet들을 정보시스템 안에 반영하고, 정보시스템 안에서 Logic을 통해 Sheet들과 데이터들을 연결시킵니다. ④ S&OP 회의는 정보시스템을 Display 해서 진행합니다.

어디부터 시작할지가 막막하면
물류를 발생시키는 주체부터 고민해 보세요

기업별로 기업에 적절한 SCM을 구축해 나가는 방향과 속도에 정답은 없습니다. 즉, 내·외부 경영·Business 환경의 변화, 조직과 조직 구성원들의 DNA, 조직과 조직의 구성원들이 생각하고 행동하는 방식이 축적된 조직 문화 등에 따라 상이합니다. 기업이 희망하는 일정 수준 이상의 SCM을 구축 및 운영함에 있어, 어떤 기업은 1년이 소요될 수도 있고, 어떤 기업은 10년이 소요될 수도 있습니다. 가스를 제조 및 유통하는 기업의 SCM에 크게 영향을 미치는 것은, 가스, 설비, 사람, 용기(밸브 포함) 등인데, 본문에서는 물류를 발생시키는 주체인 용기에 관해 이야기하고자 합니다. 다수의 용기를 운영하는 기업의 경우, SCM 구축 속도와 SCM 안에 있는 S&OP 프로세스 구축 속도에 용기는 많은 영향을 미칩니다.

용기 실사

기업이 용기를 제대로 관리하기 위해서는, 기본적으로 자산 용기 현황을 정확하게 알고 있어야 합니다. 만약에 기업에서 그동안 자산 용기 현황을 제대로 관리하지 않았다면, 자산 용기 현황부터 정확하게 파악해야 합니다. 우선, SO 프로세스에서, 외부로부터 회수되는 용기를 수작업, 반수작업, 정보시스템에 의한 방법 중에, 현실적으로 가용하며 최적의 방법을 선정하여 확인(실사)해야 합니다.

가스에 대한 데이터와 물류를 발생시키기 위해서는, 가스를 용기에 충전하거나, 가스가 용기에 충전되어 있어야함.
따라서, 실시간 "가스 충전이 가능한 & 충전 완료된" 용기가 어디에, 어떤 상태로, 몇 BT가 있는지 알 수 없는데,
가스의 수요·공급 계획을 수립할 수 있다는 말은 "어불성설"임

● Barcode IN – OUT 정보시스템 추가 구축 후, 용기 회전율(정성적 관점) 고려 1년 6개월 동안 용기 수량 및 정보 Update

※ 용기 정보 : 용기 외관에 각인된 용기 번호, 가스 품명, 충전 기한, 사용 가능한 밸브 규격 등, 사업 종류에 따라 10 ~ 15가지 정보들이 Package화 되어 관리되어야 함

※ 정보시스템과 데이터와 실물이 명확하게 일치하지 않아(수량, Package 정보), 회수된 용기를 육안으로 확인 후(수작업), 정보시스템 데이터와 1:1로 비교하여 수정함

▲ 기존(2009) 구축된 MES에 등록된 용기 총 수량은 00,000 BT인데, 실제 확인된 용기는 00,000 BT로서, 데이터와 실물간에 0,000BT 차이 발생 (MES에 입력되어 있는 데이터의 30%를 실제 찾을 수 없었음)

용기 사이즈	0.44L	2.3L	3.5L	3.7L	6.9	10L	16L	44L	47L	49L	440L	930L	13,740L	13,980L	24,727L	총계
확인된 수량 (BT)	00	000	00	0	000	000	00	000	00.000L	00	000	000	00	0	0	00,000

※ MES에 등록된 데이터는, 실제 제조 및 출하했다는 것을 의미하기에, 차이가 발생한 0,000BT 용기는 실제 존재하였음, 하지만, 실물을 확인 할 수 없었음

▲ 데이터와 실물의 불일치는 ① 경제적 손실을 발생시키며[0,000BT 용기 조달 비용 : 개략 15억원 + (@=밸브)], ② 수요·공급 과정에서 혼란과 불균형을 지속적으로 발생시키며, ③ 더 나아가 안전·환경·보안 Issue로까지 확대될 수 있음.

하지만, 수작업, 반수작업은 한계가 있으므로, 정보시스템을 구축하여 운영하는 것을 권유합니다. 만약, 기존에 정보시스템이 구축되어 있음에도 불구하고, 운영 중인 자산 용기 현황을 정확하게 모른다면, 현실에서 유지되고 있는 Process와 구축된 정보시스템 Process를 비교해 보고, 반드시 PI(Process Innovation)을 실시해야 하며, 간단한 문제인 경우 현실과 정보시스템의 프로세스를 일부 개선하거나, 간단한 문제가 아닐 경우, PI를 통해 RFID보다는 위치별 IN-OUT 개념이 반영된 바코드 시스템을 구축하여 진행하는 것이 효율적, 경제적, 효과적입니다. 어떤 분은 이왕 할 거면 RFID를 적용하면 좋게 않겠냐고 생각하는 분도 있겠지만, 조직과 구성원의 DNA가 낮고, 프로세스를 구축하고 유지하는 수준이 낮은 상태에서 무조건 단기간에 높은 기술을 도입하고 고비용을 투자하는 것은 긍정적이지 않습니다.

왜냐하면, 구축을 위한 연구와 고민도 조직과 조직의 구성원이 해야 하

는 것이고, 구축된 인프라를 효율적, 경제적, 효과적으로 활용해야 하는 것도 조직과 조직의 구성원이기 때문입니다. RFID 구축 업체는 조직과 조직의 구성원이 구축해달라는 대로 구축하면 끝입니다. 300만 원에 해당하는 노트북을 도입하려고 하는데, 초등학생에게 노트북 도입을 위한 논리, 연구, 고민을 해 보라고 하면 할 수 있나요? 300만 원에 해당되는 노트북을 도입 후, 초등학생에게 노트북에 있는 기능을 최대한 모두 활용하라고 하면 100% 모두 활용할 수 있나요? 그리고 용기 실사는 단순히 용기번호 하나만 확인하고 맞추는 것이 아닙니다. 따라서 더 속도를 내려면, S0 프로세스뿐만 아니라, S3 프로세스에서도 고객으로 출고하는 용기를 대상으로 스캔 작업과 동시, 용기 실물 데이터와 정보시스템에 입력된 데이터를 맞추어 나가야 합니다.

즉, S3에서도 단순히 스캔 후, 단순 출고하는 것이 아니라, S0와 같이 용기 실물 데이터와 정보시스템에 입력된 데이터를 비교 및 검증하고, 수정하는 행위 또는 프로세스가 필요합니다. 하지만, "기업이, 자산으로 보유하고 운영 중인 용기 현황을 실시간 정확하게 알 수 없다는 것"은 ① 용기가 위치·공간별로 IN, OUT될 때 실시간 체크하는 프로세스가 없거나 유지하고 있는 수준이 빈약하다는 것, ② 자산으로 운영중인 용기 실물 데이터와 정보시스템에 입력된 데이터가 일치하지 않는 것, ③ 특정 프로세스나 위치 또는 공간에서 실시간·정기적으로 용기 실물 데이터와 정보시스템에 입력된 데이터를 상호 비교 검증하고 일치시키는 프로세스를 유지하지 않거나 유지하고 있는 수준이 빈약하다는 것을 암시 또는 의미합니다. 만약, 이러한 상태라면, 단기간에, S0와 S3 프로세스에서 진정한 의미의 실사를 하는 것은 현실적으로 쉽지 않을 것이기에, S0와 S3 모두 동시에 하면 좋겠지만, S0만이라도 우선 제대로 유지할 것을 권유합니다. 국가로 비교하면 S0는 입국을 관리하는 프로세스이며, S3는 출국을 관리하는 프로세스입니다.

전 세계적으로 코로나 바이러스로 몸살을 앓고 있습니다. 국가별로 입국과 출국시 제대로 확인하고 후속조치하지 않는다면, 프로세스가 빈약하다면, 어떤 일이 벌어질까요? 그리고 입국과 출국 모두 중요하지만, 어느 것이 더 중요할까요? 다른 국가에서 입국하는 사람들을 제대로 통제하지 않는다면, 내부 감염은 급속도로 확산되고, 국가적으로 혼란이 발생할 것입니다. 반대로, 다른 나라로 출국하는 사람에 대해 대충 생각하고 제대로 통제하지 않는다면, 상대방 국가에서는, 입국을 거부할 것입니다. 입국 프로세스에 해당하는 S0 프로세스를 올바른 방향과 속도로 제대로 구축 및 운영하지 않는다면, 기업 내부적으로 혼란이 발생하게 됩니다. 반대로, 출국 프로세스에 해당하는 S3 프로세스를 올바른 방향과 속도로 구축 및 운영하지 않는다면, 고객의 Complain과 반품이 증가하게 되고 더 나아가 거래가 종료될 것입니다.

앞에서, 운영 중인 용기에 대한 실사는, 단순히 용기번호만 맞추는 것이 아니라고 언급했는데, 사유는 다음과 같습니다. 용기 자산 현황을 맞추는 것은, 용기번호 뿐만이 아니라, 용기 운영에 필요한 각종 데이터까지 다 맞추어야 하는데, 일반적으로, 최소 8종류 이상의 데이터를 맞추어야 합니다. 많은 종류의 데이터를 실시간 관리 및 연계하는 것이 가능할수록, 더 고도화된 S&OP 프로세스를 유지하는 것이 가능하게 됩니다.

순번	일치해야 하는 최소 데이터	순번	일치해야 하는 최소 데이터
1	용기번호	5	○○○
2	가스명	6	○○○
3	용기 Size	7	○○○
4	용기 Inlet	8	○○○

제대로 된 용기 실사를 유지하기 위해서는 시간이 많이 소요됩니다. 예를 하나만 들면, 용기의 캡(밸브를 보호하기 위해 부착하는 뚜껑)을 개방하여 밸

브 규격까지도 정보시스템에 입력된 데이터와 비교 및 수정해야 합니다. 그래서 수작업, 반수작업으로는 한계가 있기에, 실제 용기 데이터와 정보시스템 데이터를 맞추는 데(실물과 정보의 일치) 도움이 되는 수준과 상태의 정보시스템을 구축하고 운영하는 것이 필요합니다. 하지만, 정보시스템이 구축되어 있다고 해서, 용기 실사, 즉, 용기 자산 현황을 일치시키는 작업이 무조건 순조롭게 유지되는 것은 아닙니다. 반드시 S0와 S3 프로세스에 근무하는 직원들의 R&R과 Business Rhythm(육하원칙: 언제, 어디서, 어떻게 누가, 왜, 무엇을)이 명시된 SOP를 세세하게 정립하고, S0와 S3에 있는 직원들 모두는, 업무에 대해 동일한 교육을 받고, 업무에 대해 동일한 수준을 유지해야 합니다. 그리고 주간 근무가 원칙임을 가정 시, 용기가 회수되는 시간은 일반적으로 17시에 가까운 늦은 오후나 초저녁이 될 수 있습니다. 이후, 용기 하나하나 확인하는 작업을 해야 하는데, 늦은 야간까지 해야 하는 상황에 직면하기에, 사명감을 가지고 해야 합니다. 가스를 제조·유통하는 기업에서는 S0와 S3에 근무하는 사람들, S0와 S3의 업무 Quality에 대해 경시하는 경우가 종종 있는데 정말 잘못하고 있는 것입니다. S0는 국가로 치면 입국을 관리하는 프로세스이며, 물류 허브에 해당됩니다. S0에는 다양한 규격과 상태들의 용기가 실시간 입고되고, S0에서는 다양한 규격과 상태의 용기를 분류하여 필요한 부서나 프로세스에 분배해야 합니다. 그리고 재검사, 잔류가스처리, 내면처리, 충전 의뢰 등 외부 협력사로 보내야 하는 용기도 확인하고 통제해야 합니다. 게다가 일반적으로, 충전, 분석 등의 프로세스에는 관심이 높은 반면, S0 프로세스에 대한 상대적으로 낮은 관심과 경시 풍조로 인해, S0 프로세스는 자동화·현대화가 잘 되어 있지 않습니다. 이 말은 S0는 여전히 사람 의존도가 높은 프로세스라는 뜻입니다. 따라서 가스를 제조·유통하는 기업에서는 S0를 경시하지 말아야 하고, S0에 근무하는 사람들의 수준과 프로세스 유지 Quality를 높일 수 있도록 노력해야 합니다. 가스를 제조 및 유통하는 기업에서 생산과 품질 프로세스의 경우, 프로세스를 유지하는 데 핵심적인 역할을 하는 것은 사람보다는 설비입니다. 사람은 설비를 조작하는 역할을 하고, 설비를 통해 데이터를 수집 및 공유하고, 설비의 비상 상황 시 후속 조치하는 역할을 합니다. 물론, 생산과 품질에 근무하는 사람들도 다양한 어려움이 많겠지만, S0에 근무하는 사람들 또한 정말 어려움이 많고, 오히려, 생산과 품질에 근무하는 사람들보다 더 많이, 그리고 더 능동적인 생각을 하면서 일해야 하는 경우에 직면하는 경우가 더 잦기도 합니다. 그리고 S0 뿐만 아니라 S3도 마찬가지입니다.

앞에서, 다수의 용기를 운영하는 기업의 SCM 구축 속도와 SCM 안에 있는 S&OP 프로세스 구축 속도에 용기는 많은 영향을 미친다고 하였습니다. 이는 용기 관리 업무가 매우 중요하다는 것을 의미하는데, 그렇다면, 가스를 제조 및 유통하는 기업에서는 어떻게 용기를 관리해야 할까요?

총 수명주기 관리 관점에서(Total Life Cycle Systems Management) 용기관리 개념 정립

앞에서, 가스를 제조 및 유통하는 기업에서는, 최우선적으로 용기 자산현황이 100% 일치되도록 만들어야 한다고 언급하였습니다. 어떻게 보면 정말 당연한 것인데, 현실적으로는 잘 안 되는 경우가 잦습니다. 즉, 가스에는 관심이 있는데, 용기에는 관심이 적은 것이 일반적이라고 할 수 있습니다. 따라서 용기 자산현황이 일치하지 않는다는 것은, 용기관리 분야에 관심이 없고, 용기관리 분야는 수면 아래에 있으며, 용기관리 분야에 대한 R&R과 SOP가 제대로 되어 있지 않은 것을 의미합니다.

아래의 표는, 총 수명주기 관점에서(Total Life Cycle Systems Management) 용기 관리 범위를 개략적으로 나타냅니다. 여러분 회사에서는 어느 부서, 누가 아래의 표에 대한 R&R과 Business Rhythm을 유지하고 있나요? 그리고 여러분의 회사에 용기관리 전문 조직이 없다면, 용기관리 전문 조직을 구축하여 운영할 것을 권유합니다.

Total Life Cycle Systems Management	상세 업무
소요 제기/적정 운영수량 관리	용기의 적정운영수량 정립 및 의사결정
	고객 BSGS에 장착해야 하는 수량 Update
조달관리	조달 및 조달 후 입고 시까지 L/T 관리
	상품 공병을 공급사에 가스충전의뢰
법, 규격, 검사 관리	공급사에서 상품 입고 시, 조달된 신규 용기 입고시, 조달된 밸브 입고 시, 각종 소모품 입고 시, 수입(입고)검사
	상품 공병을 공급사에 가스충전 의뢰 시 진행하는 검사
	각종 용기(ISO Tube와 탱크로리 포함)의 기술검토
	용기관련 법, 규격, 성적서 관리
A	I
	J
B	K
	L
C	M
D	N
E	O
F	P
G	Q
	R
H	S
Maintenance 관리 (밸브, 스키드 포함)	도색 및 Cleaning 등 유지보수
	스키드 부적합 발생 관리/가용화를 위한 후속조치
	스키드 표준 관리
	밸브 부적합 발생 관리
	탱크로리, ISO 튜브 등 부적합 발생 관리

정보시스템 Data 관리	용기 실물~Data 일치화 관리
	용기 현황 관리: 위치, Aging 등

　용기를 관리한다는 것은, 상기 표에 있는 내용을 다 제대로 관리하는 것입니다. 그리고 용기를 제대로 관리하기 위해서는, 상기에 보시는 바와 같이 여러 R&R을 각 부서가 능동적으로 이행해야 합니다. 그래서 용기관리 조직이 없는 경우, 용기관리는 잘 되지 않을 가능성이 높습니다. 그래서 용기관리 전문조직을 구축하여 운영하는 것을 권고 드립니다. 생각해 보십시오. 용기를 수만 개 운영한다면, 용기를 관리하는 전문 조직이 필요하지 않겠습니까? 실제, ○○○○○○○의 경우, 용기관리에 대한 잡음이 끊이지 않습니다. 부서별로 용기 관련 업무가 연계되지 않았고, 부서별로 왜 내가 이것까지 해야 하는지에 대한 의문과 잡음이 끊이지 않았습니다.

용기 숫자가 입력되는 Sheet

　용기관리를 제대로 하려면, 많은 것이 필요하지만, 우선 기본적으로 제대로 된 정보시스템의 구축과 올바른 방향과 속도로 정보시스템을 사용할 수 있는 프로세스를 구축하는 것이 매우 중요합니다.

　아래는, 정보시스템이 제대로 역할을 하지 못한 기업에 당부하는 내용입니다.

　○○○○○는 우리가 만들고 있는 엑셀 시트들을 별 의미가 없는 단순 엑셀 시트라고 생각할 수 있지만, 계획에 해당됩니다. 우리는 앞으로 이 시트들을 증가시켜 운영해야 합니다. 하지만 수작업으로 데이터를 입력하는 것은 한계가 있다 보니, 진도가 늦습니다. 그리고 직원들이 수작업으로 데

이터를 생성해서 입력하다 보니, 데이터가 맞지 않는 경우가 매일 발생합니다. ○○○○○는 매일 맞지 않는 데이터를 맞추는 데 많은 시간을 허비하고 있습니다. 정말 답답합니다. 그래서 정보시스템이 지금보다 빠르게 검토되고 빠르게 구축되는 것을 소망합니다. 그리고 정보시스템의 안정화, 정상화, 고도화 단계 중에 안정화 수준만이라도 빠르게 유지해야 합니다. 정보시스템만 빠르게 구축되어, 우선 안정화 단계라도 유지된다면, S&OP 프로세스 속도는 빨라질 것입니다. 하지만, 정보시스템 구축이 절대 쉬운 일은 아닙니다. 많은 기업이 정보시스템 구축 후, 구축 전 예상과 달리, 정보시스템과 현실과 차이를 보이고 있고, 이로 인해, 매년 조금씩 개선하는 방향을 유지하고 있습니다. 그렇다고 손을 놓을 수는 없습니다. 애석하게도 현재 여러분의 회사도, 정보시스템이 구축되어 있지만, 업무에 도움 되는 수준이 미비합니다. 그래서 우선 10대 프로세스에 대한 부분만이라도 잘 개발되어(IN, 작업시작, 작업완료, OUT에 대한 스캔), 현장에서 제대로 스캔하고, 스캔한 결과가 정보시스템 화면에 실시간 데이터로 나타나서 S&OP를 책임지고 있는 ○○○○○○가 데이터를 활용할 수 있고, S&OP 프로세스 유지를 위해 데이터를 입력해야 하는 직원들이 이 데이터를 손쉽게 활용할 수 있었으면 좋겠습니다. 정보시스템의 안정화, 정상화, 고도화 단계 중에, 안정화 단계, 안정화 단계 안에서도 아주 기본적인 내용을 구축해달라고 ○○○○○○에게 요구했습니다. 많은 경우, 처음부터 한 번에 고도화를 목표로 정보시스템을 구축하기 때문에, 현실과 괴리되지 않은 구축과 운영에 실패하게 되는 경우가 발생합니다. 그래서 ○○○○○○에게는 기본 중에서도 아주 기본적인 것을 요구했습니다. 그런데 너무 지연되는 경향이 있습니다.

S&OP를 시작하면서, 제가 ○○○○○○에게 이야기했던 것은 다음과 같습니다. "우선 수작업으로 Sheet를 정립하여 운영하는 것이 필요합니다. 수작업으로 Sheet를 정립하여 운영하는 이유는, 다음과 같습니다. 우

선, 직원들 서로가 그동안 각자 자기에게 편한 방식으로 사용해왔기에, 현재 사용 중인 업무 언어와 업무 양식을 일치시켜야 하며, 직원별 R&R과 Business Rhythm의 정립 과정에서 Sheet들을 수작업으로 운영하면서 검증한 이후, 이 Sheet들을 정보시스템에 반영하게 되면, 현실의 입무 프로세스와 정보시스템의 업무 프로세스가 일치하는 정도는 높아집니다. 정보시스템을 개발하게 되면, 사무직의 경우 대부분 정보시스템을 사용하라고 하니, 어쩔 수 없이 정보시스템에 입력은 하는데, 실제 업무를 하는 과정에서는, 현실의 프로세스와 정보시스템 프로세스가 맞지 않고, 데이터 집계 및 연결 방식이 맞지 않아 따로 엑셀을 만들어 업무를 진행하는 경우가 발생하기도 합니다. 즉, 최악의 경우에는 정보시스템 따로 쓰고, 수작업 엑셀을 따로 사용합니다. 이렇게 되면, 나중에 정보시스템을 추가 개선하는 비용 또한 많이 들게 됩니다. 그래서 ○○○○○○의 정보시스템을 구축함에 있어, 이러한 문제점을 없애기 위해서, 우선 수작업 엑셀 시트를 만들고 운영하는 것입니다. 그리고 현장의 스캔을 통해 형성된 데이터를 정보시스템이 제공해 줄 수 있어야 합니다. 정보시스템을 통해 데이터를 쉽게 얻을 수 있어야만 Sheet 종류를 늘릴 수 있고, 입력한 데이터가 일정 수준 이상 정확해야만 Sheet를 서로 연결시킬 수 있습니다. 현재, 수작업 Sheet를 정립하고 운영하는 속도와 정보시스템이 구축되는 속도, 정보시스템이 현장의 스캔 결과에 대한 데이터를 제공해주는 속도가 맞지 않습니다. 즉, 수작업 Sheet를 정립하고 운영하는 속도와 정보시스템 구축 및 운영 속도가 조화롭지 않습니다. 서로 진행되는 속도가 맞아야 Synergy 발생합니다. 이러한 상황이 장기화되면, 직원들은 나아지는 것은 없고, 더 힘만 든다면서 엄청나게 불만을 이야기할 것입니다. 그리고 이것을 왜 하는지 모르겠다는 불만 또한 엄청나게 쏟아 낼 것입니다. 특히, 철학적 관점에서 SCM을 제대로 이해하지 못한 사람들은 단순하게 현재의 현상만을 보고 너도나도 불만을 이야기할 것입니다. 그리고 직원들은 경영진의 눈과 귀를 가리기 위한 불평불만 또한 쏟아낼 것입니다. 나는 직원들이 불평하는 것을 이해합니다. 갑자기 그동안 하지 않았던 Sheet들을 만들어 운영하라고 해서 직원들은 만들었고, 매일 데이터를 잘 입력하라고 해서, 직원들은 나름 본인들 입장에서 최선을 다한다고 생각하며 입력하고 있습니다. 그런데 수작업으로 데이터를 입력해야 하는 과정에서 시간이 오래 소요되고, 입력한 데이터는 맞지 않으며, 이로 인해 Sheet를 연결하는 것이 어렵습니다. 그렇다면, 직원들은 '예전과 비교해서 나아진 것은 무엇인가?'를 생각할 수밖에 없습니다. ○○○○○○는 정보시스템의 구축 및 운영 속도를 올려 주십시오. 속도를 낼 사람이 없다면 제가 매일 주관해서 속도를 올리겠습니다. 우리가 1,000m 고지에 오르기 위해서는, 500미터 고지를 먼저 올라야 하고, 그다음에 800미터 고지에 올라야 한다고 가정해 보겠습니다. 현재 400미터에 올라와 있습니다. 그런데 정보시스템으로 인해, 500미터에 도달하는 것이 너무 어렵습니다. 올바른 방향과 속도로 S&OP 프로세스를 구축하는 과정에서 필요한 것은, 수작업 Sheet 정립 및 운영, 정보시스템 구축 및 운영, R&R 정립, Business Rhythm 정립, S&OP 운영 조직 구축 등입니다. 현재, 가장 안 되고 있는 것이 정보시스템입니다.

Episode 41

상대방의 가려움을 먼저 긁어 주세요

내가 1여 년 동안 파악한 여러 원인을 한마디로 요약하면 다음과 같습니다. 여러분은 고객이 이야기하기 전에, 고객에게 먼저 제안하거나 제시하지 못합니다. 현재 고객과 파트너십을 가지고 새롭게 거래를 유지하고 있는 기업들을 보면 알 수 있습니다. 이 기업들은 고객이 이야기하기 전에 먼저 고객에게 다가가 능동적으로 이야기하고 제안했고, 제안하고 있고, 제안할 예정입니다. 즉, 이 기업들은, 끊임없이 고객을 두드리며, 미래를 예측하고, 동반 성장을 위한 노력을 하고 있습니다.

이러한 환경에서 고객이 여러분에게 이야기할 때는, 여러분이 특별히 좋아서 이야기하는 것이 아닌, 이미 다른 기업들이 좋은 부분은 다 차지한 상태에서, 자잘한 것만을 이야기하는 것입니다. 즉, 여러분의 입장에서는 큰 기회도 없고, 늦어도 한참 늦었다는 것을 의미합니다.

앞으로 여러분은 고객이 이야기하기 전에 먼저 이야기해야 합니다. ○○○○에게 감정적으로 이야기하는 것이 아닙니다. ○○○○○가 ○○○○ 영업을 책임지고 있다면, 그리고 앞으로도 ○○○ 영업을 할 것이라면, ○○○○는 생각하고 행동하는 방식을 변화해야 한다는 것입니다. 고객을 상대로 ○○○○○○가 연락(Contact)하고 있는 사람은 지시에 의해서만 움직이는 하급 직원입니다. 하급 직원을 무시하는 것은 아니지만, 하급 직원에게는, 중장기적 미래에 해당하는 정보를 얻을 수도 없고, 하급 직원들은 ○○○○○○에 도움이 되는 의사결정을 할 수도 없습니다. 따라서 ○○○○○○는 현재 유지하고 있는 Contact Point와 Business 방식에 변화를 꾀해야 합니다.

○○○도 알다시피, 가스 회사가 제품을 만드는 원료를 선정하는 과정에도 대기업(반도체, Display 등)의 승인이 있어야 하고, 가스회사가 제품과 상품을 대기업(반도체, Display 등)에 납품하기 위해서는 일정 기간(최소 6개월 전후) 테스트를 거쳐 통과(승인)해야만 가능합니다. 즉, 여러분이 협력 기업을 최종 선정하기까지는 시간과 노력이 많이 소요됩니다. 이 말은, ○○○○○가 직접 생산하는 품목을 최종 승인 받는 데도 시간이 오래 소요되고, ○○○○○○가 직접 생산하지 않는다면, ○○○○○○가 ○○○ 내에서 적합한 파트너(요구하는 품질을 충족하고, 단가가 맞고, 지속 공급 능력이 있는)를 찾는 데도 시간과 노력이 많이 소요된다는 것을 의미합니다. 결론적으로, ○○○○○가 여러 고객과 파트너십을 맺고 사업을 확대하기 위해서는 고객의 예상되는 가려움을 미리 파악하고, 미리미리 준비하고 찾아서, 고객에 먼저 제안해야 합니다.

따라서 나는 앞으로, ○○○○○○에게 미리미리 찾아 놓으라는 관점에서 ○○○○○○○에게 다양한 이야기를 하겠습니다.

○○○○에 있는 ○○○○ 기업들은, ○○○○○의 불안정적인 상황(정부에 의한 잦은 물류 통제 및 검사와 관련된 규제)을 우려하여, ○○○○○ 현지에서 ○○○○○○을 공급받는 것이 필요하다고 생각하고 있고, 이러한 생각이 점차 표면으로 나타나고 있고, 이것을 언젠가는 실행될 것입니다.

레퍼런스(Reference)의 "역설"

언제부터인가, 업무하는 과정에서 많이 듣게 되고, 업무하는 과정에서 누구나 쉽게 언급하고 있고, 새로운 업무를 추진할 때 항상 누군가 언급할 것으로 예상되는 말, 레퍼런스.

여러분도 많이 듣고 있고, 많이 사용하고 있으리라 생각됩니다. 레퍼런스를 체크하는 것은 여러 면에서, 특히 새로운 분야에 도전할 때, 예상하지 못했던, 미처 몰랐던 것들에 대해 좋은 도움을 받을 수 있습니다. 문제는, 레퍼런스가 없다는 이유로, 단절로 이어지는 상황이 발생할 수 있는 점입니다. 즉, 레퍼런스의 유무는 능동적, 창의적, 독창적 생각이나 행동에 추진 로켓을 달아 줄 수도 있고, 반대로, 단절에 이르게 할 수도 있습니다. 나는 항상 어떤 일을 추진할 때, 레퍼런스를 확인하는 편이지만, 확인 가능한 레퍼런스가 없는 경우도 있습니다. 실제, 수출입 하역 시스템 변경, 통합 스키드 프로젝트, 가스 물류센터 구축, Balancing 프로세스 구축 등, 기존에 없는 새로운 분야를 시도했을 때, 레퍼런스를 확인할 수 없었습니다. 특히, 스마트 공장 분야는 레퍼런스가 많은 반면, 스마트 물류 분야는 레퍼런스가 상대적으로 많지 않다 보니, 스마트 물류를 추진할 때는 레퍼런스가 없다는 이유로, 많이 돌아가야 했거나, 포기하고 싶다는 생각이 들기도 하였습니다.

임원, 직책자, 관리자 등등⋯ 입버릇처럼 하는 말⋯ 래퍼런스⋯ 레퍼런스가 없다면….

"하지 말라는 것인가?" "구더기가 무서워 장 못 담그는 것인가?" "열정을 가지라는 것인가? 가지지 말라는 것인가?".

아래에 좋은 글을 소개하려고 합니다. 내가 이야기하는 것보다 더 좋겠다고 생각되어 인터넷 "한겨레"에서 퍼 왔습니다.

판교엔 레퍼런스, 목업, 힙에 사로잡힌 '젊꼰'도 많아!

혁신적이고 개방적이다. 빠르고 유연하며 젊다. 아이티 기업에 관한 일반적인 인식들이죠. 고정관념이 형성된 여러 이유가 있을 텐데요. 전통 기업들보다 직원 평균 연령대가 낮다는 점이 큰 요인일 것 같아요. 생물학적으로 어리다는 것은 싱싱함과 활동력, 순수함 같은 걸 상징하잖아요. 제가 다니는 회사만 해도 1990년대 후반에 태어난 분들을 흔히 볼 수 있고, 40대 초중반 정도면 '시니어'로 분류됩니다. 회사 안을 오가는 사람들을 보고 있으면 때로는 대학 캠퍼스 같은 느낌이 들 정도죠.

하지만 젊다고 해서 모두가 유연하고 개방적이며 혁신적이진 않습니다. 일정 수 이상의 사람이 모이면 예외가 나타나기 마련이니까요. 거기에 더해 회사가 급성장하며 날로 영향력을 더해간다면, 경험이나 역량이 부족한 상태에서 관리자가 된 사람들이 많아지죠. '낙하산' 타고 내려오신 분들도 간혹 생기고요. 이들 교집합이 상승효과를 일으키면 '젊꼰', 즉 젊은 꼰대가 등장하기 좋은 환경이 됩니다. 주변에서 보고 느낀 사례들은 이렇습니다.

첫째, "레퍼런스(Reference)는 뭔가요?"를 입에 달고 사는 경우예요. 우리말로 '참조 사항' 정도 되는 게 레퍼런스인데요. 일을 도모할 때 선행 사례가 꼭 있어야만 안심이 되는 경우죠. 나쁘게 말하면 일정 부분 모방할 대상이 없으면 일을 못 한다고도 할 수 있습니다. 역설적으로 이들을 설득하기 무척 수월한 경우도 있습니다. 'FAANG(페이스북·아마존·애플·넷플릭스·구글을 칭하는 약어)'쪽 요즘 추세는 이런 식이라고 하니 조금 보완해서 우리는 이렇게 해보자'는 식의 논리를 앞세울 때입니다. 우리 현실에 맞춰 치열한 고민을 한 것보다, 북미의 잘 나가는 회사들을 오매불망 추종할 때면 한숨이 절로 나오죠. 업력이 긴 회사에 다니던 시절, "삼성은 요즘 어떻게 한대?"를 입에 달고 살던 임원의 모습과 겹쳐 보이기도 하네요.

둘째, 목업(mock-up) 만들기가 일상화된 경우입니다. 목업은 실물 형태의 모형을 뜻하는데요. 인터넷 업계에서는 실제 구동되는 서비스처럼 제작한 제품이나 디자인을 통칭합니다. 빠르게 시도해보는 아이티 회사라면 초기 기획 단계에서 목업 제작에 드는 노력을 최소화하는 것이 보통입니다. 그럴 시간에 가치 있는 일을 더 해보자는 논리가 힘을 얻기 때문이죠. 하지만 대기업처럼 변해버린 회사에서는 정반대입니다. 예전 같으면 간단한 개념 스케치를 통해 '개떡같이 말해

420

도 찰떡같이 알아듣고' 쉽게 합의하며 넘어갔을 일들이, 당장 출시해도 될 만큼 완성도를 높인 목업을 요구하는 상황으로 바뀝니다. 표면적으로는 경영진이 쉽게 이해한다는 이유에서인데요, 속을 들여다보면 어떻게든 눈도장을 더 받고 싶은 조직장의 무리수인 경우가 많죠. 반짝이는 아이디어보다 화려하게 분칠한 키노트가 의사결정에 더 많은 영향을 끼치는 걸 볼 때면, '여기를 혁신 기업으로 불러도 괜찮은 걸까?'라는 생각을 떨칠 수 없어요.

마지막으로 '힙(Hip) 지상주의'입니다. 격식 없는 히피 같다는 뜻에서 파생된 게 '힙'이라는 표현이라죠? 판교와 분당 일대에서 정말 많이 듣는 말이 "힙 하다", "그거 힙 하냐?"입니다. 유행을 선도하는 업계라는 일종의 자존심이나 강박감이 있는 것 같아요. 많은 서비스가 젊은 이용자층을 향하고 있으니 이해는 됩니다. 하지만 딱히 그럴 필요 없는 상황에 '힙'을 내세우는 경우도 있죠. 이럴 때면 장소나 상황에 맞지 않는 옷을 입은 사람처럼 어색한 결과물이 도출되는 경우가 많더라고요. 이 모든 상황이 한꺼번에 발생할 때도 있습니다. 레퍼런스나 목업 없이 한 발도 내딛지 못하는 분들이 '습관성 힙'을 부르짖을 때죠. 딱히 필요 없는 일을 많은 사람이 긴 시간 공들여 하는 것만큼 슬픈 상황이 또 있을까요?

테헤란로를 거쳐 판교까지, 한국의 인터넷 서비스 기업들의 역사가 30년에 가까워져 오고 있습니다. 직접 몸담아보면 예상치 못했던 독특한 고리타분함이 존재하는 업계이기도 합니다. 판교는 세간에 알려진 것처럼 젊은 이미지를 계속 가져갈 수 있을까요? 실제로 혁신적이고 개방적이며 빠르고 유연하다면 앞으로도 문제없겠죠.

Episode 43

소요(효율성, 경제성, 적응성)
검토 결과 "예"

ISO Tube는 1BT당 2.5억 원, 재검사에 소요되는 비용은 수천만 원이며, 부피가 커서 많은 공간을 필요로 합니다. 따라서 적정운영수량을 유지하는 것이 필요합니다.

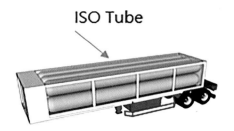

ISO Tube

○○○○, ○○○○ 사업장에서 운영 중인 ○○○○ ISO Tube 수량의 과부족 여부를 검토한 결과입니다. ○○○○○○ 사업장은 검토대상에서 제외하였습니다. ○○○○○에서 제공한 실적 데이터(사업장에 입고, 사업장에서 출고)에 신뢰성이 낮고, 현재 8월인데 4월과 5월에 해당하는 실적 데이터가 지연되어, 실적 데이터를 기반으로 검토하지 않고, 영업에서 제공한 8월부터 11월까지의 Forecast를 기반으로 검토하였습니다. ○○○○는 앞으로 실시간 실적 데이터를 제공할 수 있도록 프로세스를 반드시 개선 바랍니다.

아래 표는, 고객사별로, ○○○○에서 제공 받은 데이터(고객사별로 장착해야 하는 수량과 장착 대기해야 하는 수량)와 ○○○○○에서 검토 후 지정한 Rotation 데이터(수량)를 나타냅니다. 핵심 Point는 "Rotation 수량을 얼마나 어떻게 유지할 것인가?"입니다. 고객사별로 장착해야 하는 수량과 장착 대기해야 하는 수량은 고객이 지정해줍니다(고정적). 하지만, Rotation 수량은 ○○○○○가 검토 및 지정해야 합니다(비 고정적). Rotation 수량을 얼마나 유지하느냐에 따라, 운영 용기가 부족할 수도 있고 운영 용기가 남을 수도 있습니다. 운영 용기가 부족하다면, 공급 Shortage 상황이 발생하고, 운영 용기가 남는다면 용기 투자 대비 경제성과 효율성이 낮아집니다. Rotation 소요 수량이 1대인 고객사도 있고, 2대, 3대인 고객사도 있습니다. 2대 이상인 경우는 아래 Logic 검토 결과에서 설명하겠습니다.

사업장	고객사	고객사 장착 수량	고객사 장착 대기 수량	Rotation 수량
A	I	0대	0대	0대
A	U	0대	없음	
A	Y	0대	0대	0대
A	T	0대	없음	
A	R	0대	없음	0대
A	E	0대	없음	
A	W	0대	0대	0대
A	Q	0대	없음	
A	S	0대	0대	0대
A	D	0대	없음	
A	F	0대	0대	0대
B	G	0대	없음	
B	H	0대	0대	0대
B	J	0대	0대	
B	K	0대	없음	0대
B	L	0대	없음	
B	M	0대	0대	0대
B	N	0대	0대	
B	C	0대	0대	0대
B	Z	0대	0대	없음

Logic 검토 결과

○○○, ○○○○ 사업장의 경우, 고객사 공급에 소요되는 총 L/T이 ○

○일(○○일 이하)입니다.

※ 총 공급 L/T: ○○○○○○ L/T+○○○○○○○○ L/T+출하작업에 소요되는 L/T+○○○○○○○ L/T

※ ○○○○, ○○○○ 사업장의 경우, 총 공급 L/T ○○일(○○일 이하)이므로 가장 효율적, 경제적으로 ISO Tube를 운영하기 위해서는 사업장에 입고된 이후 고객사로 출고될 때까지의 L/T, 즉, 사업장내 대기 기간이(대기 L/T이) ○○일이어야 합니다(투자대비 효율성/경제성 극대화 실현, 운영 최적화 실현, 공급 Shortage에 지장은 없으면서 가장 Tight 한 상태로 운영. 단, 사고나 고장 등이 발생하지 않는다는 가정 하).

※ 월 고객 납품 횟수가 ○○회일 때, 용기가 사업장 내 대기하는 기간은 ○○일입니다. 따라서 고객 납품 횟수가 ○○회를 초과하지 않는다면, Rotation 용기는 ○○대면 됩니다. 예를 들어, ○○개 고객사 납품 횟수의 합이 ○○회일 때, 고객사는 ○○곳이지만, Rotation 용기는 ○○○대로 유지 가능합니다(단, 납품일자가 겹치지 않는다는 조건). 그리고 이러한 경우, 용기는 가장 효율적으로 운영됩니다. 만약, 납품 횟수가 ○○○회를 초과한다면, Rotation 용기는 ○○○대가 아닌, ○○○대가 필요하게 됩니다. 즉, 납품횟수 ○○○회일 때 Rotation 용기 ○○○대가 필요합니다. 납품 횟수 ○○○회를 기준으로 Rotation 용기 수량을 검토하는 것은, 정말 효과적이고 경제적이지만, 정말 Tight하게 운영되는 것을 의미합니다. 이러한 상황에서, 우발적인 사고나 문제들이 발생하면, 공급 Shortage 상황이 발생하게 됩니다. 따라서 여러분에게는 납품 횟수 ○○회가 아닌 납품 횟수 ○○○회일 때 Rotation 용기 ○○대를 운영할 것을 권고합니다.

※ 고객 납품 횟수가 ○○회일 때, 가장 경제적, 가장 효율적, 가장 타이트한 상태로 운영되는 Rotation 수량은 ○○대입니다. 하지만, ○○대의 Rotation 수량으로 ○○○개 고객사를 운영하고 있다면, 문제가 발생할 수 있습니다. 왜냐하면, 두 고객사가 동일한 일자에 납품을 요청하는 경우가 발생할 수 있기 때문입니다.

※ 따라서 세 가지 Case로 구분하여 용기 과부족 수량을(적정 용기 운영 수량) 검토하였습니다.

Case 1: A 고객사 납품일에 A 고객사에서 회수된 공병으로, 당일 B 고객사에 납품이 가능한 경우

A+B의 납품 횟수의 합이 ○○○회 이하 시 Rotation 수량은 ○○대로 운영 가능함. 그리고 납품횟수가 ○○○회씩 증가할 때마다 Rotation 수량은 ○○○대씩 추가되어야 함(예, 납품횟수가 ○○회 초과 ○○회 이하인 경우는

Rotation 수량이 ○○대, 납품횟수가 ○○회 초과 ○○회 이하인 경우는 Rotation 수량이 ○○○대)

Case 2: A 고객사 납품일에 A 고객사에서 회수된 공병으로, 당일 B에 납품이 불가능하지만, B에 납품하는 일정을 하루 뒤로 연기할 수 있는 경우

A+B의 납품 횟수의 합이 ○○회 이하 시 Rotation 수량은 ○○○대로 운영 가능함. 그리고 납품횟수가 ○○회씩 증가할 때마다 Rotation 수량은 ○○대씩 추가되어야 함. (Case 1과 Case 2는 동일함)

Case 3: A 고객사 납품일에 A에서 회수된 공병으로, 당일 B 고객사에 납품이 불가능하고, B에 납품하는 일정 또한 하루 뒤로 연기할 수 없는 경우

A 고객사와 B 고객사는 각각의 ○○○○○ Rotation 수량이 필요함(고객사별 전용 Rotation 용기 필요). 즉, A 고객사 ○○대, B 고객사 ○○대, 총 ○○대의 Rotation 수량이 필요함.

최종 종합 검토 결과

○○○○ 사업장: 고객사가 ○○○○이므로(고객사 다수), Case별로 검토하였습니다.

Case 1, 2

현재 총 ○○대 운영 중입니다. 운영 중인 ○○대의 용기 중 22년 7월까지 재검사가 도래되는 용기는 없으므로 ○○대 모두 사용 가능합니다. ○○ 고객사를 하나로 묶었을 때, 고객 납품횟수가 ○○회 이하 ○○건, ○○회 초과 ○○회 이하가 ○○건, ○○회 초과 ○○회 이하가 ○○건으로, 용기 소요는 ○○○대임(아래 표 중, "○○○ 사업장 납품횟수별 용기 소요" 참조). 그

리고 용기와 차량의 우발적 고장과 사고가 발생할 경우를 대비하여 ○○대를 추가로 보유한다고 가정 시, 총 ○○○대의 용기로 운영 가능합니다. 결론적으로 추가 용기 소요 없으며, 현재 ○○○대를 보유하고 있으므로, 상해 사업장은, 투자 대비 상당히 비경제적, 비효율적으로 용기를 운영하고 있습니다.

  - 납품 횟수 ○○회가 아니라, 납품 횟수 ○○회 시 Rotation ○○대가 필요하다고 가정 시, ○○○대가 필요합니다. 즉, 현재 ○○○대를 보유하고 있으므로, 납품 횟수 ○○○회 시 Rotation ○○○대가 필요하다고 대입해 봐도 운영상 여유가 있습니다. [납품 횟수 ○○회 시: ○○○대-○○○대 = ○○대(여유), 납품 횟수 ○○회 시: ○○대-○○ = ○대(여유)]

※ ○○ 사업장 납품횟수별 용기 소요(Case 1, 2)												
고객사	21년 8월(예상)			21년 9월(예상)			21년 10월(예상)			21년 11월(예상)		
	장착수량	Rotation 수량	Forecast	장착수량	Rotation 수량	Forecast	장착수량	Rotation 수량	Forecast	장착수량	Rotation 수량	Forecast
A	○○대	○대	○회	○대	○대	○○회			○○회			○○대
B	○○대		○회	○대		○회			○○회			○○대
용기소요	○○대		○회	○○대		○회			○○회			○○대
C	○○대	○대	○회	○대	○대	○회	○대		○○회			○○대
D	○○대		○회	○대		○회	○대		○○회			○○대
용기소요	○대		○회	○대					○○회			○○대

E	○○대	○○대	0회	0대				○○회		○○대
F	○○대		0회	0대				○○회		○○대
용기소요	○○대		0회	0대				○○회		○○대
G	○○대	○○대	0회	0대	0대			○○회		○○대
H	○○대		0회	0대				○○회		○○대
용기소요	○○대		0회	0대				○○회		○○대
I	○○대	○○대	0회	0대	0대			○○회		○○대
J	○○대		0회	0대				○○회		○○대
용기소요	○○대		0회	0대				○○회		○○대
K	○○대	○○대	0회	0대	0대			○○회		○○대
L	○○대		0회	0대				○○회		○○대
용기소요	○○대		0회	0대		0회	0대	0회	0대	○○대
M	○○대	0대	0회	0대	0대	0회	0대	0회	0대	○○대
N	○○대		0회	0대		0회	0대	0회	0대	○○대
용기소요	○○대		0회	0대		0회	0대	0회	0대	○○대
O	○○대	0대	0회	0대	0대	0회	0대	0회	0대	○○대
P	○○대		0회	0대	0대	0회	0대	0회	0대	○○대
용기소요	○○대		0회	0대		0회	0대	0회	0대	○○대

Q	○○대	○○대	○○회	○○대	○○대	○○회	○○대	○○대	○○회	0대	○○대	○○대
R	없음		없음	○○대		○○회	○○대		○○회	0대		○○대
용기 소요	○○대	○○회	○○대		○○회	○○대		○○회	○○대		○○대	

※ 16주 미래 구간, ○○○사업장 운영 용기 소요(Case 1, 2)					
구분		21년 8월 (예상)	21년 9월 (예상)	21년 10월 (예상)	21년 11월 (예상)
사용 가능 용기	(*)납품횟수별 용기 소요	○○대	○○대	○○대	○○대
	우발상황(고장/사고) 대비	0대	0대	0대	0대
재검사 대상 용기		없음	없음	없음	없음
총 운영 용기		○○대	○○대	○○대	○○대

Case 3

현재 총 ○○대 운영 중입니다. 운영 중인 ○○대의 용기 중, 22년 7월까지 재검사가 필요한 용기는 없으므로 ○○대 모두 사용 가능함. 납품 횟수가 ○○회 이하인 고객사가 ○○곳, ○○회 초과 ○○회 이하가 ○○곳, ○○회 초과 ○○회 이하가 ○○곳으로, 용기 소요는 ○○대입니다(아래 표 중, "○○○ 사업장 납품횟수별 용기 소요" 참조). 그리고 용기와 차량의 우발적 고장과 사고가 발생할 경우를 대비하여 ○○대를 추가로 보유한다고 가정 시, 총 ○○대의 용기로 운영이 가능합니다. 현재 ○○○대를 보유하고 있으므로, ○○○○ 사업장은, 투자대비 효율적, 경제적으로 용기를 운영하고 있습니다.

※ ○○ 사업장 납품횟수별 용기 소요(Case 3)												
고객사	21년 8월(예상)			21년 9월(예상)			21년 10월(예상)			21년 11월(예상)		
	장착수량	Rotation수량	Forecast	장착수량	Rotation수량	Forecast	장착수량	Rotation수량	Forecast	장착수량	Rotation수량	Forecast
A	○○대	○대	○회	○대	○대	○○회			○○회			○○회
B	○○대		○회	○대		○회			○○회			○○회
용기소요	○○대		○회	○대		○회			○○회			○○회
C	○○대	○대	○회	○대	○대	○회	○대		○○회			○○회
D	○○대		○회	○대		○회	○대		○○회			○○회
용기소요	○대		○회	○대					○○회			○○회
E	○○대	○○대	○회	○대					○○회			○○회
F	○○대		○회	○대					○○회			○○회
용기소요	○○대		○회	○대					○○회			○○회
G	○○대	○○대	○회	○대	○대				○○회			○○회
H	○○대		○회	○대					○○회			○○회
용기소요	○○대		○회	○대					○○회			○○회
I	○○대	○○대	○회	○대	○대				○○회			○○회
J	○○대		○회	○대					○○회			○○회
용기소요	○○대		○회	○대					○○회			○○회
K	○○대	○○대	○회	○대	○대				○○회			○○회
L	○○대		○회	○대					○○회			○○회

용기소요											
○○대		○회	○대		○회	○대		○회	○대		○○회
M ○○대	○대	○회	○대	○대	○회	○대	○대	○회	○대	○대	○○회
N ○○대		○회	○대		○회	○대		○회	○대		○○회
용기소요 ○○대		○회	○대		○회	○대		○회	○대		○○회
O ○○대	○대	○회	○대	○대	○회	○대	○대	○회	○대	○대	○○회
P ○○대		○회	○대		○회	○대		○회	○대		○○회
용기소요 ○○대		○회	○대		○회	○대		○회	○대		○○회
Q ○○대	○○대	○○회	○○대	○○대	○○회	○○대	○○대	○○회	○대	○○대	○○회
R 없음		없음	○○대		○○회	○○대		○○회	○대		○○회
용기소요 ○○대		○○회	○○대		○○회	○○대		○○회	○○대		○○회

※ 16주 미래 구간, ○○○사업장 운영 용기 소요(Case 3)

구분		21년 8월 (예상)	21년 9월 (예상)	21년 10월 (예상)	21년 11월 (예상)
사용 가능 용기	(*)납품횟수별 용기 소요	○○대	○○대	○○대	○○대
	우발상황(고장/사고) 대비	○대	○대	○대	○대
재검사 대상 용기		없음	없음	없음	없음
총 운영 용기		○○대	○○대	○○대	○○대

○○○○ 사업장의 경우, Case 1, 2에 해당된다면 매우 비효율적, 비경제적으로 용기를 운영하고 있는 것이고, Case 3에 해당된다면 효율적, 경제적으로 운영하고 있는 것입니다.

여러분은 어떤 선생님입니까?
여러분은 어떤 학생입니까?

여러분들도 초, 중, 고등학교 그리고 의지에 따라 대학교를 선택해서 다녀보았지요? 따라서 많은 기간, 여러분은 학생의 신분으로 다양한 선생님과 수업을 해 보았을 것입니다. 제가 지금부터 하려고 하는 이야기는 여러분들도 다 아는 내용입니다. 학생의 실력이 향상되려면, 좋은 선생님이 필요합니다. 그리고 선생님 별로 학습을 진행하고 학생을 이끌어 가는 스타일은 다양합니다. 학생이 따라오든 말든 학생이 알아듣든 말든 선생님 본인 입장만을 고수하며 진도만 나가는 선생님, 학생이 질문하면 성심성의껏 알려주는 선생님, 학생이 질문하면 귀찮아하며 대충 대답하는 선생님, 물고기 잡는 방법을 알려주기보다는 단순하게 잡은 고기만 보여 주는 선생님, 숙제를 많이 내는 선생님, 숙제를 적게 내는 선생님, 학생이 해온 숙제를 하나하나 꼼꼼하게 확인하고 학생 입장에서 잘 알아들을 수 있게 지도해주는 선생님, 시험 후 학생들이 틀린 문제에 대해 왜 틀렸는지를 학생과 같이 고민하며 자세하게 알려주는 선생님, 시험 후 학생들이 틀린 문제에 대해 왜 틀렸는지를 학생과 같이 고민하기보다는, 단순히 채점 후, 점수가 낮은 학생에게 왜 성적이 안 좋으냐며 질타만 하는 선생님 등등, 많은 선생님 유형이 있을 것입니다. 저는 여러분에게 어떤 선생님인가요? 그리고 여러분은, 여러분이 책임지고 있는 조직 내에서 어떤 선생님인가요? 여러분들이 생각하기에 어떤 선생님이 좋은 선생님인가요? 좋은 선생님이 될 수 있는 조건은 무엇인가요? 자칫 잘못 생각하면 여러분의 회사에서 선생님은 CEO밖에 없다고 생각할 수 있으나, CEO는 각 교실에 들어가서 교육을 하는 선생님이 아닌 교장 선생님에 해당됩니다. 교장 선생님은 수업을 진행하는 선생님들이 수업을 잘 할 수 있게 조력하고, 선생님 간 그리고 선생님과 학생 간에 분쟁이 발생 시 조정 통제하며, 선생님들의 각종 요구사항을 수렴하여 최종 의사결정을 진행하고, 대외적으로 학교를 알리는 역할을 합니다. 따라서 CEO가 아닌, CEO 밑에 있는 부사장 이하 경영진, 리더, 관리자들이 각 교실에 들어가서 교육을 진행하는 선생님의 역할을 해야 합니다. 이런 관점에서 볼 때, 현재, 여러분 회사의 부사장 이하 경영진, 리더, 관리자들은, 각 교실에서 책임 있는 교육을 진행하는 선생님의 역할을 충실하게 수행하고 있습니까?

반대로, 학생의 실력이 향상되려면 좋은 선생님도 필요하지만, 학생의 자발적인 노력 또한 필요합니다. 아무리 선생님이 많은 내용을 잘 가르쳐 주어도 학생의 의지가 없거나 학생이 적극적으로 습득하지 않으면 무용지물입니다. 예를 들어보겠습니다. 선생님이 교실에서 학생들을 교육하고 있습니다. 열심히 듣고 필요한 것을 메모하는 학생도 있을 것이고, 선생님과 소통하면서 궁금한 것을 질문하는 학생도 있을 것이고, 선생님을 쳐다보면서 공부하는 것처럼 보이지만 머릿속 에는 딴생각하는 학생도 있을 것이고, 선생님 몰래 딴짓을 하는 학생도 있을 것이고, 모든 것을 포기하고 엎드려 자는 학생도 있을 것입니다. 선생님이 숙제를 냈습니다. 자신의 힘으로 고민하고 노력해서 숙제를 해 오는 학생도 있을 것이고, 남이 해온 숙제를 아무 생각 없이 베끼는 학생도 있을 것이고, 숙제를 안 해오는 학생도 있을 것입니다. 선생님이 숙제를 내지 않아도 스스로 예습과 복습을 하는 학생들이 있습니다. 여러분은 어떤 학생입니까?

S&OP 프로세스에 대해서 그동안 자주 설명했습니다. S&OP는 데이터

과학입니다. S&O에 필요한 데이터는 여러분이 유지하고 있는 프로세스 (Process)와 그 안에 있는 다양한 Task, Activity들로부터 생성됩니다. 프로세스는, 여러분이 유지하고 있는 다양한 업무를 시작 후 종결에 이르기까지 요구되는 모든 과정이라고 우선 간단하게 이해하기 바랍니다. 따라서 수집 및 전달된 데이터와 정보가 부실하거나 부정확한 것은, 여러분이 유지하고 있는 프로세스에 문제가 있다는 것을 의미합니다. 나는 여러분에게, S&OP 에 필요한 데이터와 정보를 달라고 요청하고 있습니다. 그런데 여러분은, S&OP에 필요한 데이터와 정보를 틀리게 주거나 주지 못하고 있습니다. 여러분 회사의 S&OP 프로세스 구축이 지연되는 이유에 대해 간단하게 말씀 드리면, 여러분이 S&OP에 필요한 데이터와 정보를 적기, 신뢰성 있게 제공하지 못하고 있기 때문입니다. 코로나 바이러스로 인해 활동이 부자연스러워 지연되는 부분이 조금 있을 수 있겠지만, 코로나 바이러스가 S&OP 프로세스 구축 지연의 주된 원인은 아닙니다. DNA 수준이 높은 기업의 경우, S&OP 프로세스 구축은 원격으로도 가능합니다. DNA 수준이 높은 기업일수록 원격 회의가 많아지고, DNA 수준이 낮은 기업일수록 얼굴 보고 이야기해야 하는 대면 회의가 많아집니다. 여러분이 카카오톡 공유방에서 실시간 주고받는 이야기는 회의가 아니라, 계획 대비 변경된 사항을 알리거나, 계획을 실행하는 과정에서 발생되는 문제점과 특이 사항을 실시간 공유하는 것입니다. 여러분, 우리 모두 입장 바꿔서 생각해 봅시다. 여러분이 뭘 하려고 데이터와 정보를 달라고 요청하는데 상대방이 데이터와 정보를 틀리게 주거나 안 준다면, 여러분은 어떻게 하실 겁니까? 예를 들어, S&OP라는 집을 짓는 데 시멘트 10포대, 나무 20개, 철근 10개. 못 30개 등등이 필요합니다. 그런데 여러분은, 시멘트 8포대, 나무 10개, 철근 5개를 주고 있고, 그나마 보내준 시멘트 8포대, 나무 10개, 철근 5개가, 실제 8포대, 10개, 5개가 맞는지도 모르고 주고 있습니다. 여러분은, 여러분이 유지하고 있는 프로세스에 어떤 문제가 있어서 데이터와 정보가 맞지 않는지를 모르고 있습니다. 즉, 현재 여러분은 유지하고 있는 업무 프로세스를 스스로 진단하고 개선하여, 올바른 방향과 속도로 데이터와 정보를 수집하고 전달하는 것이 불가능한 상태입니다. 설상가상으로, 내가 문제점을 확인 후, 여러분에게 문제점을 이야기해도 여러분은 여러 가지 핑계를 대며 심각하게 고민하거나 개선을 위한 노력을 하지 않습니다. 물론, 여러분 입장에서는 정보시스템 활용 문제, 인력 부족, 시간 부족, 상대방과의 협력 문제, 신뢰성 있는 R&R 유지 미흡 등 여러 가지 피치 못할 이유가 있을 것입니다. 하지만 결론적으로 여러분들은 맞지 않는 데이터와 정보를 주고 있고, 부족한 데이터와 정보를 주고 있고, 어떤 데이터와 정보는 주지 않고 있습니다.

그래서 다음과 같이 방향을 변경합니다. 1대 여러 명을 상대하는 방식이 아닌, 1대 1로 상대하는 방식으로 전환하겠습니다. (Step by Step) ○○○와 ○○○을 통해, 한 부서씩 집중 진단하여, 부서별로 현재 업무를 유지하고 있는 상태와 문제점을 모두 수면 위로 드러내겠습니다. 데이터와 정보가 맞지 않는지에 대해 모두 진단하겠으며, 왜 현재 그렇게 업무를 하고 있는지, 왜 현재 그렇게 업무할 수밖에 없는지에 대해서도 모두 진단하여 수면 위에 공개하겠습니다. 한 개 부서에 대해 최소 일주일 이상 집중 진단할 예정입니다. 그리고 5 Why 기법에 따라, 여러분들이 왜 현재 그렇게 업무를 하고 있는지, 왜 현재 업무를 그렇게밖에 할 수 없는지에 대해서도 집중 확인할 것입니다. 5 Why 기법은 아주 간단한 기법입니다. 내가 예상하건데, 여러분에게 동일한 내용에 대해 "왜"를 5번 물어보게 되면, 결론적으로, 여러분은 올바른 방향과 속도로 정립된 회사의 Rule과 SOP에 의해 업무를 하고 있다고 답변하기보다는, Rule이 정해졌지만 임시방편적이거나 변수가 많이 발생해서, SOP가 구체적이지 않아서, 이전에 근무한 사람이 해왔던 대로, 아무도 알려주지 않아서 여러분 임의적으로, 여러분이 생각하고 행동하기 편리한 대로, 현 상황이 어쩔 수가 없어서 등의 답변을 더 많이 할 것입니다. 즉, 질문한 결과, Rule와 SOP를 준수하여 업무하는 것이 아닌, 임의적으로, 임시방편적으로, 해오던 대로, 나에게 편리한 대로, 나에게 유리한 대로 업무하고 있다는 내용들이 확인될 것입니다. 물론, Rule과 SOP가 있고, Rule과 SOP대로 하고 있는 것들도 있을 깃입니다. 나는 여러분들이 유지 중인 SOP와 SOP 작성수준에 대해서도 확인할 것입니다. 제가 진단 결과를 공개하게 되면, 각 부서를 책임지고 있는 ㅇㅇㅇ 포함(이하) 경영진, 리더, 관리자가 내용을 숙지하고, 각자 CEO에게 보고 후, 개선되도록 후속조치 하십시오. 그리고 이전에도 이야기했지만, "예전부터 해오던 거라 안 된다.", "원래부터 우리가 하지 않아서 안 된다." 등과 같이, 안 된다는 말과 부정적인 말은 앞으로 하지 말아 주세요. 회사는 경영 목표 및 환경의 변화에 따라 현재 여러분이 유지하고 있는 Rule과 R&R을 언제든 조정할 수 있습니다. 그동안 여러분들은 SOP와 같이 문서에 명확하게 명시된 내용을 기반으로 업무를 유지하기보다는, 이전에 근무한 사람들에게 인수 받은 대로 또는 자신의 생각대로 업무를 유지해온 경향이 강합니다. 이것은 지극히 당연한 결과입니다. 관리 및 통제 체계가 세세하게 구축되지 않은 기업의 경우 Rule과 SOP 보다는 개인의 개인기에 의존하게 됩니다. 앞으로 여러분들은, 여러분들이 기존에 유지하던 방식에서 많은 변화를 요구 받게 될 것입니다. 그리고 이 과정에서 여러분과 나 사이의 긴장과 불편함 그리고 대립관계가 발생할 수 있습니다. 하지만 나는 개의치 않을 것이며, 절대 포기 또한 하지 않을 것입니다. 나는 25년 동안, 자신의 입장만을 고수하며 안 된다고 하는 사람들의 말을 정말 많이 들어왔습니다. 내가 여러분들에게 이야기하는 것은, 다른 기업에서도 정상적으로 진행 및 유지하고 있는 것들이며, 아주 기본적인 내용이기도 합니다. 따라서 "ㅇㅇㅇ와 ㅇㅇㅇ는 다르다", "취급하는 품목 종류가 다르다" 등의 이야기는 하지 말기 바랍니다. 여러분도 쌀밥을 먹지 않습니까? 쌀밥은 전 세계 사람들이 다 먹습니다. 나는 쌀밥에 해당하는 아주 기본적 내용을 가지고 여러분에게 우선적으로 변화를 요구할 것입니다. 여기서 오해하지 말아야 할 것은, 여러분들이 현재 하고 있는 방식에서 변화하려면 필요한 것들이 있습니다. 여러분이 노력을 더 해야 하는 것이 필요할 수 있고, 다른 사람의 도움이 더 필요할 수도 있고, 정보시스템을 더 개선하고 적극 활용하는 것이 필요할 수 있고, SOP를 제대로 정립하는 것이 필요할 수도 있고, 협력 관계가 더 긴밀해지고 협력 수준이 높아지는 것이 필요할 수 있고, 관리자와 리더, 그리고 CEO의 보다 많은 의사결정이 필요할 수도 있습니다. 따라서 나는 여러분들이 현재 처한 입장을 고려하지 않고, 알아서 변화하라고 이야기하지 않습니다. 나는 상대방의 입장을 고려하지 않은 상태에서 단순히 알아서 하라고 지시하고, 일이 안 되면 결과만 가지고 왜 안 되냐고 질책하지 않습니다. 같이 고민하고 해결책을 모색하면서 변화하라고 이야기할 것입니다. 내가 이렇게 하는데 여러분이 안 된다고 한다면, 그건 여러분이 변화 의지가 없거나 아무 생각이 없다고 간주하겠습니다. 그리고 나는 실제 추진했던 경험을 가지고 이야기를 할 것입니다. 나와 생각이 다른 사람이 있다면, 언제든지 나에게 이야기해도 좋습니다. 다만, 여러분의 생각이 다르다면, 여러분은 실제 추진했던 경험을 가지고 나를 설득시켜주기 바랍니다. 여러분의 적극적인 협조를 바랍니다. "예전부터 이렇게 해왔기에 변화에 동참하기 어렵다."라는 식의 생각은 버려주세요. "예전에 해봤는데 안 되었다.", "예전부터 이렇게 해왔다."라고 이야기하는 사람에게 나는 다음과 같이 말할 것입니다. "지금은 예전이 아니라 현재"입니다. 참 아이러니한 것은, 우리 모두 현재에 살고 있고, 여러분은 더 좋은 자동차나 스마트폰이 나오면 사고 싶어 하면서, 즉, 개인의 사생활은 현재를 유지하고 미래를 꿈꾸고 지향하면서, 회사의 업무를 할 때는 과거 이야기를 하면서 과거 방식을 최대한 유지하려고 합니다. 이러한 것은 앞뒤가 안 맞고 이기적이지 않은가요? 여러분이 과거를 지향하며 변화하지 않으면 여러분이 근무하는 회사는 과거에 머물게 됩니다. 여러분이 과거를 지향한다면, 여러분은 회사에 미래 지향적인 경영과 복지를 원하면 안 됩니다. 회사를 운영하는 주체인 여러분이 과거를 지향하고, 과거를 좋아하고, 과거 사람들인데, 회사 경영이나 복지가 미래 지향적이기를 바라는 것은 역설적이지 않습니까? 나는 ○○○○년에 ○○○에서 ○○○를 만나 4시간 정도 여러분 회사의 용기관리 프로세스 유지 상태에 대해 들어본 적이 있었습니다. 그리고 추가로, 여러분 회사에서 용기 관리 프로세스 구축을 추진하려고 정보시스템 개발자를 채용했다는 이야기를 들었습니다. 그 당시, 나는, 시간이 부족해 자세하게 ○○○에게 이야기를 해 주지는 않았지만, 용기관리 프로세스를 안정화하기 위한 해결책으로 정보시스템 개발자를 채용한다는 것 자체가 정말 "생뚱맞는 조치"라고 생각이 들었었다. 왜냐하면, 정보시스템 개발자를 채용한다고 해결되는 문제가 아니기 때문입니다. 근본 문제를 제대로 분석 및 도출하지 않았다는 생각이 들었습니다. ○○○○년에 ○○○에게 들었던 이야기와 ○○○○년을 비교 시, 여러분 회사의 프로세스는 회사 입장에서 볼 때 개선된 것이 거의 없다고 판단됩니다. 나는 모든 부서의 문제점이 모두 확인되면, 충분히 검토 후, ○○○○에게 전체 최적화 관점에서 R&R의 조정 또한 요청할 것입니다.

○○○에게 요청합니다. ○○○은 현재 ○○○이 유지 중인 R&R에 대해 생각해 보시고 재정리하는 시간을 가졌으면 좋겠습니다. 올해 초에, ○○○이 저에게, ○○○이 S0와 S3에 대해 관리하겠다고 ○○○에게 이야기했다고 했어요. ○○○이 현재 S0와 S3에 관여하거나 관리하고 있습니까? 관여 및 관리하고 있다면, S0와 S3 프로세스를 연구하고, S0와 S3의 인력관리, 여러 부서와 S0/S3 간에 업무를 조정 통제하고 의사 결정하는 역할을 진행해주어야 하고, 그렇지 않다면, ○○○이 생각하고 있는 R&R을 다시 정립하시기 바랍니다. 관리한다는 것은, 단순히 아랫사람이나 타인에게 숙제를 내고 알아서 제대로 해오라고 하고 나중에 숙제를 확인하는 수준의 행위가 아닌, 책임 있는 의사결정을 통해 직접 프로세스를 연구하고, 책임

감 있는 인력관리, 여러 부서와 업무를 조정 통제하며 의사결정 하는 것을 의미합니다. 이렇게 하지 않는다면 "관리한다"라는 말을 하면 안 됩니다. 다른 경영진, 리더, 관리자들도 마찬가지입니다. 겉으로 보면 다방면에, 그리고 방대하게 일을 하는 것처럼 보일 수 있지만, 실제로는 깊이 없이, "수박 겉 핥기 식", "보여 주기 식"처럼, R&R을 유지하고 있는 경영진, 리더, 관리자가 존재할 수 있습니다. ○○○는 부서 인력관리는 물론이고, 직접 프로세스를 연구하며, 책임 있는 의사결정을 통해 여러 부서와 조정 통제하는 업무를 직접 진행할 수 있도록 좁고 깊게 R&R을 유지하기 바랍니다. ○○○가 생각하고 있는 R&R, ○○○가 실제 유지하고 있는 R&R 범위, ○○○가 실제 유지하고 있는 R&R의 깊이에 대해서도 진단할 것입니다.

우리 모두, 앞으로, "수박 겉 핥기 식", "보여 주기식", "임기 응변 식"으로 하지 맙시다. 하나를 하더라도 깊이 있게 제대로 합시다. 나는 시간이 걸리고 힘들더라도, 여러분들이 밥상을 차려 달라면 밥상을 차려 줄 것이고, 여러분이 밥상의 수저를 못 쥐겠다고 수저를 쥐여 달라고 하면 수저를 여러분 손에 쥐여 줄 것이고, 여러분은 가만히 앉아 있을 테니 나보고 떠먹여 달라고 하면 나는 떠먹여 줄 것입니다. 나는 모든 것을 수면 위에 띄울 것입니다. 적극 협조 바랍니다. 협조가 안 되면, 협조가 안 된다고 수면 위에 띄울 것이고, 안 된다고 하면 안 된다고 한 그 말을 수면 위에 띄울 것입니다. 그리고 5 Why를 통해 동일한 내용에 대해 다섯 번의 "왜"를 물어볼 것이고, 여러분이 대답한 내용도 다 띄울 것입니다. 여러분께서는 이 점 참고하여 책임 있는 대화와 답변을 하시기 바랍니다. 여러분을 어렵게 하려고 하는 것이 아닌, 여러분을 도와주기 위함입니다. 따라서 여러분이 현재 유지하고 있는 생각과 행동을 많이 이야기해 주기 바랍니다. 그래야 개선됩니다. 기업에는 수면 위에 떠올라 보이는 문제와 수면 아래에 있으면서 안 보이는 문제가 있습니다. 수면 아래에 있으면서 안 보이는 문제들은 수면위로 끌어 올려야만 보여지고 개선됩니다. 즉, 수면 위로 끌어 올린 문제만 개선됩니다. 현재 여러분들은, 수면 아래에 있는 문제들을 여러분 스스로 수면 위로 끄집어 올려내지 못하고 있습니다. 나는 여러분을 대신하여 수면 아래에 있는 문제들을 끄집어 올려내고, 문제점을 해결할 수 있는 방법을 모색하고, ○○○○의 의사결성이 필요하나면, ○○○○○에게 의사결정을 요청할 것입니다.

부분 최적화와 개인주의가 강한 조직에서는 Supply Chain에 이런 문제가 발생하기도 해요

아래의 내용은, 나에게는 수년 전의(○○년 이전) 일이지만, 혹, 어떤 기업의 경우, 혹, 어떤 분의 경우에는, "현재 진행형", 더 나아가 "언젠가 발생 될 미래형" 일 수도 있습니다.

생산부서에서 가스를 충전하고 품질부서에서 가스 분석까지 마치게 되면, ① 용기와 밸브의 상태와 외관을 검사하고, ② 스티커 교체 등의 작업을 하게 됩니다. ①과 ②를 합쳐서, 출하작업이라고도 하고, 출하검사 및 작업이라고도 하였는데, 용어의 정의가 불명확한 상태로 R&R이 두루뭉술하게 지정되어 유지 중이었습니다. 왜냐하면, ① 용기와 밸브의 상태와 외관을 검사하는 것은, 품질조직에서 가스 분석 종료 후 시행하던 것으로, 출하검사라는 용어보다는, 외관검사가 적절했고, 출하검사는 출하작업 후 출하작업 상태를 검사하는 것이므로, 이것을 출하검사라고 명명하는 것이 맞다고 판단되기 때문입니다. 사전적 정의 그대로, 출하는 "짐이나 상품 따위를 내어 보냄, 생산자가 생산물을 시장으로 내어 보냄, Shipment 등"의 의미이기에, 분석 종료 후, 시행하는 외관검사를 출하검사라고 하는 것에는 모순이 있었습니다. 이뿐만 아니라, 조직 전반적으로 사용하는 모든 용어의 정의를 명확하게 정립할 필요가 있었습니다. 용어를 정의하고 정립하는 것은 매우 중요합니다. 왜냐하면, 용어의 정의와 정립은 업무의 범위와 깊이에 영향을 미치기 때문입니다. 그리고 조직에서 용어의 정의와 정립은, 혼란을 최소화 시키는 데 기여합니다. 여러분, 출하검사라고 하면 어떤 생각이 드나요? 차량에 석재하기 전에 검사한다는 것인가? 아무튼 출하 쪽에서 하는 검사겠지… 등등 사람마다 생각하거나 이해하는 정도가 다 다를 것입니다. 이해하고 생각하는 것이 다르면, 행동이 다르게 되고, 결국 다른 결과가 나타날 가능성이 높습니다.

①과 ②를 책임지는 조직명은 출하팀도 파트도 아닌, 그냥 출하였는데, 영업에 소속되어 있다가 생산에 소속되기도 했다가 품질에 소속되기도 하는 등, 속칭 "동네 북"이라는 칭호가 어울릴 정도로 존재의 이유와 R&R이 심도 있게 검토되기보다는, 아무도 신경쓰는 사람 없이 이리저리 왔다갔다만을 반복하고 있었습니다.

상식적인 관점에서 보면, 가스를 충전하기 전에 용기와 밸브 등의 외관 검사가 선 진행되는 것이 맞다고 판단되나 그렇지 못한 상태였고, 충전하기 전에 용기와 밸브를 검사한다고 하더라도 충전과 분석 후, 미세한 리스크의 발생을 100% 억제할 수 있는 상황이 아니었기에, 즉, 충전과 분석 이후 100% 문제없다고 장담할 수 없었기에, 분석 이후에 외관 검사를 출하검사라는 이름으로 진행하고 있었습니다. 나는 우선 용어부터 정립하자고 했습니다. 출하검사, 출하작업 → 외관검사, 출하작업, 출하검사.

그런데 출하 조직은 야근을 밥 먹듯이 해야 했습니다. 왜냐하면, 납품할 재고가 없는 경우가 잦았기 때문입니다. 충전이 안 되는 것인지? 분석이 안 되는 것인지? 출하에 사람이 부족해서 안 되는 것인지? 등에 대해 확인이 필요했고, 우선 출하 조직부터 검토를 시작했습니다. 스스로에게 끊임없이 했던 질문은, "왜 끊임없이 야근을 해야만 하는가?"였습니다. 출하 조직은 "동네 북"처럼 이리저리 왔다갔다를 반복한 것에 걸맞게, SOP 하나 없었습니다. 오로지 사람에 의존할 뿐이었습니다. 당연히, 세부 작업별 Capa를 나타내는 문서도 없었습니다. 그래서 초시계를 들고, 정말 무식한 방법이라고 생각할 수 있겠지만, 약 1개월 동안 업무(Activity) 하나하나에 대한 시간을 측정하였습니다.

측정 결과, 그 당시, 현(現) 운영인력으로 현(現) 납품물량을 대응함에 있어 Over Time이 발생하는데, 근본 원인이 사람 부족이라는 결론에 도달하지는 않았습니다. 즉, **사람 부족이 근본 원인이어서 Over Time이 발생하는 것은 아니었습니다.**

아래는 3개월 동안 평균 납품량을 기준으로, 실제 업무에 소요되는 시간을 측정해 보았습니다. 측정한 결과, 8명이 각각 52시간을 근무하는 것을 가정 시, 실제 작업을 위해 필요한 시간은 8명이 각각 53시간+@였습니다. 즉, 전적으로 사람이 부족해서 야근(Over Time)이 발생하는 것은 아니었습니다.

구분			시행 중인 업무 (○○년전)	소요시간 (1BT)	소요시간 (일 납품량)
1	출하검사	47L	독성: ○○ 이용 Leak Test, 비독성: ○○○○○○○○○○○○○○○○○	55초	120분 (2시간)
		440L	독성: ○○ 이용 Leak Test, 비독성: ○○○○○○○○○○○○○○○○○	30초	8분
			※ 13780L: ○○ 1BT 20분(주 3회 60분, 월 12회 240분) 24727L: ○○○○ 1BT 123분(주 1회 123분, 월 492분)		
2	출하작업	47L	용기이동, 중량측정, Cap Open 및 Close, ○○○○○○○ ○○○○○○○○○○, Neck Purge(질소), End-cap Open 및 ○○○○○○○○○○○○○○ ○○○○○○○, 실린더 및 밸브 랩핑, PDA 및 MES 등록 및 출고, ○○○○○○○○○○○○○○○	962초	2,280분 (38시간)
		440L	용기이동, 중량측정, Cap Open 및 Close, 밸브 Handle 볼트 조임, ○○○○○○○○○○ ○○○○○○○○○ 스티커 부산물 제거, 밸브 랩핑, PDA 및 MES 출고, ○○○○○○○○○○○○○ 명판 및 바코드 부착	1,150초	570분 (9시간)
		47L	밸브 고리 및 Neck 녹 제거, ○○○○○○○○○○○○, 부분 도색 및 Cleaning	1,215초	239분 (4시간)

	440L	○○○○○○○○○○○○, ○○○○○○, 자동바교체	1,020초	소요 발생시 +@
계			4,432초	3217분+@ (53시간+@)
출하조직 인원 ○○명의 일 8시간 기준 과업시간 내 Capa: 60시간 (실제 7시간/52시간)				

사람 부족이 근본 원인은 아니라는 결과를 도출했기에, 사람이 아닌 다른 부분에서 UDE(Undesire Effect)를 찾아 보았습니다. 그리고 Over Time에 영향을 미치는 UDE를 다음과 같이 확인할 수 있었습니다.

아래의 표는, 3개월 동안(17시 기준), 매월 출하작업 미완료 수량과 미 완료에 영향을 미친 UDE들입니다.

구분	내용(○○년 전)
출하작업 미 완료 수량(17시 기준)	○○월(47L: 200BT, 440L: 11BT), ○○월(47L: 7BT, 440L: 21BT), ○○월(47L: 82BT, 440L: 8BT)
출하작업 미 완료에 영향을 미친 부정적 요인	- 대형용기(탱크로리)부터 선 분석, 분석 인원 부재, 분석기 이상발생 및 정비, 지게차 고장, 지게차 연료 주입 대기. - ○○○○○○○○○○○, 납품품목이 변경되었는데 ○○○○○○○○○○. 따라서 추가 충전, 추가 분석 ○○○○○○○○○. - ○○○○○○○○○○, 이동지연(사업장간 이동 포함), 제조설비공사, ○○○○○○○○○○○○○○○○○, 충전 불량으로 Back, 충전실 재고 Counting 오류, - ○○○○○○○○○○○○○○○○○○○○○○○○○○○○○○○○○ ○○○○○○○○. - ○○○○○○, 재고 실사, ○○○○○○, MES 오류, 전처리 지연, 용기 외관 불량으로 인한 도색 등

운송 제외, 출하조직은 공정의 맨 끝 부분에 위치하다 보니, 영업팀, 품질팀, 생산팀, 구매팀, TPM 활동(공정 전체), 안전환경(공정 전체) 등 다양한 부서에서 발생하는 수많은 이벤트에 부정적 영향을 받고 있었습니다. 그리고 이 이벤트들로 인해, Over Time Issue가 지속적으로 발생되고 있었습니다.

여러분도 보면 아시겠지만, 이 부분들은, 회사 전 부서에서 발생하고 있는 문제점들이라고 해도 과언이 아니며, 실시간, 복합적으로 출하조직과 출하조직의 직원들에게 부정적 영향을 미치고 있었습니다. 여러분, "올바른 방향과 속도로 지속 실행 가능"하게 한다는 관점에서, 이 부분을 단기간에 변화시킬 수 있다고 생각하세요? 하나하나 세세하게 따져 보면, 단기간에 변화될 수 있는 것은 하나도 없습니다. 단, 보여주기식, 임시 방편적으로 대처하는 것은 가능하겠죠. 하지만, 이렇게 대처하는 것은, 그때 한번뿐일 뿐, 근본적인 해결책은 되지 못합니다. 올바른 방향과 속도로 지속 유지가 가능하도록 하기 위해서는, 다양한 UDE 중에서 근본원인(근본 UDE) 파악, 해결방안 모색, 필요시 예산 확보, R&R과 SOP 정립, 관리 프로세스 유지 등이 동반되어야 하는데, 이 모든 것들은 단 시간내에 될 수 있는 것이 아니기 때문입니다. 이러한 이유로, 상당기간 출하조직 직원들은 "밑빠진 독에 물붓기"처럼 야근을 반복하고 밥먹듯이 해야 했습니다. 그 당시에 주○○시간 근무제도가 없었기에 망정이지, ○○시간 제도가 있었다면, 정말 큰 이슈로 떠올랐을 것입니다. 가장 기운이 빠졌던 것은, 상기 이 부분으로 인한 문제점을 이야기하고 공유함에도 불구하고, 나아질 기미는 둘째치고, 대수롭지 않게 생각하는 것이었습니다. 나 혼자 아무도 없는 산 위에 가서 외치는 기분이었습니다. 차라리 산에서는 메아리라도 들려오기라도 하지, 이건 마이동풍과 다르지 않았습니다. 모두 다, 고객, 설비, 사람, 장비 핑계들 뿐이었습니다. 특히, 사람 핑계는 정말 답이 없었습니다. 그리고 공정과 재고에 대한 생각이 다 다르고, 이해시키기가 힘들었습니다. 그래서 사람, 설비, 고객이 아닌, 큰 관점에서 공정과 재고에 대한 생각부터 다시 해보자고 이야기를 했습니다.

아래는 내가 직접 작성하여 사람들과 이야기했던 내용입니다.

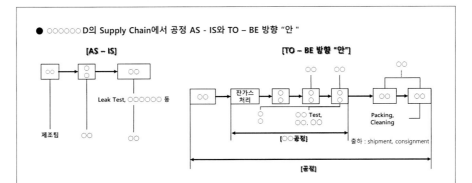

자사는 현재 출하작업이 종료된 완성품 재고를 일부라도 보유하고 있는 것이 아닌, 모든 재고가 출하작업 대기 재고입니다. 즉, 매일 출하작업을 하지 않으면 안 되는 상태입니다.

※ 현재 상황은 안전재보다 주기재고 개념에 가깝습니다. 따라서 각종 이벤트 발생시 출하작업 과부하 ↑)

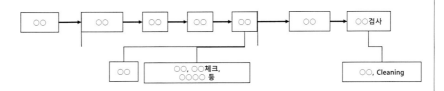

출하조직의 일반적인 R&R은, Pick, Pack, Storing, Shipment, Maintenance(필요시)인데 반해, 자사의 출하조직은(출하파트로 통일) 제조(생산, 품질) 공정의 일부분인 검사(Leak, 중량, 밸브) 업무도 유지 중입니다. 물류센터에서 출하파트가 검사(Leak, 중량, 밸브) 업무를 진행한다는 것은, 제품으로 전환되지 않은 용기가 물류센터에 입고되는 것을 의미하며, 제조시설이 아닌 물류센터에서 검사(Leak, 중량, 밸브) 진행 간 문제가 발생하였을 때, 물류센터에서는 조치가 불가하므로, 다시 제조시설로 보내야 하는 Issue(역물류) 가 발생합니다(원료, 공정품, 반제품, 제품 등에 대한 개념을 정의하고 구분해야 함)

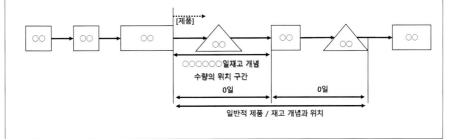

제조공정 Visibility로 인한 L/T 증가로 인해, 기존의 0일 재고유지 기준 자체가 모호해졌습니다. 0일 재고가 안전재고인가? 주기 재고인가?에 대해 의견 차이가 있습니다만, 분명한 것은, 현실적으로, 제조공정 L/T의 증가로 인해, 0일 재고는 안전재고 개념은 아닙니다. 현재 생산에서는, 안전재고 개념으로 인식하고 있습니다만, 이는 최초 0일 재고유지 기준(제조공정 L/T이 0일)에서는 가능할 수도 있습니다. 하지만, 현재는 주기재고 개념에 가깝습니다. 만약 안전재고 개념으로 유지하려면 제조공정과 제조공정 외 구간을 명확히 구분하고, 전체 L/T과 품목별 TAT에 대한 명확한 기준을 재 정립해야 합니다. 그리고 공정 재검토 결과, 0일 재고 유지가 문제없다고 하면 제품으로 전환되는 재고의 위치 구간과 위치 구간별 재고 유지 수준을 변화시켜야 합니다. 현재 공정(Process)상에서, 0일 재고가 위치하는 구간은 검사종료 후부터, 출하작업 이전까지입니다. 즉, 고객사 Data 라벨만 부착하면 납품 가능한 완성품 상태의 재고는 없다 보니, 매일 출하작업을 하지 않으면 납품할 물량이 없습니다(각종 Event 발생시 Over Time 발생 악순환).

우리는 정말 정말, 비효과적인 0일 재고(위치 구간)를 유지 중입니다. 0일 재고를 유지한다고 가정 시, 출하작업 대기 상태의 0일 재고를 유지하는 것보다는, 출하작업 대기재고 0일, 출하작업 완료 재고를 0일을 유지하는 것이 효과적입니다.

그리고 관련 부서와 각각의 공정에서 활용해야 할 Data에 대한 기준을 정립할 필요가 있습니다.

(S&OP 16주 Rolling 계획서, 출고일정 계획서, 생산계획 및 작업지시서, 연간 재검사 계획 등)

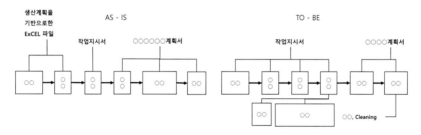

※ 각 부서 및 공정에서 작업을 위해 활용해야 하는 Data가 상이하고 모호합니다. 예를 들어, 과거부터 현재까지 생산계획 및 생산작업지시서는 생산안에서도 충전공정에만 치우쳐 있습니다. 생산계획 및 생산작업지시서는 생산 공정 전체를 대상으로 검토 및 작성되어야 하며, 생산 공정에 속해 있는 작업자는 생산계획과 생산작업지시서를 기준으로 행동해야 하는데, 현실은 그렇지 않습니다. 설상가상으로, 품질의 분석 작업은, 생산계획과 생산작업지시서를 기준으로 분석을 하는 것이 아닌, 영업의 출고일정계획서를 기준으로 분석을 하고 있습니다. 생산에서 50BT 충전을 했는데, 품질에서는, 생산에서 충전한 50BT는 모르겠고, 영업에서 변경한 출고일정계획서를 기준으로 분석을 합니다. 이런 상태에서, 그리고 완성품 재고가 충분하기 않은 상태에서, 영업에서 작성한 출고일정계획서의 품목과 수량이 변경되면, 분석 완료된 재고가 없어서 납품이 불가능해집니다. 결국, 이는 품질과 출하파트의 Over Time 증가로 연결됩니다.

구분	업무 활용 Data(○○년전)
생산관리팀	○○○○○○○○○○, 연간재검사계획서, 생산계획
SCM팀	○○○○○○○○, 연간재검사계획서, 출고일정계획서
영업팀	○○○○○○○○, 출고일정계획서
구매팀	○○○○○○, 연간재검사계획서, 출고일정계획서

그래서 충전 위주의 공정운영(부분 최적화)에서 전체 공정을 대상으로 한 균등발전 및 전체 공정을 대상으로 한 Visibility를(Capa, TAT 등) 추가 이야기하였습니다. 공정의 불균형 상태가 지속 유지된다면, 책임론에 대한 논쟁으로, 조직문화가 저해되어, 업무하기 점점 더 어려워집니다.

···(중략)···

그리고 3개월 동안, P/O 대비, 심지어, D/O대비, 품목과 수량이 수시 변경되었습니다. 원인을 확인해 본 결과, 대부분이 ① 고객사에서 물량을 변경한 경우와 ② 공급 프로세스가 대응하지 못해 재고가 부족하여 변경된 경우입니다. 고객사에서 물량을 변경한 경우에는 내부적으로 혼란은 있었으나, 어떻게든 정상 납품 되었으며, 공급 프로세스가 대응하지 못한 재고가 부족한 경우에는, 정상 납품하지 못했습니다.

···(중략)···

앞에서 이야기한 대로, D-○일 ○○시 이전에 영업팀에서 고객별 물량을 확정하고(변동불가), 출하작업이 가능한 제품 재고가 준비되어 있고, 용기도색 소요(Maintenance)가 과다하게 발생되지 않는다면 현재 출하파트에서 과다한 OT를 하지 않고도 정상 납품이 가능합니다.

어찌 보면, 고객사에서 납품 물량을 변경하는 것도 문제지만, 우리 모두, 말로는 0일 재고를 유지하고 있다고 하는데, 내부 공급 Process가 고객사의 요구 물량에 대응하지 못하는 Issue와 D일 납품차량 출발 시점에서 볼 때, D+○일에 납품할 물량 중 출하작업이 완료된 완성품 보유율이 0% 이라는 점, 그래서 매일 출하작업을 하지 않으면 납품이 불가한 상황을 유지하는 것 자체가 더 문제입니다.

···(중략)···

고객의 사정으로 출고수량 확정이 D-1일에 시행될 수밖에 없다면, 지속적으로 영업팀의 책임으로만 돌리는 것은 문제가 있습니다. 참고로 6주 동안 MTS 품목을(40품목) 분석해본 결과(주별 계획대비 출고실적 비교), Demand가 0일 재고보유기준 수량을 초과한 경우가 많지는 않았습니다.

···(중략)···

생산과 품질에서는, 고객의 변동이 잦아서 대응이 어렵다고 하는데, 더는 영업의 탓으로 돌리지 말고, 공급 Process를 개선해야 합니다. 예를 하나 들면, 생산에서는 ○일 재고를 보유하고 있다고 하는데, 이 재고들은 충전만 완료된 상태의 재고입니다. 이 재고들은 분석도 해야 하고, 외관검사도 해야 하고, 출하작업도 해야 합니다. 즉, 즉각 납품이 가능한 재고가 아닙니다. 영업 입장에서 이야기하는 재고는, 즉각 납품이 가능한 완성품 재고입니다. 생산에서는 재고가 있다고 하고, 영업에서는 재고가 없다고 합니다. 참….

···(중략)···

우리는 전사적으로, 모든 프로세스를 재검토해야 합니다. 예를 들어, MTS 품목을 대상으로, 공정재고, 반재고, 완성품 재고, 그리고 안전재고, 주기재고 등에 대한 개념과 위치를 명확하게 재정립하고 (중략) MTS 품목 중, Demand 편차가 ○○일 재고보유기준 내에 위치한다면, 그리고 주별, 월별 총량으로 볼 때 차이가 미비하다면, 이 품목들은 Demand와 상관없이 자체적으로 일정 수량과 기간을 확정하여 운영하는 것도 고려해 볼 만하다고 판단됩니다.

···(중략)···

여러분, 문제의 원인과 해결 방향을 인원과 용기가 부족하다는 것으로 치부하는 것은 지양해 보시죠!

SCM(Supply Chain Management) VS
ESG(Environment, Social, Governance)

예전에는 SCM을 단순히 창고, 운송, 출하, 물류, 구매, 물류센터(Distribution or Process Center) 등의 범위와 역할로 치부하는 경향이 있어, 주로 재고관리와 비용 절감에 맞추어져 있었습니다. 그리고 제조와 유통 등에 필요한 프로세스를 최적화하여, 고객이 원하는 품목을 적기, 적소에 제공하는 것으로 간주하기도 하였습니다. 하지만, 현재 SCM은, 기업 활동 전반으로 확장되었으며, Risk가 발생 되더라도 신속하게 Risk를 제거할 수 있는 Risk 관리 능력과 안전·환경·보안 관리 측면, 고객 중심의 적응성 측면이 확대 되었습니다. 나는 SCM을 철학적, 사상적, 추상적이라고 표현하는데, SCM도 ESG와 같이, 기업 경영에서 지속 가능성(Sustainability)의 달성을 목표와 목적으로 하는 것은 분명합니다.

가스산업에 처음 발을 들였던 10년 전과 비교해, 가스가 소요되는 분야는 점점 확대되고 있지만, 가스 산업의 창의력과 기술력은 상향 평준화가 되어 가고 있다고 해도 과언이 아닙니다.

앞으로 가스를 생산 및 유통하는 기업은, ① 가스를 정제 및 합성하여 생산하는 능력과 ② 전수 검사를 통해 가스를 분석하며 ③ 용기 외관을 검사하는 능력 등은 기본이고, ④ 수요에 대한 반응, 즉, 속도와 민첩성에 있어,

경쟁상대보다 우위에 있어야 하는 것도 기본입니다. 따라서 여러분은 아이러니하게도 개선, 발전, 혁신적 노력을 통해, 기본을 갖추기 위해 노력해야 합니다. 그리고 이와 병행하여 ESG와 관련된 부분도 같이 향상시켜나가야 합니다.

다음의 내용은, SCM 구축 및 유지 향상에 필요한 분야들과 ESG를 연계시켜 보았습니다. 지극히 나의 개인적인 입장과 관점에서의 생각입니다. 여러분들도, 여러분의 입장과 관점에서 한번 생각해 보기 바랍니다.

ESG	가스 SCM
환경 (Environment)	안전 & 환경 & 보안(보안: 인원, 시설, 문서, 통신 분야 중에, 인원과 시설) - PSM(Process Safety Management) - TPM(Total Productive Maintenance) - SOP(Standard Operating Procedure) ※ Fool Proof 관점의 SOP - Visibility ※ 용기·장비·설비·GAS Process, 용기·장비·설비·GAS 수량, 용기·장비·설비·GAS 상태 - 원칙과 Rule 정립, 산포 축소(표준화 → 단순화 → 시스템화) - 통계적, 과학적 개선
사회 (Social)	혁신(Top Down & Down Top 방식)
	IT 인프라의 전술적, 전략적 활용, 정보 보안(문서, 통신)
	수요·공급에 책임이 있는 모든 조직이 합의하고 실제 실행 가능한 통합 계획 수립 (계획대로 실행, Master Plan or Single Plan)
	수요·공급 프로세스 정립, 수요·공급 프로세스상에서 도덕과 윤리
	AEO(Authorized Economic Operator)
	전체 최적화 관점에서 KPI 동기화, 고객 만족의 기준이 되는 KPI
지배구조 (Governance)	전결 규정에 입각해 실시간 의사결정 가능한 조직 운영
	조직과 인력 양성, 평가 방식의 변화 관리

사람 증가의 "역설"

기업 규모에 따라, 기업을 구성하는 사람 수는 다릅니다. 대기업은, 중소, 중견기업보다 많은 사람이 있을 것이고, 상대적으로 중소·중견기업은 대기업보다 사람이 적을 것입니다. 따라서 기업을 구성하는 사람 수는 기업의 규모에 비례한다고도 할 수 있습니다. 하지만 자동화 현대화가 적극적으로 추진된다면, 사람 수는 이전보다 줄어들 것입니다.

그렇다면, 기업에는 어떠할 때 사람이 증가할까요? 매출이 상승했을 때? 사업장이 증가했을 때? 사업 영역이 확장되었을 때? 언제일까요? 당연히 매출이 늘면서, 사업장이 증가하고, 사업 영역이 확대된다면, 사람이 더 필요하겠죠. 하지만, 매출도 크게 증가하지 않으면서, 사업장도 크게 증가하지 않으면서, 사업 영역도 크게 증가하지 않았음에도 불구하고 사람이 증가할 수 있습니다.

이러한 경우에 해당되는 예를 들어 보겠습니다.

① 유지해야 할 프로세스 수가 변동되지 않았지만, 프로세스 유지 수준이 꼼꼼하고 세세해지면 해야 할 일이나 시간이 많이 소요될 수 있습니다. 이렇게 되면 사람이 증가해야 합니다. ② 유지해야 할 프로세스 수가 증가하면 해야 할 일이나 시간이 많이 소요될 수 있습니다. 이렇게 되면 사람이 증가해야 합니다. 상기 ①과 ②를 예방하기 위해서는, 정보시스템 포함, 자

동화 현대화를 추구한다면, 일정 수준 예방할 수 있습니다. ③ 특정 인원만을 위한 자료 준비, 회의를 위한 회의, 보고를 위한 회의 등이 증가하면, 사람이 증가할 수 있습니다. ④ 정보시스템 구축 및 운영이 미흡하고, 자동화와 현대화 수준이 낮다면, 사람이 증가할 수 있습니다. ⑤ 개인주의적, 이기주의적 조직문화를 유지하고 있다면, 사람이 증가할 수 있습니다. 왜냐하면, 어떠한 형태이든, 무 자르듯이 딱 잘라서 구분하는 분위기라면, 서로 최소의 일만을 하려고 하기 때문입니다. 사람은 지극히 개인적이고 이기적인 동물입니다. ⑥ R&R과 SOP가 모호하면, 사람이 증가할 수 있습니다. ⑤와도 다소 연관되는 이야기이지만, 서로 최소한의 일을 하려고 하고, 자신의 일이 아니라고 생각하기 때문에, 공백을 메꾸기 위한 사람이 더 필요하게 됩니다. ⑦ 불필요한 일을 많이 하면 사람이 증가할 수 있습니다. ⑥과 다소 연관되는 이야기이지만, R&R이 모호하고 SOP가 제대로 정립되어 있지 않으면, 정말 꼭 필요한 일인지, 불필요한 일인지부터 잘 알지 못하기에 사람이 증가하는 이슈가 발생할 수 있습니다. ⑧ "하위 평준화"가 되면 사람이 증가할 수 있습니다. 임직원의 DNA, 임직원의 생각하고 행동하는 방식, 임직원이 유지하고 있는 조직문화가 하위 평준화 되면, 상기의, ①, ②, ③, ④, ⑤, ⑥, ⑦이 모두 심각하게 나타나고, 인원은 당연히 증가하게 됩니다. 즉, 임직원 수준의 하위 평준화는, 매출이 급격하게 증가하지 않아도, 사업장과 사업 영역이 급격하게 증가하지 않아도, 모든 부분에 영향을 미치고 인원을 증가시키는 데 지대한 역할을 합니다.

다음은, 실제 "예"입니다.

어떤 기업의 경우, ○○년 전이나 ○○년 후나, 사람 문제(인사가 만사, 하위 평준화 등의 이슈)로 골머리를 앓고 있었습니다. 겉으로 보여지는 이미지나 겉으로 보여지는 각종 수상 경력에도 불구하고, 내부적, 현실적으로는, "인사가 만사"적 측면에서, 하위 평준화 상태가, ○○년 전이나 ○○년 후나 별반 다르지 않았습니다.

인사○○○은, 어떤 ○○○○에게 다음과 같은 이야기를 하였고, ○○○
○는 다음의 말을 듣고 나서 얼마 되지 않아 그만두었습니다. "임원 진급할
사람은 다 진급했습니다. 이제는 당신 차례입니다. … (중략) … 내 편에 서
서 나와 함께합시다. … 그러면 당신에게도 좋은 기회가 … (중략) …"

여러 기업(조직, 공공기관, 기업)에 몸담아 보았지만, 인사를 업으로 하는 사
람 중에, 정말 괜찮은 사람도 있었고, 정말 최악인 사람도 있었습니다. 상
기의 내용은 최악의 경우를 예로 들은 것이며, 이 사람이 인사에 있는 동안
에는, "각종 수상"을 위해 다양한 보여주기 식의 노력을 하면서 상대방의
"눈과 귀"를 가리고, 내부적, 현실적으로는, 본인의, 본인에 의한, 본인을 위
한 인사를 추구하였습니다. 그리고 끊임없이 이슈를 만들어 본질을 흐리게
하고, 많은 사람에게 문제가 있어 본인이 역할을 하지 않으면 안 되는 것처
럼, 결과적으로는, 자신의 말을 믿게 함과 동시에 본인만이 돋보일 수 있는
전술과 전략을 유지하였습니다. 이로 인해, "인사가 만사"적 측면에서, 임
직원의 하위 평준화 상태가 ○○년 전이나, ○○년 후나 똑같이 발생했습
니다. 그리고 적당히 시간을 보내도 인지하기 어려운 사각지대에 있는 사
람들이 조금씩 증가하기 시작했습니다. 나는 이 인사○○○을 또 다른 전
략 및 전술가, 그리고 Actor라고 부릅니다.

"양날의 검"

① 인사부서가, 조직 안에 있는 다양한 프로세스를 연구하지 않거나 연구할 능력이 안 된다면,

② 인사부서를 담당하는 사람이, 이간질, 정치, 줄 세우기에만 관심이 높다면,

③ 인사부서를 담당하는 사람이, 어떤 구성원이 전략적, 전술적 조직 운영에 적합한지를 제대
로 알지 못한다면,

하나. 결과적으로 "보여주기식"의 행사와 워크숍만 증가한다.

둘. 인사부서에서는 "워라밸"을 외치며 사람을 증가시킨다. 왜냐하면, "채용 우수" 실적을 대외
적으로 공표하고 이를 정부로부터 인정받는 것 말고는, 진정으로 인정받을 수 있는 성과는 없
기 때문이다.

셋. 잘 보이지 않는 사각지대에서 일하지 않는 사람이 증가한다.

상기 "①", "②", "③", "하나", "둘", "셋"이 모두 복합적으로 작용하면, 기업의 전반적 운영 수준이 낮아지고 조직문화는 퇴보하며 퇴사자는 증가하고, 하위 평준화된 구성원들로 기업은 구성 및 유지된다.

　"기업의 고용창출 증대 역할은 중요하다"는 관점에서 볼때 기업은 지속적으로 고용을 증대해야 한다. 하지만, 기업의 경쟁력과 생존에 문제되지 않는 수준에서 고용창출이 이루어져야 하는데, 단순, 인사부서의 실적을 위한, 즉, "겉으로 보여지는 단순 워라밸" 증가만을 위한 고용창출이 이루어진다면, 기업은 서서히 경쟁력을 잃게 될 것이다. 인사부서는 정부로부터 칭찬을 받을지 모르겠지만, 기업과 기업에서 오래 근무하고 싶은 사람들의 입장에서 볼 때, 보이지 않는 거머리에 불과할 뿐이다. 이러한 상황에서, 현재, 기업이 전략적 관점에서 안정적인 고객을 유지하고 있다면, 기업은 "삶은 개구리" 증후군을 겪게 될 것이다. 왜냐하면, 현재의 주 고객이 사라지면 기업도 사라질 것이기 때문이다.